한국어 평가론

■ 집필자
　강승혜(Kang, Seung-Hae)　　　연세대학교 언어연구교육원 교수
　강명순(Kang, Myung-Soon)　　고려대학교 국제어학원 연구조교수
　이영식(Lee, Young-Shik)　　　한남대학교 사범대학 영어교육과 교수
　이원경(Lee, Won-Kyung)　　　연세대학교 독어독문학과 강사
　장은아(Chang, Eun-a)　　　　서울대학교 언어교육원 전임강사

■ 감수자
　강상진(Kang, Sang-Jin)　　　연세대학교 교육학과 교수

■ 연구 보조
　김종민(Kim, Chong-Min)
　이진경(Lee, Jin-Kyung)

한국어 평가론

초판 제1쇄 인쇄　2006년 3월 28일
초판 제2쇄 발행　2012년 9월 28일
집필진　강승혜 · 강명순 · 이영식 · 이원경 · 장은아
펴낸이　지현구
펴낸곳　태학사
주　소　경기도 파주시 광인사길 223
전　화　마케팅부 (031)955-7580~82　편집부 (031)955-7585~89
전　송　(031)955-0910
전자우편　thaehak4@chol.com
홈페이지　www.thaehaksa.com
등　록　제406-2006-00008호
저작권자 ⓒ 국립국어원 · 한국어세계화재단, 2006
이 책의 저작권은 국립국어원과 한국어세계화재단에 있습니다.

값은 뒤표지에 있습니다.
ISBN　978-89-5966-044-5 93370

☞ 잘못된 책은 구입한 곳이나 본사에서 바꾸어 드립니다.

한국어 교육 총서 3
국립국어원·한국어세계화재단

한국어 평가론

Korean Language Assessment

강승혜
강명순
이영식
이원경
장은아

태학사

■ 머리말

국내 한국어 교육의 역사를 돌아보면 1959년에 연세대학교 한국어학당에서 45명의 선교사들을 대상으로 한국어 교육을 시작한 이래 최근 국내 한국어 교육기관만도 80여 개에 달할 만큼 한국어 학습자들이 급증하고 있다. 이와 같은 한국어 학습자 집단의 양적인 변화는 한국어 교육 분야에 다양한 교육과정의 개발과 그에 부합하는 교사 교육을 요구하게 되었다.

다른 교육과정과 마찬가지로 한국어 교육은 기본적으로 교육과정 개발에서부터 교육과정의 효과적인 운영, 교육과정에 대한 평가 등으로 이루어진다. 이러한 교육과정의 개발, 시행, 평가의 과정에 직접 참여하는 집단은 한국어 교사들이라고 할 수 있다. 한국어 교육 결과에 중요한 영향을 미치는 인적 자원이 곧 교사 자원인 것이다. 따라서 한국어 교육의 질적 발전을 위해 무엇보다 중요한 것이 한국어 교사의 양성과 교육이다. 이러한 맥락에서 '한국어 교육 총서'를 단계적으로 개발하여 보급하는 일은 교육 일선에 있는 한국어 교사에게 무엇보다 필요한 일이다. '한국어 교육 총서'는 표준화된 한국어 교사 양성 프로그램을 통해 훈련받은 교사들이 가지고 있는 지식을 더욱 전문화시키고 한국어 교육의 수준을 향상시키는 데 도움을 줄 의도로 계획되었다. 『한국어 평가론』은 한국어 교육자들을 위한 한국어 교육용 자료로서 『한국어 발음 교육』, 『한국어 교수법』에 이어 '한국어 교육 총서'의 세 번째 책으로 발간된다.

지금까지 한국어 교육 분야에서는 교육의 계획 및 시행과 관련된 논의가 상대적으로 활발하게 이루어져 왔다. 즉, 가르쳐야 할 내용에 해당하는 발음, 어휘, 문법 등 교육내용의 계획과 이를 시행하는 방법에 초점을 맞추어 왔다고 할 수 있다. 현장의 교사들 역시 어떻게 하면 더 효율적으로, 더 효과적으로 가르칠 수 있는지에 대해 관심을 기울여 왔다. 이와 같이 가르치는 방법에 대한 활발한 논의 중 교수의 효율성이나 효과성은 평가라는 활동을 통해서 이루어 질 수 있기 때문에 교육과정 단계에서 평가는 중요한 역할을 한다. 본서에서는 한국어 교육 현장에서 실제로 가르친 결과에 대해 무엇을 평가해야 하고 어떻게 정확한 판단을 할 수 있는지와 관련된 기본적인 개념을 비롯하여 평가의 다양한 기술을 체계적으로 정리하고자 하였다. 다시 말해 본서는 한국어 교육에서 필요한 평가의 개념과 평가 방법의 체계적인 제시를 통해 실제 교육에 활용할 수 있는 자료를 제공하는 데 목적이 있는 것이다.

한국어 교육의 질적 발전을 위해 전문적인 한국어 교사 양성이 필요함은 앞에서도 언급한 바 있다. 『한국어 평가론』은 교육 일선에 있는 한국어 교사들이 갖추어야 할 평가 관련 지식을 체계적으로 확립시켜서 교육 효과를 높이는 데 기여할 수 있을 것이다. 뿐만 아니라 한국어 교육의 수준을 향상시키는 데 다음과 같은 도움을 줄 것으로 기대한다.

첫째, 한국어 교육 분야에 종사하고 있는 한국어 교사들이 교수・학습의 평가와 관련되는 이론적 체계와 지식을 습득함으로써 한국어 교육과정에서 필요한 평가 관련 지식들을 활용할 수 있다.

둘째, 국내・외 한국어 교사들이 한국어 교육과정에서 개발하고자 하는 평가도구들을 개발하여 이를 시행하고 활용할 수 있다.

셋째, 외국어로서의 한국어 교육의 학문 과정에 있는 이들도 한국어 교육과정에서 필요한 교육내용, 교육목표 달성의 측정, 평가에 관련된 이론적 지식들을 활용할 수 있다.

『한국어 평가론』은 '한국어 평가'와 관련된 기본적인 개념을 비롯하여 실제적인 내용을 중심으로 다음과 같이 구성되어 있다.

제1장에서는 언어 평가와 관련되는 기본적인 개념들을 다루고 언어 평가의 목적, 언어 평가의 유형, 언어 평가의 요건, 언어능력 평가의 역사 등을 살펴본다. 제2장에서는 언어 평가 도구의 개발과 활용을 위하여 언어 평가 도구의 기본 개념을 다루고 언어 평가 도구의 개발 절차, 평가 결과의 해석과 활용 등을 살펴본다. 제3장에서는 한국어 평가를 위한 한국어 능력의 구성 개념 등을 살펴보고, 한국어 등급별 평가목표, 등급별 평가 영역 및 내용, 등급별 평가 기준 등을 살펴본다. 제4장부터 제7장까지는 한국어 듣기, 말하기, 읽기, 쓰기 등 각 기술별 평가를 살펴본다. 우선, 각 기술의 개념 및 특성을 살펴보고 각 기술별 평가의 목적 및 기능, 각 기술별 평가의 범주, 각 기술별 평가의 내용, 각 기술별 평가의 유형, 각 기술별 평가의 문항 유형 등을 예시를 통해 정리한다. 제4장부터 제7장의 끝부분에는 기술별 평가의 실제 (초급의 예)를 예시한다. 제8장에서는 언어능력 평가의 사례로서 외국어 언어능력 평가와 한국어 능력 평가 등을 살펴본다.

본서의 장별 차례는 다음과 같다.

한국어 평가와 관련하여 일반적인 언어 평가의 기본적인 개념을 한국어 평가에 적용한 부분이 필수적으로 다루어졌으나 한국어 평가의 실제적인 내용을 더 비중 있게 다루고자 하였다. 그러나 한국어 평가에 대한 기본적인 논의를 전개함에 있어 한국어 교육 현장 전반의 현황을 두루 살펴보는 데에 한계가 있었던 것이 사실이다. 이 같은 제한점으로 인하여 대부분의 예시들은 '한국어능력시험(TOPIK, Test of Proficiency in Korean)'의 예들을 사용하였음을 밝힌다.

시간이 지나 원고를 다시 수정하고 정리를 하다 보니 아쉬움이 많이 남는다. 공동 작업이 지니는 긍정적인 점과 한계점이 있는바 본서에서 부족한 부분은 다음에 좀 더 보충할 기회가 있을 것으로 기대한다. 부족한 내용이긴 하나 본서가 한국어 교육 발전에 조금이나마 도움이 되기를 바란다.

주지하다시피 한국어 세계화 사업은 한국어 교육 연구 인력의 결집, 한국어 교육 분야의 연구 분위기 조성 등 여러 가지 측면에 매우 큰 영향을 주었다. 한국어 세계화 사업 전반을 초기부터 총괄해 오시고 한국어 평가와 관련해서 '한국어능력시험(TOPIK)' 개발을 위한 기초 연구를 통해 한국어능력시험의 토대를 마련하신 김하수 선생님께 깊은 감사를 드린다. 본서

집필에 대한 발의, 출판을 독려해 주신 한국어세계화재단의 박영순 이사장님께도 심심한 감사를 드린다.

　본서 집필 과정에서 애써 주신 공동연구원 선생님들과 보조연구원에게 감사를 전하고 원고 출판을 맡아 주신 태학사 관계자분들께도 고마움을 전한다.

2006년　2월

공동 저자 대표 강승혜

제1장
언어 평가의 기초

1. 언어 평가의 개념

평가란 '어떤 의사결정을 하기 위해 특정 사물이나 사람, 즉 대상에 대해 가치판단을 내리는 행위'라고 할 수 있다. 여기서 '의사결정을 하기 위해'는 평가하는 목적이 될 것이고 '사물이나 사람'은 평가의 대상이고 '가치판단을 내리는 것'이 평가 행위 자체라고 할 수 있다. 언어학습에 있어서 평가는 교수(teaching)와 학습(learning)을 지속적으로 연결시키는 매우 중요한 과정이라 할 수 있으며, 잘 진행된 평가는 학생들의 언어구사력을 바르게 평가할 수 있고, 또한 학생들에게도 성취감을 불러일으킬 수 있다. 평가는 여러 영역에 걸쳐서 여러 방법으로 수행되고 있으나, 지금까지 '평가'라는 용어는 다양하게 사용되고 있어 이에 대한 정리가 필요할 것 같다. 또한 언어 평가의 대상으로서 언어능력의 개념을 살펴보기로 한다.

1.1. 평가의 개념

'평가'라는 말은 영어로 '시험'의 의미로 사용되어 온 'test', 'exam(ination)' 등을 포함해서 'testing', 'measurement', 'assessment', 'evaluation' 등의 용어가 혼용되어 왔다. 종래에는 평가의 의미로 'testing'이 많이 사용되었으나, 현재에는 'assessment'라는 용어가 많이 사용되는 추세이다. 검사(testing)는 주로 객관적인 지식에 대해 단기간에 실시되는 도구나 절차를 의미하며, 반면에 사정(assessment)은 검사(testing)보다 많은 영역을 포괄하며 객관적인 지식뿐만 아니라 주관적인 수행을 대상으로 장기간에 걸쳐 실시된다는 점이 다르다. 따라서 'assessment'의 한 단면이 'testing'이라 할 수 있다. 실제 교육 분야에서 '입학 사정회', '졸업 사정회', '성적 사정회' 등을 생각하면 쉽게 이해할 수 있을 것이다. 즉, 사정(assessment)은 입학에 필요한 자격이나 요건을 갖추었는지, 졸업을 하기 위한 조건을 갖추었는지, 학기말이나 학년말에 정해진 학습 목표에 도달했는지 등을 판단하는 행위이다. 'testing'은 공인된 도구를 통하여 평가하는 것을 의미하는 것으로 '검사'라는 용어로 사용된다. 흔히 '성격검사', '적성검사' 등 심리학 분야의 다양한 검사 등을 예로 들 수 있다. 'test'는 '검사' 자체를 의미할 때도 있으나 보통은 검사를 위한 '검사지'를 의미하는 경우가 많다.

한편 종래에는 'evaluation'이라는 용어가 넓은 의미의 평가로 정의되었으나, '가치(value) 판단'이라는 의미가 함축되어 있다. 현재에는 교육평가라는 의미로 축소 사용되고 있어서

'evaluation'은 수험자의 능력에 대한 평가라기보다는 교육자체에 대한 평가를 의미한다. 또한 'measurement'라는 용어는 '평가'보다는 '측정'을 의미하며, 파악된 능력을 수치로 표시하는 수량화 작업과 검증을 내포하고 있다. 우리말에서는 'test'를 '검사'와 '시험'으로 일컫는데, 검사는 주로 객관식 지필고사의 평가를 의미하고, 반면에 시험은 평가의 실제 실시과정이나 사례를 의미한다고 볼 수 있다. 보통 '평가'와 '시험'이 때로는 일반인들에게 동일한 의미로 사용되기도 하나, 대부분 시험은 많은 사람들이 치르는 평가의 실시로 일컬어지나 채점과정이나 사후 검증에 대한 의미는 포함하지 않는다고 볼 수 있다.

1.2 언어 평가의 개념

언어 평가에서 측정하고자 하는 것은 언어 학습자의 언어능력이다. 여기서 말하는 '언어능력'이란 '언어를 사용해서 의사소통하는 능력'을 의미한다. 의사소통(communication)이란 자신이 표현하고자 하는 메시지를 언어를 통해 상대방에게 전달하는 행위를 말한다. 의사소통은 의미를 주고받는 상호작용을 전제로 한다. 즉, 의사소통은 '두 사람 이상이 언어적, 비언어적 수단을 사용하여 정보, 지식, 의미, 생각, 느낌 등을 교환하고 교섭하는 행위'(이완기, 2003: 62)라고 할 수 있다. 의사소통 과정에서 주고받는 의미는 고정적인 것이 아니라 발화되는 상황, 언어적 형태, 비언어적 행위 등을 통해 다양하게 의미가 변화될 수 있다. 이와 같이 언어가 가지고 있는 사회언어학적 의미를 포함해서 의사소통의 내용을 이해하고 표현하는 것이 언어학습의 목표라고 할 수 있다. 이러한 언어학습의 목표달성을 위해 학습자가 자신의 의사, 느낌, 생각 등을 표현하는 데 얼마나 적절하게 효과적으로 언어를 사용할 수 있는가를 측정하는 것이 언어 평가라고 할 수 있다.

언어 평가는 언어능력 평가와 동일한 개념으로 간주되는데 이완기(2003: 25)는 언어능력 평가의 개념을 이해하는 데 추정의 원리를 제시하고 있다. 이는 실제 상황을 평가 상황으로 재현하기 어렵기 때문에 자연스러운 의사소통 상황에서 언어를 목적에 맞게 효과적으로 사용할 수 있는 능력의 구성 요소들을 '기준 수행(criterion performance, 혹은 준거 수행)'으로 정해 놓고 인위적으로 제한적 조건 속에서 수험자가 자신이 가지고 있는 능력을 발현하여 그 정도를 측정한다. '평가 수행(test performance)'은 '기준 수행'을 대표하는 표본(sample)으로 보는 것이다. 특정 시험에서 보여주는 수험자의 지식, 능력, 기능(평가 수행)으로 실제 언어 사용 상황에서의 능력과 기능(기준 수행)을 추정하는 것이다. 수험자(학습자)가 지니고 있는 언어능력을 '평가 수행'을 통해서 완벽하게 측정하는 것은 불가능하다. 따라서 학습자가 잠재적으로 가지고 있는 언어능력도 '평가 수행'에 대한 추정을 통해서 가능하다. '평가 수행'이 '기준 수행'을 얼마나 정확하게 측정하고 분석해 내는지가 언어능력 평가에서의 관건이다.

2. 언어 평가의 목적

언어교육과정에서 평가는 다양한 목적으로 활용된다. 언어교육과정의 시작부터 최종단계에 이르는 과정에서 다양한 역할과 기능을 한다고 볼 수 있다. 언어 평가가 언어교육과정에 어떤 역할을 하고 활용되는지 살펴보기로 한다.

2.1 언어 능력 및 적성의 진단(diagnosis)과 피드백(feedback)

언어 평가는 기본적으로 진단과 피드백을 목적으로 한다. 한국어 학습자 또는 학습자 집단의 강점과 약점을 정밀하게 진단하여 어느 부분의 학습이 필요한지를 알려 준다. 또한 진단검사(diagnostic test)는 보다 효과적인 학습 과정이 되도록 교사·학생·관리자에게 다양한 정보를 제공한다. 예를 들어 한 학생이 진단검사를 통해 좋은 발음과 훌륭한 언어 구사력은 지니고 있으나 독해에는 약한 점수를 얻었다면 독해 학습이 더 보충되어야 한다는 결과를 보여준다. 비록 완전한 형태의 검사는 아니지만 학습자가 지닌 여러 가지의 언어 기능을 측정하기 위하여 비교적 짧은 다양한 항목들을 사용하므로 검사의 성격을 지닌다고 할 수 있다. 다시 말해 진단검사는 학습자의 언어 수행에 내재한 취약한 부분을 알아내고 판별하는 데 도움을 주므로 한국어 기능이나 특정 영역에 대한 지도목표의 설정에 중요한 자료와 정보를 제공한다.

2.2 학습자 선발(selection)

언어 평가의 가장 현실적인 목적 중 하나는 당락 구분(pass or failure)이다. 이러한 언어 평가의 목적은 어떤 집단 내에서 학습자가 앞으로 행하게 될 과제수행능력을 결정하거나 어떤 교육 프로그램에 학습자를 참여시킬 것인지 결정하기 위한 것이다. 그리하여 그 집단이나 교육프로그램에서 학습자와 관련된 인적자원, 편의 시설, 자료 등을 가능한 한 효율적으로 사용하기 위한 것이다. 예를 들어, 언어 적성검사(aptitude test)의 경우 언어 학습에 있어 학생의 성공이나 실패를 예견해 줄 수 있는 여과(screening)와 선발(selection) 기능을 하는데 이를 통해 언어 학습 프로그램의 참여 여부를 결정할 수 있다.

2.3 배치(placement)

언어 평가를 통하여 학습자 개개의 수행 수준을 식별하고, 그 학습자를 적절한 수준의 교육 프로그램에 배치하기 위해 사용된다. 예를 들어 한국어 교육기관에서 교육 프로그램 시작 단계에 실시하여 그 성적 결과에 따라 학습자를 초급, 중급, 고급반으로 배치하는 시험의 기능이 이에 속한다고 할 수 있다. 언어 평가가 이러한 배치기능을 얼마나 정확히 해 내느냐에 따라 언어교육의 효율성과 효과 등에 영향을 줄 수 있다. 한국어 교육 현장에서도 다양한 학습자들의 수준을 정확하게 평가해 내야 한국어 교수·학습의 효율성과 효과를 극대화할 수 있다.

2.4 교육 프로그램 평가(program evaluation) 및 개선

언어교육과정이 끝난 후 그 과정에 대한 평가를 의미한다. 이러한 언어 평가는 언어교육 프로그램의 효과에 대한 정보를 얻기 위해 사용되므로 집단의 평균 성적이 개인 성적보다 더 중요하다. 그 예로서 성취도 평가가 있으며 시험의 결과로서 '얼마나 프로그램이 잘 되었는가'를 결정할 수 있다. 전시험/후시험(pre-test/post-test)의 형태를 취해 두 점수의 차이를 '획득 점수(gain score)'라 언급하기도 한다. 이러한 프로그램을 평가할 목적으로는 형성평가(formative evaluation)와 총괄평가(summative evaluation)가 사용될 수도 있다. 형성 평가는 수업과정 중에 실시되는데 학생들에게 각자의 부족한 부분과 보완이 필요한 곳을 보여 준다. 총괄평가는 일정기간의 수업 과정이 끝난 후 실시되며 그 과정의 전반적인 '개요'를 측정하는데 평가의 결과로 서열을 매길 수 있다. 이에 대한 예는 중간고사, 기말고사 등이 있다.

2.5 학습자의 태도와 사회·심리적 차이의 평가
(assessment of attitude and sociopsychological differences)

언어 평가는 학업 성취 정도의 여러 변인 들을 설명할 수 있는 비인지적 요인(non-cognitive factors)의 중요성을 판단하는 데 사용될 수 있다. 학생들의 효과적인 언어학습을 위해서는 목표어, 원어민, 목표어 문화권에 대한 태도나 학생들의 인지 양상, 그리고 사회·경제적 지위에 대한 변인 들을 평가해 볼 필요가 있다. 이와 같은 목적에 언어 평가가 유용하게 활용될 수 있다.

2.6 언어 평가 연구기준의 제공(providing research criteria)

언어 평가에 대한 결과는 다양한 연구를 위한 판단 기준이 된다. 언어 평가 결과들은 다양한 언어 학습 분야에 기초자료로 활용될 수 있다. 그 예로 언어 평가에 대한 결과는 새로운 교수 방법의 개선, 다양한 교재 개발, 언어 교수·학습 자료 등의 개발에 활용된다. 따라서 언어 평가는 (1)효과적인 교수 방법, (2)학습 전략, (3)자료의 제시, (4)언어와 언어학적 과정의 기술 등에 보다 많은 정보를 제공하도록 적절하게 실시될 필요가 있다.

3. 언어 평가의 유형

3.1 객관식 평가와 주관식 평가(objective tests vs. subjective tests)

객관식과 주관식 언어 평가는 채점되는 방식에 따라 구분된다. 즉, 채점자의 주관적인 판단이 들어가면 주관식 평가가 되고, 그렇지 않으면 객관식 평가가 된다. 객관식 평가는 미리 결정된 해답을 사용하므로 채점자의 주관적인 판단이 요구되지 않으며, 각 문항에 대한 정답이 일정하다. 그러므로 교사나 그 외 다른 사람이 채점할 수도 있고, 오늘 채점하거나 지난주에 또는 내일 채점해도 언제나 일정한 점수가 나오며, 기계(컴퓨터)에 의한 채점이 가능하다. 그 예로 다지 선다형 이해 시험(multiple choice recognition test), 진위형 시험(true/false test), 짝짓기 연결 시험(matching test), 단답 완성형(set answer completion) 등이 있다. 반면에 주관식 평가는 채점자의 통찰력과 전문성을 바탕으로 주관적인 판단에 의해 채점되며, 단 한 개의 정답만이 있는 것이 아니다. 짧은 작문이나 즉석 면접에 있어서는 채점자에 따라 다른 방식으로 채점되고 심지어는 같은 채점자라 하더라도 상이한 상황에서 다시 채점할 경우에 그 점수가 달리 나오기도 한다. 예를 들어 자유작문 시험(free writing composition), 면접(interview)과 같은 의사소통 수행시험을 생각할 수 있다. 그러나 여기서 유의할 것은 '주관식 평가'가 반드시 '신뢰성이 없는 평가'는 아니라는 것이며, 주관식 평가도 상당히 공정하고 객관적인 채점을 유지할 수 있다는 것이다.

3.2 직접 평가와 간접 평가(direct tests vs. indirect tests)

직접 평가는 학습자의 언어 수행능력을 직접적으로 측정하는 것을 의미하며, 예로 구두시험(oral interview)이나 작문시험(writing task)이 있다. 간접 평가는 학습자의 언어수행 능력을 간접적으로 포착하거나, 간접적인 언어지식을 측정하는 평가를 의미하며, 그 예로서 지필 평가의 대표적인 유형인 다지선다형 시험(multiple choice test)이나 빈칸 채우기(cloze test) 등을 들 수 있다.

3.3 분리 평가와 통합 평가(discrete point tests vs. integrative tests)

분리 평가(또는 분리항목 평가)는 대개 목표언어의 매우 제한된 분야의 지식이나 능력을 측정하도록 고안된 것으로, 통상적인 다지선다형 문법시험, 괄호 안에 알맞은 전치사 넣기, 문장의 변형을 예로 들 수 있다. 분리 평가는 언어를 부분적인 구성성분으로 분리할 수 있다는 입장이며, 그 구성성분을 정확히 측정해야 한다는 가정 하에 평가 도구가 작성되었다. 언어를 네 기능(듣기, 말하기, 읽기, 쓰기)을 기본 구성요소로 하여, 각 기능 안에 언어의 다양한 계층적 단위(음운, 형태, 어휘, 통사)와 그 단위의 하위범주를 둔다. 예를 들면, 문법, 어휘, 독해 등과 같은 항목으로 구분되어 있는 일련의 선다형의 질문 중에서 어떤 항목은 소단위를 다루고, 또 어떤 항목은 대단위를 다루는 것이 전형적인 언어 평가의 모습이다. 이러한 언어 평가는 언어의 항목을 분리하여 측정할 수 있으며, 이런 단위를 알맞게 표본 추출함으로써 기준타당성에 도달할 수 있다고 주장하고 있다. Brown(2001: 392)은 구성성분 별로 세분화하여 특정 구성요인(constructs)을 측정하는 평가 이론의 유형을 고찰해 보면 그러한 이론적 배경이 반드시 비합리적이라고 볼 수만은 없다고 하였다.

통합 평가는 보다 다양한 언어 능력을 동시에 포착하는 것으로, 학습자의 언어능력을 한꺼번에 종합적으로 측정하는 방법이다. 이 평가는 기능별로 혹은 요소별로 나누어 측정하지 않고, 전반적으로 평가하여 학습자의 보다 종합적인 언어능력을 파악하기 위한 것으로 분리 평가와는 대조를 이룬다. 그 예로 무작위적인 빈칸 메우기(random cloze), 듣기와 쓰기의 통합 형태로 받아쓰기(dictation), 듣기와 말하기의 통합 형태로 구두시험(oral interview) 등을 들 수 있다.

3.4 준거 지향 평가와 규준 지향 평가
(criterion-referenced tests vs. norm-referenced tests)

준거 지향(또는 영역 지향: domain referenced) 평가는 임의로 정해진 교수 목표에 학습자의 언어능력이 부합되는지 평가하는 것으로, 기준이나 당락 점수(대개 전체 점수의 80-90%)가 미리 결정되어 있어, 학생들은 그 기준에 미치지 못하면 실패한다. 이러한 준거 지향 평가는 흔히 '절대평가'라고 불리기도 하며, 그 예로 우리나라의 운전면허 시험이나 검정고시가 있다. 학생들은 다른 학생의 성적과 비교되어 평가되는 것이 아니라 자신의 학습정도나 미리 정해진 절대적 기준에 따라 평가받는다.

규준 지향 평가는 많은 사람들이 일반적으로 처러 온 표준화 시험(standardized test) 방법으로, 시험이 출제되고 관리된 후 합격 가능성(성취 수준)이 정해지는 것을 말한다. 어떤 표본에서 평균 점수를 참조하여 평균 기준이 정해지며, 보다 넓은 범위 분포의 성적이 요구되기 때문에 다양한 난이도의 문제가 나타난다. 평가의 변별력을 위하여 쉬운 문제, 어려운 문제가 함께 출제되어야 하며, 평가된 결과가 정상분포 곡선(normal distribution curve)을 형성하도록 하는 것이 가장 이상적이다. 이는 우리에게 익숙한 '상대 평가'를 의미하며, 그 예로 교육 목표에 의해 미리 정해진 성취기준이 아니라 단순히 학생들의 성적 분포에 의해 '수, 우, 미,

양, 가'의 성적을 부과하는 방식을 들 수 있다.

다시 말하여, 준거지향 평가(절대평가)는 교과과정 내의 특정 프로그램에서 정해진 교수목표 달성여부를 측정하고, 규준지향 평가는 개별기능이나 전반적인 언어능력을 측정하여 정상분포라는 통계적 개념에 의거하여 평가한다. 준거지향 평가는 학생이 성취해야 할 목표 즉 기준이 설정되며, 학생 모두가 특정 교육과정이나 교수자료의 일정한 습득 수준을 보여줘야 하는 것이 원칙적인 목표이다. 이와 같은 평가 유형의 결과는 타인의 성취도와 비교되지 않고 미리 정해 놓은 기준과 관련하여 개인이 보여줄 언어능력 수행의 입장에서 해석된다. 반면에 규준지향 평가는 어느 학생의 성취도를 타 학생의 성취도와 비교하여 순위를 부여하는데, 이 경우 그 기준은 수험생집단의 평균점에 의해서 마련된다. 이 평가방법에서 기준점수는 해당평가를 수차 실시한 결과 많은 학생들에 의해서 얻어진 성취도의 평균적인 수준을 나타낸 것이다. 만약 시험을 치른 학습자가 상당수 일 때는 그 점수가 정상 분포에 가까워 개별 학생들이 도달한 백분율 수준을 알 수 있다.

3.5 속도 평가와 역량 평가(speed tests vs. power tests)

속도평가는 학습자 언어능력이나 지식의 정확성(accuracy)보다는 학습자의 언어수행의 유창성(fluency)에 중점을 두고, 주어진 시간 내에 얼마나 많이 풀어내는지를 측정하는 수행속도가 비교되는 평가이다. 그 예로 다량의 쉬운 단어로 구성된 독해력 시험이나 수학능력 시험 등을 생각할 수 있다. 반면에 역량평가는 학습자에게 문제를 풀 수 있도록 충분한 시간을 주지만, 단지 소수의 학습자만이 모든 문제를 맞힐 수 있도록 어려운 항목을 포함시킨다. 이 평가는 학습자 언어능력이나 지식의 정확성 측면에 중점을 두고 있어서, 시간이 충분히 주어져도 정답을 알지 못 할 가능성이 있다. 그 예로서 주관식 문제, 수학 문제, 학력고사문제를 들 수 있다.

실제 한국어의 경우는 이와 같은 두 가지 유형의 평가는 시행되지 않고 있는데 어휘 영역이나 문법 영역의 유창성만을 평가하는 경우 속도 평가의 유형을 활용할 수도 있을 것이다.

3.6 적성 평가, 성취도 평가, 숙달도 평가(aptitude tests, achievement tests, proficiency tests)

3.6.1 적성 평가(aptitude test)

어떤 특별 수업 프로그램을 위한 학습자의 적응성을 측정하는 평가로, 어떤 학생이 목표언어를 학습할 수 있는가 또는 어떻게 하면 보다 쉽게 배울 수 있는가를 예측하는 데 그 목적이 있다. 보통 이 평가는 교수과정 이전에 이루어지며, 일정한 언어수업을 위해서 학생들을 선발하거나 그들의 능력에 알맞게 학생들을 배치하기 위해서도 실시된다. 외국어로서의 적성시험은 학습자가 외국어를 학습해서 그 학습에 성공할 수 있는 역량 또는 일반 역량이 있는지의 여부를 측정하기 위한 것이며, 특정 언어에만 해당되는 것이 아니라 어떠한 외국어의 습득에서도 그 성공을 예견하려는 데 사용된다. 이러한 목적을 위해 만들어진 표준적성 시험으로는 미국의 Modern Language Aptitude Test (MLAT: Carroll과 Sapon 1958)와 Pimsleur Language Aptitude Test (PLAT: Pimsleur 1966)가 잘 알려져 있다. 외국어 적성시험은 한때 외국어 교육계에서 성행하였지만 그 이후에는 별로 시도되지 않고 있다(Parry와 Child 1990; Brown 2001: 391-392). 그 이유로는 첫째 적성시험은 학습자의 일반적인 지능이나 학구적 성공도를 반영하는 것뿐이며, 최근의 연구(Oxford 1990; Ehrman 1990)에서 전통적인 언어수업에서 집중적이고 분석적인 학습활동을 측정하여 상황 중심의 의사소통능력의 습득에 절대적임을 입증한 학습 전략과 유형 같은 것에는 거의 접근하지 못하였다. 둘째, '외국어 적성시험을 어떻게 해석해야 하느냐'라는 문제로, 적성시험은 점수에 따라 성·패가 좌우되고 자기 성취 예언이 일어난다고 믿도록 유도하여 학생과 교사를 오도할 가능성이 있다. 또한 대부분의 언어교육기관이 미리 적성시험을 치를 수 있는 여건이 조성되어 있다고 보기도 어렵다. 그 결과 교사로서는 학생들의 언어학습의 성공여부를 적성시험의 결과에 의존하기 보다는, 학습자의 능력을 낙관적으로 보고, 언어 학습과정에 도움이 될 전략 쪽으로 유도하고, 학습 과정을 저해시킬 장애 요인을 제거 시켜 주는 것이 타당하다고 인식하게 되었다.

3.6.2 성취도 평가(achievement test)

성취도 평가는 프로그램 평가 목표에 어느 정도 도달 및 성취했는가를 평가하는 것으로, 예를 들면 한국어 교육 특정기간 동안 주어진 교재에 의하여 학습자의 한국어 실력이 얼마나 학습되어 향상·성취되었는지를 측정하는 평가(coursebook progress test)나 일정 학습 기간의 최종 단계에서 치러지는 기말시험과 같이 학습자에게 주어진 시기에 교육목표에 맞게 얼마나 성취하였는가를 측정하는 평가(course achievement test)를 말한다. 성취도 시험은 교실 수업, 단원 또는 전체 교과과정과 직결되어 있고 시험범위가 정해진 시간 안에서 수업 중에 다루어진 교재 내용으로 제한되어 있어서 학력 시험이라고도 한다.

3.6.3 숙달도 평가(proficiency test)

숙달도 평가는 배치, 선별의 목적으로 사용되는 것으로, 전반적인 언어 능력의 측정을 말한다. 그 대표적 예로 TOEFL을 들 수 있다. 언어 성취도 평가는 학생들이 주어진 기간 동안 무엇을 배웠는가를 측정하지만, 언어 숙달도 시험의 목적은 특히 '개별언어의 요건과 언어 능력이 일치하는가'를 결정하는 것이다. 언어 숙달도 시험은 어느 한 과정, 교과과정 또는 단일한 언어 기능 등으로 국한시켜서는 안 된다. 전통적으로 언어능력 성취도 시험은 문법, 어휘, 독해, 청취력, 때로는 작문에 관한 선다형 항목으로 구성된 표준화된 평가 유형이다. 그러나 이 시험이 구술 능력과 읽고 쓸 줄 아는 능력을 혼동하고 있거나, 언어에 관한 지식과 언어사용 능력을 혼동하고 있다는 타당성의 약점을 가지고 있어서, 최근의 언어 성취도 시험은 과거의 전통에서 탈피하여 의사소통적 언어 능력을 정의하는 쪽으로 많은 진전이 이루어지고 있다.

한국어 숙달도 평가의 대표적인 예는 한국어능력시험(TOPIK, Test of Proficiency in Korean)과 한글능력시험(KLPT, Korean Language Proficiency Test)이 있다.

3.7 진단 평가와 배치 평가(diagnostic tests vs. placement tests)

3.7.1 진단 평가(diagnostic tests)

진단 평가는 일정한 기간의 학습 후에 학습자의 약점과 강점을 파악하기 위한 평가다. 특히 이 평가는 다수의 학습자가 쉽게 잘 배우는 부분과 잘 배우지 못하는 부분을 진단해서 그러한 부분의 교육내용과 방법을 수정하고 보완하기 위한 목적으로 사용한다. 따라서 이러한 평가는 성적을 서열화하거나 등급화하지 않고, 수험자의 취약점을 지적하고 보완할 수 있는 방안을 제시하여 주는 것이 바람직하다. 교수 학습 단계에서는 시작단계에서 시행되는 평가의 유형이라고 할 수 있다.

3.7.2 배치 평가(placement tests)

배치 평가는 어떤 교육 프로그램에 수험자의 능력에 가장 적절한 단계나 반에 배치할 수 있는 정보를 제공하는 것을 목적으로 한다. 보통 일정한 교육 프로그램이 시작되기 전에 실시하여 비슷한 수준의 수험자끼리 같은 반에 배치하도록 한다. 한국어 교육기관에서 실시하고 있는 배치시험 혹은 편입시험의 유형이 이에 속한다. 기본적으로 각 기관에서 정하고 있는 등급을 기준으로 등급제를 택하고 있으며 평가 영역이 말하기와 쓰기의 두 개 영역으로 시행하는 경우가 대부분이다. 배치 시험의 말하기 시험은 인터뷰 형식을 취하며 기관에 따라 어휘/문법, 읽기 등을 보조적으로 활용하고 있다. 인터뷰 형식의 말하기 평가는 학습자의 담화 구성 능력을 각 등급 수준에 맞추어 측정하고 있다. 쓰기 평가는 대체로 작문 또는 논술 형태를 취하여 담화 구성 능력, 어휘와 문법의 이해 및 사용에 대한 평가에 초점을 두고 있다. 현행 한국어 교육기관에서 시행하고 있는 배치시험의 경우는 앞에서 언급한 바와 같이 말하기, 쓰기와 같은 표현 능력에 초점을 둠으로써 이해 능력 평가가 제대로 이루어지지 못하는 한계를 나타내고 있다. 뿐만 아니라 배치 평가의 경우 기능을 분리해서 시행하고 있는 분리 평가 형태를 취함으로써 통합평가 형태를 지향하는 부분이 취약하다고 할 수 있다.

위에서 언급한 진단 평가와 배치 평가를 비교해 볼 때, 배치 평가는 언어 교육과정의 시작 단계에서 시행하는 형태의 평가로서 진단 평가의 성격도 있지만, 진단 평가는 특정 목적 교육과정에서 학습자의 언어학습의 목적, 요구 등을 고려해야 한다는 점에서 교육기관의 언어 교육과정에 편입시키기 위한 배치 평가와 다르다고 할 수 있다.

3.8 표현능력 평가와 이해능력 평가(production tests vs. recognition tests)

3.8.1 표현능력 평가(production tests)

표현능력 평가(또는 생성능력 평가)란 말하기, 쓰기 등과 관련된 표현능력에 관한 시험을 의미하며, 언어 두 가지 양상인 구어와 문어에 따라 구어의 표현능력에 해당하는 말하기와 문어의 표현능력에 해당하는 쓰기 능력을 평가하는 것으로 각 기능에서 측정해야 하는 평가 영역들을 반영한다.

3.8.2 이해능력 평가(recognition or comprehension tests)

이해능력 평가(또는 수용능력 평가)는 듣기, 읽기와 같은 이해능력에 관한 시험을 의미한다. 언어의 두 가지 양상 중 구어 이해능력에 해당하는 듣기와 문어 이해능력에 해당하는 읽기 평가로 구분된다.

3.9 언어기술 평가와 언어체계 평가(language skills tests vs. language systems/ features tests)

3.9.1 언어기술 평가(language skills tests)

언어기술 평가란 듣기, 읽기, 말하기, 쓰기 기술에 대한 평가를 말한다. 그 예로서 듣기의 청취력 시험, 읽기의 독해력 시험, 말하기의 구술시험, 쓰기의 작문, 논술(essay), 요약(precis writing) 등과, 일반통합 기술의 빈칸 채우기(cloze) 및 받아쓰기(dictation) 등이 있다.

3.9.2 언어체계 평가(language systems/features tests)

언어체계(또는 언어자질) 평가란 문법이나 어휘에 대한 평가로서, 영어 시험에서는 가주어와 진주어, 동사의 시제, 상(진행, 완료), 태(수동, 능동), 주어 동사의 일치, 수식어(형용사, 부사)의 비교급 최상급, 관계사 등의 분리 항목을 예로 들 수 있다. 한국어의 경우도 한국어의 어휘 및 문법적 지식을 다루는 평가 항목으로 구성된다. 실제로 한국어 교육의 평가내용과 국어교육에서 평가하는 내용이 차별화되어야 하는 핵심적인 부분이라고 할 수 있다. 한국어 교육에서는 언어체계 시험의 경우라고 하더라도 문법적인 지식 자체를 평가하기보다 문법적인 지식을 중심으로 실제 사용과 관련된 내용으로 평가하게 된다. 예를 들면, 연결어미 '-니까'와 '-어서'의 차이점을 설명하게 한다든지 문법적인 기능이 무엇인지를 질문하는 것이 아니라, '-니까'와 '-어서'를 사용한 문장이 자연스럽지 못하거나 어색한 문장을 고른다든지 하는 방법으로 두 가지 문법 요소에 대한 문법적 지식을 평가한다는 것이다. 어휘도 마찬가지로 어휘사용에 대한 것을 평가하는 방향으로 이루어진다.

3.10 형성평가와 총괄평가(formative tests vs. summative tests)

3.10.1 형성평가(formative tests)

형성평가는 교수·학습이 진행되는 과정에서 수시로 학생들의 학습 정도를 측정함으로써 학습자에게 피드백을 주어 각 학습자로 하여금 학습내용과 방법을 개선하도록 실시하는 시험이다. 주로 수업시간에 배운 내용에 대해 수업 중에 실시하므로 간단한 퀴즈(quiz) 형태로 제시된다. 실제 한국어 교실 수업의 경우, 한 시간의 수업과정에서 교사가 그 시간의 수업목표에 따라 수업내용을 진행시켜 가는 과정에서 다음 단계로 넘어가기 전에 소항목의 교수학습 내용을 점검하는 것이 형성평가의 형태로 이루어지고 있는 것이다. 이것은 수업 설계에서 반드시 포함시켜야 하는 평가이기도 하다.

3.10.2 총괄평가(summative tests)

총괄평가는 학습의 대단원, 교과과정, 교육 프로그램의 종료단계에서 학습자가 이룩한 교육의 결과를 살펴보기 위한 평가이다. 이 평가는 일정기간 동안의 교육내용과 방법에 대한 결과를 판단함으로써, 그러한 교육프로그램을 더 계속할 것인가 또는 종료할 것인가, 또는 확장할 것인가, 그렇지 않으면 다른 교육프로그램을 채택할 것인가를 판단하고 결정하는 근거를 얻고자 한다.

총괄평가의 경우는 한 시간의 수업이 종료될 무렵 실시할 수도 있고 기능이나 주제를 중심으로 이루어진 한 단원이 끝날 무렵 간단한 퀴즈 형태로 실시할 수도 있다. 좀 더 기간을 길게 잡을 경우 중간시험은 형성평가로 기말시험을 총괄평가로 평가의 목적에 따라 활용될 수 있다.

3.11 단일단계 평가와 다단계 평가(single-stage tests vs. multi-stage tests)

단일단계 평가는 수험자가 평가를 단 한 번에 치르는 평가이며, 다단계 평가는 수험자가 2회 이상 치르는 평가를 말한다. 현재 다단계 평가의 예로서 사법고시나 교사임용고시를 들 수 있는데, 현행 교사임용고시를 치르려면 예비교사 수험자가 1차 필기시험을 치러서 합격한 후에, 2차 실기시험(교안작성, 수업발표) 및 면접을 거치므로 다단계 시험이라 할 수 있다.

한국어 교육에서의 다단계 평가는 아직 실제로 시행되지 않는 평가의 유형이기는 하나 말하기 시험의 경우, 교사와의 일대 일 면접 형태의 시험 후에 주제를 주고 두 사람씩 대화 혹은 역할놀이 등을 평가하는 유형을 예로 들 수 있다. 혹은 읽기 시험의 경우, 1차 낭독시험을 보고 독해부분에 해당하는 시험을 시행하는 경우를 예로 들 수 있을 것이다.

4. 언어 평가의 요건

1960년대에 대두된 구조주의 접근법에서 좀 더 체계적인 평가가 추구되면서, 평가가 갖추어야 할 조건에 대한 관심이 고조되었다. 보통 이상적인 평가조건으로 다음의 신뢰도 (reliability), 타당도 (validity), 효율성 혹은 실용도(efficiency/practicality)를 들고 있다. 이외에도 평가결과의 역류효과(washback)도 평가의 중요한 요건으로 간주된다. 따라서 이 네 가지를 중심으로 평가의 개념과 평가가 갖추어야 할 요건을 살펴보기로 한다.

4.1 신뢰도(reliability)

신뢰도란 측정의 일관성(consistency of measurement) 또는 객관성(objectivity)을 일컫는 말이다. 실제로 평가를 실시하다 보면 피험자가 학습한 내용을 망각하였을 수도 있고, 평가가 실시되는 두 상황의 환경이 다를 수도 있으며, 채점 과정이나 방법이 동일하지 않았을 수도 있기 때문에, 동일한 피험자를 대상으로 동일한 시험을 두 번 실시하였을 때 정확하게 똑같은 평가 결과를 기대할 수는 없다. 그러나 두 평가의 결과가 유사하면 할수록 신뢰도가 높은 평가가 된다. 다시 말해서 신뢰도란 평가도구(즉, 시험)가 측정하는 과정과 방법에 일관성이 있는가, 측정의 오차가 얼마나 적은가, 또는 얼마나 객관성(objectivity)을 띨 수 있는가의 정도를 의미한다. 결국 한 평가도구가 피험자의 언어수행을 '어떻게(how)' 측정하고 있는가의 문제가 바로 신뢰도의 문제이다. Brown(2001: 386)은 신뢰도가 있는 평가란 '일관되고(consistent) 의존할 수 있는(dependable) 평가'라고 말하였다.

신뢰도는 여러 요인의 영향을 받으며, 학생들의 언어수행을 일관성있고 정확하게 반영할수록 학생의 능력이나 지식의 평가에서 더 많은 신뢰도를 가질 것이다. 따라서 Bachman(1990)은 신뢰성 있는 평가의 결과는 평가 상황 등의 시험이 갖는 여러 가지 요인에도 불구하고 항상 일관성을 지닌다고 보았다. 어떤 평가가 신뢰성이 결여된 원인은 평가의 과정과 방법이 일관성이 결여되었거나 또는 평가에서의 피험자의 능력에 대한 측정(채점) 때문에 생기는 경우가 있다. 이러한 요인에 의해 신뢰도를 시험 신뢰도와 채점 신뢰도의 두 가지로 나눌 수 있다.

4.1.1 시험 신뢰도(test reliability)

시험 신뢰도란 평가과정과 방법의 안정성을 의미하는 것으로서, 동일 대상이 동일 조건으로 시험을 반복하였을 때 어느 정도 동일한 결과를 얻을 수 있는가의 문제이다. 또한 이것은 많은 피험자들이 가능한 한 동일조건에서 자기의 능력을 발휘할 수 있느냐의 문제, 즉 측정과정 또는 방법에 일관성과 객관성이 있느냐의 문제와 관련된다. 한편 이러한 평가실시 과정이나 방법에 대한 신뢰도를 의미하는 시험 신뢰도를 검사 신뢰도라고도 부르는데, 전술한 바와 같이 '검사'라는 용어가 주로 지필평가에 의한 객관식 시험을 상정하고 있으므로, 듣기나 말하기와 같은 시험을 포함한 평가자체의 신뢰도를 의미하는 것으로 '시험 신뢰도'라는 용어가 더욱 포괄적일 수 있다.

시험은 인간 행동이 대상이므로 어느 한계 내에서의 시험과정이나 방법의 차이는 허용되지만, 가능한 한 그러한 차이가 극소화되어야 시험 신뢰도가 있게 된다. 예를 들어 어느 듣기평가에서, A학교의 경우에는 시험을 본 학생들은 주변의 환경이 조용하고 듣기시험을 실시하기 위한 매체의 기능 역시 뛰어나 녹음된 내용을 잘 들을 수 있던 것에 반하여, B학교에서는 시험을 본 학생들이 주변이 너무나 시끄럽고 매체 역시 제대로 기능을 발휘하지 못해 녹음된 음성을 정확히 듣지 못했다면 이러한 듣기 시험의 시험 신뢰도는 낮다. 흔히 시험은 시험작성자의 역량이 미치지 못하는 요인 때문에—예를 들어, 수험자의 질병과 같은 심리 신체적 여건,

시험 당일의 기상 여건이나 날씨, 또는 시험장소의 물리적 환경 등 때문에—신뢰성이 없는 결과가 나오기도 한다. 따라서 시험 신뢰도를 향상시키기 위해서는 시험에 수반되는 제반 요인에 의해 수험자가 제대로 능력을 제대로 발휘하지 못하는 결과가 나오지 않도록 유의하여야 한다. 고장 난 저울로 물건을 달아 볼 수 없듯이, 믿을 수 없는—즉, 시험 신뢰도가 없는—평가도구로는 검사를 할 수 없게 된다.

4.1.2 채점 신뢰도(scoring reliability)

채점 신뢰도는 채점자에 의한 채점의 일관성을 말한다. 요즈음 수험자에게 흔히 실시되는 다지선다형 검사에서의 경우에는 정답이 미리 정하여져 있기 때문에 어떤 채점자가 채점을 해도 일관성 있는 점수가 부여될 수 있다. 즉 어떤 채점자가 채점을 하더라도 채점의 일관성에 대한 문제가 없고 또한 인간이 아닌 컴퓨터가 채점을 할 수 있기 때문에 채점의 객관성은 보장된다. 그러나 주관식 검사의 경우 정해진 답이 명확하지 않기 때문에 채점자에 따라서 점수가 다르게 부여될 수가 있어서 인터뷰나 작문과 같은 주관적인 검사에서는 채점의 일관성 즉, 채점 신뢰도가 반드시 보장된다고 할 수 없다. 이러한 채점 신뢰도는 개별적인 채점자에 의한 채점의 일관성인 채점자 내 신뢰도(intra-rater reliability)와 서로 다른 채점자들 간의 채점의 일관성인 채점자간 신뢰도(inter-rater reliability)로 구별할 수 있다.

채점자 내 신뢰도는 한 채점자가 시간차를 두고 채점을 실시할 때, 이 채점의 일관성을 말하는 것이다. 예를 들면 어떤 특정한 채점자가 인터뷰나 작문의 채점을 실시할 때 처음에는 엄격한 점수를 부여하다가 상당한 시간이 지난 후에는 관대한 점수를 부여한다면 그 채점자 내부의 일관성이 결여되어 결국 채점자 내 신뢰도는 결여되었다고 말할 수 있다. 즉, 채점자 내 신뢰도는 동일한 채점자라도 채점시간, 기분 등의 여러 요인에 따라 채점결과가 큰 차이를 보일 때 문제시되는 것이다.

한편 두 명 이상의 채점자가 채점한 결과가 서로 얼마나 비슷하거나 일치하는가에 대한 판단이 채점자간 신뢰도인데, 이는 채점 결과의 채점자 사이의 상관 정도로 추정할 수 있다. 외국어 능력에 대한 채점 신뢰도 문제는 말하기나 작문 능력 검사에서 발견할 수 있는데, 외국어 말하기나 작문의 능숙도(혹은 숙달도)는 정의하기 어려운 많은 특성이 포함되어 있기 때문에 채점자별로 채점의 결과가 다르게 나타날 수 있다. 채점자가 어떠한 특성에 더 많은 비중을 두고 있느냐에 따라서, 혹은 채점자의 기분이나 판단기준의 차이에 따라서 같은 검사를 치른 수험자라도 어떠한 채점자를 만나느냐에 의해 점수의 차이가 날 수 있다는 것이다. 똑같은 검사라도 채점자들의 가치관에 따라서 제각기 채점하여 일관성이 없거나 채점자별로 점수 차이가 크다면 그 검사는 신뢰도가 낮다. 이런 경우가 채점자간 신뢰도가 문제가 되는 경우이다.

4.2 타당도(validity)

검사에 있어서 가장 중요시되는 것은 타당도로서 특히 70년대 이후 중시되었다. 검사에 있어서의 타당도(validity)란 그 검사도구가 측정하려고 하는 것을 어느 정도로 측정하고 있느냐 즉, 검사 결과가 검사 목적에 얼마나 부합하느냐의 문제이며, 이는 검사결과가 사용되는 목적에 따라 판단된다. 타당도란 '무엇(what)'이라는 개념과 관련이 있으며, 검사가 측정하고자 하는 것을 실제로 측정할 수 있는 정도이다. 즉, 수업 평가 목적 하에서 사용되는 도구가 수업의 어떤 측면, 속성, 내용을 검사자가 목표하는 바에 따라 얼마나 진실하고 충실하게 측정해 줄 수 있는가 하는 정도를 나타내는 개념이다. 한국어 말하기 시험이 측정에 약간의 오차가 발생하더라도 본래 수험자의 한국어 말하기 능력을 측정하여야 하며, 단순히 한국어 발음에 대한 암기 지식을 측정하고 있어서는 곤란하다. 또한 타당도는 시험결과의 해석의 적합성을 의미하기도 하기 때문에, 타당도를 분석하는 일은 평가에서 얻은 결과를 가지고 검사의 타당성의 근거를 수집하는 과정이기도 하다. 타당도는 다음의 다섯 가지로 나뉜다.

4.2.1 안면 타당도(face validity)

어떤 검사도구가 목표하는 수험자의 능력을 평가하고자 할 때, 우선 피상적으로 보기에 타당한가를 나타내는 정도를 안면 타당도(face validity)라고 한다. 이러한 안면 타당도란 우선 검사도구가 측정하려는 것을 측정하는 것처럼 보이는가 즉, 과연 그 검사가 타당해 보이느냐를 말하는 것이다. 이것은 학습자 관점에서 아주 중요하다. 안면 타당도는 거의 내용을 기본으로 하고 있지만 종종 개인의 인상이나 능력에 따라서 타당도가 검증된다. 즉, 검사가 그 외형상으로 보아 검사 목적에 부합되는가를 묻는 것으로, 검사의 형식이나 내용이 외형상 나타내 보이는 방식을 의미한다. 어떤 검사도구가 검사하고자 하는 것과 관계가 없거나, 적절하지 못한 것으로 나타나 보인다면 수험자는 동기 유발이 잘 안되고, 그것이 다른 사람에 의해 제작된 시험문제라면 평가자가 잘 채택하지 않을 것이다. 안면 타당도가 없는 평가는 수험자들로 하여금 그들의 능력을 우선 겉보기에 정확하게 발휘할 수 없도록 부정적인 영향을 미칠 수 있으며, 또한 학습 내용과 검사 내용이 다르게 느껴져 학습동기를 저하시킬 수 있기 때문에 우선 검사도구는 안면 타당도를 갖추는 것이 중요하다고 할 수 있다.

예를 들어서 야구 능력을 측정하는 데 있어서 일정한 거리의 목표지점을 정해주고 그 안에 몇 개 이상의 공을 넣는 것으로 야구의 투구능력을 측정한다는 것은 단순히 지필고사에 의한 야구지식의 검사보다는 우선 겉보기에도 야구능력을 타당하게 검사한다고 볼 수 있다. 즉 이러한 야구의 수행 시험이 야구에 대한 지필고사 보다는 안면 타당도를 지닐 수 있다고 하겠다. 그러나 야구능력을 측정하려고 한 것이 야구에 대한 여러 능력들 중에서 단순히 목표지점에 얼마나 많은 공을 넣느냐는 능력에만 많은 비중이 놓여 진다면, 그러한 야구시험은 타당한 야구능력의 평가라고 하기에는 많은 의심이 든다. 즉 단순히 야구공을 던지는 투구능력만을 평가한 것이므로 이 평가는 수험자의 야구능력을 측정하기에 타당하다고 할 수 없다. 겉보기에는 야구능력을 평가하는 것으로 비쳐질 수 있지만, 실제 야구 게임에서 요구되는 야구 능력을 평가한다고 볼 수 없다.

4.2.2 내용 타당도(content validity)

검사도구가 검사하려고 하는 내용이나 교육목표를 어느 정도로 충실히 측정하고 있는지를 분석 측정하려는 타당도를 내용타당도(content validity)라고 한다. 문항내용이 교과내용의 중요한 것을 빠뜨리지 않고 충분히 포괄하고 있는가, 문항의 난이도가 학생집단의 특성에 비추어 보아 적절한가, 그리고 문항의 표본이 모집단을 잘 대표하고 있는가에 따라 내용 타당도가 결정된다. 이러한 내용 타당도는 크게 내용포괄성(content coverage)과 내용관련성(content relevance)으로 구별되는데, 전자는 검사하고자 하는 시험내용이 모두 포괄되고 있는가에 대한 문제를 일컫는다. 반면에 후자는 실제로 출제되어 실시되는 시험문항이 과연 검사하고자 하는 내용과 관련이 있는가에 대한 문제로서, 시험내용의 능력영역(ability domain)과 시험방법 양상(test method facets)을 내포한다고 볼 수 있다(Bachman, 1990).

어떤 학자는 내용 타당도를 안면 타당도와 특별히 구분하지 않고 동일하게 취급하기도 한다(Henning 1987: 94). 이는 내용 타당도가 객관적 자료에 근거한 것이 아니라 논리적인 사고에 입각한 논리적인 분석과정으로 비롯되는 평가관계자나 출제자의 판단에 의존하기 때문이라고 할 수 있다. 그러나 전문가의 판단에 의해서 검사의 타당성을 입증 받게 되면 검사의 구체적인 내용들이 검사하고자 하는 구체적인 목표나 내용들을 대표하고 있는지에 대해 검정할 수 있다는 장점을 지닌다. 최근 외국어 검사에서는 검사 목적, 내용, 문항 유형 선택, 예상되는 학생들의 수행정도, 채점 기준 등을 개발할 때 작성하는 검사의 출제구상표(specification) 작성을 통해 내용 타당도 증진을 도모하고 있다(Hughes, 1989). 그러나 내용 타당도의 한계는 시험의 내용 자체에만 관심이 있고, 원래 그 시험이 의도한 수험자의 능력에 대해서는 적절한 판단을 하지 못하는 결과가 나올 수 있게 되었다. 즉 시험의 내용에는 많은 관심을 가지지만 그 시험의 점수 또는 시험 점수가 갖는 의미에는 무관하게 되어, 결국 상위의 타당도 개념(즉 더 의미있는 타당도 개념)에 관심을 가질 필요가 있게 된다. 또한 내용 타당도는 양적 분석을 통해 검증되기 어렵다는 한계를 가지고 있다.

4.2.3 구인 타당도(construct validity)

구인 타당도(construct validity)는 포괄적이고 가장 최상위적인 개념의 궁극적 타당도로 검사가 조작적으로 정의되지 않은 어떤 특성이나 성질을 측정했을 때, 그것을 과학적 개념으로 분석하고 의미를 부여하는 과정이다. 즉, 이 평가는 정의 내린 그대로 이론적인 구성요인이나 자질을 측정하느냐를 분석하는 것으로 검사하는 내용과 방법이 타당한가를 검증하는 것이다. 언어검사에 대한 구인 타당도는 검사 내용과 방법이 측정하려는 언어지식과 의사소통능력을 정확히 반영하고 있느냐의 문제이다. 즉, 검사가 언어능력이론에서 제시하고 있는 기저능력을 측정해서 보여 줄 수 있다면 구인 타당도가 있다고 말할 수 있다. 따라서 구인 타당도의 여부는 검사가 타당한 이론적 바탕에 근거하고 있고 이것이 검사내용에 올바르게 반영되었느냐에 의해 결정된다.

구인 타당도의 목적은 기존의 이론적 검사 바탕이 실제로 타당한가에 대한 근거를 제시하는 것으로 다음의 예를 들 수 있다. 한국과 영국의 운전면허 시험을 살펴보자. 과거에 한국에서는 면허를 쉽게 땄던 사람이 영국에 가서는 따기가 힘들다. 그 이유는 한국에서는 종래의 운전면허 검사 기준이—즉, 구인(construct)이—제한된 공간에서의 운전기술 자체라면, 영국의 운전면허의 기준은 운전기술 뿐만 아니라 실제 거리에서의 안전운행, 지리적 감각 및 교통여건에 맞는 속도감각 등이 들어간다. 즉, 영국에서는 운전 수험자가 얼마나 능숙하거나 빠르게 운전하는 것보다도 주위 교통여건에 맞으면서도 안전하게 운전하는 것을 더 많은 비중을 두어 검사한다고 볼 수 있다. 영국운전시험에서는 운전기술 못지않게 관찰이 중요한 운전 능력으로 판단하고 있는 것이다. 따라서 좌회전이나 우회전을 할 때에 고개를 돌려 미리 관찰하지 않고 운전핸들을 돌리면 부적격 운전자로 평가한다. 이와 같이 우리와 영국은 운전면허 검사기준이 다른데, 이러한 차이는 운전면허 검사내용과 방법에서 기인한 것이고, 결국 운전 능력을 구성하는 요인을 다르게 본 근거(이론)에 기인한 것으로, 이러한 검사 근거의 타당성이 구인 타당도(construct validity)인 것이다.

예를 들어 한국어 듣기평가의 경우 긴 듣기지문을 들려주고 지문의 내용을 그대로 외워 써야만 하는 질문으로 평가를 한다면 듣기 이해능력을 평가하는 것이 아니라 암기능력을 평가하는 것이라고 할 수 있다. 이 같은 경우 듣기능력이라는 개념을 어떤 구성개념으로 볼 것이냐가 문제가 된다. 단순히 음성 언어로 된 정보를 들을 수 있는 능력을 평가할 것이냐 들은 내용을 해석하고 이해한 것을 평가할 것이냐 하는 것이다.

어떤 검사 도구를 구인 타당도에 의해 검증하는 것을 타당도 검증(구인 타당화: construct validation)이라고 하는데, 여기에는 수치분석(양적 분석: quantitative analysis)과 질적 분석(질적 분석: qualitative analysis)의 두 가지 방식이 있다. 전자는 말 그대로 점수와 같은 수치를 분석하는 것이고, 후자는 수행평가나 논술에 대한 채점과정을 밝히기 위하여 채점자들과 구두시험을 통하여 평가의 질적인 면을 분석하는 것이다. 구인 타당도를 밝히는 과정에서 한 가지 형태의 연구만이 이용되는 것이 아니라, 적절하다고 생각되는 모든 형태의 연구방법이 쓰이므로 필연적으로 구인 타당도의 정도를 어떤 단일한 지수로 표현하는 것이 어렵다. 따라서 타당도의 지수가 점수 차의 비교일 수도, 상관관계일 수도, 시간상으로 보았을 때의 변화 점수일 수도 있어서 때로는 가장 객관적이면서도 가장 가시적인 것이 될 수도 있다.

4.2.4 준거관련 타당도(criterion-related validity)

준거관련 타당도(criterion-related validity)는 검사점수가 수행의 적절한 외적 기준과 상호 연관된 정도를 말하며 대개 양적(quantitative)이고 후험적(a posteriori) 개념으로, 기준(criterion)에 따라 수험자를 정확하게 측정할 수 있는 설득력 있는 증거를 제시해 주는 타당도이다. 이상적인 검사는 실제 생활에서 만날 수 있는 문제들이나 미래의 생활에서 직접 접할 수 있는 문제를 수행할 수 있는 능력을 측정하여 미래의 특정한 맥락에서의 피험자의 수행 능력을 예견해 줄 수 있어야 한다. 시행된 검사 결과가 동일 능력을 측정하는 믿을 만한 다른 검사의 결과와 비슷하면 준거 타당도가 있다고 할 수 있다. 검사점수가 다른 수행의 측정, 대개 기존에 시행된 검사와 관련된 정도를 말하는 공인 타당도와 검사점수가 어떤 미래의 수행의 기준과 관련된 정도를 말하는 예측 타당도가 있다.

1) 공인 타당도(concurrent validity)

어떤 시험의 타당도가 높은가를 파악하기 위해서는 같은 수험자로 하여금 다른 시험을 보게 하여 그 수험자의 결과가 일치하느냐 따라서 검증하는 것이 공인 타당도(또는 병렬 타당도)이다. 새로이 선보이는 시험의 타당도를 검증하기 위해서 이 시험을 본 수험자들을 인정받고 있는 기존의 시험을 보게 하여 그 결과와의 비교를 통해 그 시험의 타당도를 검증하는 것이다. 그 차이가 크다면 공인타당도가 떨어지는 것이 된다.

2) 예측 타당도(predictive validity)

예측 타당도는 그 시험결과가 피험자의 미래행동이나 특성을 어느 정도 정확하고 완전하게 예언하느냐에 의하여 결정할 수 있는 것으로 예언 능률의 정도에 의해 표시되는 타당도이다. 이때의 준거는 시간적으로 미래의 행동특성 즉, 수행기준이 된다. 미래의 행동특성은 학업에서의 성공이나 직업에서의 성공일 수도 있고, 개인적·사회적 적응의 정도일 수도 있다. 이것은 어떤 검사도구가 목적하는 준거를 정확히 예언하는 힘을 말하는데 검사 도구에서 완전한 예측을 기대할 수 없으며 거기에는 반드시 예측의 오차가 있다. 예를 들어, 한 성적시험에서 성공한 학생이 다음 성적 시험에서 실패하거나, 또 비행기 적성시험에서 우수한 피험자가 비행기록에서 실패하는 결과를 나타낸다면 이것은 예측 타당도가 낮은 것이다.

4.3 실용도(practicality)

실용도란 평가를 위한 경비, 시간, 노력의 경제성을 의미한다. 이는 최소한의 경비, 노력, 시간을 들여 최대한으로 평가 목표를 달성하는가의 문제이다. 따라서 평가의 실시와 채점이용이하고, 평가를 위한 경비, 시간, 노력이 적게 들고, 평가 결과의 해석이 용이해서 그 결과를 유효 적절히 사용할 수 있다면, 이 평가는 실용성이 있는 평가라고 본다. 아무리 타당도와 신뢰도가 높은 평가라도 주어진 환경에서 실시할 수 없다면 이 평가는 아무 의미도 없게 된다. 예를 들어, 원어민의 대화를 듣고 그 이해를 측정하는 듣기 평가를 실시하고자 하는 교실에 모든 피험자가 테이프 내용을 잘 들을 수 있는 스피커가 없다면 이 시험을 실행 가능성이 낮아 사용이 포기될 것이다. 또한 평가의 실용성은 환경 변수의 영향이 크기 때문에, 우리나라 같은 교육 환경에서는 특정평가 유형(예를 들어, 수행평가)의 활용 여부를 결정짓기도 한다. 이에 평가의 실용성은 실제 시험 상황에서는 무시될 수 없는 평가가 갖추어야할 중요한 요건이다. 즉, 평가는 경제성, 시간제한 그리고 관리, 채점, 해설의 용이함을 감안하여 실용적이어야 한다는 것이다. 이론적으로만 좋다고 해서 좋은 것만은 아니다. 아무리 훌륭한 평가도구라 할지라도 그것이 경비, 시간, 노력의 소모가 지나치다든지 실시, 체험에 있어서 너무 복잡하다면 이러한 평가도구는 그 효과가 적으며 사용하기가 대단히 곤란한 것이다. 그러므로 실용도 측면에서 평가가 이루어져야 한다. 실용도가 있는 평가도구이기 위한 몇 가지 조건은 1) 평가실시의 용이, 2) 채점의 용이, 3) 해석의 용이 그리고 4) 경제성 등이다.

4.4 효과(impact)

어떤 시험의 효과(impact) 즉, 시험이 가지고 있고 그 결과를 사용함으로써 야기되는 효과는 교사와 학생들에게 주는 미시적인 수준(micro-level)의 개인적인 측면과 사회와 교육체계에 영향을 주는 거시적 수준(macro-level)일 수 있다.

파급효과(역류효과: washback/backwash)는 평가를 하고 평가결과를 사용하는 것이 개인과 사회, 교육체계에 갖는 효과이다. 평가의 파급효과는 긍정적이거나 부정적일 수 있다. 전자는 유익한 파급효과(beneficial washback)라고 하고, 후자는 유해한 파급효과(harmful washback)라고 한다. 원래 시험이라는 것을 우리는 일반적으로 어느 한 과정을 배우고 정리, 평가하는 것이라고 생각할 수 있는데, 우리 현실은 반드시 그렇다고 볼 수 없다. 특히 우리나라의 경우 대학수학능력시험에 어떠한 문제가 출제되었느냐에 따라서 교과의 교육내용과 방법이 바뀌는 경향이 있다. 예를 들어, 대학수학능력시험에 언어에 대한 듣기평가가 실시되면서 그러한 듣기평가의 내용과 방법이 실제 고등학교에서의 교육내용과 방법에 많은 영향을 미친 것을 알 수 있다. 즉, 어떤 교과의 교육을 마친 후 교육의 마지막 단계로서 평가를 이상적으로 실시하는 것이 아니라, 어떤 평가의 내용과 방법이 오히려 그 해당 교과의 교육에—즉 학습의 내용과 방법에—영향을 미치는 것이다. Brown(2001: 410)은 학생들이 자신의 장·단점을 알 수 있도록 평가 결과를 기술하여 줌으로써 평가의 긍정적인 파급효과를 높이는 방법이라고 보았다.

이에 반대되는 개념으로 수험자의 학습내용이나 방법이 수험자가 치르는 평가에 반영되거나 영향을 미치는 효과(washforward impact)가 있다. 이러한 예로는 수험생들이 외국어에 대한 읽기나 문법위주의 교육을 받음으로써 자신의 외국어 능력에 대한 시험을 치를 때에도 말하기와 작문시험을 기피하고 읽기나 문법위주의 시험을 선호하는 것이다. 이것은 수험자가 실제 교육과정에서 학습한 교육내용과 방법이 평가에 영향을 미치는 것이다.

5. 언어능력 평가의 역사

Spolsky(1976, 1978)에 따르면 언어능력 평가의 역사는 크게 3단계로 나누어 볼 수 있다. 직관적인 성격을 띤 과학이전의 시기(pre-scientific period), 과학적인 성격을 띤 심리측정 및 구조주의적 시기(psychometric-structural period), 통합적인 성격을 띤 심리언어학적·사회언어학적인 경향(psycholinguistic-sociolinguistic period)로 나뉘어진다. 최근에는 의사소통적 경향을 보여주는 많은 언어 평가의 연구와 노력이 이루어지고 있어서, 여기에 의사소통적 시기(communicative period)를 추가하여 분류하여 볼 수 있다(Weir, 1990).

5.1 과학이전의 시기(The Pre-Scientific Period)

이 시기는 직관적 시기(intuitive period)라고도 불리어지는데, 언어교육 자체에 뚜렷한 학술적 배경이 없었기 때문에 언어 평가는 일반적인 평가 원리에 머무를 수밖에 없었다. 1920년대 초반까지 언어학은 전통 문법의 이론적 기저인 정신, 의지, 마음을 언어의 근본 요소로 보는 정신주의의 영향으로 문법 항목과 언어적 요소 등 언어의 규범 언어학적 지식에 근거를 두었고, 언어교육은 문어체 위주의 문법-번역식 교수법(Grammar-Translation Method)이 널리 사용되었다. 이러한 언어학과 언어교육의 영향으로 1950년대까지 언어 평가는 비과학적이고 직관적인 시기라고 일컬어졌다. 이 시대의 언어 평가는 주관적이며 교사의 개인적 인상에 의존하였고, 특히 제대로 훈련받지 못한 교사들에 의한 임의적인 언어 평가가 자주 이루어졌다. 따라서 외국어 시험도 문법-번역을 다루는 시험의 범주를 벗어나지 못하였으며, 주로 외국어의 문법적인 지식과 문법구조 등을 이용하여 긴 외국어 문장을 모국어로 번역하는 등 문어체 중심의 지적인 외국어 교육만을 강조하는 시험 유형이 주도하는 시기였다. 이 시기에는 주관식 위주의 번역, 평론, 받아쓰기와 독해에 있어서 개방형 질문지(open-ended answers) 등 '쓰기 영역'에 있어서는 그 종류가 다양하였다. 그러나 의사소통을 위한 구어의 중요성은 거의 무시되었고, 시험문제의 신뢰도(reliability) 뿐만 아니라 타당도(validity)가 부족한 언어 평가의 초기 단계였다.

5.2 심리측정 및 구조주의 시기(The Psychometric—Structuralist Period)

이 시기는 과학적 시기(scientific period)라고도 일컫는데, 1940년대와 50년대에 발달한 언어학의 구조주의(structuralism)와 심리학의 행동주의(behaviorism)의 영향으로 언어 평가는 소위 과학적 시기에 접어들게 되었다. 이 시기에는 언어 능력을 측정하는 데 있어서 객관성을 강조하여 과학적인 방법을 최대한으로 활용하였다. 구조주의 언어학에서 언어는 작은 규모의 소단위로 분해되어 과학적으로 비교 분석과 설명이 가능하며 다시 합쳐서 원래의 언어라는 큰 단위로 합성이 가능하다고 주장하였다. 그러므로 언어 능력을 객관적으로 측정하려면 어휘력, 발음, 문법 실력 등을 각각 분리하여 측정한 후 종합하면 전체 실력을 평가할 수 있다고 역설하였다. 이 당시에 두 부류의 전문가들이 등장했는데, 우선 한 부류는 언어학자(linguist)이면서 언어 평가의 전문가로서 구조주의자(structuralist)들이며, 이들은 구조적 언어 원리에 언어 평가를 접목시켜, 언어에 대한 과학적인 평가 연구의 전문성을 이룩하였다. 또 한 부류는 심리학자(psychologist)이면서 평가의 전문가로서 심리측정자(psychometrician)로 등장하였다. 특히 행동주의 심리학에서 언어능력을 외면적으로 관찰할 수 있는 행동과 반응만을 객관적으로 인지하고 기록하며 측정할 수 있다고 인식하여, 결국 교육에 관한 측정 기술과 근대적 이론을 발달시켜 심리측정자로서 단답형, 다지선다형, 객관식 문항을 개발하였다.

이러한 이론에 비추어 이 시기의 언어 평가의 유형을 분리식 시험(discrete-point test)이라고 하였는데(Carroll, 1961), 이것은 분리된 기초 언어 능력(문법, 어휘, 발음 등)을 측정하는 데 효율적이고, 다지선다형과 같은 문항을 채점하는 데에는 객관성이 있어서 신뢰도를 확보하였으며, 수험자의 언어 숙달도를 수량화 할 수 있게 되었고, 통계적 평가가 가능해 졌다. 그러나 지나치게 분석적이고 객관식으로 제작된 문항들이 너무 단순하여 학생들의 종합적이고 고차원적 언어 구사 능력을 체계적으로 측정하지 못하였으며, 의사소통을 위한 언어사용의 실제 상황을 왜곡시킴으로써 그릇된 언어사용을 가르치고 평가한다는 비판을 받았다. 이러한 시기의 언어 평가는 채점에 대한 신뢰도는 있으나 언어 평가에 대한 타당성이 부족하였다고 할 수 있다. 이 시기에 미국에서는 ETS(Educational Testing Service)에 의하여 TOEFL(Test of English as a Foreign Language)과 같은 영어시험이 등장하게 되었다.

5.3 심리언어학 및 사회언어학적 시기(Psycholinguistic−Sociolinguistic Period)

1970년대에 들어서 언어 평가는 이전의 분리식 유형 시험에서 탈피하고, 가능한 한 언어를 부분이 아니라 전체로 보고자 노력하면서 언어 평가에 대한 통합적 접근이 대두하게 되었다. 이 당시 심리학에서는 행동주의에 대항하여 인지 심리학(cognitive psychology)이 발달하였다. 1960년대 언어학에서는 Chomsky의 주장으로 구조주의에 대해 반발하면서 변형·생성 문법(generative-transformational grammar) 학파가 출현하여 언어에 대한 심층분석을 가능하게 하였다. 그러나 그 후에는 언어학이 더욱 발전하여 언어의 기술과 분석을 단순히 변형·생성 문법 이론에만 국한하지 않고, 언어를 문법과 같은 언어내적인 요인(linguistic factors)으로만 보는 대신에 언어외적인 요인(extra-linguistic factors)들과 관련시킨 심리언어학 및 사회 언어학적인 접근이 대두하게 되었다.

언어학적으로 변형·생성 언어학파의 집중적인 연구 활동뿐만 아니라 심리언어학 및 사회 언어학의 출현은 언어에 대한 단편적 지식이 아닌 전반적인 평가를 주장하였고, 인지심리학(cognitive psychology)에서는 언어에 있어 무의미한 암기 위주가 아닌 언어습득과 인지의 중요성을 강조하였다. 한편 변형·생성 언어학은 주로 추상적인 심층구조에 내재하는 언어능력(competence)만을 주된 연구 대상으로 하고 실제적이고 구체적으로 표면구조에서 발휘되는 언어수행(performance)은 의도적으로 무시하는 경향이 있어서 구문론적 차원에 국한되는 한계점을 드러내자, 이에 사회언어학자들은 화용론(pragmatics) 이론을 제안하여 실제 의사소통 상황에서 언어와 언어사용을 좀 더 포괄적으로 분석하는 노력을 기울였다.

이 시기의 언어 평가의 경향을 통합적 시기(integrative period)라고 부르기도 하는데, "전체는 그 부분의 총합 이상이다"(Morrow, 1979)라는 주장을 근거로, 언어교육 및 평가에서 의사소통의 전체적이고 통합적인 성격을 반영하게 되었다. 이에 따라 제2언어 학습자의 의사소통능력을 평가하는 방법을 개발하기 시작하였으며, 특히 사회언어학적 이론의 영향을 받아 Oller나 Spolsky 등이 주장한 통합적 시험이 대두됨으로써, 빈칸 채우기(cloze)나 받아쓰기(dictation)와 같은 시험 유형의 개발과 연구가 활발하였다.

이전의 통계적 분석과 시험의 신뢰도에만 치중하던 측정 이론 및 구조주의 언어학의 관점을 탈피하여 언어시험이 측정 및 평가하고자 하는 바가 과연 무엇인가 하는 핵심적인 문제에 더 많은 관심을 갖게 되었다. Oller(1979)는 외국어 교육의 궁극적 목표는 원활한 의사소통을 위한 종합적 외국어 능력의 배양으로 보았고, 이에 따라 이제는 의사소통을 위해 '문장'을 탈피하여 '담화'를 중심으로 언어교육을 시켜야 한다고 주장했다. 그러나 여전히 언어 평가에 있어서 타당도의 문제점은 남아 있었고, 언어능력(competence) 위주의 일차원적 가설이 지배하였으며, 언어 평가에 출제된 내용이 사회적 맥락에서 볼 때 언어의 실제 사용에 부적당하였다는 비판이 나오게 되었다.

5.4 의사소통적 시기(Communicative Period)

이제까지 논의한 Spolsky의 언어 평가에 대한 역사적 시기 구분에 한 시기를 더 넣을 수 있는데, 그것은 제4기로 일컬어지는 의사소통적 언어 평가(Communicative Language Testing) 시대이다. 이 시기는 언어 평가가 측정하고자 하는 언어능력을 단지 단일요인으로 보는 시야에서 탈피하여, 언어능력에 대한 평가를 다요인적(multi-componential)인 것뿐만 아니라 다차원적(multi-dimensional)으로 보고 있으며, 본격적으로 언어 평가의 관심이 언어표현의 정확성보다는 평가에 주어진 과제(task)의 실현에 바탕을 둔 의사소통의 효율성이 중심이 되었다. 의사소통을 위한 언어능력은 실제 상황에서 그 구성 요소들이 총체적으로 사용되기 때문에 분리식 시험처럼 미시적이고 분리적으로 측정하는 것은 의미가 없고 거시적이고 전체적으로 측정해야 한다고 주장되었으며, 특히 1980년대 이후부터 Weir(1990), Bachman(1990,

1991) 등이 의사소통적인 바탕에 기인한 언어 평가를 주창하면서 이 시기의 언어 평가는 의사소통적 언어 교수(communicative language teaching)의 원리에 바탕을 두게 되었다.

일찍이 Morrow(1979)는 종래의 언어 평가에서는 측정되지 않았던 언어사용의 7가지 특징을 1) 상호작용적(interactive), 2) 비예측적(unpredictable), 3) 맥락적(contextualized), 4) 의도적(purposive), 5) 수행에 의거한(performance-based), 6) 진정한(authentic), 7) 행위 결과에 의거하여 판단되는(judged in terms of behavioral outcomes)으로 나열하였는데, 이는 결국 의사소통적 언어 평가에 대한 특성을 잘 나타낸 것으로 볼 수 있다. 또한 이와 같은 맥락에서 Bachman(1991)도 의사소통적 언어 평가의 특징으로 1) 정보차(information gap), 2) 과제 의존성(task dependency), 3) 주어진 담화영역 내에서 시험과제와 내용의 통합(integration of test tasks and content within a given domain of discourse), 4) 보다 넓은 범위의 언어능력을 측정하려는 시도(attempt to measure a much broader range of language abilities) 등을 제시하였다.

그러나 이러한 의사소통적 언어 평가도 문제점이 없는 것이 아니어서 Skehan(1991: 16)은 (1) 수행의 진정성 유지의 문제와 (2) 어떤 특정한 시험상황에만 국한되지 않는 일반화와 같은 두 가지 문제를 거론하였다. Weir(1990: 7)도 의사소통시험에 대한 용어의 문제를 지적하였는데, 가령 Carroll(1980)의 저서 'Testing Communicative Performance'에서 보는 바와 같이 많은 문헌들이 자주 '수행(performance)'을 지칭하였지만, 실제 언어 평가 상황에서는 언어 능력(competence)과 언어 수행(performance)을 명확히 구분하기가 어렵게 된다고 하였다. 또한 언어수행이 어떤 특정 장면에서 언어행위를 통하여 표집(sampling)되는 것이 불가피하기 때문에 그것이 다른 상황에서도 다룰 수 있는 능력으로 일반화되기에는 언어능력 평가에 대한 불확실성을 드러낼 수밖에 없다는 것이다. 즉 어떤 언어수행 장면과 내용은 특수할지라도 그 표본에 내재하고 있는 언어 구사력은 일반적인 적용성을 지닐 수 있기 때문에 그로 인한 추론(extrapolation) 및 사정(assessment)의 문제가 수반된다. 따라서 어떤 언어 평가가 목표상황에서 실제 언어수행과 완전히 똑같게 할 수는 없을 지라도 어느 정도 실제 수행여건과 비슷하게 만들어 가야 된다는 것이다.

Bachman(1991)도 의사소통적 언어 평가에 대한 두가지 바람직한 자질 사이의 갈등(trade-off)을 언급하였다. 우선 (1) 평가과제 및 수험자 평가수행이 실제 언어사용과의 일치할수록 평가내용의 관련성(내용타당도)은 높아진다고 볼 수 있으나, 반면에 (2) 그러한 평가수행에 대해 산출한 성적의 신뢰성의 문제는 더욱 복잡해진다고 볼 수 있다. 즉, 의사소통에 의거한 평가는 타당도가 높다고 기대되나, 그러한 평가수행에 대한 채점의 양상은 더욱 복잡하여서 채점의 객관성(신뢰도)이 과연 보장될 수 있는 문제가 항상 따른다는 것이다. 이러한 취지에서 볼 때, 의사소통적 언어 평가는 언어 평가에 대한 타당도를 일차적으로 고려하면서도 그에 못지않게 채점의 신뢰도에 대한 배려가 이루어지도록 많은 연구 노력을 경주하는 것으로 볼 수 있다.

제2장
언어 평가 도구의 개발과 활용

1. 언어 평가 도구의 개념

언어 평가 도구는 평가 목적을 달성하기 위해 평가 상황에서 실제로 사용되는 구체적인 수단이다. 즉 수험자의 언어능력의 한 단면을 표본적으로 추출해 내어 측정하기 위해, 수험자에게 특정한 언어활동을 지시하는 수단인 것이다.

언어 평가 도구의 제작 단계를 논하기 전에, 이와 연계하여 언급되어야 하는 몇 가지 기본 개념들, 즉 '평가목표'와 '평가영역', '평가항목', '문항' 등에 대하여 이해의 기반을 다지기로 한다.

1.1 평가목표와 평가영역

언어 평가 도구는 평가 목적에 따라 설정된 평가목표를 균형적으로 담아내야 한다. 여기서 평가도구와 평가목표는 학습도구와 학습목표와의 관계에 비할 수 있다. 평가도구를 통해 측정하고자 하는 어휘, 문법, 독해력, 청해력, 말하기 능력, 쓰기 능력 등의 수준 규정이 바로 평가목표인 것이다.

따라서 평가목표는 평가영역과도 밀접한 관계를 갖는다. 평가영역은 네 가지 언어 기능 (skills)을 바탕으로 읽기, 듣기, 말하기, 쓰기로 분리하는 것이 보편적이나, 실제 언어상황에서 의사소통 능력 기능들이 서로 통합적으로 작용한다는 점을 고려하여 '듣기와 말하기'처럼 두개 이상의 기능을 측정하기 위한 통합적 영역으로 조합하기도 한다. 어휘와 문법 영역은 독립된 평가영역으로 설정하지 않고, 다른 네 개의 영역에 평가 항목으로 포함시키는 경우도 많다. 독립적인 문법 영역의 경우, 그 타당성 문제가 언어능력에 대한 이론의 변천과 더불어 끊임없이 논의의 대상이 되어왔지만, 대부분의 성취도, 숙달도 평가는 별도의 문법영역을 포함하고 있다. 그것은 문법영역이 평가 항목을 문항으로 제작하는 일과 문항관리가 용이하기 때문이다.

1.2 평가 항목과 문항

평가 항목은 평가목표의 구체적인 세부요소들 중 표본적으로 추출된 요소들로서, 문항이라는 형태로 평가도구에 유입되며, 이러한 문항들은 평가도구의 구성요소이자 채점의 기본 단위이다. 문항 유형으로는 채점의 방법에 따라 주관식과 객관식, 수험자의 반응에 따라 선택형과 서답형, 또는 과제 해결의 양식에 따라 인지형과 재생형, 논문형으로 구분하는 것이 일반화되어있다. 그러나 학자에 따라 같은 유형을 다른 개념으로 구분하거나, 분류하는 내용에도 차이가 많이 있다. 여기에서는 넓은 의미의 문항 개념을 적용하여, 언어능력 평가도구가 내포하고 있는 모든 유형의 과제를 문항으로 지칭하기로 한다. 모든 언어 평가의 문항은 그의 형식적인 양상에 따라 1) 폐쇄형 2) 반 개방형, 3) 개방형으로 크게 나뉜다. 형식에 따른 문항의 분류는 사회과학에서 도입된 것으로 수험자의 반응의 유형과, 답을 하는 데 사용하는 언어의 양, 정답의 기준, 그리고 평가되는 능력의 특성에 있어서 서로 차이점이 있다. 각 형식에 따른 문항 유형을 개관하면 다음과 같다.

<표 2.1> 형식에 따른 문항 유형

	1) 폐쇄형	2) 반 개방형	3) 개방형
특징	수험자가 선택함으로써 반응한다.	수험자가 비교적 짧은 어휘로 표현함으로써 반응한다.	수험자가 자기 자신의 어휘로 서술함으로써 반응한다.
문항 유형	진위형, 선다형 배합형(연결형)	단답형, 괄호형 규칙적인 빈칸 메우기	논술, 번역, 작문, 받아쓰기, 구두시험 등

이러한 문항들은 모두 특정한 평가항목들을 측정하기 위해 수험자에게 해결과제로 제시되는 것이다. 평가항목의 특성에 따라 문항 유형의 선택이 지극히 제한적인 경우도 있고, 한 가지 평가항목에 여러 가지 형식의 문항 유형이 적절한 경우도 많다.

2. 언어 평가 도구의 개발 절차

언어 평가 도구의 개발은 아래와 같이 1) 평가의 목적에 따라 평가의 목표와 형태를 결정하고 평가목표를 세분하는 기획 단계, 2) 세분된 평가목표들 중 실제 문항으로 제작할 평가항목들을 선별하는 단계, 3) 선별된 평가항목들을 포함하는 문항과 지시문의 작성 단계, 4) 문항의 검토와 사전 평가 단계, 5) 평가의 최종 형태 제작 단계로 구성된다. 본 평가 실시 후에는 평가결과를 체계적으로 해석하고 활용하는 것이 중요하다. 여기에는 채점과 점수의 해석, 문항 분석을 통한 평가의 검증 과정 등이 포함된다. 평가 도구의 제작에서부터 실시 후 결과 해석까지의 단계를 개관하면 다음과 같다.

<도표 2.1> 언어 평가 도구의 제작과 결과의 해석

```
┌─────────────────────────────────────────────┐
│              평가의 기획                      │
│  (평가목표 설정과 세분화 → 평가의 형태 결정)   │
└─────────────────────────────────────────────┘
                     ⇓
┌─────────────────────────────────────────────┐
│             평가항목의 선별                   │
│  (평가 항목별 문항 유형에 대한 지식 요구)     │
└─────────────────────────────────────────────┘
                     ⇓
┌─────────────────────────────────────────────┐
│            문항과 지시문 작성                 │
│  (문항의 형식적 유형에 대한 지식 요구)        │
└─────────────────────────────────────────────┘
                     ⇓
┌─────────────────────────────────────────────┐
│            문항 검토와 사전 평가              │
│  (문항 검토 → 사전 평가 → 문항분석 → 수정, 삭제) │
└─────────────────────────────────────────────┘
                     ⇓
┌─────────────────────────────────────────────┐
│              최종형태 제작                    │
│ (배점 → 정답과 평가기준 → 평가도구와 별도 답안지 작성) │
└─────────────────────────────────────────────┘
                     ⇓
┌─────────────────────────────────────────────┐
│           평가결과의 해석과 활용              │
│  (채점 → 점수의 해석 → 평가의 검증)           │
└─────────────────────────────────────────────┘
```

먼저 평가도구 제작의 각 단계를 살펴보면 다음과 같다.

2.1 평가의 기획

효과적인 평가는 세심한 기획을 필요로 한다. 극히 일반적인 사실로 받아들이기 쉽지만, 평가의 현실에서 보면 수많은 평가도구들이 사전에 충분한 고려 없이 제작되고 있다. 평가 내용의 적합성과 균형, 전체 평가의 난이도에 대한 세심한 고려가 없이는 각 평가 상황이 요구하는 타당한 평가도구가 제작될 수 없다.

2.1.1 평가 목표 설정과 세분화

학기말 성취도평가의 기획을 예로 기술해 보면, 평가 기획의 제일 첫 단계는 교과과정상의 목표를 기초로 평가 목표를 설정하는 것이다. 이것은 흔히 학교수업에서 '시험범위'라고 설정되는 것으로, 한 학기 동안 학업 결과에 대한 성취 정도를 측정하기 위해 학기 초에 목표했던 내용들 중 무엇을 평가할 것인가의 윤곽을 잡는 일이다.

다음은 위에서 설정된 광범위한 평가 목표를 특정한 요소들로 나누는 것이다. 즉, 무엇을 물을 것인가에 대한 보다 세밀한 결정이며, 다음 단계에서 평가항목들을 선별하기 전에, 학습한 범위 내의 어휘, 문법, 독해력, 청해력, 말하기 능력, 쓰기 능력 등에 각각 내포되어 있는 모든 요소들을 구체적으로 미리 개관하는 작업이라고 할 수 있다.

2.1.2 평가 형태 결정

다음 과제는 평가의 일반적인 형태를 결정하는 것인데, 평가에 부여되는 시간 그리고 이에 따른 평가영역 구분, 각 영역의 시행 형태 (지필고사, 수행평가 등)이다. 지필고사 형태의 기말고사를 위해 90분이 계획되었다고 가정했을 때, 총 90분 중 최소한 5분은 시험지의 분배와 지시사항의 전달, 시험지의 수합 등 평가 관리상의 과정들을 위해 남겨 놓아야 한다.

기획의 끝 단계로 문항들의 형태와 수에 관한 대략의 윤곽을 잡아야 하는데, 이때는 실제 수험자들에게 부여되는 시간뿐만 아니라, 채점에 주어지는 시간적인 여유도 고려해야 한다.

문항은 그 형식적인 유형에 따라 준비시간과 채점시간이 크게 달라지므로 문항 형식과 수에 관한 결정은 문항 유형에 대한 지식을 바탕으로 해야 한다. 결정된 사항은 다음과 같이 기록되어야 한다.

<표 2.2> 평가 계획표

요 소	문항 형식	문항 수	배당 시간(분)
1. 어휘	반 개방형	20	25
2. 구문	폐쇄형	25	30
3. 듣기이해	반 개방형 + 폐쇄형	30	40

기획 단계에서 수립된 평가계획표의 세부내용은 이후 문항과 지시문 작성단계에서 세부적으로 조정되게 된다.

2.2 영역별 평가항목의 선별

평가의 기획단계에서 평가목표를 세분화하고 대략의 문항 비율을 결정한 후에는, 이를 바탕으로 실제 평가 문항들로 유도될 평가항목들을 선별한다. 성취도평가의 내용은 교과과정의 내용을 직접적으로 반영하여야 하므로 평가하려는 학습단계에서 다루어진 음운적 문제들, 문법, 어휘 항목, 언어기능 등의 목록을 바탕으로 평가항목 목록을 작성한다. 이렇게 선별된 평가 항목을 다양한 형태의 문항으로 제작해 내기 위해서는 평가 영역별, 항목별로 활용 가능한 문항의 내용적 유형 목록이 요구된다.

평가 영역별로 활용 가능한 평가항목들은 문제은행의 기반이라고 할 수 있다. 평가 항목들은 읽기, 듣기, 말하기, 쓰기 등의 분리된 영역으로 개발되는 것이 일반적이나, 의사소통 능력 기능들이 서로 통합적으로 작용하는 실제의 언어상황을 고려하여 듣기와 말하기, 읽기와 쓰기, 듣기와 쓰기, 읽기와 말하기 등의 통합적 평가 영역을 설정하여 이에 적합한 항목을 고안해 낼 수도 있다. 수험자가 해당 유형의 담화, 텍스트를 규칙에 맞게 생산해 낼 수 있는가를 직접적으로 판단할 수 있는 쓰기와 말하기 영역과는 달리, 읽기 영역과 듣기 영역 평가는 이러한 직접적인 측정이 아니라, 이해한 내용을 바탕으로 특정한 반응을 하도록 유도함으로써 간접적으로 이해력을 측정할 수밖에 없다. 이에 반해 통합적인 평가 영역은 이해력과 표현력이 통합적으로 측정될 수 있는 반응을 유도해 낸다는 장점이 있다. 어휘와 문법 영역은 다른 네 영역에 포함 시켜 평가도구를 제작할 수도 있고, 별도의 영역으로 설정할 수도 있다. 어떠한 경우라도 어휘와 문법요소들에 대해서는 다음의 세 가지 중요한 결정이 이루어져야 한다.

첫째, 이들 요소를 표현 중심으로 평가할 것인지, 이해 중심으로 평가할 것인지의 선택이다. 이것은 평가에 포함시키려는 어휘와 문법요소들이 해당 학습 단계의 학습목표에 단순한 이해만을 목표로 설정되었는지, 혹은 능동적인 활용을 목표로 설정되었는지의 여부와도 일치해야 한다.

둘째, 무엇을 근거로 어휘와 문법 항목을 선정할 것인가의 문제이다. 성취도 평가의 경우 주로 학습한 범위 내에서 평가 항목을 선별하기 때문에 이러한 결정이 상대적으로 쉽다. 그러나 숙달도 평가의 경우에는 대상 수험자 집단을 위한 적절한 어휘항목의 선택이 쉬운 문제가 아니다. 숙달도 평가는 언어의 실제적 사례에서 나타나는 어휘항목의 빈도수에 기초를 둔 단어목록과 표준화된 등급별 문법항목 목록을 이용하는 것이 효과적이다. 그러나 이러한 단어, 문법항목 목록을 유용하게 효과적으로 사용하기 위해서는 각 목록의 특징과 장·단점을 정확히 알고 있어야 한다.

셋째, 구두 언어에서 필요한 어휘와 문어적 어휘항목의 비율을 조절하는 문제인데, 이것은 평가항목에 포함시킬 담화와 텍스트 유형과의 밀접한 연계 속에서 고려되어야 한다.

이러한 제반 사항들을 고려하여 실제 문항으로 제작될 평가 항목들을 선별한 후에는 전체 평가 도구를 위한 출제구상표를 작성한다.

2.3 문항과 지시문 작성

출제구상표가 완성되면 실제로 학생들에게 제시될 평가문항을 작성한다. 문항을 작성하는 단계에서 고려해야 할 점은 문항 검토단계에서 부적합한 문항들이 삭제될 수도 있다는 것이다. 따라서 출제구상표에 계획된 평가항목의 수보다 1.3배 정도 많은 수의 문항을 제작하도록 한다. 또한 각 문항 유형은 모두 고유의 특성이 있기 때문에, 각 평가항목들에 적합한 문항 유형을 결정하기 위해서는 이러한 특성들을 잘 고려하여야 한다. 다음에서는 평가도구의 개념 부분에서 간단히 개관한 문항의 형식적인 유형들을 각각의 장·단점과 그에 따른 제작 지침을 중심으로 상세히 살펴보기로 한다.

2.3.1 폐쇄형

1) 진위형(true-false/yes-no question form)

진위형 문항의 지시문은 수험자에게 양자택일을 요구한다. 진위형의 변형으로 제3의 선택 항목인 '모른다' 내지는 '본문에서 언급하고 있지 않다' 등을 추가시키는 경우도 있고, 두 개의 진술문을 제시하여 그 중 옳은 것을 선택하도록 요구하는 문항도 있다. 진위형은 사실적인 정보에 대한 지식을 측정하는 데 사용되므로, 언어능력 평가에서는 언어지식에 대한 직접적인 사실을 진술하는 것이 아니라, 듣기나 읽기용 지문을 제시하고 그 내용의 이해와 관련된 진술을 제시하거나, 주어진 그림이나 도표, 그래픽 등에 대한 설명의 적합성을 판단하는 등의 문항에 사용될 수 있다. 진위형 문항의 제작 지침과 장·단점은 다음과 같다.

<진위형 문항의 제작지침>

1. 진술문이 복합문이거나 긴 문장이 되지 않도록 한다.
2. 한 가지 해석만 가능한 절대적인 진위의 진술문을 제시한다.
3. 진위를 달리하는 두 가지 이상의 사실이 함께 포함된 진술문을 피한다.
4. 불필요한 혼란을 주거나 간과되는 위험을 방지하기 위해 진술문을 긍정문으로 작성하도록 하며, 부정문을 사용해야 할 경우 부정어를 따로 표시하여 주위를 환기시킨다.
5. 평가항목에 포함되지 않는 사소한 어휘를 조작하여 거짓 진술문을 작성하는 일은 삼가 하도록 한다.
6. 지문 내용의 파악 여부를 측정하는 경우, 문장의 인용보다는 요약, 변형하여 제시한다.
7. 높은 학습 단계일 수록, 지문의 내용을 재인 하는데 그치지 말고, 내용에서 추론해 낼 수 있는 사실을 진술한 문항의 비율을 높인다.
8. 정답에 대한 부적절한 단서를 주지 않기 위해서, 진과 위의 진술문의 길이와 문항 수가 서로 균형을 유지하도록 만든다.
9. "오직", "항상", "모두", "결코/아무것도~하지 않다" 등의 진술이 사용된 진위형 문장은 문장의 진위를 드러내는 경우가 많으므로, 특별한 이유가 없는 한 사용을 삼간다.
10. 정답의 배열이 무작위가 되도록 문항을 배열한다.

〈진위형 문항의 장·단점〉

> 1. 신속하고 객관적인 채점이 가능하며 채점신뢰도가 높다.
> 2. 배합형, 선다형 등 다른 문항으로 변형이 수월하다.
> 3. 수행시간이 비교적 짧기 때문에 많은 평가항목을 포함시킬 수 있다.
> 4. 답지를 제작할 필요가 없으므로, 문항제작에 소요되는 시간이 적어 경제적이다.
> 5. 단편적인 이해력의 측정으로 제한되기 쉽다.
> 6. 이분 점수이므로 문항의 변별력이 낮을 위험이 크다.
> 7. 문항의 질과 상관없이 추측으로 정답을 맞힐 확률이 50%이다.

2) 선다형(multiple-choice form)

셋 이상의 선택항목으로 구성된 선다형 문항은 수험자에게 하나 또는 그 이상의 정답을 선택하게 하는 문항형식이다. 문항은 두 부분으로 나뉜다. 즉, 정답을 선택하는 데 필요한 모든 정보를 함축하는 문제의 도입부와 정답과 오답으로 구성된 답지들이다. 듣기, 읽기, 어휘 영역에 적합하다. 선다형은 여러 가지 유형이 있다.

(1) 최선답형: 가장 적합한 것, 즉 최선의 답지를 선택하도록 요구하는 선다형의 전형적인 양식이다.
(2) 정답형: 최선답형과 형식상으로는 동일하나 내용의 특성상 적합한 답이 오로지 하나밖에 없다.
(3) 다답형: 답이 하나 이상 있다면 옳은 답지를 모두 선택하도록 하는 형태이다. 이 때 각 정답에 대하여 독립적으로 채점하는 방식이 아니라, 정답을 모두 골라야만 그 문항을 맞는 것으로 처리하는 '전-무(all-or-none)' 채점방식이 적용되는 것이 다답형이다.
(4) 합답형: 답지의 두 개 이상이 합하여 정답이 되는 형식이다. 합해진 답지군을 별도 답지들로 제시하므로 다답형과는 차이가 있다. 답지군의 조합이 정답의 단서가 되지 않도록 유의하여야 한다.
(5) 제외 항목형: 답지에서 이질적인 하나를 제외한 나머지는 공통적인 특징을 지니고 있다. 그 이질적인 것을 고르고, 별도로 제시된 답지 중에서 나머지의 공통성을 찾는

형식이다.

<선다형 문항의 제작지침>

1. 도입부나 답지에서 중요한 용어의 반복을 피한다.
2. 지시문은 중요한 내용을 모두 함축하면서도 간결하게 한다.
3. 평가항목과 관계가 없는 조사나 시제 등의 문법에 의해 정답을 시사하지 않도록 한다.
4. 문항의 도입은 가능한 한 긍정문으로 하되, 부득이 부정어를 삽입할 경우에는 부정어를 따로 표시하여 주위를 환기시킨다. (부정어를 간과하는 위험 외에도, 사실이 아닌 것을 안다고 해서 사실을 안다는 보장이 없다는 난점도 있다.) 이중부정은 피한다.
5. 정답지와 오답지의 길이는 가능한 비슷하게 조절한다.
6. 오답지는 모두 교란지로서의 제 기능을 하도록 만든다.
7. 한 문항에 대한 답지들은 내용, 형식, 문법적 구조면에서 동질적이어야 한다.
8. 추측요인을 줄이기 위해 답지 수를 늘리거나, 문항에 따라 답지 수를 달리 할 수도 있다.
9. 한 문항의 내용이 다른 문항 정답의 선수요소가 되지 않도록 해야 한다.
10. 정답 번호는 동일한 비율로 맞추고, 답안지에 기록되는 정답의 배열이 무선이 되게 한다.

<선다형 문항의 장·단점>

1. 신속하고 객관적인 채점이 가능하며 채점신뢰도가 높다.
2. 문항의 오답지를 수정함으로써 문항의 난이도를 능률적으로 조절할 수 있다.
3. 비교적 많은 평가항목을 포함시킬 수 있고 다양한 난이도의 문항을 제작할 수 있다.
4. 문항의 난이도, 변별도, 문항반응분포 등의 문항양호도 분석을 위한 통계처리가 쉽다.
5. 오답지의 기능을 최대한 살린 문항 제작이 어렵다.
6. 단편적인 이해력의 측정에 제한되기 쉽다.
7. 추측요인을 제거하기 어렵다.

3) 배합형(matching form)

배합형, 혹은 연결형은 일련의 문제군과 답지군을 제시하여 수험자에게 두 난의 요소들을 관련되는 것끼리 연결하도록 하는 것이다. 문제군을 전제(premise), 답지군을 답지(response)라고 말하기도 하나, 형식적인 구분일 뿐 근본적인 차이가 있는 것은 아니다. 그림과 단어 혹은 의사소통 상황에 대한 기술의 연결, 동의어나 반의어의 연결, 사물의 이름과 사물군의 연결 등으로 어휘 영역에 적합하게 활용될 수 있다. 그 외에도 음과 철자의 연관성, 문화적 지식 등을 평가하는 데도 쓰일 수 있다. 배합형 문항의 제작지침과 장·단점은 다음과 같다.

<배합형 문항의 제작지침>

1. 배합, 혹은 연결에 대한 지시사항이 분명해야 한다.
2. 문제군과 답지군의 항목들은 각각 동질성이 있는 것이어야 한다.
3. 항목의 수와 길이를 적절히 제한한다. 문제군 항목은 10개 이상이 되지 않도록 한다.
4. 제거과정 절차로 정답을 찾을 확률을 줄이기 위해 답지군의 항목 수가 문제군의 항목 수보다 1.3 내지 1.5배 많게 한다.

<배합형 문항의 장·단점>

1. 신속하고 객관적인 채점이 가능하며 신뢰도가 높다.
2. 답지를 제작할 필요가 없으므로, 문항제작에 소요되는 시간이 적어 경제적이다.
3. 단편적인 이해력의 측정에 제한되기 쉽다.

모든 폐쇄형 문항의 경우, 다른 문항 유형보다 문제해결에 비교적 적은 시간이 요구된다. 따라서 평가항목에서 적합하고 대표적인 표본을 광범위하게 표집해서 포함시킬 수 있다. 또한 채점을 위한 전문성 훈련이 따로 필요 없으며, 객관적으로 채점할 수 있으므로 채점 결과의 신뢰도가 높다. 난이도, 변별도, 문항반응분포 등의 평가결과 분석도 가장 용이하다. 그러나 단편적이고 사소한 것을 측정하는 오류를 범할 가능성이 비교적 크고, 문항 유형이 계획 없이 사용되었을 때 이해력 측정에 국한된 문항이 만들어질 위험이 크다. 즉, 옳다고 생각되는 답지를 선택하는 반응만 요구되므로 언어운용능력의 포괄적인 평가가 어렵다. 특히 평가 도구를 폐쇄형 문항만으로 제작하는 경우에는 추측으로 정답을 맞추는 학습자와 평가 항목에 대한 지식을 실제로 가진 학습자가 구분될 수 있도록 적정수의 충분한 문항을 포함시켜야 한다.

2.3.2 반 개방형

1) 단답형(short-answer form)

단답형은 간단한 단어, 구, 문장, 숫자 등 제한된 형태의 반응을 유도하는 형식이다. 문항으로는 하나의 질문이 제시되는 질문형이 보편적인 형태이다. 그 변형으로 단어나 구를 제시하고 각각의 단어나 구에 대해서 관련된 개념이나 용어들을 기술하도록 할 수도 있다. 지문의 내용에 대한 이해도나 어휘의 의미, 용어 등의 지식 측정에 효과적이다. 단답형 문항의 제작지침과 장·단점은 다음과 같다.

〈단답형 문항의 제작지침〉

1. 직접적인 질문형식으로 질문이 명료해야 한다.
2. 답에서 기대되는 정확성의 정도나 내용상의 조건이 명확히 제시되어야 한다.
3. 정답으로 간주될 수 있는 가능한 모든 답을 채점표에 기록해 둔다.
4. 내용의 이해를 측정하는 문항은 철자법이나 문법적 오류의 처리문제를 사전에 정해 둔다.
5. 답을 쓸 수 있는 여백을 충분히 제공하되, 정답의 길이를 추측하지 못하도록 제작한다.

〈단답형 문항의 장·단점〉

1. 제작하기가 비교적 쉽다.
2. 비교적 많은 평가항목을 포함시킬 수 있다.
3. 과제수행 시간과 채점시간의 측면에서도 효과적이다.
4. 선택형보다는 추측 요인의 영향을 덜 받는다.
5. 정답이 명확하게 하나가 되도록 질문을 작성하기가 쉽지 않다.
6. 채점시 정서법 처리 문제에 직면하게 된다.

2) 괄호형(close form)

괄호형 문항은 질문을 위한 문장에 괄호, 상자, 밑줄 형태의 여백을 두어 적절한 답을 적어 넣도록 하는 문항형태를 말한다. 일반적으로 괄호형은 문장 중에서 의미 있고 중요한 부분을 괄호로 만드는 빈칸 채우기(fill-in-the-blank), 혹은 완성형이다. 이 유형의 문항은 문법구문에 관한 지식, 시제활용, 어휘 및 간단한 표현능력을 평가하는 데 효과적이다. 괄호형 문항의 장·단점은 대부분 단답형의 경우와 같으며, 제작 지침은 다음과 같다.

〈괄호형 문항의 제작지침〉

1. 평가항목으로 선별된 중요한 내용을 여백으로 한다.
2. 문법적 관계가 정답의 단서로 작용하지 않도록 한다.
3. 답에서 기대되는 정확성의 정도나 내용상의 조건이 명확하도록 지문이 제시되어야 한다.
4. 정답으로 간주될 수 있는 가능한 모든 답을 채점표에 기록해 둔다.
5. 여백을 갖더라도 의도 파악에 필요한 적당한 구조와 의미를 지니고 있어야 한다.
6. 너무 많은 여백을 두지 않으며, 여백 하나를 하나의 채점 단위로 할 수 있도록 제작한다.

3) 규칙빈칸 메우기(cloze test)

규칙빈칸 메우기는 일정한 원칙에 따라 연속적으로 빈칸을 삽입한 문단을 완성하게 하는 형태의 문항이다. 폐쇄(closure)에 관한 형태심리학적 개념[1]에 기초하여 담화가 계속되는 단락에서 매 n번째에 해당하는 단어를 생략해 놓는 것이다. 단어의 생략은 보통 5-7번째 단어 사이에서 이루어지는 것이 일반적이다. 의미 있는 담화맥락에서 통사적, 형태론적, 그리고 의미론적인 단서 등 언어의 다양한 양상에 관한 지식을 평가할 수 있다. 규칙빈칸 메우기 문항의 제작지침과 장·단점은 다음과 같다.

〈규칙빈칸 메우기 문항의 제작지침〉

1. 임의로 생략된 단어가 문맥에 의해 추론이 불가능할 경우, 혹은 문맥상 중요한 의미를 지닌 핵심어일 경우 조정이 필요하다.
2. 담화의 첫 문장과 마지막 문장은 생략하지 않고 완전한 형태로 제시한다.

---

1) 형태심리학적(Gestaltpsychologie) 개념이란 인간의 마음은 경험을 통하여 계발된 완전한 형태에 대한 기대심에 따라서 불완전한 것을 완전한 것으로 만들려는 경향을 보인다는 것이다.

<그림 규칙빈칸 메우기 문항의 장·단점>

1. 어느 특정 언어 요소를 지나치게 강조하는 교사의 주관적 요소를 배제할 수 있다.
2. 언어감각과 세부적인 지식을 통합적으로 평가하기에 적합하다.
3. 평가하려는 요소를 모두 포함시킬 수 있는 문단을 제작하기가 어렵다.

2.3.3 개방형

1) 논술형(essay)

논술형은 주어진 질문이나 지시문에 여러 개의 연속된 언어행위로 답하게 하는 문항형태이다. 즉, 정답을 구성하기 위해 다양한 진술을 하고, 확장하여 반응하도록 하는 것이다. 논술형 문항은 응답의 범위에 대한 제한의 정도에 따라 제한 반응 문항(restricted response question)과 확대 반응 문항(extended response essay item) 두 가지가 있다. 제한 반응 문항은 논술의 범위를 지시문을 통해 축소시키거나, 글자나 문장 수를 제한하는 형태이며, 확대 반응 문항은 응답의 복잡성과 길이를 수험자 스스로의 결정에 맡기는 것이다. 논술형 문항의 제작지침과 장·단점은 다음과 같다.

<논술형 문항의 제작지침>

1. 과제 수행 시간이 비교적 길다는 특징을 감안하여 평가도구에 포함시켜야 한다.
2. 수업에서 제시되었던 특정 담화 내용을 단순히 기억하여 답하는 데 불과한 문항이 되지 않도록, 새로운 언어상황에 기초하여 제작한다.
3. 과제에 대한 지시는 세부 평가항목에 포함된 언어기능의 형식을 따라야 한다. 예를 들어, 설명하라, 예시하라, 항목을 들어라, 요약하라, 비판하라, 비교하라, 정의하라, 해석하라 주장하고 근거를 제시하라 등으로 지시할 수 있다.
4. 채점에서 고려되어야 할 모든 사항을 미리 정해 상세한 채점 기준표를 작성해 둔다.
5. 특별한 경우를 제외하고는 여러 개의 문항 중 선택해서 답하게 하는 것은 바람직하지 못하다. 수험자들의 점수를 비교하기 위한 기준이 모호해지기 쉽기 때문이다.

〈논술형 문항의 장·단점〉

1. 문항 제작이 비교적 용이하다.
2. 정보를 선정, 조직, 분석, 통합, 비교, 평가하는 언어기능을 측정할 수 있다.
3. 학습한 요소들을 통합하여 표현할 수 있으므로 반응이 제한적이지 않다.
4. 추측요인이 제거될 수 있다.
5. 문항의 양호도 검증이 어렵다.
6. 응답에 소요되는 시간을 비교적 길게 책정해야 하기 때문에 평가내용 표집도 감소된다.
7. 객관적 채점이 어려우며, 채점하는 데 많은 노력과 시간, 그리고 전문성이 요구된다.

2) 그 외 개방형 문항

개방형 문항으로 그밖에 번역, 받아쓰기, 구두시험 등이 있다.

번역(translation)은 전통적인 언어교수법의 대표적 평가 방식 중 하나였으나 현대 언어학의 영향으로 그 정당성을 상당히 상실하였다. 그러나 상황에 따라서는 높은 단계의 외국어로서의 한국어 수준에서 번역을 포함시킬 수 있으며, 이 경우 상당한 언어습득 수준이 전제된 창조적인 언어능력을 측정할 수 있다.

받아쓰기(dictation)는 단순히 음과 철자를 관련지어 언어를 올바르게 기록할 수 있는 능력뿐만 아니라, 문법요소에 대한 이해, 어휘요소에 대한 의미창출과정을 추적할 수 있는 능력도 평가할 수 있다. 나아가 인지하지 못한 요소를 해당담화 문맥으로부터 추측해 낼 수 있는 능력도 포함된다.

구두시험(oral interview)은 수험자를 직접 구두시험에 의한 의사소통 상황에 접하게 하여 어떻게 반응하는가를 평가하는 것이다. 말하기 기능과 함께 듣기 기능도 평가할 수 있으며, 발음, 강세, 억양, 연접, 문법요소, 적절한 어휘구사 및 담화 맥락의 이해 등을 종합적으로 고려하여 평가할 수 있다. 그러나 적절한 의사소통 상황의 설정과 수행 정도에 대한 명확한 채점 기준의 마련이 쉬운 일이 아니다. 적어도 두 명의 시험관으로 구성하여, 한 명은 의사교환을 진행하고, 다른 한 명은 수험자의 반응을 관찰하고 평가하는 방식이 효과적이다. 일반적인 논술형에서처럼 채점에서 고려되어야 할 모든 사항을 미리 정해 상세한 채점 기준표를 작성해 두어야 하는데, 아래와 같은 구두시험 점검표를 활용할 수 있다.

<표 2.3> 구두시험 점검표

평가 항목		비중	점 수
청자의 청취이해에 미치는 영향	유창성		
	발음, 억양		
	의미의 논리적 연결		
언어표현 측면	표현의 다양성		
	표현의 적절성		
	표현의 정확성		
과제 수행 측면	언어행위의 적절성		
	수행과제의 적절성		
	수행과제의 완결성		

종합평가 =_____

　개방형 문항은 평가의 타당도와 신뢰도의 확보를 위해서는 시험관(구두 면접의 경우) 과 채점자 교육이 사전에 체계적으로 이루어져야 한다.

　살펴 본 바와 같이 각각의 문항의 형식적인 유형은 고유의 장·단점을 가지고 있다. 어떤 특정 유형의 단점을 이유로 전적으로 그 유형을 피할 필요도 없으며, 높은 인지적 수준의 측정에는 개방형 문항만이 적합하다는 생각도 잘못된 고정관념에 불과하다. 평가의 실제에 있어서는 평가되어야 할 항목이 특정한 문항 형식을 요구하는 경우가 많다. 예를 들어, 평가 항목이 이야기의 결말을 지어내는 표현력이라면, 평가에서는 개방형 문항을 요구한다. 이 요소가 폐쇄형 문항으로 측정될 방법은 전혀 없다. 또한 특정언어 상황에서의 구두 의사소통 능력, 혹은 논술력을 평가하기 위한 수행평가를 목표로 하는 경우에도 각각 인터뷰나 논술과제 등의 개방형이 요구된다. 그러나 이렇게 전적으로 한 가지 유형으로만 측정될 수 있는 평가항목이 있는 반면, 한 가지 평가항목에 여러 가지 형식의 문항 유형이 적절한 경우가 많다. 예를 들어 선다형으로 측정될 수 있는 단순한 어휘 문제는 배합형으로 측정될 수도 있다. 그 중 어느 특정 유형을 선택하기 위해서는 시간적인 제약이나 동원될 수 있는 제작 기술 등 다른 사항들이 함께 고려되어야 한다.

2.4. 문항의 검토와 사전 평가

2.4.1 문항의 검토

문항들이 일차 제작된 후에는 출제자가 다시 검토한 후, 최소한 한 명 이상의 동료에게 재검토를 받아야 한다. 세심한 검토를 통해 사전 평가에서 삭제될 소지가 있는 문항들을 재고하고, 사소한 결점들은 논의 하에 보완, 교정하여 활용하도록 한다.

문항에 대한 분석과 평가는 두 가지 관점에서 이루어진다. 하나는 문항의 내용에 관한 질적 분석이며, 다른 하나는 양적 분석이다. 질적 분석은 평가 목적에 맞게 평가항목이 적절하게 표집 되었는지, 문항의 형식적인 유형의 특성과 제작지침에 따라 제작되었는지를 검토하는 것으로, 앞에서 논의한 유형별 제작지침을 토대로 문항별 검토를 실행한다. 학교 교육평가에서 활용되는 문항 내용 점검표와 문항 형식 점검표를 바탕으로 외국어로서의 한국어 능력평가 문항 점검표를 다음과 같이 구성할 수 있다.

<표 2.4> 문항 점검표

문항 점검표

평가 명:
평가 영역:
문항 번호:
평가자:
평가 일자:　　　년　　　월　　　일

1. 문항내용에 대한 평가

　예　아니오

____ ____ (1) 문항의 내용이 선별된 평가 항목을 측정하고 있는가?
____ ____ (2) 문항의 내용이 수험자의 학습단계 수준에 맞는가?
____ ____ (3) 문항의 내용과 정답이 논쟁거리가 되지 않는가?
____ ____ (4) 문항과 답지가 수험자 언어수준에 적합한 단어들로 서술되었는가?
____ ____ (5) 정답이 되는 두 개 이상의 답지가 없는가? (선다형의 경우)
____ ____ (6) 오답지들이 매력적인가? (선다형의 경우)
____ ____ (7) 문항에 답을 암시하는 단어나 내용이 포함되지 않았는가?

2. 문항제작 관점

　예　아니오

____ ____ (1) 질문의 내용이 간결, 명확한가?
____ ____ (2) 부정문을 사용하였다면 밑줄이 그어졌는가?
____ ____ (3) 질문과 답지들이 간단한 단어와 단문으로 구성되어 있는가?
____ ____ (4) 답지들의 길이가 유사한가? 그렇지 않은 경우 짧은 답지부터 긴 답지로 배열되어 있는가? (선다형의 경우)
____ ____ (5) 답지들이 연도나 수를 나타낼 때 작은 수부터 큰 수로 배열되었는가? (선다형의 경우)
____ ____ (6) 질문과 답지의 서술, 표현 형식이 유형별 문항작성지침에 부합하는가? (선다형의 경우)

3. 문항에 대한 총평 :
 (1) 사용가 (　　　), (2) 수정 후 사용가 (　　　), (3) 사용 불가 (　　　)

4. 특이사항 및 문항수정 내용

문항의 양적 분석은 검사결과를 가지고 통계적인 분석을 하는 것으로, 수험자의 응답결과를 자료로 검사이론에 입각하여 문항난이도, 문항변별도 등을 밝히는 것이다. 문항의 양적 분석은 사전 평가 후 최종 출제를 위해서 실시하는 경우와 본 평가 실시 후 결과의 올바른 해석과 문항의 재활용을 위해 실시하는 경우가 있다.

2.4.2 사전 평가와 문항 분석

소단위의 교실평가의 경우에는 사전 평가와 그 다음 단계인 문항분석이 실용적이지 못하다. 그러나 많은 수험자를 관리하고, 평가결과가 이들에 대한 중요한 결정에 활용되는 평가에서는 사전 평가가 필수적이다. 표준화된 평가도구들의 경우 사전 평가를 거친 문항들만 평가의 완성형에 포함될 수 있다. 사전 평가는 문항의 난이도와 변별도를 핵심적으로 판단한다. 또한 평가 지시사항이 명확한지와 문항의 수가 본 평가에 주어진 수행시간에 적합한지를 검토하고 교정할 수 있는 기회가 된다.

사전 평가의 결과는 (최소한 100명 이상의 수험자가 안전하다) 각 문항들에 대해 위에서 말한 두 기준, 즉 난이도와 변별도를 기준으로 적합성을 판단한다. 난이도 수준을 판단하는 일반적인 방법은 각각의 문항에 정답으로 반응한 수험자의 비율을 확인하는 것이다. 너무 쉬운 문항이나 너무 어려운 문항은 사전 평가 후 제외시키거나 교정한다. 평가의 목적에 따라, 예외적으로 버리는 문항(give-away-items)을 몇 개 포함시키는 경우도 있으나, 평가에 기여할 수 있는 문항만을 실제 평가에서 취급하는 것이 이상적이다. 문항의 변별도는 평가된 항목에 대한 지식이나 숙련도가 높은 수험자와 그렇지 못한 수험자를 구분하는 수치이다. 변별도를 얻어내기 위해서는 각각의 총점에서 가장 높은 점수와 가장 낮은 점수를 획득한 답안지를 분리하여, 각각의 문항에 대해 이 두 집단이 어떻게 반응했는지를 검토한다. 점수가 낮은 집단보다 높은 집단에 의해 더 많이 정답으로 인식된 문항들이 변별도가 높다고 할 수 있다. 난이도와 변별도 외에 선다형의 경우 문항반응분포를 살펴봄으로써 문항의 양호도를 검증할 수 있다. 문항반응분포란 수험자 집단이 선다형의 각 답지에 어떤 반응을 하느냐를 분석하는 것이다. 즉, 문항의 난이도와 변별도가 각 문항 자체에 대한 분석인데 비해, 문항반응분포의 대상은 각각의 개별 답지들인 것이다. 그러나 이들 분석 결과는 서로 밀접한 상관 관계에 놓여있다. 문항의 난이도와 변별도, 문항반응분포의 계산은 아래 평가의 검증부분에서 좀더 상세히 논의하고자 한다.

효과적인 사전 평가는 그 수험자가 본 평가의 대상인 학습자 집단과 가능한 한 유사해야 한다. 따라서 외국어로서의 한국어능력 평가에서는 외국인 한국어 학습자 집단을 대상으로 모의고사를 실시하는 것이 가장 바람직하다. 한국어 모국어 화자를 사전 평가의 대상으로 할 경우에는 수험자들에게 어려움을 일으켰던 문제는 외국인 학습자 대상 평가에서 제외시키는 것이 바람직하다. 또한 사전 평가에서는 시간의 할당을 완성형보다 좀 더 여유 있게 해서라도 모든 수험자가 모든 문항을 접하도록 해야 자료로서의 가치가 있다.

2.5 최종 형태 제작

사전 평가를 바탕으로 유용한 문항들의 선별과 교정이 이루어진 후에는 각 문항에 대한 배점을 결정하고 문항을 배열한다. 대부분의 평가 상황에서는 난이도의 수준을 차차 증가시키는 순서로 배열하며, 맨 마지막은 아주 우수한 수험자만이 정답으로 답할 수 있는 문항으로 마무리하는 것이 바람직하다. 또한 선다형 문항들의 배열에 있어서는 각각의 답지 번호가 대략 같은 빈도를 갖고, 답안지 전체 모양에서 정답의 위치가 감지될 수 있는 형태가 되지 않도록 배열한다.

〈기타 평가지 제작에 주의 할 점〉

1. 문제지의 시각적 형태와 질이 학생의 수행에 영향을 준다는 사실을 유념한다.
2. 문제지 한 쪽 끝과 다음 쪽 처음에 걸치는 문항이 나오지 않도록 배열한다.
3. 개방형, 반 개방형 문항에서는 답을 위해 충분한 공간을 제공하여야 한다.
4. 영역별로 시간이 따로 측정된다면, 그에 관한 지시사항을 기입한다.
5. 수험자의 이름 등 기본 정보를 기입하는 난이 포함된 표지의 사용으로, 지시가 따르기 전에는 수험자가 문항을 보지 못하도록 할 수도 있다.

문제지의 제작과 더불어 분리 답안지를 제작하는 것이 바람직하다. 소단위 평가에서도 분리 답안지를 사용하는 것이 시간상으로 볼 때 경제적이며, 기계 채점이 이루어지는 대단위 평가 프로그램에서는 분리된 답안지의 사용이 필수적이다. 수험자가 잘못된 줄에 답을 기입할 위험을 줄이기 위해 쓸 수 있는 방법은 답지에 숫자보다는 문자를 사용하는 것이다. 예를 들어 10번 문항의 답을 3번 답지로 기억하는 것 (10-3) 보다는, 10번 문항의 답을 C로 기억하고 (10-C) 답안지에 펜을 옮겨가는 것이 실수할 확률을 줄이는 한 방법이다. 채점에 있어 대단위 평가에서 자주 쓰이는 방법으로 정답에 구멍을 뚫어 각 답안지 위에 대고 정답을 가지지 않는 구멍 안에 표시하여 틀린 항목의 수를 파악하는 스텐실키(stencil key)와, 수직으로 모범 답을 기입한 접혀진 정답지를 각각 답안지의 같은 칸의 바로 옆에 위치시켜 비교해 나가는 어코디언키(accordion key)가 있다.

끝으로 대단위 평가 프로그램과 같이 출제자와 시험관이 다른 경우에는 시험관을 위한 지침서가 제작되어야 한다. 지침서에는 평가 실시에 대한 구체적인 지시사항과 채점 기준 등이 정확히 명시되어야 한다.

3. 평가 결과의 해석과 활용

평가목표와 방법을 설정하고 평가 도구를 제작하여 평가를 시행하는 과정 못지않게 중요한 것이 평가의 결과를 처리하고 활용하는 단계일 것이다. 평가가 지닌 소기 목적을 달성하기 위해서는 평가의 시행 과정에 필요한 사항을 충분히 검토하는 것 뿐 만 아니라, 특히 성취도 평가의 경우 평가를 학습의 한 과정으로 보고 평가 결과를 학습지도에 재활용하고 다음 단계 학습 목표의 설정에 기초가 되게 하는 순환작용이 요구된다.

3.1 채점

채점은 평가에 제시된 학습목표에 대한 학습자의 성취 정도를 수량화하여 정리하는 활동이다. 즉 평가에 나타난 결과에 수적 가치나 점수를 부여하는 과정이라고 할 수 있다.

3.1.1 폐쇄형 문항의 채점

폐쇄형 문항은 채점에 있어서 객관성과 그 결과의 신뢰도가 크다는 장점이 있으나, 추측에 의한 정답반응 가능성이 크다. 예를 들어, 추측에 의해서 맞을 확률이 진위형의 경우 50%, 사지선다형의 경우는 25%에 이른다. 이와 같은 결함을 채점과정에서 보완하기 위한 것이 추측요인의 교정공식이다.

〈추측요인의 교정공식〉

$$X = R - W/n-1$$

(풀이: X = 교정된 정답 수, R = 정답의 수, W = 오답의 수, n = 문항의 답지 수)

예를 들어, 사지선다형 문항의 채점에서 한 학생의 채점결과가 50개 문항 중 정답 39개 오답 6개, 응답하지 않은 것이 5개인 경우라면 학생의 교정된 정답 수 X = R - W/n-1 = 39 - 6/3 = 37 이다. 정답 40개는 추측요인의 교정에 따라 37개가되며, 문항 당 2점이라고 하면 37 x 2 = 74점이 실질적인 점수가 된다.

3.1.2 개방형 문항

개방형 문항의 경우 타당도는 높으나 채점에 있어서의 객관성 유지가 어렵다는 단점이 있다. 따라서 채점의 주관성 문제를 극소화할 수 있도록 사전에 대책이 마련되어야 하는데, 여기에 필수적인 것이 채점 기준표이다. 채점과 점수 부여는 답안지별보다는 문제단위별로 하는 것이 바람직하며, 답의 내용이 되어야 할 필수사항을 나열하고, 그 사항의 중요도에 대한 수치가 기술된 채점표가 반드시 전제되어야 한다. 또한 교사와 채점자가 동일한 경우 수험자의 인상, 필체 등에서 오는 편견이 채점의 불공정성을 초래하는 일이 없도록 조처를 취하는 등 신뢰도 확보에 각별히 유념하여야 한다.

3.2 점수의 해석

개별 답안지의 채점이 완료되면 수험자들이 받은 점수를 최하점수에서 최고점수까지 확인하고, 그 사이 점수들의 분포를 기록한다. 그런데 각 수험자가 획득한 점수는 단지 정답 수의 합일뿐이며 맥락이 없이는 매우 제한적인 의미만을 지닌다. 이를테면 다른 정보 없이는 100점 만점에 70점이 높은지 낮은지 말할 수 없다. 획득한 점수에 의미를 부여하기 위해서는 다음의 몇 가지 통계적인 기술 방법이 활용된다.

3.2.1 중앙치(median)

중앙치는 점수가 순서대로 배열되었을 때 일련점수의 중앙 점수이다. 즉, 최하점수와 중앙치까지의 사이에 해당하는 학생 수와 반대로 중앙치에서 최고점수까지의 사이에 해당하는 학생 수가 같다. 9명의 학생들이 다음의 점수를 얻었다면: 51, 52, 62, 63, 73, 74, 84, 85, 95, 중앙치는 5번째의 점수 73 점이다.

3.2.2 평균치(mean)

평균(mean)이라고 축약형으로 사용되는 산술적 평균은 개개 점수 합계를 응시자 전체의 수로 나눈 것이다. 위의 예에서 9명의 점수를 합하면 639이다. 이 총점을 9로 나누면 71이 된다. 점수들이 중앙으로 균형 있게 모여 있으면 평균치는 중앙치와 거의 같다.

3.2.3 백분위(percentile) 등급

개인별 평가 성적을 등급 매기는 데 쓰이는 개념으로 점수를 백분위 등급으로 해석하여 타인과 비교한 각 수험자의 상대적 위치라는 명확한 개념을 얻을 수 있다. 한 수험자의 백분위 등급은 해당 평가에서 그보다 낮게 득점한 수험자 집단의 백분율을 나타낸다. 예를 들어 개인 점수 90이 97 백분위 등급이라는 것은 비교집단에서 97%의 수험자들 보다 그가 더 우수한 점수를 획득했음을 설명해 준다.

3.2.4 표준편차

표준 편차는 평가에 대한 점수분포의 측정치로 가장 안정된 가변성 지수로, 집단의 평균으로부터 각 개인의 일탈이 제곱되고, 이런 제곱 평균의 제곱근 값이다. 표준편차가 크면 클수록 점수 분포 범위가 더 커진다. 시험성적이 특정 점수대에 몰려있는지 아니면 넓은 범위에 걸쳐 균등하게 분포되어 있는지를 알려주므로, 개개인 점수를 해석하는 데 있어 단순한 평균보다 더 정확한 기준을 제공한다.

이러한 수치들은 평가결과를 종합적으로 간결하게 나타내 주어 개인을 동료들과 비교하거나 둘 이상의 집단을 비교하고, 평가결과를 통계적으로 처리하여 자료화하는 데 활용된다. 그러나 평가 결과의 활용은 통계적인 자료화를 위한 결과 분석에 그치는 것이 아니라 평가항목별로 결과를 분석하고, 오답분석의 결과를 교육적으로 활용하는 일로 이어져야 한다.

3.3 평가의 검증

평가 실시 후에는 사전 평가에서와 같이 체계적으로 각 문항의 양호도를 측정한다.

언어시험을 출제하고 치른 후 그 결과가 원래 평가하고자 하는 목적을 효과적으로 달성하였는지 그 시험을 검증해 보는 것이다. 어떤 수험자가 특정한 언어시험으로부터 좋은 점수를 얻으면 우리는 그 수험자의 언어능력이 우수하다고 말할 수 있는데, 과연 그 우수한 점수가 타당한가라는 확신을 갖기 위해서는 그 시험결과(즉 점수)에 대해 분석할 필요가 있다. 이러한 시험결과를 분석하는 방법은 폐쇄형이나 반 개방형의 문항으로만 구성된 객관식평가의 분석과 한국어 말하기나 작문평가와 같이 개방형 문항만으로 구성된 수행평가의 분석으로 크게 나누어 생각할 필요가 있다.

3.3.1 객관식 평가의 검증

객관식 평가는 보통 여러 문항으로 구성되어 있기 때문에 우선 각 개별문항에 대한 검증을 필요로 한다. 어떤 개별문항이 타당한 문항인가 아닌가, 타당하다면 얼마나 타당한가를 분석하여 종합한 후 전체평가 결과의 타당성을 검증하게 된다. 원래 각 문항들이 만들어질 때에는 타당한 평가를 하기 위해 의도되었지만, 실제로 시험을 치르고 난 후의 결과는 출제의도와 반대의 결과가 나올 수 있는 것이 현실이다. 따라서 각 문항별 분석, 검증이 이루어져야 한다. 이러한 객관식 평가의 검증 방법에는 두 가지가 있는데 고전검사이론과 문항반응이론을 들 수 있다.

1) 고전검사이론(classical test theory)

고전검사이론에 의하여 폐쇄식 문항을 검증하기 위해서는 정답율과 변별도를 살펴볼 필요가 있다.

(1) 정답율(문항 용이도)

'정답율'이란 어떤 시험의 주어진 문항에 대해 수험자들이 정답으로 맞춘 비율을 말한다. 정답율을 '문항 용이도(item facility)'라고 말하기도 하고, '문항 곤란도(item difficulty)'와는 정반대되는 개념이다. 정답율(또는 문항용이도 지수 facility value: FV)은 다음과 같이 계산할 수 있다.

<문항용이도 계산법1>

$$FV = R / N$$

[R: 정답자 수, N: 전체 수험자수]

<문항용이도 계산법2>

$$FV = \{R- (W/n-1)\} / N$$

(R: 정답자 수,　W: 오답자 수,　　N: 전체 수험자 수,　　　n: 답지수)

예) 60명 학생의 한국어시험을 실시한 후　7번 문항의 답지 수는 4개, 문항에 정답으로 반응한 학생이 30명, 오답자 수가 30명일 경우, 이 7번 문항의 용이도는, FV =　{30 - (30/4-1) }　/ 60 = 0.33 이다. 즉, 중간 수준 난이도의 문항으로 분류될 수 있다.

문항 용이도 지수(정답율)가 높으면 그 문항이 수험자에게 쉬웠다는 것을 알 수 있으며, 그 지수가 낮으면 그 문항이 수험자에게 어려웠다는 것을 알 수 있다. 한편 이러한 지수를 일상적 어휘인 난이도(難易度)를 사용하여 표현하는 것은 바람직하지 못하다. 일상적으로는 어떤 문항의 '난이도가 높다'는 말은 그 문항의 곤란도가 높아서 어렵다는 것을 의미하나, 사실은 그와 반대로 어려운 문항의 용이도 지수는 낮기 때문이다. 일반적으로 문항용이도 지수 0.25 이하는 어려운 문항, 0.75 이상은 쉬운 문항, 그 사이 지수는 중간 수준 문항으로 평가한다.

<문항 용이도 지수에 따른 문항 분류>

문항 용이도	문항 분류
0.25 이하	어려운 문항
0.25 - 0. 75	중간 수준 문항
0.75 이상	쉬운 문항

(2) 문항 변별도

　'문항 변별도'(item discrimination)란 어떤 시험에 주어진 문항이 상위권 수험자와 하위권 수험자를 구별하여 주는 정도를 말한다. 여러 다지선다형 문항으로 구성된 객관식 시험에서는 각 개별 문항의 정답을 토대로 성적이 산출되어 그 시험에 대해 성적이 좋은 수험자와 좋지 못한 수험자가 가려지게 된다. 또한 각각의 개별문항에서의 반응 결과가 성적이 좋은 수험자가 성적이 좋지 못한 수험자보다도 좋게 나오는 것이 정상이지만, 반드시 모든 문항에 대해서 정답율이 높게 나오는 것은 아니다. 이에 따라 성적이 좋지 못한 수험자(하위권 수험자)가 성적이 좋은 수험자(상위권 수험자)보다도 오히려 정답율이 높은 문항을 비교하여 가려낼 필요가 있으며, 이러한 문항들을 가려내고 분석하는데 문항 변별도라는 개념이 사용된다.

　변별도를 얻어내기 위해서는 각각의 총점에서 높은 점수대와 낮은 점수대를 획득한 답지를 분리한다. 그 후에, 각각의 문항에 대해 이 두 그룹이 어떻게 반응했는지를 검토한다. 어떤 문항을 상위권 집단이 정답으로, 하위권 집단이 오답으로 응답했다면, 그 문항은 변별 기능을 제대로 하는 문항이다. 반대로 그 문항에 정답으로 반응한 학생들의 평가 점수가 오답으로 응답한 학생들의 평가점수보다 낮다면 그 문항은 변별력이 떨어지는 문항이다. 다시 말해 변별도 지수는 문항의 점수와 학생의 총점과의 상관관계에 의해 추정된다. '문항변별도 지수'(discrimination index: DI)를 계산하는 공식은 많이 있는데 그 중 가장 간단한 방식은 다음과 같다.

〈문항변별도 계산법 1〉

$$DI = (Correct\ U - Correct\ L)\ /N$$

[DI=문항변별도 지수(discrimination index); N=전체 수험자 수, Correct U= 정답을 맞춘 상위권 학생 수, Correct L=정답을 맞춘 하위권 학생 쉬

〈문항변별도 계산법 2〉

$$DI = (Correct\ U - Correct\ L)\ /n$$

[DI=문항변별도 지수(discrimination index); n=전체 수험자의 절반(즉, N/2), Correct U= 정답을 맞춘 상위권 25% 학생 수, Correct L=정답을 맞춘 하위권 25% 학생 쉬

예) 100장의 완성된 답안지가 있다. 상·하위의 25%답지를 분리한다. 5번 문항에 정답으로 반응한 수험자 수가 상위와 하위 집단에서 각각 22명, 2명이라고 하자. 이 문항의 변별 지수는 D.I = 22 - 2/ 50 = 0.4 이다.

일반적으로 변별도 지수가 0.40이상이면 변별력이 높은 문항, 0.30 - 0.39 는 변별력이 있는 문항, 0.20 - 0.29 는 변별력이 낮은 문항, 0.10 - 0.19 는 매우 낮은 문항, 0.10 미만은 변별력이 없는 문항이라고 본다. 따라서 위 문항은 변별도가 높은 문항이라고 할 수 있다. 변별도가 극히 낮은 문항에 있어서는 오히려 전체 성적이 우수한 수험자가 우수하지 못한 수험자보다 능력을 발휘하지 못하는 결과가 초래되었기 때문에 그 문항을 다시 검증하여 보완하든지 또는 잘못된 문항으로 기각할 필요가 있다.

〈문항 변별도 지수에 따른 문항 분류〉

문항 변별도	문항 분류
0.10 이하	변별도 없는 문항
0.10 - 0.19	변별도 매우 낮은 문항
0.30 - 0.39	변별도 있는 문항
0.40 이상	변별도 높은 문항

(3) 문항반응분포

　문항반응분포를 분석하기 위한 기초 작업은 각 문항별로 문항반응분포를 기술하는 것이다. 예를 들어, 아래 3 문항을 정리해 놓았다. 1, 2, 3번 문항의 각 답지는 ①,②,③,④ 이며 검게 색칠이 된 답지가 정답이라고 하자.

문항 (1)		문항 (2)		문항 (3)	
답지	반응 학생수	답지	반응 학생수	답지	반응 학생수
①	49	①	80	①	10
❷	150	②	70	②	0
③	47	③	60	❸	200
④	54	❹	90	④	90
계	300	계	300	계	300

　대단위 평가의 경우 여러 가지 면밀한 계산법이 있지만 일반적으로 학급 단위 성취도 평가에서 적용할 수 있는 기준은 총 수험자의 절반가량이 반응한 정답지를 정답지로서 바람직하고, 나머지 오답지들은 수험자에 의해 정답으로 선택된 비율이 대략 비슷한 분포를 보여야 각각 오답지로서의 기능을 다했다고 본다. 위의 예 문항 (1)에서 답지 ②는 전체 수험자의 반이 선택했으므로 바람직한 분포이다. 나머지 오답들은 수험자들에게 비슷한 매력으로 작용했으므로 역시 바람직한 분포이다. 문항 (2)에서는 답지 오답의 매력도는 비슷하나, ④가 정답 구실을 못하고 있다. 따라서 정답지의 매력도를 높이거나, 각 오답지의 매력도를 낮추는 방향으로 내용을 조정하는 것이 바람직하다. 문항 (3)은 정답지에 비해 오답지의 기능이 상당히 낮고 오답지들의 매력도가 큰 차이를 보이는 문항이다. 문항 반응분포도 결과는 각각의 문항에서 오답지(distractor)가 어떻게 기능하는지를 나타내어 주므로, 이 절차를 통해 기능을 하지 못하는 오답지는 대체되거나 수정될 수 있다.

2) 문항반응이론(item response theory: IRT)

　문항반응이론은 잠재특성이론(또는 잠재능력이론: latent-trait theory)의 한 부분으로서,

앞에서 언급한 검사도구의 총점과 분석에 의하여 진행되는 고전적 검사이론과는 달리, 문항마다 불변하는 고유한 속성을 지니고 있다하여 그 속성을 나타내는 문항특성곡선에 의해 문항을 분석하는 검사이론이다(Henning, 1987). 문항반응이론은 원래 고전검사이론의 한계를 극복하고자 하는 노력으로 나타났는데, 고전검사이론은 다음과 같은 한계점을 지니고 있다(성태제 2001: 3).

ⅰ) 문항이 지니고 있는 고유한 특성이 있음에도 불구하고 문항의 용이도, 변별도는 수험자의 집단 특성에 의해 달라진다.

ⅱ) 수험자의 능력이 검사도구의 특성에 따라 다르게 추정된다.

ⅲ) 수험자들의 능력은 답을 맞힌 문항의 수인 총점에 의해 추정되므로 능력 추정의 정확성이 결여된다.

문항반응이론은 취급하는 모수(parameter)에 따라 세 가지로 분류되는데, 일모수 모형(one-parameter model)은 일모수 '난이도'(difficulty)만을 취급하고 있다. 이모수 모형(two-parameter model)은 난이도 이외에 '문항변별도'(item discrimination)를 고려하고 있으며, 삼모수 모형(three-parameter model)은 '추측'(guessing)을 추가하여 다루고 있다. 이러한 문항반응이론은 (1) 단차원성(unidimensionality), (2) 국부독립성(local independence), (3) 불변성 개념(invariance)과 같은 전제조건을 갖고 있다. 이러한 문항반응이론의 언어 평가에 대한 적용은 컴퓨터로 실행하여 평가과정을 분석할 수 있도록 BILOG와 XCALIBRE와 같은 컴퓨터 프로그램을 개발하게 된 바, 언어 평가를 보다 효율적으로 실행하고 필요한 정보를 보다 유용하게 뽑아낼 수 있는 계기를 마련해 주었다.

문항반응이론은 대표적인 외국어로서의 영어능력 평가도구인 TOEFL에서 기존의 PBT(Paper-Based Test)의 한계점을 보완하기 위해 개발한 CBT(Computer-Based TOEFL)의 주요한 이론적 근거가 되고 있다. PBT 방식은 문항 수가 제한되고 문제유형의 배열이 고정적이나, CBT는 수험자의 수준에 맞는 문제를 차별적으로 제공함으로써 보다 객관적인 언어능력 측정이 가능한 것이다.

3.3.2 수행평가 검증방법

수행평가에서 받은 점수는 수험자가 우수하여 높은 점수를 받으면 문제가 없지만, 수험자의 능력과 관계없이 어떤 채점자가 다른 채점자보다도 관대하여 그 수험자에게 후한 점수를 부여한 결과가 있을 수도 있다. 그러므로 우리는 평가의 타당성을 유지하기 위해서는 그러한 채점의 오류를 밝혀서 수험자의 능력에 맞는 점수를 부여하였는지 밝힐 필요가 있다. 다행히 지난 세기동안 모든 것들은 측정될 수 있고 수량화할 수 있다는 심리측정학자들에 의한 주장에 기초한 많은 연구가 결실을 맺은 결과, 이제는 수행평가의 주관성도 검증할 수 있는 고도의 측정프로그램들이 많이 출현하게 되었다. 그 대표적인 예로 문항반응이론(item response theory: IRT)에 기초를 둔 수행평가 검증 프로그램과 일반화 가능도 이론(generalizability theory: g-theory)에 바탕을 둔 프로그램을 들 수 있다.

1) 다국면적 라쉬(many-facet Rasch)모형에 의한 수행평가의 검증

앞에서 논의한 바와 같이 문항반응이론 컴퓨터 프로그램은 주로 다지선다형 문항 분석에 이용 되어왔다. 한편 문항반응이론의 또 한 주류는 덴마크의 수학자 Georg Rasch에 의해 개발되고 미국 시카고 대학의 Ben Wright에 의해 널리 보급된 일모수 모형(one-parameter model)으로 Rasch모형을 들 수 있다. 이러한 Rasch모형 이론이 다지선다형과 같은 객관식 평가에만 이용되지 않고, 현재에는 작문 또는 구술시험과 같은 언어 수행평가에서도 이용되게 되었다. 원래 기본적 라쉬모형은 다지선다형과 같은 이분문항(dichotomous items)의 분석에 국한되었으나, 그 후에 많은 연구가 이루어져 채점등급(rating scales)과 같은 데이터의 분석에도 확장되었다. 특히 라쉬모형은 모든 것을 수치로만 파악하게 하는 전통적인 통계방법과는 달리 여러 수준에서 역동적으로 다양하게 발휘되는 언어구사력에 대한 정보를 보다 잘 제공하여 줄 수 있다는 것을 보여주었다. 특히 Linacre(1989; 1994)에 의한 다국면적 라쉬 측정(many-facet Rasch measurement)에서는 채점자와 같은 평가의 제반 국면에 대한 분석을 가능하게 하였으며, 이러한 이론에 의거 Facets라는 컴퓨터 프로그램(Linacre와 Wright, 1990; 1992; 1993)이 개발되었다. 따라서 수행평가와 같은 주관식 시험에서 각 채점자의 관대함(leniency)과 엄격함(severity)을 근거로 주관적 채점의 신뢰도를 측정할 수 있게 해주었다. 이러한 프로그램은 채점자들에 의해 산출된 점수에 대해 채점자 특성과 평가과제 특성이 미치는 영향을 정교하게 분석할 수 있는 계기를 마련해주어서 현재 평가 전문가들에 의해 수행평가의 결과 분석에 많이 이용되고 있다(McNamara, 1996; 이영식, 1998).

2) 일반화 가능도 이론(generalizability theory: g-theory)에 의한 검증

일반화 가능도 이론(generalizability theory: g-theory)은 고전검사 이론의 연장이라고 볼 수 있으나, 측정오류(measurement error)를 보는 시야에서 많은 차이가 있다. 고전검사이론에 의하면 관찰점수의 분산은 진점수와 오차점수의 분산으로 구성되어 신뢰도는 진점수의 분산을 관찰점수의 분산으로 나눈 값을 말한다. 신뢰도 개념에 의하면 오차점수의 분산을 하나의 덩어리로 더 세분하지 않고 즉, 오류를 단지 단일실체(single entity)로 간주하는 반면에, 일반화 가능도 이론은 여러 종류의 오류를 개별적으로 분석하고, 그러한 개별적 오류가 ANOVA 통계적 절차를 이용하여 전반적인 오류로 기여하는 정도를 추정하는 것이다(Brennan, 2001). 따라서 일반화가능도 이론은 오차점수의 분산을 여러 개의 구성 요소로 세분하여 구성요소의 크기를 규명하고 각 오차의 원인을 밝힐 뿐 아니라, 측정방법, 절차, 그리고 목적에 따라 어떤 요인이 어떤 오차점수와 관계가 있는지 밝힌다. 이러한 모형은 시험에서 문항이나 과제의 수뿐만 아니라 수행평가에서의 채점자의 수를 조정하여 야기되는 효과를 추정하는 데 유용한 도구로 밝혀졌다. 이러한 이론에 의거 개발된 컴퓨터 프로그램으로 GENOVA를 들 수 있다.

3) 평가에 대한 질적인 접근

앞에서 논의한 바와 같이 통계 측정도구의 개발을 통한 언어 평가의 분석과 언어 평가에 대한 컴퓨터 사용 못지 않게 중요한 분야로서 언어 평가에 대한 질적인 접근(qualitative approach)의 발전을 들 수 있다. 특히 Paulston(1990)은 언어구사력에 대한 올바른 평가와 연구를 위해서는 질적이며 정량적인 접근(qualitative and quantitative approaches)이 모두 필요하며, 아무리 그것이 엄격하다 할지라도 수량화(quantification)와 심리측정(psychometrics)에만 의존하는 것은 충분하지 못하다고 주장하였다. 이러한 질적인 접근으로 선험적(a priori) 접근과 후험적(a posteriori) 접근을 들 수 있으며, 후자의 방법 중

소리내어 말하는 방법(think aloud)의 형식으로 어떤 과정이 진행되는 동안 소리내어 말하는 내성법(introspective method)이나 어떤 과정이 끝난 후 소리내어 생각하는 회상법(retrospective method) 그리고 인터뷰 등을 통한 분석(protocol analysis)이 언어 평가에 대한 주요한 질적 도구로 등장하게 되었다. 이것은 바로 수험자가 언어 평가를 치르는 데에 사용하는 전략이나 과정을 탐구하기 위한 관찰로서 평가의 타당도를 높이기 위한 노력이라 할 수 있다. 이러한 정성적인 접근은 시험을 치르는 수험자뿐만 아니라, 채점자들의 정신과정에게도 많은 관심을 갖게 되었다. 특히 수행평가에 있어서 가장 근본적인 변인중의 하나가 채점자(rater)라는 것을 인식하여서, 채점자들이 점수를 부여하는 동안에 행하는 직접 관찰할 수 없는 채점과정에 대해서 많은 관심을 갖게 되는 것이 중요하게 되었다.

최근에는 언어수행평가에서 채점자들이 행하는 판단과 결정과정에 대한 연구(Milanovic 외, 1993)와 채점자에 의해 사용되는 채점전략에 관한 연구(Milanovic과 Saville, 1994)가 있었으며, 한편으로 수행평가의 채점 차이는 주로 채점자간 신뢰도의 문제로 인식되어 왔지만 궁극적으로는 채점자들이 평가하고자 하는 수행언어구사력의 판단이 서로 다르기 때문에 발생한다는 것으로 밝혀지기도 하였다(Santos, 1988). 또한 그러한 채점 차이는 채점자들이 자기마다 의사소통능력이라고 규정짓는 각각의 언어구사력의 정의가 단순하지 않아서 채점 신뢰도라기보다는 수행언어구사력의 구성요인(construct)의 문제로 거슬러 올라가게 되어서 결국 구인타당도(construct validity) 즉, 타당도의 문제로 부각되었다. 그에 따라 채점과정에 대한 채점자 훈련(rater training)에 대한 정성적 연구도 활발히 진행되었으며, 채점자간의 신뢰도 향상과 채점자 훈련은 결국 평가하고자 하는 언어구사력의 구인타당도에 대한 문제의 해결로서 가능하게 되고, 그러한 해결은 정량적인 방법뿐만 아니라 결국 질적인 방법으로 도출하고 있는 것이다(Weigle, 1994).

제3장
한국어 평가의 기초

1. 한국어 능력의 개념

1.1 언어능력의 개념

일반적으로 언어 능력이라 함은 '의사소통 능력(communicative competence)'을 의미한다고 할 수 있다. 의사소통 능력이 강조되기 시작한 것은 Hymes(1972)에 의해 의사소통 능력의 하위개념 등을 제시하면서라고 할 수 있다. Chomsky(1965)는 언어 능력(language competence)과 언어 수행(language performance)을 구분하면서 언어 능력은 언어 사용의 사회적 규칙에서 추상화되고 내재된 통사론적 규칙 즉, 문법적인 능력을 의미하는 것으로 정의하였고, 언어 수행은 인간의 실제적 발화로 언어 사용의 생산과 이해력을 의미하며 이것은 불완전한 특성을 지닌다고 하였다. 이러한 Chomsky의 입장에 대해 Campbell과 Wakes(1970), Hymes(1972) 등이 비판하면서 '의사소통 능력'의 개념을 제시하였다.

Hymes는 의사소통 능력을 '인간이 특정 상황에서 메시지를 전달하고 해석하며 인간 상호 간에 의미를 타협하게 해 주는 능력'이라고 하였다. 즉, 언어 사용자가 특정 언어권 내에서 의사소통 측면에서 능숙해지기 위해 알고 있어야 될 것에 관한 정의라 할 수 있다. Chomsky의 '언어능력'이 이용 가능한 문법에 대한 판단에만 제한되었던 것에 비해서 Hymes의 '의사소통 능력'은 문법적, 심리언어학적, 사회문화적, 개연성의 등 4가지 요소의 상호작용으로 확대된 개념이라고 할 수 있다. 이러한 의사 전달 능력의 구성요소로는 언어의 문법성에 관한 지식(what is formally possible), 언어능력의 한계에 관한 지식(what is feasible in terms of human information processing), 일정한 발화의 사회적인 의미의 타당성에 관한 지식(what is the social meaning of an utterance), 일정한 발화의 사용 가능성에 관한 지식(what actually occured and performed) 등이 있다.

Canale과 Swain(1980)의 의사소통 능력에 대한 개념이 보다 최근의 의사소통 능력에 관한 분석적 접근이라고 할 수 있는데 4가지 하위 범주로 구성되어 있다. 즉, '문법적 능력'과 '담화적 능력'은 언어 체계의 사용에 대한 것이고, '사회언어학적 능력'과 '전략적 능력'은 의사소통이라는 기능적 양상에 관련 된 것이다. 이에 대한 자세한 내용은 다음과 같다.

<표 3.1> Canale과 Swain의 의사소통 능력의 구성요소

문법적 능력 (grammatical competence)	어휘에 대한 지식과 형태론적, 통사론적, 의미론적 (sentence-grammar semantics), 음운론적 규칙에 관한 지식을 포함하는 의사소통능력(Canale과 Swain,1980: 29). 즉 어휘, 발음, 규칙, 철자법, 단어 형성, 문장구조 등의 언어학적 기호를 정확히 사용 하여 문법적으로 올바른 문을 생성해 내는 능력을 말한다.
담화적 능력 (discourse competence)	여러 측면으로 문법적 능력을 보충해주는 능력. 형태적인 응집성(cohesion)과 내용상의 일관성(coherence)을 이루기 위해 아이디어를 조직하는 능력. 문법적 능력이 문장 단위의 문법을 다루는 것이라면, 담화적 능력은 문장 사이의 상호 관계와 연관된 것이다.
사회언어학적 능력 (sociolinguistic competence)	언어와 담화의 사회 문화적 규칙에 관한 지식으로 '언어가 사용되고 있는 사회적 상황'에 대한 이해로, 사회적 상황이란 언어를 사용하는 사람들이 맡은 역할, 이들이 공유하는 정보, 이들 간에 이루어지고 있는 상호작용을 말한다.
전략적 능력 (strategic competence)	언어 수행상의 변인이나 불완전한 언어 능력 때문에 의사소통이 중단되는 경우 이를 보완하기 위해 사용하는 언어적 비언어적 의사소통 전략 → 의역하기, 우회적 화법, 반복, 머뭇거림, 회피, 추측 등을 사용하여 지속적인 의사소통을 가능하게 하는 능력 등을 말한다.

Hymes의 의사소통 능력 모형은 Canale과 Swain에 의하여 확장되었으며, 이들의 모형은 Bachman(1991)에 의하여 정교화되었다고 할 수 있는데 언어 능력을 조직적 능력과 화용적 능력으로 구분하고 있다. 조직적 능력은 문장단위의 규칙(문법적 규칙)과 문장의 '연결 관계'를 지배하는 규칙(담화적 능력)을 모두 포함하며 우리가 사용할 언어 형식을 결정하는 모든 규칙을 말한다. 화용적 능력은 언어의 기능적 측면과 관련되는 언표내적 능력(illocutionary competence)과 공손함, 격식, 은유, 언어사용역, 언어 사용의 문화적 측면 등과 관련되는 사회 언어학적 능력을 포함한다.

1.2 한국어 능력의 개념

Bachman의 의사소통 능력의 개념이 좀 더 정교화 되었으나 Canale과 Swain(1980)의 기본적인 구성 개념을 근간으로 하고 있으므로 한국어 능력에 대한 개념을 정의하는 데에 Canale과 Swain의 의사소통 능력의 구성 개념을 따르기로 한다. 즉, '한국어 능력'이라 함은 한국어를 사용하여 의사소통하는 데에 필요한 문법적 능력, 사회언어학적 능력, 담화적 능력, 전략적 능력 등을 포함하는 언어 능력이라고 정의하기로 한다. 언어 기술별로는 듣기와 읽기와 같은 이해 기술 등에서는 담화 능력이 담화 이해력으로 말하기와 쓰기 등에서는 담화구성 능력 등으로 구성되는 개념으로 정의한다. 이를 각각의 언어 기술별 구성 개념으로 정리하면 다음과 같다. 이에 대한 구체적인 하위 구성 개념 등은 각 기술별 평가 부분에서 언급하기로 한다.

<표 3.2> 한국어 능력의 구성 개념

언어 기술	듣기	말하기	읽기	쓰기
구성 개념	-문법적 능력 -담화 이해 능력 -사회언어학적 능력 -전략적 능력	-문법적 능력 -담화구성 능력 -사회언어학적 능력 -전략적 능력	-문법적 능력 -담화 이해 능력 -사회언어학적 능력 -전략적 능력	-문법적 능력 -담화구성 능력 -사회언어학적 능력 -전략적 능력

각 기술별 하위 구성 개념들을 정리하면 다음과 같다.

<표 3.3> 기술별 하위 구성 개념

구성 개념	듣기	말하기	읽기	쓰기
문법적 능력	개별 음운의 식별, 단어의 축약형, 발음규칙의 이해력, 문법적 형태와 통사적 장치의 이해, 어휘의 의미나 쓰임에 대한 이해, 문장구조에 대해 이해 하는 능력	정확한 발음, 적절한 어휘 사용, 자연스러운 억양, 문법의 정확한 활용 능력	철자, 문장구조, 문법 규칙의 이해와 어휘의 의미 쓰임의 이해와 문맥의 어휘 의미 등을 유추하는 능력	맞춤법의 정확한 사용과 수준에 적절한 어휘와 문법의 정확한 활용능력
담화 능력	접속어사용을 통해 문맥의 의미를 이해하고, 인용문, 생략, 도치문을 이해하며, 담화 상황, 주제, 기능 등을 이해하며, 중심 생각, 예시 가정 등을 이해하는 능력	이야기 구성 능력, 유창한 표현 능력, 적절한 응집장치 사용능력, 적절한 담화 표지 사용 능력	접속어, 담화 표지 등의 이해와 문장 간의 관계, 담화 구성 방법과 전개에 대한 이해, 담화의 맥락, 주제, 기능, 전체 내용 및 세부내용 등을 이해하는 능력	문장, 대화, 담화 상황에서 내용의 긴밀한 연관성과 일관성을 유지하는 능력, 글의 유형에 따른 내용 조직의 방법과 수사적 능력, 특수 담화 장치들의 적절한 활용 능력

| 사회언어학적 능력 | 높임법 체계를 이해하고, 휴지나 억양 등의 어조를 이해하고, 특수한 표현, 문화적 내용, 의사소통의 기능을 이해하는 능력 | 상황에 맞는 어법 사용, 기능에 맞는 언어 사용, 경어법, 관용 표현, 축약어 사용 능력 | 문장 종결형의 기능과 의미를 이해하고 높임법 체계, 상황과 기능에 맞는 텍스트 유형을 이해하는 능력 | 경어법의 사용, 사회문화적 기능의 활용, 일상적 글쓰기를 비롯한 기능적 글쓰기의 수행능력 |
| 전략적 능력 | 실제 세계의 지식, 언어 외적 부차 정보를 활용하고, 추론, 유추하는 능력 | 발화 상황을 적절히 파악하여 대처하는 능력 | 유추, 추론 등을 이용한 텍스트 이해, 자신의 경험이나 배경 지식을 활용하는 능력 | 특정 과제해결을 위한 전략 활용 능력 |

2. 등급별[2] 평가 목표

등급별 평가 목표는 각급의 학습목표와 긴밀하게 연관되어 있다. 이러한 학습목표는 학습 내용을 결정해 준다. 각급의 학습목표를 중심으로 한 학습내용을 네 가지 측면 즉, 언어적 능력, 담화적 능력, 사회언어학적 능력, 전략적 능력의 측면에서 살펴보기로 한다.

2.1 초급의 평가 목표

한국어 초급의 평가 목표는 다음과 같은 초급의 학습 목표를 어느 정도 성취하였는지 평가하는 것이다.

---

2) 한국어 교육의 실제 현장에서는 일반적으로 정규 한국어 교육과정을 여섯 단계로 설정하여 가장 낮은 초급을 1급(혹은 1단계)으로 가장 높은 단계를 6급(혹은 6단계)으로 설정하고 있다. 여기서 정규 한국어 교육과정이라 함은 대개 1학기 200시간(1일 4시간, 주 5일, 학기당 10주)을 기준으로 하는 교육과정을 말한다. 한국어 교육기관에 따라 1학기 120시간에서 200시간 정도가 한 급을 마치는 데 소요된다고 볼 때 1급-6급까지의 6개 등급으로 구분하여 설정하고 있다. 한국어 교육기관에 따라 8급(혹은 8단계)으로 구분하여 학습 기간을 늘려서 운영하는 교육과정도 있다. 한국어 교육과정은 위와 같은 정규과정 이외에 비정규 과정, 특별 과정 등 다양한 명칭으로 한국어 교육기관에서 운영되고 있다. 한국어 교육과정을 6급(혹은 6단계) 과정으로 구분할 때 초급은 1급과 2급, 중급은 3급과 4급, 고급은 5급과 6급에 해당한다.

2.1.1 언어적 능력(문법적 능력)

1) 자모체계

  ⅰ) 한글의 자모체계와 맞춤법의 기본구조를 완전히 익혀 읽고 쓸 수 있다.

2) 발음

  ⅰ) 한글의 자모체계와 맞춤법의 기본구조를 완전히 익혀 읽고 쓸 수 있다.

  ⅱ) 모음과 자음을 정확히 발음하고 음의 변화를 통해 한국어의 발음체계를 안다.

  ⅲ) 기초적 어휘나 짧은 문장의 반복 연습을 통해 음의 변화를 자연스럽게 익혀서 상황에 맞게 발음한다.

  ⅳ) 한국어의 주요 발음 규칙을 체계적으로 연습하여 문장 속에서 자연스럽게 발음할 수 있다.

  ⅴ) 소리 이음, 콧소리되기, 거센소리되기, 된소리되기, 입천장소리되기, 겹받침 줄이기, 일곱 끝소리 되기, 모음 어울림, 흐름소리 되기 등 발음 규칙 일반을 이해할 수 있다.

3) 어휘

  ⅰ) 교재의 빈도수에 따라 단계적으로 제시된 어휘(700개 정도)를 확장, 연습해서 1,000-1,200개 정도의 어휘를 안다. 기본적인 인칭 및 지시대명사, 수사, 고빈도의 명사 및 용언이 이에 포함된다.

  ⅱ) 한국 음식, 교통, 공공시설 이용, 물건 사기, 여행 등 일상생활의 의사소통에 관한 기본 어휘를 학습하여 문맥 속에서 이해하고 정확하게 사용할 수 있다.

  ⅲ) 기본적인 사회 활동에 필요한 어휘 및 고유명사를 학습하고, 기초적인 변칙 활용 용언을 이해한다.

4) 문법

  ⅰ) 기초문법요소(조사와 어미)를 이해하고 한국어의 구문구조를 파악하여 문장에서 자연스럽게 활용할 줄 안다.

  ⅱ) 의문문과 대답용 서술문 간의 변화규칙, 긍정과 부정, 주어+술어 또는 주어+목적어+서술어 형식의 기본적인 문형구조를 이해한다.

iii) 초급 상의 수준에서는 연결어미, 접속부사를 활용하여 복문 및 중문을 정확하게 구사할 수 있다.

iv) 한국어의 화계(speech level)를 부분적으로 이해하고 상황에 맞는 반말을 사용할 수 있다.

v) 간접화법을 사용해서 말할 수 있다.

2.1.2 담화적 능력

i) 일상적이고 기본적인 의사표현을 사용하여 담화를 구성할 수 있다.

ii) 일상적인 간단한 주제(자기소개, 날씨, 음식, 취미 등)에 대한 담화를 듣거나 이해하고 구성하여 발화하고 문어체 담화를 글로 생산할 수 있다.

2.1.3 사회언어학적 능력

i) 한국인의 기본적인 사고방식과 생활방식을 이해함으로써 단순한 사회활동에 적응력을 갖는다.

ii) 한국인의 기본적인 사고방식과 생활양식을 이해하지만 아직 이해의 정도가 충분하지는 못하다.

iii) 학생의 모국 문화와 다른 한국 문화의 독특한 양상을 거부감 없이 이해할 수 있게 된다.

iv) 일상생활에서 한국어로 의사소통하기 위해서 기본적으로 알아야 할 문화적인 내용을 언어 학습의 주제와 연결해서 배운다.

2.1.4 전략적 능력

i) 일상적인 상황 속에서 일어나는 다양한 문제에 대처하는 과제 수행 능력을 키운다.

ii) 일상적인 기본 대화에서 활용할 수 있는 신체언어 등을 활용하여 발화할 수 있다.

2.2 중급의 평가 목표

한국어 중급의 평가 목표는 다음과 같은 중급의 학습 목표의 성취 정도를 평가하는 것이다.

2.2.1 언어적 능력(문법적 능력)

1) 발음
　ⅰ) 한글의 음운 현상을 체계적으로 이해하며 자연스러운 발음을 할 수 있다.
　ⅱ) 음절단위로 정확한 발음을 하기보다는 어절단위의 의미에 중점을 두어 띄어 읽기를 잘 할 수 있다.
　ⅲ) 모국어의 억양이나 발음이 간혹 인지되기는 하나 비교적 자연스럽게 우리말을 발음할 수 있다.

2) 어휘
　ⅰ) 일상생활에 필요한 어휘를 어려움 없이 구사할 수 있다.
　ⅱ) 간단한 한자숙어(사자성어)나 속담을 활용할 수 있다.
　ⅲ) 자신의 주장을 나타낼 수 있는 표현들을 적절히 활용할 수 있다.
　ⅳ) 사용 빈도가 높은 비유적 용법과 숙어, 속담, 사자성어를 인지한다.
　ⅴ) 사용 빈도가 높은 의성어, 의태어를 이해하고 적절히 사용할 수 있다.
　ⅵ) 짧은 수필에 나오는 비유적 표현이나 어휘를 이해하고 구사할 수 있다.
　ⅶ) 일상적인 어휘뿐 아니라 한자어 어휘나 추상적인 어휘도 어느 정도 이해 할 수 있다.

3) 문법
　ⅰ) 자신이 표현하고자 하는 내용에 적절한 시제활용을 할 수 있다.
　ⅱ) 유사한 의미의 연결어미를 적절히 활용할 수 있다.
　ⅲ) 문장구조에 있어 피사동의 변형이 가능하다.
　ⅳ) 앞뒤 문맥에 맞게 문단을 구성할 수 있다.
　ⅴ) 문법적인 오류가 간혹 나타나며, 스스로 이를 인지하고 수정할 수 있다.
　ⅵ) 감탄이나 아쉬움, 안타까움 등의 양태를 나타내는 문장을 적절히 사용할 수 있다.
　ⅶ) 발화 상황에서의 화자와 청자의 관계에 따른 대우법 체계를 이해할 수 있다.

viii) 사용 빈도가 높은 어미결합형을 이해하고 구사할 수 있다.

2.2.2 담화적 능력

1) 자신의 의견을 표현하고 상대방과 의견을 조정하는 담화를 구성할 수 있다.
2) 쉬운 글을 읽고 이를 요약하여 설명할 수 있다.
3) 자세한 설명이나 상황 묘사를 할 수 있다.
4) 개인의 관심사뿐만 아니라 다소 복잡한 일상적인 주제 예를 들면, 건강 문제, 환경오염 문제 등에 대해 자신의 의견을 구체적으로 표현하고 토론할 수 있다.

2.2.3 사회언어학적 능력

1) 한국 문화와 관련된 내용에 대해 정보를 구하고 소개할 수 있다. 즉 일상생활에서 한국의 예절과 풍습 등을 소개할 수 있다. 한국 풍습, 예절 등에 대한 지식을 요청할 수 있다.
2) 공적인 일이 힘들지만 처리할 수 있다. 예를 들면, 외국인에게 필요한 공적인 서류를 준비거나 일상생활과 관련하여 공공장소에 문의할 수 있다.
3) 전문적인 것에는 약간의 도움이 필요하나, 일반적으로 직장 업무를 처리할 수 있다.
4) 한국의 풍습, 미신, 속담 등 이해하고 한국인의 사고방식과 문화를 이해한다.
5) 전화 대화나 방송의 알림, 방송 보도 등을 이해할 수 있다.
6) 직설적이고 개인적 흥미 또는 지식을 얻을 수 있는 기본적인 정보가 들어있는 텍스트라면 이를 이해하고 그 텍스트로부터 다음 단계의 진술이나 주제의 정보를 얻어낼 수 있다.
7) 일상적 사건에 대한 글뿐만 아니라 실용문, 일상적 주제에 대한 간단한 글쓰 기를 할 수 있다.

2.2.4 전략적 능력

1) 인간관계의 다양한 상황에 대처할 수 있다. 방문과 초대에 응하거나 안부 전하기, 부탁 거절하기, 실수에 대해 사과하기 등의 사회적 기능을 수행할 수 있다.
2) 다양한 경제활동-은행에서 통장개설, 환전 등의 간단한 업무보기, 필요한 물건을 신용 구

매하거나 잘못 구매한 것을 교환하기-에 대처할 수 있다.

3) 일상적인 주제(취미활동, 건강 등)에 대해 대화를 끌어갈 수 있다.

4) 일상적이지 않은 특수 상황에서 문제를 해결한다.

2.3 고급의 평가 목표

한국어 고급의 평가 목표는 다음과 같은 고급 학습 목표의 성취 정도를 평가하는 것이다.

2.3.1 언어적 능력(문법적 능력)

1) 발음

  i) 정상적인 발화에서 학습자가 한국인의 발음을 이해하지 못한다든지 한국인이 학습자의 발음을 이해하지 못한다든지 하는 문제는 없다. 단, 학습자의 모국어의 영향을 받은 억양 및 강세는 여전히 남아있는 상태다.

  ii) 교육받은 모국어 화자와 같은 발음을 구사할 수 있다. 발음으로 인해서 발생하는 문제는 거의 없이 발화할 수 있다.

2) 어휘

  i) 정치, 사회, 경제, 문화 등 전문적인 분야의 기초적인 어휘를 이해하고 사용할 수 있으며 전문적 어휘도 설명을 들으면 이해할 수 있다.

  ii) 신문이나 방송 등의 시사 관련 어휘를 이해하며 사회생활 관련 어휘를 별 어려움 없이 사용할 수 있다.

  iii) 평이한 내용의 수필이나 소설에 나오는 비유적 표현이나 어휘를 이해하고 구사할 수 있다.

  iv) 빈도가 높은 비유적 표현이나 관용어, 숙어, 속담, 고사성어 등을 이해하고 사용할 수 있다. 빈도가 낮은 것이라면 어느 정도 이해가 가능하다.

  v) 빈도가 낮은 의성어, 의태어를 어느 정도 이해하고 사용할 수 있다.

  vi) 정치, 사회, 경제, 문화 등 전문적인 분야에서 일반적으로 사용되는 어휘를 이해하고 구사할 수 있다.

ⅶ) 사용 빈도가 적은 추상적인 어휘를 충분히 숙지하고 구사한다.

ⅷ) 문학적인 글에 등장하는 비유적 표현이나 어휘를 이해하고 구사할 수 있다.

ⅸ) 비교적 사용 빈도가 낮은 숙어나 속담, 고사성어를 이해하고 사용할 수 있다.

ⅹ) 사용 빈도가 낮은 의성, 의태 부사나 부사어들을 자연스럽게 사용할 수 있다.

3) 문법

ⅰ) 빈도가 높은 접미사와 접두사, 다양한 종결 어미, 보조 동사 등을 이해하고 구사할 수 있다.

ⅱ) 상대방에 맞추어 존댓말과 반말 뿐 아니라 극존칭 및 하오체, 하게체를 이해 할 수 있다.

ⅲ) 문단 단위의 담화를 자연스럽게 생성할 수 있으며, 심각한 문법적인 오류 없이 발화할 수 있다.

ⅳ) 사용 빈도가 낮은 접미사와 접두사, 문법화된 관용 표현, 어미 결합형 등을 이해할 수 있다.

ⅴ) 필요한 경우라면 높임법의 하게체, 하오체를 구사할 수 있고, 의고적 표현의 겸양법을 이해할 수 있다.

ⅵ) 문법과 관련해서 발생되는 문제가 거의 없이 문법을 활용할 수 있다.

2.3.2 담화적 능력

1) 학업 활동에 관련된 과제와 기능 즉, 관심 있는 주제에 관한 보고서 작성 및 발표, 일상생활과 관련된 인터뷰 조사와 발표를 할 수 있다.

2) 자신의 전문분야에 대한 연구 발표 및 연구 논문을 작성할 수 있다.

3) 직업 활동에 관련된 과제와 기능 즉, 취업 관련 광고 이해, 진로 상담, 면접 상황 대처하기, 자기소개서 및 이력서 작성하기, 담당 업무 보고하기, 거래 및 협상 등과 같은 기능을 수행할 수 있다.

4) 회사의 설립과 운영 활동, 직업 관련 전문 영역의 평가, 직업 관련 공문서 등을 작성할 수 있다.

5) 경제 활동에 관련된 과제와 기능 즉, 계약과 해지하기, 피해 보상, 손해 배상 요구 및 처리와 같은 기능을 수행할 수 있다. 투자(증권, 부동산 등) 활동을 할 수 있다.

2.3.3 사회언어학적 능력

1) 교양적인 내용의 담화가 가능하고 매우 전문적 주제가 아니라면 어떤 주제에 대한 토론이나 의견 교환 등이 가능하다.
2) 한국에서 일반적인 직장 생활을 수행할 수 있다.
3) 한국의 정치, 경제, 사회, 문화적 상황에 대한 전문적인 이해가 가능하다.
4) 공공시설을 이용하는 데 불편함이 없으며 공공 기관에 자신의 불편 사항이나 요구 사항 등을 호소할 수 있다.
5) 일부 방언을 이해할 수 있으며 지역에 따른 향토적 특성을 이해할 수 있다.
6) 전문 분야에 대한 교육을 실시하고 텍스트 생산이 가능하다.
7) 한국 대학생 수준의 정치, 경제, 사회, 문화적 내용에 대한 집단적인 토론 및 사회자 역할을 할 수 있다.
8) 한국에서 조직체 및 기업의 운영이 가능하고 조직 운영과 관련된 지시 및 비판, 토론 등을 수행할 수 있다.
9) 한국의 정치, 경제, 사회, 문화적인 상황에 대해 전문적으로 설명할 수 있다.
10) 재판, 소송과 같은 공적 업무의 이해와 참여가 가능하다.
11) 준비된 내용으로 한국의 역사 및 전통 문화, 지역별 특성에 소개 및 안내가 가능하다.

2.3.4 전략적 능력

1) 문화 활동에 관련된 과제와 기능 즉, 문화 강좌 수강 및 문화 행사 참여, 문화 활동과 관련된 감상문 작성하기, 대표적인 문학작품 이해, 간단한 작품 쓰기 등과 같은 기능을 수행할 수 있다.
2) 한국의 역사 및 전통 문화에 대한 강연이나 문화적인 내용의 글쓰기, 문학 작품 번역을 할 수 있으며, 향토성이 가미된 문학 작품도 이해할 수 있다.
3) 사회 활동에 관련된 과제와 기능 즉, 토론하기, 불편 사항을 공공기관에 호소하기, 단체에 가입하기, 신문사에 투고하기 등의 기능을 수행할 수 있다.
4) 단체 여행을 조직하고 안내하며, 회의 및 좌담회를 개최하고 사회자 역할 등을 수행할 수 있다.

3. 등급별 평가 영역 및 내용

3.1 어휘

한국어의 등급별 어휘목록을 제시하는 것은 그리 쉬운 일이 아니다. 단지 각 기관마다 사용하는 교재들을 중심으로 어느 정도 수준을 제한하여 정리할 수 있을 것이다. 여기에 제시하는 어휘 목록에 대해서는 관점에서 따라 수준을 달리 할 수도 있다. 대체로 초급의 어휘목록은 어느 정도 일치되는 수준을 보여 주지만 중급, 고급의 어휘목록은 다양한 주제와 기능과 관련되어 어휘 통제가 불가능하여 목록을 제시하는 것이 무의미하다고 할 수 있으므로 여기서는 각 급의 어휘 영역만을 예시하기로 한다.

3.1.1 초급의 어휘 영역(한국어능력시험의 예)

초급하	- 일상생활에 필요한 가장 기본적인 어휘 - 사적이고 친숙한 소재와 관련된 가장 기본적인 어휘 - 기본 인칭 및 지시대명사, 의문대명사 - 주변의 사물 이름, 위치 관련 어휘 - 수와 셈 관련 어휘 - '크다', '작다' 등과 같은 기본적인 형용사 - '오다', '가다' 등과 같은 기본적인 동사 - 물건사기, 음식 주문 등 기본적인 생활과 관련된 기초 어휘
초급상	- 일상생활에 자주 사용되는 어휘 - 공공시설 이용 시 자주 사용되는 기본적인 어휘 - '제주도', '민속촌' 등 자주 접하는 고유명사 - '깨끗하다', '조용하다', '복잡하다' 등 주변 상황을 나타내는 형용사 - 우체국 이용, 회의 등 공적인 상황과 관련한 기본 어휘 - 약속, 계획, 여행, 건강과 관련한 어휘 - '자주', '가끔', '거의' 등 기본적인 빈도 부사

3.1.2 중급의 어휘 영역(한국어능력시험의 예)

중급하	- 일상생활에서 사용되는 대부분의 어휘 - 업무나 사회 현상과 관련된 기본적인 어휘 - 직장 생활, 병원 이용, 은행 이용 등 빈번하게 접하는 공적인 상황에서 사용되는 기본적인 어휘 - '행복하다', '섭섭하다' 등 감정 표현 어휘 - '늘어나다', '위험하다' 등 사회 현상과 관련된 간단한 어휘 - '참석하다', '찬성하다' 등 직장 생활과 관련된 기본적인 어휘 - '장점', '절약' 등 기본적인 한자어 - '생각이 나다', '버릇이 없다' 등 간단한 연어
중급상	- 일반적인 소재를 표현하는 데 필요한 추상적인 어휘 - 직장에서 일상적인 업무를 수행하는 데 필요한 어휘 - 신문 기사 등에 자주 등장하는 어휘 - 빈도가 높은 관용어와 속담 - 자연, 풍습, 문화, 사고방식, 경제, 과학, 예술, 종교 등 일반적인 사회현상과 관련한 핵심적인 개념어

3.1.3 고급의 어휘 영역(한국어능력시험의 예)

고급하	- 사회 현상을 표현하는 데 필요한 추상적인 어휘 - 직장에서의 특정 영역과 관련된 기본적인 어휘 - 세부적인 의미를 표현하는 어휘 - 자주 쓰이는 시사 용어 - '이데올로기', '매스컴' 등 사회의 특정 영역에서 자주 쓰이는 외래어 - 일반적으로 사용되는 관용어와 속담
고급상	- 널리 알려진 방언, 자주 쓰이는 약어, 은어, 속어 - 사회 각 영역과 관련하여 널리 쓰이고 있는 전문 용어 - 복잡한 의미를 갖는 속담이나 관용어

3.2 문법

한국어의 등급별 문법항목3)을 살펴보기로 한다. 한국어 교육 분야에서 표준화된 문법항목의 체계화가 이루어지지 않은 상태이므로 초급, 중급, 고급 내에서 상·하로 등급을 구분할 때 각 급내의 문법항목이 다소 조정될 수 있으나 다음과 같이 구분해서 살펴 볼 수 있다.

3.2.1 초급의 문법항목

초급하	- 주어-목적어-서술어의 순서로 된 기본적인 문장 구조 - 서술문, 의문문, 청유문, 명령문 등의 문장 - '누가, 언제, 어디, 무엇, 왜' 등으로 구성되는 의문문 - '그리고', '그러나' 등과 같이 자주 쓰이는 접속사를 사용한 문장 - '이/가', '은/는', '을/를', '에' 등 기본적인 조사사용 - '-고', '-어서', '-지만' 등 기본적인 연결어미 - 기본적인 시제표현 - '안'과 '-지 않다'로 이루어지는 부정문 - 'ㅡ', 'ㅂ', 'ㄹ' 불규칙 동사
초급상	- '보다', '이나', '밖에' 등 비교적 자주 쓰이는 조사 - '-을까요?', '-을 거예요' 등 자주 쓰이는 종결형 - '-고 있다', '-어 있다', '-어 주다', '-어 보다' 등 기본적인 보조용언 - '-으면', '-는데', '-으면서' 등 자주 쓰이는 연결어미 - '르', 'ㅅ', 'ㅎ', 'ㄷ' 불규칙 동사 - 관형형 - 용언의 부사형 - 높임법의 기본적인 형태

---

3) 여기에 제시한 자료는 김왕규 외(2002)의 자료에서 밝힌 한국어능력시험의 평가 영역 중 문법항목 영역에 제시한 자료이다. 현재 시행되고 있는 한국어능력시험의 실시가 한국어 교육 현장의 교수·학습의 목표를 조정하는 데 영향을 미치고 있는 것이 사실이다. 특정 한국어 교육기관의 학습목표, 학습내용을 제시하는 것이 적절하지 않다고 판단되어 이 자료를 제시하며 여기에 제시된 문법항목들 역시 절대적인 것이 아니므로 각 급의 학습목표(혹은 평가목표) 문법항목이 다소 융통성 있게 활용될 수 있을 것이다.

3.2.2 중급의 문법항목

중급하	- '만큼', '처럼', '대로', '뿐' 등 비교적 복잡한 의미를 갖는 조사 - '-어도', '-은지', '-을 테니까', '-는대로', '-느라고' 등 비교적 복잡한 의미를 갖는 연결어미 - '-을 뻔하다', '-는 척하다', '-기 위해서', '-을뿐만 아니라' 등 비교적 복잡한 의미를 갖는 문법 표현 - '-어 가다', '-어 놓다', '-어 버리다' 등의 비교적 복잡한 의미를 갖는 보조 용언 - 반말 - 사동법과 피동법 - 간접화법
중급상	- '치고', '치고는', '는커녕' 등 복잡한 의미를 갖는 조사 - '-더니', '-었더니', '-더라도', '-었더라면', '-길래', '-다면' 등 복잡한 의미 또는 사용상의 제약을 갖는 연결어미 - '-고 말다', '-어 내다' 등 복잡한 의미를 갖는 보조용언 - '-게 마련이다', '-으로 인해서', '-기에는', '-는 한' 등 복잡한 맥락을 서술학나 사회적 맥락을 논리적으로 서술하는 데 필요한 문법 표현

3.2.3 고급의 문법항목

고급하	- '-듯이', '-겠거니', '-되', '-고서라도', '-다가도', '-이니만큼' 등과 같이 복잡한 의미를 갖는 연결어미 또는 연결어미+조사 결합형 - 신문기사, 논설문 등에서 자주 사용되는 문법 표현
고급상	- 신문 사설, 논설문, 학문적인 저술 등에서 주로 사용되는 문법 표현 - 계약서, 협정서 등 전문적인 영역에서의 실용문에서 특별하게 사용되는 문법 표현

3.3 주제 · 기능

다음은 한국어능력시험[4](TOPIK)에서 제시하고 있는 등급별 주제와 기능을 한국어 평가를 위한 기초 자료로 제시하고자 한다.

---

[4] 한국어능력시험(TOPIK, Test of Proficiency in Korean)에 대해서는 8장에서 자세히 언급하기로 한다.

3.3.1 초급의 주제(소재) 및 기능

주제 및 소재	소개, 학교 생활, 집에서의 생활, 쇼핑, 음식, 계절, 날씨, 교통, 주말, 취미, 약속, 운동, 사무실, 전화 등 일상생활과 관련된 주제
기능	인사하기, 소개하기, 명령하기, 요청하기, 제안하기, 주문하기, 물건사기, 길찾기, 교통수단 이용하기, 지도 설명하기, 방문하기, 날씨 묘사하기, 전화걸기, 취미 이야기하기, 의도 표현하기, 음식 맛 묘사하기, 우체국 이용하기, 흥정하기, 주문 교환하기, 여행사 이용하기, 관광지 정보 수집하기, 전화로 약속하기, 메시지 남기기, 병원이나 약국 이용하기 등

3.3.2 중급의 주제(소재) 및 기능

주제 및 소재	- 모임과 대화, 이웃, 만남과 이별, 외국 생활, 걱정과 충고, 생활과 건강 등 일상생활과 관련되는 비교적 추상적인 주제 및 소재 - 직장 생활, 병원, 은행 등과 같은 장소에서의 상황, 언어 생활, 사건, 사고 환경공해, 경제형편, 문화예술 등 사회의 주요 관심 주제 및 소재 - 한국의 풍습, 한국인의 사고방식 등 한국인의 일상 문화와 관련되는 주제 및 소재
기능	- 부동산 중개소 이용하기, 사무실 방문하기, 배웅하기, 예금하기, 일상 대화하기, 개인적 사회적 변화에 대한 이해와 설명하기, 계획 세우기, 신상 명세서 작성하기, 부탁하기, 거절하기, 사과하기, 비교하기, 정보 전하기, 비교하기, 개인적 비판 의견 말하기,

3.3.3 고급의 주제(소재) 및 기능

주제 및 소재	- 직장에서의 특정 활동, 정치적 상황, 경제 지표 및 경기 흐름, 사회적 미담 혹은 쟁점, 문화 현상의 주요 특징, 직장에서의 특정 활동 영역, 정보화 사회 등 전문적인 내용과 관련된 주제 - 직장에서의 직무 수행 영역, 정치, 경제, 사회, 문화, 과학, 국제관계 등 사회의 전문적인 영역과 관련되는 주제
기능	- 강의 듣고 이해하기, 전문 학술내용의 이해와 발표하기, 서류 작성하기, 정보 수집하기, 직장인으로서의 역할 수행하기, 담당 분야의 설명 및 담당 업무 보고하기, 논쟁하기, 의견 교환하기, 단체활동, 공공 시설이용에 대한 불편 사항 요구하기, 호소하기, 연극과 문학 작품 이해하기, 향토적인 특성 이해하기, 전통 문화의 이해와 감상하기 등 - 전문 분야 교육하기, 전문 분야 텍스트 생산하기, 현학적 글의 이해와 사용하기, 조직 운영하기, 전문분야의 종합, 평가, 비판하기, 단체 여행 조직 및 안내하기, 영업, 재정

4. 등급별 평가 기준

한국어 평가의 등급별 기준은 한국어 교육 현장에서 표준화된 기준이 없으며 교육기관마다 기관의 교육과정 목적과 목표에 따라 달라질 수 있으므로 본서에서는 한국어능력시험(TOPIK)에서 제시하고 있는 기준을 따르고자 한다. 이는 한국어능력시험이 1997년 시행된 이후 지금까지 국내·외 한국어 교육에 미친 영향과 표준화된 한국어 교육과정의 방향과 수준을 제시해 왔다고 볼 수 있기 때문이다. 우선 각 급의 기본 학습 목표와 어휘, 문장, 발음을 중심으로 하는 언어 능력의 평가 기준을 제시하면 다음과 같다.

<표 3.4> 등급별 한국어 능력 평가 기준

구분		초급의 언어 능력(평가 기준)
1급	기본 학습 목표	한글 자모 순서, 한글 맞춤법의 기본 구조, 질문과 응답을 구성하는 문법 사항 등의 기본적인 사항을(아직 익숙하지는 못해도) 이해는 해야 한다. 기본적인 인사와 기본적인 문형과 기본 어휘 1,000 단어 정도(빈도, 난이도, 중요도를 감안)를 가지고 단문 중심의 특히 빈도가 높은 관용적 표현이 가능하도록 한다. 중간언어 단계를 폭넓게 인정한다.
	어휘	기본적인 인칭 및 지시 대명사, 수사(1-100), 고빈도의 명사 및 용언들을 알고 있어야 한다.
	문장	인사말, 의문문과 응답용 서술문 간의 변화 규칙, 최소한의 긍정과 부정, 기초 수량 표현, 주어+목적어+서술어 형식의 기본 문형 구조를 이해해야 한다.
	발음	모음 '어'와 '으', 그리고 '의'를 느리더라도 정확히 조음할 수 있다. 예사소리와 된소리의 차이를 인지하고 문장의 억양도 구별한다.
2급	기본 학습 목표	기초적인 한국어를 듣고 말하고, 읽고 쓸 수 있다. 음절식 읽기에는 숙달되어야 한다. 기본어휘 1,500~3,000 단어 정도의 문장을 이해하며, 기본적인 요구를 충족하는 대화가 가능한 정도이다. 중간언어 단계를 약간 인정한다.
	어휘	기본적인 사회 활동을 할 수 있는 어휘, 특히 각종 상품명, 기본적인 고유명사, 자신의 전문분야의 기본어휘를 습득한 상태이고, 기본적인 변칙 활용 용언을 이해한다.
	문장	단문의 대등적 연결, wh-question에 대한 간결한 답변, 격조사의 익숙한 사용, 부정의문문의 원리에 숙달해 있다. 길고 짧은 부정형에 다 익숙하다.
	발음	된소리와 유성음을 잘 구별하고, 모음조화와 자음접변에 익숙하다. 두음법칙을 이해한다.

구분		중급의 언어 능력(평가 기준)
3급	기본 학습 목표	평이한 한국어를 듣고 말하고, 읽고 쓸 수 있다. 일상생활의 언어활동에서 빈번히 듣는 말이나 평이한 문장을 천천히 들으면 충분히 이해하고 짧은 문장을 이용하면 일반적인 의사전달이 가능하며, 웬만한 일상 회화에 불편이 없는 정도이다. 일부 통속어를 이해한다.
	어휘	일상생활에서의 어휘에는 불편함이 없다. 모르는 단어는 설명을 통해 이해 가능(추상적 의미가 아니면)하다. 중요 시사어휘를 이해한다.
	문장	종속적 연결문, 빈도 높은 변칙 용언 등을 숙지하고 있다. 용언에서 부사형을 익숙하게 만든다. 기본적인 피사동 변형이 가능하다.
	발음	두음법칙에 익숙하다. 기본 음운과 대부분의 형태음운적 변동 규칙을 숙지하고 있다. 문장 전반의 억양은 아직 고르지 못하다.
4급	기본 학습 목표	일상생활에 필요한 일반적인 한국어 구사가 가능하다. 전화를 이용한 문제 처리도 가능하다.
	어휘	일상적 어휘는 충분히 숙달하였다. 그러나 추상적 어휘는 생활과 전문 영역 주변에서만 가능하다. 부분적으로 한자 사용 및 이해가 가능하고, 까다로운 변칙 용언도 잘 사용한다.
	문장	드문 말이 아니면 사실상 모든 피사동 변형이 가능하다. 비유와 숙어적 용법이 아니라면 일반 문장 구조를 대부분 이해한다. 감탄문을 이해하고 적절히 사용한다.
	발음	천천히 발음하면 한국어 억양 재생이 가능하다.
구분		고급의 언어 능력(평가 기준)
5급	기본 학습목표	일상생활이나 직업상의 용무를 보는 데 필요한 일반적인 한국어 구사가 가능하다. 일상생활에서 보통 접할 수 있는 공공 텍스트(신문기사, 설명문, 서간 등)나 텔레비전, 라디오의 뉴스, 평이한 해설 등의 시사 문제들을 이해하며, 일상 언어활동에 있어서 불편 없이 자신의 의견을 이야기할 수 있는 정도이며, 통속어를 상당 수준 이해한다.
	어휘	빈도가 높은 추상적인 어휘는 이해한다. 그 밖의 추상적인 어휘도 설명을 통해 이해 가능하다.
	문장	빠른 발화가 아니라면 대부분의 문장 구조 이해, 문장 구조에 대한 질문을 통해 자신의 실수를 정정하거나 새로운 문형을 이해한다.
	발음	한국인들의 보통 빠르기의 발화를 알아듣고 이에 대응한다.

6급	기본 학습 목표	사회생활이나 직장에서 필요한 한국어를 이해하며, 고도의(현대사회의 일반적 상식 범위 내의) 내용의 한국어 구사가 가능하다. 수준 높은 문장(신문, 잡지, 교양서, 문예 작품 등)이나 텔레비전, 라디오, 강연 등의 시사적인 내용을 충분히 이해하고 문장이나 말로 정확히 전달할 수 있으며, 토의, 토론에서 자신의 의견을 정확히 이야기할 수 있는 정도이다. 자주 쓰이는 한자에 독음을 달 수 있다.
	어휘	대부분의 일상적 어휘와 전문적 어휘를 구사한다. 그 밖의 어휘도 문맥에 의지하거나 사전을 능숙하게 이용하며 해결한다.
	문장	괴팍한 표현이나 지나치게 빠른 말이 아니면 사실상 거의 다 이해한다.
	발음	정상적인 발화에서 발음과 관련된 문제가 없다.

제4장
한국어 듣기 평가

1. 듣기의 개념 및 특성

1.1 듣기의 개념

듣기는 의사소통 활동 중 음성 언어를 통해 이루어지는 이해 활동이다. 즉 듣기란 귀를 통해 들어오는 말소리를 두뇌가 인지하고 인식하고, 발화자의 의도나 의미를 파악하여 그에 대응하는 반응을 준비하게 하는 과정이라고 정의할 수 있다.

Taylor(1973)는 이러한 듣기의 과정을 소리 듣기(hearing), 의미 듣기(listening), 이해하기(auding)의 세 단계로 구분하고 있다. 소리 듣기(hearing)는 음파가 귀의 고막에 와 닿아서 청각이 소리를 인식하는 것을 가리키는 것으로 말소리의 음파를 귀로 받아들이는 과정을 말한다. 의미 듣기(listening)는 소리의 인식을 넘어서 의미를 파악하는 것을 가리키는 것으로, 말소리를 다른 음향과 구분하여 언어로 인지하고, 이 말소리를 의미 있는 단위로 처리하는 과정을 말한다. 이해하기(auding)는 듣기 과정의 처리 결과를 종합적으로 이해하고 해석하며, 여기에 청자 자신의 정의적인 반응까지 곁들이는 과정을 뜻한다. 듣기에 대한 Taylor의 정의는 입력 정보보다는 듣기 처리 과정에서의 청자의 인지적인 정보 처리 과정에 초점을 맞춘 것이라 할 수 있다.

이에 비해 Richards(1983)는 이해의 기본 단위를 주제로 보고, 듣기를 주제를 인지하는 과정으로 해석한다. 그는 듣기 이해의 과정을 둘로 나누고 있는데, 하나는 목표어의 구조에 대한 지식을 통한 이해처리 과정이며, 또 한 가지는 실세계 지식을 통한 이해 처리 과정이다. 전자는 청자가 목표어의 구조에 대한 지식을 활용하여 담화를 분절 혹은 구성요소로 쪼갠 후 이를 활용하여 주제적 의미를 파악하고 의미를 재구성하는 방식으로 처리하는 방식이고, 후자는 우선적으로 발화 행위의 종류나 유형을 결정한 후 상황, 전형적인 담화 내용에 대한 기억 등을 활용하여 발화의 주제적 의미를 파악하는 과정이다.

Brown(2001)은 Richards의 모델을 원용하여 듣기 이해의 과정을 다음 여덟 단계로 정리하여 제시하고 있다. 물론 이 여덟 가지 단계는 완전히 동시에 진행되는 것은 아니라 하더라도 아주 빠르게 진행되기 때문에 처음과 마지막을 제외하고는 순서상의 의미는 크지 않다.

ⅰ) 귀를 통해 음파를 받아 뇌로 신경 충격을 전달한다.

ⅱ) 처리 중인 발화의 유형을 결정하고 받아들인 메시지를 적절히 해석 가공한다.

ⅲ) 발화의 유형과 맥락, 내용을 검토하여 화자의 목적을 추론한다.

ⅳ) 주제와 맥락에 관련된 사전지식을 회상하여, 메시지를 해석한다.

ⅴ) 들은 말에 축어적 의미를 부여한다.

ⅵ) 들은 말에 의도적 의미를 부여한다.

ⅶ) 정보를 단기 기억에 보관할지 장기 기억에 보유할 것인지를 결정한다.

ⅷ) 초기 발화 정보의 형태적 측면을 제거하고 중요한 정보를 취해 개념적으로 유지한다.

듣기에 대한 이상의 정의를 종합해 보면 듣기는 의사소통 중 음성 언어를 통해 이루어지는 이해 활동으로, 소리에 주의를 기울여 그 소리를 인식하고 해석하여, 기억하고 응답하는 과정으로 정리할 수 있다. 또한 듣기 이해에서는 목표어에 대한 언어적 지식과 형식 스키마와 내용 스키마를 포함하는 실세계 지식이 상호 영향을 미친다는 것을 알 수 있다.

1.2 듣기의 특성

듣기는 귀를 통해 들려오는 말소리를 인식하고 그 의미를 파악하는 과정이다. 그런데 사람의 귀는 녹음기와 달라서 들려오는 모든 것을 듣는 것이 아니라 매우 선택적으로 듣게 된다. 듣기는 목적을 가진 활동이기 때문에 청자의 기대와 목적에 따라 담화 메시지에 대한 이해 정도가 달라지는 것이다. 대부분의 경우 실제 듣기 상황에서 우리는 분명한 목적이나 기대를 가지고 듣기 때문에 들려오는 모든 정보에 항상 똑같은 정도의 주의를 기울이지는 않는다. 그것은 인간의 정보 처리 능력, 주의력, 집중력에 비추어서도 불가능할 뿐만 아니라 그럴 필요도 없기 때문이다. 따라서 듣기에서 중요한 것은 소리로 입력된 자료를 얼마나 많이 들었느냐가 아니라, 의사소통 상황에서 자신에게 필요한 정보를 얼마나 잘 구별해서 들을 수 있느냐 하는 점이다.

그런데 듣기는 기본적으로 '말', 즉 음성 언어를 듣는 것이다. 따라서 음성 언어의 일반적인 특징이 듣기에 영향을 미친다. 음성 언어에 대한 이해 과정으로서의 듣기의 특징은 다음과 같다.

첫째, 듣기 활동은 순간적이고 일회적인 특성을 지닌다. 듣기는 시간의 흐름 속에서 이루어지는 활동이다. 음성은 표현되자마자 곧 사라져 버리기 때문에 오래 남겨둘 수 없고, 또 그 음성을 되풀이해서 들을 수 없다. 즉 실생활 듣기는 자료로 남지 않는 소리로 이루어지기 때문에 보존이 불가능하고, 반복이 불가능하며, 청자 임의로 속도를 조절하는 것이 불가능하다. 음성 언어를 매개로 이루어지는 의사소통에서는 표현과 이해가 동시에 이루어져야 하기 때문이다. 듣기 활동의 이러한 특징 때문에 청자는 듣기 과정에서 의사소통의 흐름을 놓치지 않기 위한 특별한 전략과 기술이 필요하다.

둘째, 듣기는 구어의 여러 언어적 특징들로부터 영향을 받는다. 듣기의 주된 대상은 일상적인 대화에서 쓰이는 구어이다. 구어는 형태적으로 비언어적이고 비문법적인 요소를 다수 포함하고 있다. 뿐만 아니라 수행 과정에서 휴지, 머뭇거림, 반복, 수정, 다른 요소의 삽입 등 다양한 전략적 기술들이 사용된다. 구어의 이와 같은 형태적인 특징과 수행 상의 변수들은 듣기에 상당한 영향을 미치는 요소이다.

셋째, 실생활에서의 듣기는 언어외적인 요소의 영향을 받는다. 음성 언어는 대부분 말하는 사람과 듣는 사람이 가까운 거리에서 서로 대면하여 의사소통을 하게 된다. 이때 화자는 듣는 사람의 반응을 눈으로 확인하며 말할 수 있고, 청자는 말하는 사람의 표정이나 동작 등을 이해에 활용할 수 있다. 즉 화자는 청자의 반응을 직접 보면서 발화를 조절하게 되고, 청자는 담화 내용뿐만 아니라 화자의 어조, 표정, 동작 등을 고려해야만 정확한 이해에 도달할 수 있다는 뜻이다. 이런 상황에서 언어는 오히려 상황이나 맥락을 보완하고 보충해 주는 정도의 역할을 수행하기도 한다. 뿐만 아니라 잡음 등의 외적 환경이 듣기 이해에 영향을 미치기도 한다. 따라서 듣기에서는 이해에 영향을 미치는 이와 같은 언어외적 요소들에 대한 고려가 필요하다.

2. 한국어 듣기 평가의 목적 및 기능

2.1 한국어 듣기 평가의 목적

한국어 듣기 평가의 일차적인 측정 목표는 수험자의 듣기 능력이 어느 정도인지를 알아보는 데 있다. 즉 한국어 학습자의 의사소통 능력의 한 구성 요소로서의 듣기 능력을 측정하고 자 하는 것이다. 듣기 능력은 실제 의사소통 능력의 가장 기본적인 요소로서 원활한 언어생활을 위해서 꼭 필요한 기능이다. 일상적인 의사소통은 주로 음성 언어를 매개로 해서 이루어지기 때문에 듣기를 제대로 하지 못하는 상황, 즉 상대방의 발화를 제대로 이해하지 못하는 상황에서는 의사소통 자체가 불가능하기 때문이다. 따라서 학습자의 진정한 의사소통 능력을 파악하기 위해서는, 학습자의 듣기 능력에 대한 정확한 평가가 이루어져야 한다. 문제는 듣기 능력은 단일 능력이 아니라 여러 가지 하위 능력이나 기능들로 구성된 복합적인 능력이므로 듣기 능력의 구성 요소들이 정확히 무엇인지를 규명해 내는 것이 중요하다. 일반적으로 듣기는 정보의 확인, 내용의 이해, 내용에 대한 비판, 내용에 대한 평가와 감상 등의 층위를 가지는 언어활동으로서 단순히 수동적으로 듣기만 하는 활동이 아니라 능동적인 의미 구성 활동이라는 점을 고려해야 한다. 따라서 의사소통 능력의 한 하위 범주로서의 듣기 능력의 평가는 정보를 확인하고 내용을 이해하는 것뿐만 아니라 내용을 비판하고 평가, 감상하는 수준까지 함께 측정해야 한다.

한편 교육과정 중에 이루어지는 듣기 평가는 구체적인 학습 목표의 달성 여부를 측정하는 것이 또 하나의 목적이 된다. 즉 교육 현장에서 이루어지는 듣기 교수·학습 과정을 개선하기 위해 각종 정보를 수집하고 교육적으로 가치 판단을 하기 위한 질적 평가가 이루어지는 것이다. 이와 같이 질적 평가를 하는 경우에는 학습자 개개인의 듣기 능력 향상을 위해 학습자 개인의 강점과 약점을 파악하는 것과 함께 듣기 학습을 통해 학습자의 듣기 능력이 어떻게 변화하는지에 대해서도 측정하게 된다.

2.2 한국어 듣기 평가의 기능

언어 평가는 기본적으로 학습자의 언어 능력을 측정하는 데 목적이 있지만, 교육 과정 내에서 이루어지는 언어 평가는 이러한 기본적인 기능 이외에도 교수·학습 효과를 진단하기 위한 자료 제공의 기능과 교수법 및 학습 방법의 개선에의 활용에도 그 기능이 있다. 즉 언어 평가의 기능은 궁극적으로 학습자의 언어 능력 및 성취 수준을 측정하고, 측정 결과를 좀더 질 높은 교수·학습에 활용하는 데 있다. 이를 한국어 듣기 평가에 적용해 보면, 한국어 듣기 평가의 기능은 평가의 결과를 통해 학습자의 한국어 듣기 능력 및 수업의 성취 수준을 정확히 판단하고, 그 결과를 토대로 한국어 듣기 학습의 문제점을 분석하여 이를 교수 및 학습의 양 측면에서 학습자의 듣기 능력을 향상시키는 바람직한 교수·학습 방안을 마련하는 데 활용하는 것이다.

이상의 내용을 바탕으로 한국어 듣기 평가의 기능을 간단히 정리하면 다음과 같다.

첫째, 한국어 듣기 평가는 학습자의 한국어 듣기 능력 및 듣기 학습의 성취 수준에 대한 정확한 정보를 제공하는 기능을 수행한다.

둘째, 한국어 듣기 평가는 교사에게 자신의 듣기 교수 방법을 개선하는 데 필요한 적절한 정보를 제공하는 기능을 수행한다.

셋째, 한국어 듣기 평가는 학습자에게는 자신들의 듣기 수행에 있어 강점과 약점을 파악하여 자신들의 학습 방법의 수정이나 개선의 기능을 수행한다.

넷째, 한국어 듣기 평가 자체가 학습자들에게 또 다른 듣기 활동의 한 경험으로서, 이러한 경험을 통해 학습자들에게 듣기 학습에 대한 동기 부여 및 동기 강화의 기능을 수행한다. 즉 듣기 평가가 학습자에게 듣기 활동에 대한 목표 의식을 갖게 해주는 것으로, 평가가 갖는 긍정적 피드백 효과의 일종이라 할 수 있겠다.

3. 한국어 듣기 평가의 범주

듣기 평가의 측정 목표를 제대로 수행하기 위해서는 과연 '듣기란 무엇인가', '듣기 능력을 구성하는 요소는 무엇인가'에 대한 구체적인 답변이 이루어져야 한다. 그래야만 듣기 평가의 범주를 구체화할 수 있다. 그런데 듣기는 단일 능력이 아니라 여러 가지 하위 능력이나 기능들로 구성된 복합적인 능력이다. Ur(1984)는 듣기 능력을 구성하는 요소에 발음 식별력, 억양과 휴지 및 강세, 구어의 특징에 대한 이해(주저함, 반복, 중복 등), 어휘력과 숙어 사용능력, 문법 실력, 세부 내용 파악 능력, 중심 내용 파악 능력, 세상 지식이 있다고 정리하였다. 또 노대규(1983:154-158)는 듣기 능력의 평가 범주에 통사 부문, 음운 부문, 의미 부문, 발화 속도, 그밖에 문화 내용을 포함시키면서, 그에 따라 듣기 평가의 구성 요소를 문법적 능력 및 발화 속도, 문화적 이해 등으로 구분하여 제시했다. 또 Richards(1983)는 듣기를 일상적인 말을 듣는 회화적 듣기(conversational listening)와 강의 등의 학문적인 형태의 내용을 듣는 학문적 듣기(academic listening)로 구분하고, 각 유형별로 미시적인 듣기 기술의 목록을 구체적으로 제시하고 있다.

이들이 제시하고 있는 듣기 능력의 하위 구성 요소들은 그 하나하나가 모두 듣기 평가의 구체적인 측정 목표가 될 수 있다. 하지만 실제 듣기 상황에서는 이러한 구성 요소들이 각기 독립적으로 작용하기보다는 여러 가지 요소가 상호 유기적으로 작용하여 전체적인 듣기 이해에 도달하게 된다. 따라서 듣기 평가를 함에 있어서도 듣기의 하위 구성 요소를 각기 독립적으로 평가하는 것은 오히려 실제의 듣기 능력의 측정과는 거리가 멀다. 때문에 이들 하위 구성요소를 듣기 이해에 영향을 미치는 공통된 특징에 따라 몇 가지 범주로 묶을 수가 있다. 그런데 언어 능력에 언어를 사용할 줄 아는 능력만이 아니라 실제 수행의 기저가 되는 지식을 포함시킨 Hymes(1972) 이래 의사소통 능력을 일반적으로 문법적 능력, 사회언어학적 능력, 담화적 능력, 전략적 능력의 통합으로 보고 있다. 이는 의사사통에 영향을 미치는 언어적 요소와 사회적 요소, 개인적 요소를 모두 포함한 것으로, 언어 능력 평가의 범주에도 그대로 적용될 수 있다. 따라서 본 장에서는 이와 같은 의사소통 능력 구성 요소에 기반하여 한국어 듣기 평가의 범주를 구체화해 보도록 하겠다.

3.1 문법적 능력

한국어 듣기에서의 문법적 능력이란 수험자가 듣기 평가 상황에서 한국어의 언어적 규칙을 정확하게 이해하여 이에 적절하게 반응할 수 있는 능력을 가리킨다. 즉 한국어의 문법적 규칙과 어휘 등을 얼마나 정확하게 사용하여 듣기 이해에 도달할 수 있는가를 의미하는 것이다. 듣기 평가에서의 문법적 능력을 평가할 수 있는 항목으로는 어휘, 발음, 문법 규칙, 문장 구조 등이 있다.

한국어 듣기 이해에 필요한 문법적 능력을 좀 더 구체적으로 살펴보면 다음과 같다.

  ⅰ) 개별 음운을 식별할 수 있는 능력
  ⅱ) 한국어 단어의 축약형을 파악할 수 있는 능력
  ⅲ) 한국어의 발음 규칙을 이해할 수 있는 능력

iv) 한국어의 중요한 문법적 형태와 통사적 장치를 아는 능력

v) 한국어의 문장 구조를 이해할 수 있는 능력

vi) 한국어 어휘의 의미나 쓰임을 이해할 수 있는 능력

vii) 문맥으로부터 어휘의 의미를 추측해 낼 수 있는 능력

3.2 사회언어학적 능력

한국어 듣기에서의 사회언어학적 능력이란 음성 언어로 이루어지는 의사소통 상황에서 화자, 청자, 의미(메시지), 장면 등을 고려해 내용을 이해할 수 있는 능력을 말한다. 즉 화자와 청자의 관계에 따라 주어진 메시지를 해석할 수 있는가, 또 연령과 사회적 계층, 그리고 성의 차이에 따라 달리 사용되는 언어 예절이나 정중법 등을 제대로 이해할 수 있는가, 이야기의 주제나 배경 등에 따라 달리 사용되는 언어 형태를 이해할 수 있는가를 말하는 것이다.

듣기 능력을 구성하는 요소 중 한국어 학습자에게 특히 강조되는 사회언어학적 능력이 높임법의 이해이다. 또한 그 사회 특유의 표현 방식에서 나타나는 담화의 의미 특성을 파악하는 능력과 상황에 따라 다르게 해석되는 화용적 쓰임에 대한 이해도 사회언어학적인 능력에 포함된다. 또한 평서문, 감탄문, 의문문, 명령문, 청유문의 문장 종결법과 맥락에 따라 화자의 어조나 억양을 파악하는 능력도 사회언어학적 듣기 능력을 가늠하는 척도가 될 수 있을 것이다.

한국어 듣기 이해에 필요한 사회언어학적 능력을 좀더 구체적으로 살펴보면 다음과 같다.

i) 한국어 문장 종결형의 기능이나 의미를 이해할 수 있는 능력

ii) 한국어 높임법 체계를 이해할 수 있는 능력

iii) 휴지나 억양 등의 어조를 이해할 수 있는 능력

iv) 한국어의 특수한 표현을 이해할 수 있는 능력

v) 한국어에 포함된 문화적 내용을 이해할 수 있는 능력

vi) 한국어 구어의 다양한 사용역을 구별할 수 있는 능력

vii) 발화 상황, 참여자, 목표에 따른 발화의 의사소통적 기능을 인식할 수 있는 능력

3.3 담화 이해 능력

한국어 듣기에서의 담화 이해 능력이란 대화 상황에서 내용을 듣고 얼마나 잘 이해할 수 있는가, 들은 내용에 대해 논리적이고 정확하게 응답할 수 있는가, 그리고 담화의 내용에 담긴 논리와 내용의 일관성을 이해하고 정리할 수 있는가를 말하는 것으로, 개별 어휘나 문장의 내용 이해를 넘어서 담화로서의 긴 문장을 이해하는 능력을 뜻한다. 담화 구성 능력에 대한 평가는 학습 단계에 따라 문장이나 담화의 길이, 주제나 내용을 달리하게 되는데, 초급 단계에서는 주로 문장 단위의 이해에서부터 짧은 문단의 내용 이해 능력을 측정하게 되고, 중급 단계에서는 하나의 주제나 이야기가 있는 담화 이해 능력을, 그리고 고급 단계에서는 복합적인 문장 담화 이해 능력까지 평가할 수 있을 것이다.

한국어 듣기 이해에 필요한 담화 이해 능력을 좀더 구체적으로 살펴보면 다음과 같다.

ⅰ) 한국어 접속어의 쓰임을 이해할 수 있는 능력
ⅱ) 문맥의 의미를 이해할 수 있는 능력
ⅲ) 한국어 인용문을 이해할 수 있는 능력
ⅳ) 생략이나 도치된 문장을 이해할 수 있는 능력
ⅴ) 담화 상황, 담화 주제, 담화 기능을 이해할 수 있는 능력
ⅵ) 의미 단위로 휴지를 두어 끊어 말한 발화를 이해할 수 있는 능력
ⅶ) 중심 생각, 예시, 가정, 일반화 등을 파악할 수 있는 능력

3.4 전략적 능력

전략적 능력이란 대화 도중에 언어 능력의 부족으로 인해 대화에 단절이나 공백이 생겼을 때 이를 적절히 피해 가는 능력을 말하는 것으로 주로 말하기 능력의 구성 요소로 간주되어 왔으며, 구체적으로는 회피 전략, 바꾸기 전략, 도움 요청 전략, 비언어적 의사소통 전략 등이 있다. 그러나 듣기 상황에서 화자의 발화 내용을 이해할 수 없을 때, 혹은 화자의 어조를 파악할 수 없을 때 이를 피해갈 수 있는 언어적 전략으로 확장해서 생각해 볼 수 있다. 듣기에서 이러한 전략적 능력은 문장의 문법이나 형태의 정확한 이해보다는 핵심적인 어휘 의미 파

악을 통해 문장의 의미를 파악하는 것이나 어조를 통해 그 대화의 기능을 짐작하는 능력을 말한다. 물론 듣기 평가에서 수험자의 전략적인 기술 사용유무는 판단하기 어렵지만 이를 듣기 영역에서 분리해서는 안 된다. 왜냐하면 대화나 담화의 기능을 파악하는 것도 전략적 능력에 포함되기 때문이다.

한국어 듣기 이해에 필요한 전략적 능력을 좀더 구체적으로 살펴보면 다음과 같다.

ⅰ) 실제 세계의 지식과 경험을 활용할 수 있는 능력
ⅱ) 의미 파악을 위해 부차적인 정보를 활용할 수 있는 능력
ⅲ) 사건 간의 연관 관계를 해석해 낼 수 있는 추론 능력

위에서 제시한 평가의 범주와 구체적인 평가 목표를 표로 정리하면 다음과 같다.

<표 4.1> 듣기 평가의 범주와 평가 목표

평가 범주	평가 목표
문법적 능력	개별 음운의 식별 능력
	한국어 단어의 축약형 파악 능력
	한국어 발음 규칙의 이해 능력
	한국어의 문법적 형태와 통사적 장치의 이해 능력
	한국어 어휘의 의미나 쓰임에 대한 이해 능력
	한국어 문장 구조의 이해 능력
	문맥을 통한 어휘의 의미 이해 능력
사회언어학적 능력	한국어 문장 종결형의 기능 및 의미 이해 능력
	한국어 높임법 체계의 이해 능력
	휴지나 억양 등의 어조 이해 능력
	한국어의 특수한 표현의 이해 능력
	한국어에 포함된 문화적 내용의 이해 능력
	한국어 구어의 각종 사용역 이해 능력
	한국어 발화의 의사소통적 기능의 이해 능력
담화 이해 능력	한국어 접속어의 쓰임의 이해 능력
	문맥의 의미 이해 능력
	한국어 인용문의 이해 능력
	한국어의 생략이나 도치된 문장의 이해 능력
	담화 상황, 담화 주제, 담화 기능의 이해 능력
	의미 단위로 발화를 이해할 수 있는 능력
	중심 생각, 예시, 가정 등을 파악하는 능력
전략적 능력	실제 세계의 지식과 경험을 활용하는 능력
	언어외적 부차 정보를 활용하는 능력
	추론 능력, 유추 능력

4. 한국어 듣기 평가의 내용

교육과정과 평가 사이에서 이루어지는 정보 교류와 파급 효과를 고려할 때 가장 이상적인 것은 교육의 내용과 평가의 내용이 일치되는 것이다. 그것을 듣기 평가에 적용해 보면, 듣기 평가의 구체적인 내용이나 평가 항목은 듣기 교육 과정이나 듣기 교육 내용과 연계되는 것이 가장 바람직할 것이다.

듣기는 청자가 목적과 기대를 가지고 음성 언어를 통해 전달되는 텍스트의 의미를 이해하고 협상하는 상호활동적이고 능동적인 기술로서, 정보 확인, 내용 이해, 내용에 대한 비판, 내용에 대한 평가와 감상 등의 다양한 층위를 가지는 언어활동이다. 그렇기 때문에 듣기 교육의 목표는 입력된 음성 정보로부터 청자가 자신에게 필요한 정보를 이해하고 이에 적절하게 반응할 수 있도록 하는 것이고, 교육 내용 역시 그에 맞추어 구성된다. 구체적으로는 음소, 강세, 억양, 또는 어휘나 문형을 정확히 들을 수 있는가 하는 소리의 식별 능력에서부터 담화 내용에 대한 종합적인 이해 능력 배양까지를 목표로 하는 것이다. 물론 한국어 듣기 교육은 학습자 수준에 따라 어휘나 문법, 주제나 기능, 담화의 유형이나 길이 등 교육내용이 달라진다.

현재 한국어 교육 현장에서 이루어지고 있는 듣기 교육 과정이나 교육 내용을 참고해 한국어 듣기 능력 평가의 등급별 평가 목표 및 내용을 제시해 보면 다음과 같다.

4.1 초급 듣기 평가의 목표 및 내용

초급 듣기 평가에서는 기본적이고 일상적 듣기 상황에서의 듣기 이해 능력을 측정한다. 즉 한국어의 기본적인 음운을 식별할 수 있고, 일상생활과 관련 있는 간단하고 평이한 질문을 듣고 대답할 수 있는지, 실생활에서 자주 접하는 친숙한 소재에 대한 대화나 이야기, 실용적인 담화를 듣고 내용을 파악할 수 있는지 등이 평가의 목표이자 내용이 된다. 이를 표로 정리해 보면 다음과 같다.

<표 4.2> 초급 듣기 평가의 목표 및 내용

분류		내용
평가의 목표		- 일상생활의 아주 기본적이면서도 개인적인 소재나 주제, 기능을 다룬 간단한 대화나 이야기를 이해할 수 있다. - 자음, 모음, 받침, 음운의 변화 등을 식별하여 들을 수 있다. - 사적이고 친숙한 대화나 이야기의 내용을 이해할 수 있다. - 단문에서 시작하여 짧은 대화, 광고, 안내 방송 등 점차 간단하면서도 다양한 담화의 내용을 이해할 수 있다.
평가의 범주	주제 및 소재	- 생존에 필요한 기본적인 소재 (음식, 쇼핑, 장소 이동, 교통, 병원, 날씨, 날짜 및 시간, 전화 등) - 일상생활에서 자주 접하는 주제 (소개, 인사, 학교생활, 집에서의 생활, 위치, 가족, 취미, 여행, 모양, 색 등)
	기능	- 음운 식별하기 (간단한 음운식별부터 구별하기 어려운 음운 식별하기까지) - 간단하고 평이한 질문 듣고 대답하기 - 일상 생활과 관련된 간단한 대화 듣고 내용 파악하기 - 사적이고 친숙한 소재의 이야기 이해하기 - 물건 사기, 인사 표현 이해하기 - 간단한 대화나 이야기의 내용 이해하기 - 간단한 안내 방송 등 실용 담화 듣고 내용 파악하기
	어휘 및 문법	- 생존에 필요한 기본 어휘 (일상생활의 기본적인 어휘, 사물 이름, 위치, 수와 셈, 기본적인 동사/형용사 등) - 일상생활에서 자주 접하는 화제나 소재와 관련된 어휘 (물건 사기, 음식 주문하기 등과 관련된 어휘) - 공공 시설 이용시 자주 사용되는 기본 어휘 - 한국어의 기본 문장 구조와 기초적인 문법 규칙 (기본적인 문장 구조, 문장의 종류, 의문사, 기본 조사, 기본적인 연결 어미, 기본적인 보조 동사, 관형형, 기본 시제, 불규칙 활용, 부정문 등)
	텍스트 유형	- 짧은 문장(1-2) - 일상 생활과 관련된 간단한 대화나 이야기 - 실생활에서 자주 접하는 간단한 안내 방송이나 광고 - 친숙한 소재의 생활문

4.2 중급 듣기 평가의 목표 및 내용

중급 듣기 평가에서는 대부분의 일상 대화를 듣고 내용을 파악할 수 있고, 친숙한 사회적 소재를 다룬 대화나 담화를 듣고 내용을 파악할 수 있는지를 측정하고 진단한다. 즉 대부분의 일상적인 듣기 상황에서의 내용 이해가 가능하고 어느 정도 복잡한 맥락을 갖는 담화에 대한 내용 이해 및 함축된 의미 파악 능력이 평가의 목표이다. 이를 구체적으로 표로 제시하면 다음과 같다.

<표 4.3> 중급 듣기 평가의 목표 및 내용

분류		내용
평가의 목표		- 여행사, 인터넷, 직업 등 친숙한 사회적 소재를 다룬 대화나 이야기를 이해할 수 있다. - 사회적 관계 유지에 필요한 대화나 담화를 이해할 수 있다.5 - 광고나 인터뷰, 일기 예보 등의 실용 담화나 비교적 비교적 평이한 내용을 다룬 뉴스, 토론 등을 듣고 내용을 이해할 수 있다.
평가의 범주	주제 및 소재	- 일상생활에서 비교적 자주 접하는 추상적 소재나 사회적 관심사 (직업, 건강, 보람, 국가와 도시, 걱정과 충고, 언어생활, 경제 형편, 문화 예술, 결혼, 성격, 모양, 교육, 사건, 사고, 스포츠, 대중문화, 과소비, 저축, 결혼, 교통 문제, 환경 문제 등) - 빈번하게 접하는 공식적인 상황 (공공기관 이용, 직장생활, 병원이나 은행 이용 등)
	기능	- 친숙한 대화나 이야기를 듣고 내용 이해하기 - 친숙한 사회적 소재를 다룬 대화나 담화를 듣고 내용 이해하기 - 광고, 인터뷰 등의 실용 담화를 듣고 대체적인 내용 파악하기 - 복잡한 맥락의 담화 듣고 함축된 의미 파악하기 - 간단한 뉴스 듣고 내용 파악하기 - 친숙하고 평이한 소재를 다룬 토론 내용 이해하기
	어휘 및 문법	- 일상생활에서 사용되는 대부분의 어휘 - 업무나 사회 현상과 관련된 기본 어휘 - 일상생활에서 비교적 자주 접하는 추상적인 소재 관련 어휘 - 비교적 빈번하게 접하는 공식적인 상황에서 필요한 어휘 (직장 생활, 병원 이용, 은행 이용 등) - 기본적인 한자어 - 뉴스 등에 자주 등장하는 어휘 - 빈도가 높은 관용어와 속담 - 복잡한 의미를 갖는 조사 - 복잡한 의미나 체계를 갖는 연결 어미, 보조 용언 - 논리적인 서술이나 표현에 필요한 문법 표현

텍스트 유형	- 대부분의 일상 대화 - 사적이고 친숙한 대부분의 이야기 - 광고, 안내 방송, 인터넷, 일기예보 등의 생활문 - 설명문, 수필 - 뉴스, 토론 - 간단한 내용의 강연이나 좌담회	

4.3 고급 듣기 평가의 목표 및 내용

고급 듣기 평가에서는 업무 영역이나 전문적인 영역에서의 듣기 이해 능력을 진단하고자한다. 즉 일상적인 주제나 기능보다는 사회적이고 추상적인 주제나 소재를 다룬 강연, 대담, 토론 등을 듣고 내용을 파악하고 이해할 수 있는지가 주요 평가 대상이 되는 것이다. 이를 구체적으로 표로 제시하면 다음과 같다.

<표 4.4> 고급 듣기 평가의 목표 및 내용

분류		내용
평가의 목표		- 고유 업무 영역이나 전문 연구 분야와 관련된 소재와 내용을 이해할 수 있다 - 주례사, 추모사 등 특수한 담화를 듣고 대체적인 내용을 이해할 수 있다. - 한국의 정치, 경제, 사회, 교육, 문화 등 전 영역에 대해 심도 깊게 다룬 소재를 이해할 수 있다. - 복잡한 연설문, 강연, 대담 등의 내용을 비판적으로 이해할 수 있다.
평가의 범주	주제 및 소재	- 직장에서의 구체적인 직무 수행 활동 영역 - 추상적이거나 사회적인 소재나 주제 - 정치적 상황, 경제 현황, 사회적 현상, 시대적 흐름 등의 주요 특징 - 다양한 전문적인 영역 - 소재 및 주제의 예 (소비, 재해, 회원 모집, 교육 제도, 정치 제도, 경제 활동, 가치관, 과학, 보도, 우주, 자유, 문화, 벼룩시장, 태권도, 행사, 야생동물, 전통 문화, 전화 서비스, 문화 유적, 사명, 인간복제, 언어학습, 여성흡연, 민족, 예술의 기능, 한국인의 정서, 사회보장제도, 한국사, 인류문명, 윤리, 과학 기술, 경제 현상, 안락사, 시장의 기능, 과학이론, 지방자치제도, 협상 등)

	기능	- 업무 수행 영역이나 전문 분야 연구와 관련 있는 대화나 담화의 내용 이해하기
		- 친숙한 소재를 다룬 강연, 대담 등의 내용 이해하기
		- 화자의 의도를 파악하거나 의도 추론하기
		- 특수한 상황에서의 담화 내용 파악하기
		- 대부분의 뉴스나 방송 담화 듣고 내용 파악하기
		- 널리 알려진 방언 듣고 이해하기
	어휘 및 문법	- 사회 현상을 표현하는 데 필요한 추상적인 어휘
		- 직장에서의 특정 영역과 관련된 어휘
		- 세부적인 의미를 효현하는 데 필요한 어휘
		- 널리 알려진 방언, 자주 쓰이는 약어, 은어, 속어
		- 대부분의 시사용어
		- 사회의 특정 영역에서 쓰이는 외래어 (이데올로기, 매스컴 등)
		- 다양한 상황에서 사용되는 복잡한 의미를 갖는 속담이나 관용어
		- 전문적인 영역에서 사용되는 문법 표현
		- 다양한 텍스트에서 자주 사용되는 문법 표현
	텍스트 유형	- 업무나 전문 연구 분야와 관련된 소재를 다룬 대화나 담화
		- 친숙한 사회적, 추상적 소재를 다룬 강연이나 대담
		- 주례사나 추모사 등 특수한 상황이나 소재를 다룬 담화
		- 논설문, 사회적 소재를 다룬 대부분의 뉴스나 방송 담화

5. 한국어 듣기 평가의 유형

평가의 유형은 평가 목적과 내용에 따라 달라진다. 일반적으로 교육 현장에서 이루어지는 평가의 목적은 선발과 분류, 배치를 목적으로 한 평가와 교수·학습 활동의 지도나 조언, 개선을 위한 평가로 나눌 수 있다. 전자의 경우에는 교수·학습 활동과 평가 활동이 분리되어 특정 시점에 평가가 이루어지게 되며, 후자의 경우에는 학습 활동의 전 과정에서 평가가 이루어지기 때문에 교수·학습 활동과 평가 활동이 통합적으로 이루어진다. 역사적으로 볼 때에는 전자의 평가체계가 주를 이루었으나 1990년대부터 전통적인 평가체계와 대비되는 대안적 평가체계로서 수행평가라는 개념이 포괄적으로 사용되고 있다.

최근 들어 수행평가가 이렇게 강조되게 된 것은 학습자의 지식이나 능력의 발달을 지속적으로 평가함으로써 교수·학습 활동의 결과뿐만 아니라 그 과정에 대한 자세한 정보를 수집하여 교수·학습 활동의 개선 자료로 활용할 수 있기 때문이다. 언어 교육에서 특히 수행 평가가 강조되는 것은 언어가 사용되는 실제 상황에서 얼마나 잘 말하고 듣고 읽고 쓸 수 있는지를 평가하는 것이 언어 평가의 본래 목적이기 때문이다. 그런데 대부분의 실제적 언어 상황에서는 언어 활동이 통합적으로 이루어진다. 즉 말하고 듣거나, 읽고 나서 말하거나 쓰는 활동이 이루어지는 것이다. 따라서 이렇게 통합적 언어 활동이 실질적인 언어 상황의 모습이기 때문에 실제적 언어 상황을 중시하는 수행평가의 경우 자연스럽게 언어 능력을 통합하여 평가하는 것이 필요해진다.

그런데 수행 평가를 전제로 할 경우 이해 기능인 듣기나 읽기는 별도의 단독 평가가 이루어지기 힘들다는 문제가 생긴다. 읽기나 듣기 활동은 머리속에서 사고의 형태로 이루어지기 때문에 그 과정이나 결과를 말하거나 쓰기 같은 다른 언어 기능으로 표현하지 않는 한 제대로 평가하기 어렵기 때문이다. 따라서 평가의 효율성을 생각하면 수행 평가시 평가의 내용이나 목적에 따라 두 가지 이상의 언어 능력을 통합하여 평가하는 것이 효율적인 것으로 판단된다. 통합적인 언어 수행 능력을 평가하기 위해서는 언어활동의 성격에 따라 통합의 유형을 결정하는 것이 필요하다. 이를 듣기 능력 평가에 적용해 보면 일반적으로 활동의 동시성이 빈번히 일어나는 말하기와 듣기 영역을 통합할 수 있을 것이다.

6. 한국어 듣기 평가의 문항 유형

듣기 평가의 문항 유형을 결정짓는 요소는 다양한데, 그 중에서도 가장 중요한 세 가지 요소는 1) 평가 자료, 2) 반응 유형, 3) 평가 범주라 할 수 있다. 이 세 가지 요소가 다양한 방식으로 결합되면서 듣기 평가의 문항 유형이 결정되는 것이다.

첫 번째 기준이 되는 평가 자료에 따라 듣기 평가의 문항 유형을 분류할 때는 다시 담화 단위, 담화 유형, 담화 주제 등을 기준으로 나눈다. 담화 단위에 따른 구별은 듣기 평가에 사용되는 자료가 어절인가 문장인가 텍스트 단위인가에 따라 구별하는 것이며, 담화 유형에 따른 구별은 듣기 자료가 독백인지 대화인지, 아니면 의례적 인사, 좌담, 연설, 토의와 토론, 보도 등의 유형 중 어느 유형에 속하는지에 따라 구별하는 것이며, 담화 주제에 따른 구별은 단순한 일상 대화에서부터 공적인 관계의 사람들이 나누는 공적인 주제에 이르기까지 듣기 자료가 다루는 주제나 기능에 따라 유형을 분류하는 것이다. 듣기 평가에 사용하는 입력 자료는 숙달도가 높아질수록 담화 단위가 길어지고, 상황이 복잡해지며, 또한 주변적이고 일상적인 주제에서 추상적이고 전문적인 주제로 확대된다.

반응 유형에 따른 듣기 평가의 문항 유형을 살펴보면, 듣고 몸으로 반응하기, 듣고 대답하기, 듣고 알맞은 내용 고르기, 받아쓰기 등으로 나뉠 수 있다. 받아쓰기나 요약하기, 정보 채우기 등의 유형은 듣기와 쓰기를 통합한 형태로 실제 생활에서 듣고 메모하는 활동과 유사하다. 또한 듣기 평가에서 가장 빈번히 사용하는 선다형은 듣기와 읽기 능력을 통합한 형태로, 선다형 답안들은 때때로 수험자에게 듣는 전략을 선택하도록 도와 준다. 구두 면접 형식은 듣기와 말하기 능력을 함께 측정하는 유형이다. 어떤 반응 유형을 선택하느냐에 따라 평가의 신뢰도나 타당도가 달라지며, 평가 목표에 부합하는 정도가 다르기 때문에 각 유형의 특성을 고려하여 선택해야 한다.

평가 범주에 따른 듣기 평가의 문항 유형은 듣기 평가를 통해 무엇을 측정하고자 하는가에 따라 달라진다. 즉 언어 요소의 분석을 통한 기초적인 듣기 능력을 평가할 것인가, 의사소통을 위한 듣기 능력을 평가할 것인가에 따라 문항 유형이 달라지는 것이다. 전자의 경우에는 주로 발음, 어휘, 문법적 요소를 주요 평가 대상으로 한 것이고, 후자의 경우에는 정보 찾기, 전체 내용 파악하기, 세부 내용 파악하기, 논리적으로 추론하기, 화자의 어조 및 태도 파악하기 등 실생활에서의 듣기 활동의 특성을 반영하게 된다.

이와 같이 듣기 평가의 문항 유형을 결정할 때에는 평가 자료, 반응 유형, 평가 범주 등이 상호 유기적인 관계를 가지고 적절히 통합될 수 있도록 하여야만 소기의 효과를 거둘 수가 있다. 듣기 교육의 목표를 반영한 평가 대상 선정, 숙달도 및 목표에 따른 자료의 선택, 이를 결합한 다양한 문항 유형은 듣기 평가의 타당도를 높일 것이다.

다음에서 이상의 내용을 고려하여 듣기 평가의 문항 유형을 분류해 보고 각 유형별 구체적 실례를 살펴보도록 하겠다.

6.1 음운이나 단어 듣고 맞는 것 고르기

단순히 듣고 지각하는 능력을 측정하고자 하는 것으로 소리를 듣고 문자적으로 올바른 표기를 고르는 유형이다. 이는 주로 음성 언어로 의사소통하기 위한 기초적인 능력이라 할 수 있는 발음 식별 능력을 측정하기 위해 활용된다. 음소 식별하기, 억양 구별하기, 어휘나 어구

정확하게 듣기 등의 형태를 취한다. 음소 식별하기의 경우 두 개 이상의 낱말을 듣고 식별하는 능력을 측정하는데, 주로 최소대립쌍을 이용한 평가 문항을 만든다. 이 문항 유형은 본격적인 청취 이해력 평가라기보다는 주로 문자와 소리의 관계를 학습하는 단계에서 학습자들이 제대로 소리를 구별하고 있는지를 확인하기 위해 사용한다.

<예1: 초급> 다음을 잘 듣고 다른 음의 번호를 쓰십시오.
 1) <녹음: ① 다 ② 따 ③ 다>　　　(　　　　)
 2) <녹음: ① 달 ② 딸 ③ 달>　　　(　　　　)
 3) <녹음: ① 강 ② 강 ③ 감>　　　(　　　　)
 4) <녹음: ① 사 ② 소 ③ 소>　　　(　　　　)

<예2: 초급> 소리를 잘 듣고 맞는 것을 고르십시오.
 1) <녹음: 장>　① 잔 ② 잠 ③ 장　　　(　　　　)
 2) <녹음: 어>　① 오 ② 어 ③ 으　　　(　　　　)
 3) <녹음: 발>　① 팔 ② 발 ③ 벌　　　(　　　　)

<예3: 초급> 다음 단어를 잘 듣고 소리나는 대로 쓰십시오.
 1) <녹음: 나라> (　　　　　　　　)
 2) <녹음: 가방> (　　　　　　　　)
 3) <녹음: 여름> (　　　　　　　　)

6.2 문장 듣고 문장의 일부 채우기

하나의 문장을 듣고 문장 내의 명사나 동사 등에 초점을 맞추어 이를 채워서 문장을 완성하는 유형이다. 선다형이나 받아쓰기로 제시한다. 모국어 화자도 고립된 음운이나 단어만으로는 식별이 곤란하며 실생활에서도 그런 경우는 일어날 개연성이 적다는 점을 고려하여 문맥 속에서 빈 칸에 들어갈 올바른 단어를 고르거나 쓰게 하는 것이다. 그러나 이 경우 음성적인 특성을 이해하는 능력보다 문자 식별력과 어휘에 대한 선인지력이 평가에 영향을 미칠 수 있다. 주로 초급 단계의 듣기 능력 평가에 활용된다.

```
<예1: 초급>
다음을 듣고 (    )에 알맞은 것을 고르십시오. (1번)

  <녹음> (오이)가 있어요

        (      )가 있어요
  ① 아이        ② 오이          ③ 아우          ④ 여유

                          <출처: 제6회 한국어능력시험 1급 듣기>
```

```
<예2: 초급>
다음을 듣고 (    )에 맞는 답을 쓰십시오.

  <녹음>  저는 서울에서 ( 십 년 ) 동안 살았어요.

  저는 서울에서 (   십 년 ) 동안 살았어요.

                          <출처: 제7회 한국어능력시험 2급 듣기>
```

```
<예3: 초급> 다음을 듣고 (     )에 맞는 답을 쓰십시오.

  <녹음> 학교 근처에 (꽃집)이 많아요.

  학교 근처에 (            )이 많아요

                          <출처: 제6회 한국어능력시험 2급 듣기>
```

6.3 문장이나 대화 듣고 적절한 반응 찾기

문장 단위의 질문, 혹은 부탁이나 제안, 사과 등의 기능 표현에 대한 적절한 반응을 찾거나 대화 상황에서 내용의 일부를 듣고 이어질 반응으로 알맞은 것을 추측해서 대화를 완성하는 유형이다. 대화 상황에서 듣기의 궁극적인 목적이 이해에서 끝나는 것이 아니라, 듣고 알맞게 반응하는 것이므로 의사소통 능력을 측정하는 데 아주 효과적이다. 질문에 대한 대답은 담화 내용이나 담화 표지, 담화 상황으로 파악할 수 있도록 구성한다. 종합적인 의사소통 능력의 핵심적 구성요소라 할 수 있는 담화 능력을 알아볼 수 있는 유형이며, 어휘나 문법적인 요소, 사회 언어학적인 능력도 함께 평가할 수 있으며, 간접적으로 말하기 능력도 평가할 수 있다.

문장의 길이나 어휘, 기능 표현 등의 난이도나 수준에 따라 초, 중, 고급 모든 단계에서 활용할 수 있다.

<예1: 초급>
다음을 듣고 물음에 맞는 답을 고르십시오. (2번)

> <녹음>
> 가 : 누가 하겠어요?
> 나 : _____

① 제가 했어요   ② 제가 할게요
③ 제가 안 했어요   ④ 제가 못 했어요

<출처: 제8회 한국어능력시험 1급 듣기>

<예2: 초급>
다음을 듣고 물음에 맞는 답을 고르십시오. (1번)

> <녹음>
> 가 : 지금 신문을 봐요?
> 나 : _____

① 네, 신문을 봐요   ② 네, 신문이 없어요
③ 아니요, 신문을 봐요   ④ 아니요, 신문이 있어요

<출처: 제8회 한국어능력시험 1급 듣기>

<예3: 중급> 다음 대화를 듣고 이어질 수 있는 말을 고르십시오. (2번)

> <녹음>
> 여자: 아침을 안 먹고 왔더니 배가 너무 고프다.
> 남자: 나도 점심 시간 아직도 멀었어?
> 여자: _____.

① 응, 나도 안 먹었어.
② 응, 한 시간 정도 남았어.
③ 응, 아직 도착을 못 했어.
④ 응, 한 시간 정도 더 가야 돼.

<출처: 제7회 한국어능력시험 3급 듣기>

<예4: 고급>
두 사람이 대화하고 있습니다. 이어질 내용으로 알맞은 것을 고르십시오. (2번)

> <녹음>
> 여자: 사업 자금이 모자라는데 좋은 해결책이 없을까?
> 남자: 그래? 대출을 받아보는 건 어때?
> 여자: 이미 대출은 받을 만큼 받았거든. 그래도 좀 모자라네. 누구 마땅한 투자자가 없을까? 동업도 괜찮은데.
> 남자: _____.

① 당분간은 손해가 늘어날 것 같아.
② 누가 있는지 내가 한번 알아볼까?
③ 네가 자금을 해결해 줄 수 없을까?
④ 그러게 내가 은행 대출을 받으랬잖아.

<출처: 제7회 한국어능력시험 5급 듣기>

6.4 문장 듣고 유사한 문장 찾기

문장을 듣고 유사한 의미의 문장을 고르는 유형이다. 답안의 선택 항목을 문자로만 제시하는 방법, 문자와 음성을 동시에 제시하는 방법, 음성으로만 들려주는 방법 등이 있다. 음성으로만 구성하는 경우에는 기억력 평가가 되지 않도록 간단한 내용이어야 한다. 이 유형은 발음 식별력과 아울러 기본적인 어휘력 및 문법적 능력, 억양에 대한 이해 등이 종합적으로 영향을 미친다. 숙달도에 따라 난이도를 조정하여 사용할 수 있으나, 주로 초급 단계에서 많이 활용된다.

<예1: 초급 >
다음의 두 문장을 듣고 내용이 같으면 ○표, 다르면 ×표를 하십시오.

> <녹음>
> (1) 이 의자는 이상이 없습니다.
> (2) 이 의자는 모양이 이상하지 않습니다.

(○, ×)

<예2: 초급>
다음을 듣고 뜻이 같은 하나를 고르십시오.

> <녹음>　한국어를 배운지 6개월 됐습니다.

① 한국어를 6개월 동안 배우면 됩니다.
② 한국어를 6개월 전부터 배웠습니다.
③ 한국어를 6월부터 배웠습니다.

(1) ①　　　　　(2) ②　　　　　(3) ③

6.5 담화 듣고 담화의 요소 파악하기

담화를 듣고 담화 기능, 장소, 시간, 담화 유형 등을 파악하는 유형이다. 답지를 문자로 제시할 수도 있고 그림으로 제시할 수도 있다. 세부적인 내용 이해보다는 장소나 상황별 담화의 특징에 대한 이해 능력을 평가할 수 있다. 실생활에서 담화 상황에서 제 3자가 되어 담화를 듣고 끼어들거나 의견을 피력한다는 점을 고려할 때 담화 상황에 대한 이해는 의사소통 능력에서 중요한 부분이다. 주로 초급 단계의 듣기 평가에 활용된다.

<예1: 초급 >
여기는 어디입니까? 알맞은 것을 고르십시오. (3번)

> <녹음>
> 가: 소설책은 어디에 있어요?
> 나: 저쪽에 있어요?

① 사진관　　　② 우체국　　　③ 도서관　　　④ 병원

<출처: 제4회 한국어능력시험 1급 듣기>

<예2: 초급 >　여기는 어디입니까? 알맞은 것을 고르십시오. (3번)

> <녹음>
> 가: 부산에 가는 기차표 한 장 주세요
> 나: 여기 있습니다. 만 원입니다.

① 공항　　　② 은행　　　③ 기차역　　　④ 버스정류장

<출처: 제4회 한국어능력시험 1급 듣기>

<예3: 중급>　언제 하는 인사입니까? (4번)

> 저는 올해 대학을 졸업하고 새로 입사한 김진수라고 합니다. 평소에 관심을 가졌던 이 회사에서 일하게 되어서 얼마나 기쁜지 모르겠습니다. 아직 모르는 것이 많습니다. 여러 선배님들께서 많이 가르쳐 주시고 도와주시기 바랍니다.

① 대학교에 입학했을 때　　② 사람을 처음 소개받았을 때
③ 다른 사람 집에 처음 갔을 때　　④ 회사에서 처음 인사할 때

6.6 그림 보고 맞는 설명이나 대화 찾기

　문제지에 제시된 그림을 보고 그림 상황에 맞는 대화나 설명을 찾는 유형이다. 문제의 핵심이 되는 요소가 그림에 분명하게 나타나야 한다. 설명이나 대화는 상황에서 전형적으로 쓰이는 것, 또는 객관적이고 보편적인 것으로 제시한다. 문법력이나 어휘력, 내용 이해력을 종합적으로 평가할 수 있으며, 상황과 언어적인 요소의 난이도에 따라 숙달도 등급에 맞추어 사용할 수 있다.

<예1: 초급>　잘 듣고 날씨에 맞는 기호를 찾아보세요 (3번)

<녹음> 오늘 오후에는 맑겠습니다.

1) 　　2) 　　3)

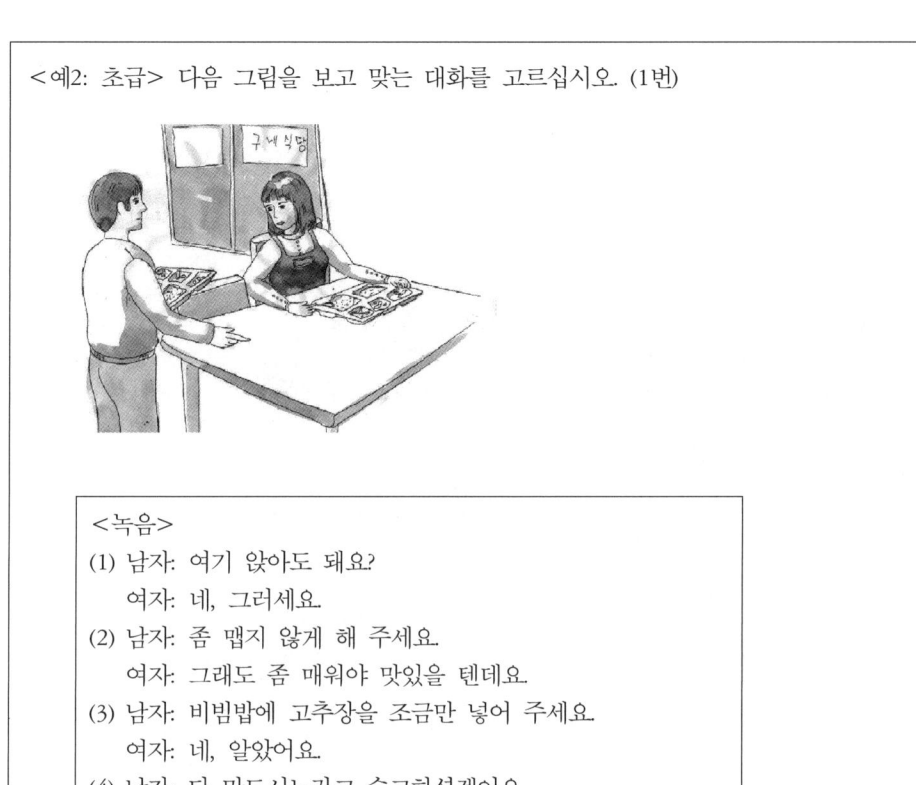

<예2: 초급> 다음 그림을 보고 맞는 대화를 고르십시오. (1번)

<녹음>
(1) 남자: 여기 앉아도 돼요?
    여자: 네, 그러세요.
(2) 남자: 좀 맵지 않게 해 주세요.
    여자: 그래도 좀 매워야 맛있을 텐데요.
(3) 남자: 비빔밥에 고추장을 조금만 넣어 주세요.
    여자: 네, 알았어요.
(4) 남자: 다 만드시느라고 수고하셨겠어요.
    여자: 수고는요. 맛있으세요?

(1)   (2)   (3)   (4)

6.7 담화 듣고 맞는 그림 고르기

담화를 듣고 담화의 내용에 맞는 그림을 고르는 유형이다. 담화에 포함된 어휘나 문법 등을 종합적으로 파악하여 대화의 내용을 적절히 표현한 그림을 고른다. 답안을 읽어야 하는 부담이 없으므로 읽기 능력에 영향을 받지 않는다. 초급에서부터 사용할 수 있으며 위치나 장소, 사건이나 인물 묘사, 활동 등을 많이 다룬다. 주로 초급 단계의 듣기 평가에 활용되나 중·고급 단계의 경우에도 설명하거나 묘사하는 내용을 제대로 파악했는지를 확인할 때 사용할 수 있다.

<예1: 초급>　미나 씨는 지금 어디에 갑니까?　(4번)

> <녹음>
> 가: 미나 씨, 어디 가요?
> 나: 사과 사러 가요.

<출처: 제7회 한국어능력시험 1급 듣기>

<예2: 초급>　이 사람은 무엇을 하고 있습니까?　(4번)

> <녹음>
> (남): 할머니, 여기 앉으세요. 저는 다음 정류장에서 내려요.
> (여): 고마워요, 학생.

<출처: 제7회 한국어능력시험 1급 듣기>

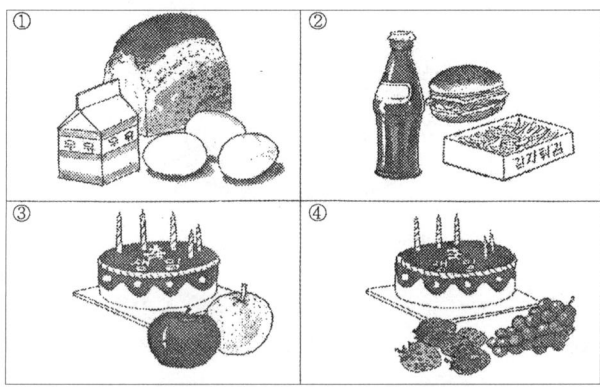

<예3: 초급 > 이 사람이 산 물건은 어느 것입니까?

<녹음>
가: 하영 씨, 뭘 그렇게 많이 샀어요?
나: 오늘이 남편 생일이에요. 그래서 케이크하고 과일 좀 샀어요
가: 과일은 뭘 샀어요?
나: 사과하고 배를 샀어요

① ② ③ ④

<출처: 제7회 한국어능력시험 2급 듣기>

6.8 담화 듣고 그림 나열하기

문제지에 제시된 몇 가지 그림을 들은 내용에 맞도록 배열하는 유형이다. 시간적인 순서나 논리적인 전개를 갖는 내용에서 사용할 수 있다. 답안의 그림만으로도 논리적 추론이 가능한 것은 배제해야 한다. 문법적인 표현이나 담화의 전체적인 내용 이해를 목표로 하며 숙달도에 따라 다양하게 사용할 수 있다.

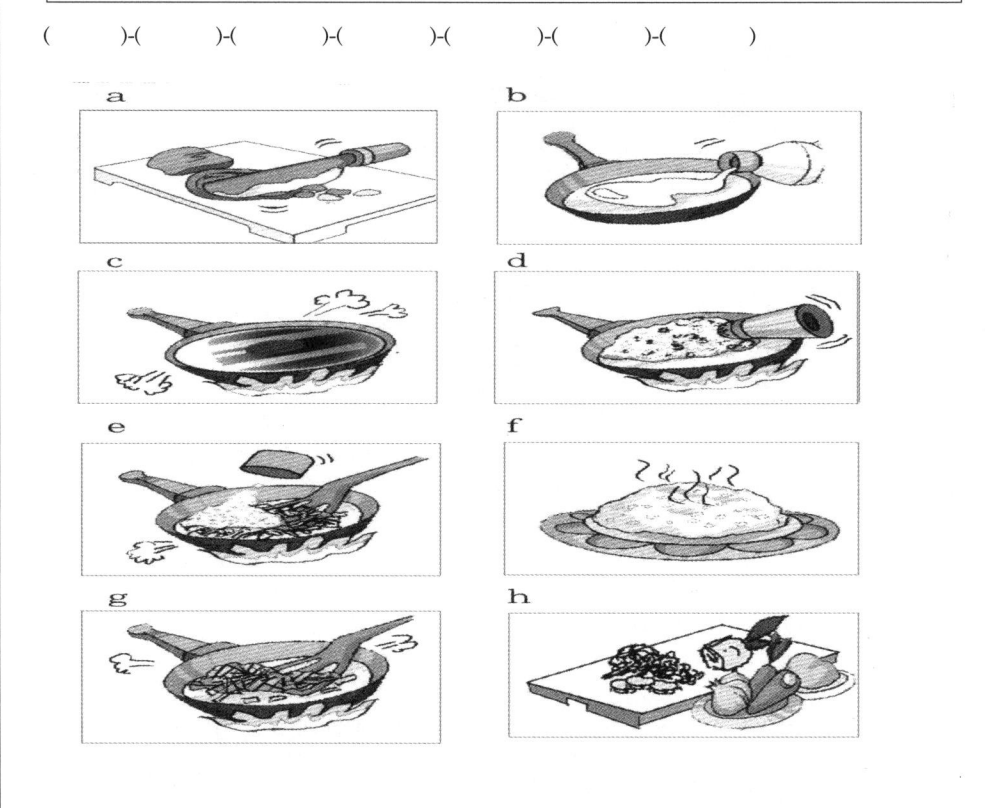

<예2: 중급 > 다음 내용을 듣고 조리 순서에 맞게 그림의 번호를 쓰십시오.

<녹음>
먼저 양파와 당근의 껍질을 벗긴 후 잘게 써세요. 그리고 소고기도 잘게 써세요. 재료를 다 썰었으면 프라이팬에 기름을 넣으세요. 그리고 프라이팬에 야채와 고기를 넣고 잘 볶으세요. 야채를 다 볶았으면 이제 밥을 넣고 함께 볶으세요. 마지막으로 소금으로 간을 하세요.

( )-( )-( )-( )-( )-( )-( )

6.9 담화 듣고 그림, 지도, 도표 등을 완성하기

답안으로 그림, 지도, 도표를 제시하고 내용에 대한 정보를 표시하게 하는 유형이다. 실생활에서 듣고 수행하는 능력을 평가에 적용하여 확인하는 한 방법이다. 일기예보나 여행지, 호텔, 시간표 등에 대한 정보를 듣고 기능에 초점을 맞추어 문제를 구성한다.

<예1: 초급>
  다음은 여행사에서의 대화입니다. 잘 듣고 예약한 것을 찾아 표시하십시오.

  > <녹음>
  > 여자: 어서 오십시오.
  > 남자: 다음 주에 출발하는 제주도 단체관광을 예약할 수 있습니까?
  > 여자: 네, 화요일과 목요일, 토요일에 출발하는 게 있습니다.
  >   언제 가시겠습니까?
  > 남자: 화요일이 좋겠어요. 몇 박 며칠이지요?
  > 여자: 2박 3일과 3박 4일이 있어요.
  > 남자: 2박 3일이면 너무 짧지 않을까요? 3박 4일로 합시다.
  > 여자: 몇 분이 가실 건가요?
  > 남자: 2 명인데요.
  > 여자: 숙소는 어떻게 하시겠습니까? 제주 호텔과 서귀포 호텔이 있습니다.
  > 남자: 서귀포 호텔이요. 그럼 요금은 어떻게 됩니까?
  > 여자: 1인당 26만 5천원입니다. 아침 식사하고 관광 요금도 포함된 가격입니다.
  > 남자: 네, 그럼 두 명 예약해 주세요.
  > 여자: 이름하고 연락처를 써 주십시오.

여행지	□ 부산 ☑ 제주도
출발 날짜	□ 화요일 □ 목요일 □ 토요일
여행 기간	□ 1박 2일 □ 2박 3일 □ 3박 4일
숙 소	□ 제주 호텔 □ 서귀포 호텔

6.10 담화 듣고 담화의 중심 소재 및 내용 고르기

담화를 듣고 담화가 다루는 중심 소재나 내용을 파악하는 유형이다. 듣기가 이해 영역이라는 점을 고려할 때 필수적인 듣기 능력 평가 유형이라고 할 수 있다. 어휘나 문법, 문장 구조 등의 수준에 따라 초, 중, 고급 모든 단계에 활용된다.

<예1: 초급 >
다음은 무엇에 대해 말하고 있습니까? 알맞은 것을 고르십시오. (4번)

> <녹음>
> 가 : 맛이 어때요?
> 나 : 조금 맵지만 맛있어요.

① 날씨   ② 취미   ③ 여행   ④ 음식

<출처: 제7회 한국어능력시험 1급 듣기>

<예2: 중급> 다음은 무엇에 대한 내용인지 맞는 것을 고르십시오. (3번)

> <녹음>
> 여자: 여행 다녀왔어요?
> 남자: 네. 경주에 갔다 왔는데 정말 좋았어요.
> 여자: 뭐가 그렇게 좋았어요?
> 남자: 전통적인 것과 현대적인 것을 같이 볼 수 있어서 좋았어요.

① 여행 계획   ② 전통 음악
③ 경주 여행   ④ 현대 미술

<출처: 제8회 한국어능력시험 3급 듣기>

<예3: 중급 >
다음은 무엇에 대한 내용입니까? 알맞은 것을 고르십시오. (3번)

> <녹음>
> 남자: 이 아파트는 어떻습니까?
> 여자: 옆에 공원이 있어서 좋을 것 같네요.
> 남자: 그렇죠. 여기가 원래 공원, 극장 등 문화 시설이 잘 돼 있어요.
>   그런데다가 내년이면 여기에 대형 쇼핑센터까지 들어선다니까
>   앞으로 더 좋아질 거예요.

① 아파트 내부 시설   ② 아파트 관리 상태
③ 아파트 주변 환경   ④ 아파트 주민의 구성

<출처: 제7회 한국어능력시험 4급 듣기>

<예4: 고급 >

무엇에 대한 이야기하고 있습니까? 맞는 것을 고르십시오. (2번)

> <녹음>
>
> 남자: 입양이 말처럼 간단한 일은 아니라고 보는데요.
>
> 여자: 물론 위탁 시설에서 처음 아이를 데리고 올 때에는 갈등도 많았죠. 내 자식이 아닌데 어떻게 키울 거냐고. 친정 어머니의 반대와 남편의 걱정, 그리고 다섯 살짜리 막내아들의 투정까지. 하지만 지금은 우리 가족 모두 아이를 친손자, 친아들, 친동생처럼 아끼고 사랑합니다. 우리 모두 아이를 통해 오히려 사랑하는 법을 배우고 있어요. 너무나 고마운 일이지요.

① 입양의 어려움과 보람   ② 입양에 대한 주위의 시선
③ 입양하기까지의 절차 소개   ④ 입양하는 부모의 자격 조건

<출처: 제8회 한국어능력시험 6급 듣기>

6.11 담화 듣고 내용과 일치하는(일치하지 않는) 것 고르기

담화를 듣고 담화의 내용과 일치하거나 일치하지 않는 것을 고르는 유형이다. 담화에 포함된 어휘나 문법 등을 종합적으로 파악하여 세부적으로 내용을 파악해야 한다. 어휘나 문법, 문장 구조 등의 수준에 따라 초, 중, 고급 모든 단계에 활용된다.

<예1: 초급 > 다음 대화를 듣고 대화 내용과 맞는 것을 고르십시오. (3번)

> <녹음>
>
> 남자: 저 다음 달부터 태권도를 배울 거예요.
>
> 여자: 그래요? 저도 배우고 싶어요. 우리 같이 배워요.

① 여자는 태권도를 잘 합니다.
② 여자는 태권도를 배우고 있습니다.
③ 여자는 태권도를 배우고 싶어합니다.
④ 여자는 남자에게서 태권도를 배울 겁니다.

<출처: 제8회 한국어능력시험 2급 듣기>

<예2: 중급> 다음을 듣고 알 수 있는 것을 고르십시오. (4번)

<녹음>

　안녕하세요. 취업정보센터의 김지연입니다. 한국가구에서 창고 관리를 맡아 주실 분을 찾고 있는데, 이영진 씨가 운전면허도 있으시고 이런 쪽으로 경험도 있으시고 해서 연락드립니다. 그런데, 일주일에 한 번 정도는 회사에서 주무셔야 한다고 합니다. 생각해 보시고 내일까지 연락 주시기 바랍니다. 기다리겠습니다. 그럼, 안녕히 계세요.

① 여자는 지금 일자리를 구하고 있다.
② 이 일을 하게 되면 매일 회사에서 자야 한다.
③ 이영진 씨는 운전 기사로 오랫동안 일을 했다.
④ 이영진 씨는 가구 회사에서 일해 본 적이 있다.

<출처: 제7회 한국어능력시험 4급 듣기>

<예3: 고급 >
강연의 내용과 다른 것은 무엇입니까? (3번)

<녹음>

(여자) : 간장이나 고추장, 된장을 담근 항아리를 놓았던 장독대는 우리의 전통적 건축 문화에서 흔히 볼 수 있던 것입니다. 이런 장독대는 집마다 아무렇게나 자리잡고 있는 것 같지만, 잘 보면 우리 조상들의 지혜가 숨어 있음을 발견할 수 있습니다. 먼저 배수가 잘 되도록 하기 위해 네모진 넓적한 돌들을 바닥에 깔았습니다. 그리고 집안에서 가장 볕이 잘 들고 바람이 잘 통하는 곳에 두었죠. 그 까닭은 장은 적당한 햇볕과 바람을 쐬어야만 알맞게 숙성이 되고 장의 고유한 맛이 변질되지 않기 때문입니다. 이뿐만 아니라 장독이 놓여진 모양새에도 그 나름의 이유가 있습니다. 간장을 담은 큰 독은 뒤쪽에 나란히 늘어놓고 가운데는 된장이나 막장을 담은 중간 크기의 독을, 그리고 앞쪽에는 고추장이나 장아찌를 담은 작은 항아리들을 놓았습니다. 햇볕을 쐬고 바람을 쐬는 데 효과적이면서도 장을 푸거나 장독을 씻고 닦는 것을 편하게 하는 방법이었기 때문이지요.

① 햇볕과 바람은 장맛에 영향을 준다.
② 물이 잘 빠지도록 장독대를 만들었다.
③ 집에서 가장 낮은 곳에 장독대를 두었다.
④ 항아리를 놓을 때 생활의 편리함도 고려했다.

<출처: 제8회 한국어능력시험 6급 듣기>

6.12 받아쓰기

단어나 문장, 담화를 듣고 그 일부나 전체를 받아쓰는 유형이다. 들은 내용을 인지 활동을 통해 재생해 내야 하므로 듣기, 쓰기, 읽기 등이 종합적으로 결합된 유형이다. Close test를 통해 어휘, 문법 요소 등을 채울 수도 있으며, 문장 단위의 긴 담화를 듣고 그대로 쓰도록 할 수도 있다. 초급 단계에서 주로 활용되며 한국어 교육에서는 실제 공식적인 평가 유형으로 쓰이기보다는 수업 중의 활동 유형으로 많이 활용된다.

<예1: 초급> 다음을 잘 듣고 빈칸에 맞는 답을 쓰십시오.

> <녹음> 어제는 하루 종일 (놀았어요).

어제는 하루 종일 (   ).

<예2: 초급> 다음을 잘 듣고 쓰십시오

> <녹음> 제 취미는 음악을 듣는 것입니다.

(   )

<예3: 초급> 다음을 잘 듣고 빈칸에 맞게 쓰십시오.

> <녹음>
> 김민수 씨는 회사원입니다. 5년 전부터 제약회사에서 일하고 있습니다. 그 회사는 주 5일 근무합니다. 그리고 금요일에는 오전에만 일합니다. 김민수 씨는 주말에 보통 여행을 떠납니다. 낚시 여행이 취미입니다.

김민수 씨는 (   )입니다. 5년 전부터 제약회사에서 일하고 있습니다.
그 회사는 주 5일 근무합니다. 그리고 금요일에는 (   ) 일합니다.
김민수 씨는 주말에 보통 여행을 (   ). (   ) 여행이 취미입니다.

6.13 정보 찾기

뉴스, 공연 안내, 기사, 광고, 캠페인, 개인적인 담화 등을 듣고 목적에 따라 실제적인 정보를 찾는 유형이다. 실생활에서 듣기의 주목적인 정보 파악 능력을 측정할 수 있으므로 숙달도에 따라 실제적인 자료를 그대로 사용하거나 조작하여 사용한다.

<예1: 초급> 남자의 취미는 무엇입니까? 알맞은 그림을 고르십시오.(3번)

<녹음>
여자: 취미가 뭐예요?
남자: 저는 음악을 좋아해요 그래서 음악을 자주 들어요

<출처: 제8회 한국어능력시험 1급 듣기>

<예2: 초급> 경찰서는 어디에 있습니까? (1번)

<녹음>
여자: 실례지만 여기 경찰서가 어디에 있어요?
남자: 저 사거리에서 왼쪽으로 가세요 그리고 길을 건너가면 바로 경찰서가 있어요

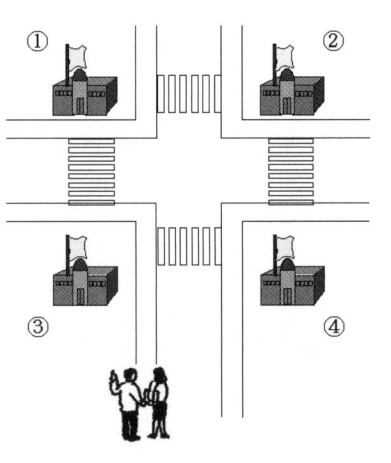

<출처: 제8회 한국어능력시험 2급 듣기>

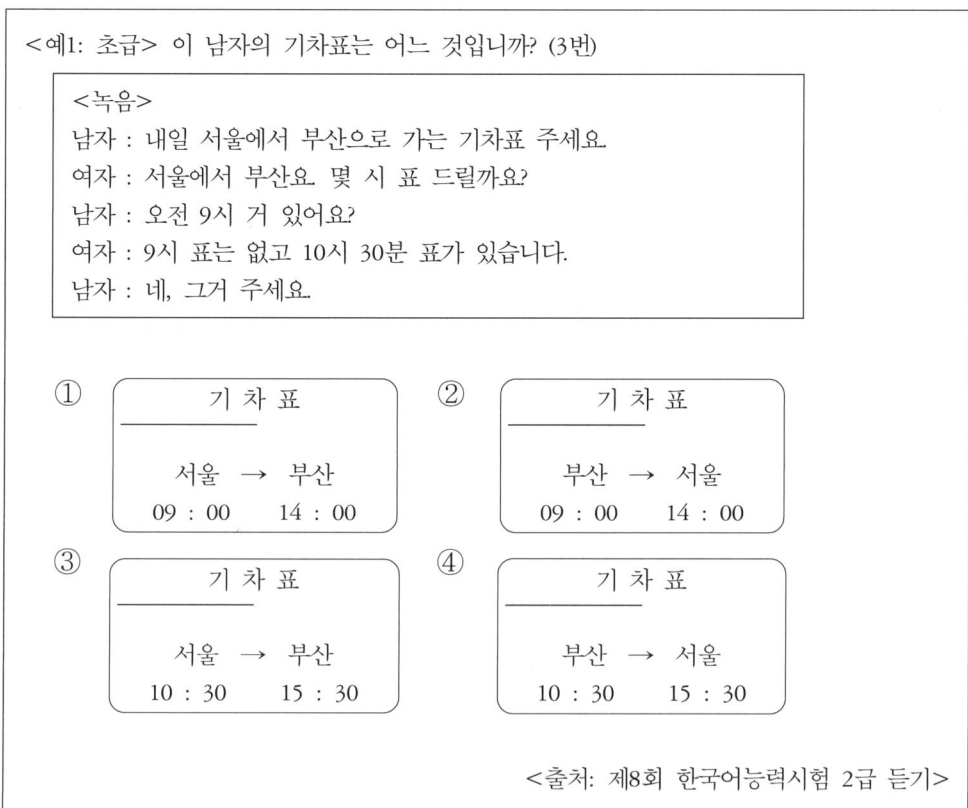

<예1: 초급> 이 남자의 기차표는 어느 것입니까? (3번)

<녹음>
남자 : 내일 서울에서 부산으로 가는 기차표 주세요.
여자 : 서울에서 부산요? 몇 시 표 드릴까요?
남자 : 오전 9시 거 있어요?
여자 : 9시 표는 없고 10시 30분 표가 있습니다.
남자 : 네, 그거 주세요

① 기 차 표
서울 → 부산
09 : 00   14 : 00

② 기 차 표
부산 → 서울
09 : 00   14 : 00

③ 기 차 표
서울 → 부산
10 : 30   15 : 30

④ 기 차 표
부산 → 서울
10 : 30   15 : 30

<출처: 제8회 한국어능력시험 2급 듣기>

6.14 세부 내용 파악하기

담화를 듣고 세부 내용의 파악 능력을 측정하는 유형이다. 개인적인 담화, 강의, 강연, 뉴스 등의 다양한 자료를 사용하여 초급, 중급, 고급에서 사용한다. 실생활에서 듣고 메모하는 특성을 고려할 때 세부 내용 파악 능력은 듣기 능력의 중요한 평가 부분이다. 그러나 세부 내용이라고 해도 부차적인 것이나 주변적인 것을 물어서 내용 암기력을 평가하지 않도록 주의해야 한다.

<예1: 초급>　여자는 전에 어디에서 일했습니까?

<녹음>

　나는 이번 달부터 새 직장에 다닙니다. 새 직장은 집에서 좀 멀지만 아주 마음에 듭니다. 전에 도서관에서 일할 때는 주말에도 일해야 했습니다. 그런데 지금은 주말에 쉴 수 있어서 아주 좋습니다.

(　　　　　　　　　　　　　)

<출처: 제8회 한국어능력시험 2급 듣기>

<예2: 중급> 남자가 전화를 건 이유를 쓰십시오. (2가지)

<녹음>

남자 : 여보세요. 저는 외국인인데요. 건강 보험에 가입하려면 어떤 서류가 필요한지, 그리고 한 달 보험료는 얼마인지 알고 싶습니다.

여자 : 외국인이니까 여권만 가지고 오시면 되고요. 보험료는 계산을 해 봐야 하니까 지금 정확하게 알려드릴 수가 없습니다. 그런데 가입하실 때 석 달 보험료를 한꺼번에 내셔야 됩니다.

남자 : 정확한 보험료는 언제쯤 알 수 있을까요?

여자 : 직접 한번 방문하시면 계산해 드리겠습니다.

(　　　　　　　　　　) (　　　　　　　　　　　　)

<출처: 제8회 한국어능력시험 3급 듣기>

6.15 내용 요약하기

비디오나 테이프에 녹음된 내용을 듣고 내용을 말하기나 쓰기로 요약하는 유형이다. 들은 내용에 대한 이해력뿐만이 아니라 요약하는 능력까지가 평가의 대상이 된다. 중급 이상에서 사용할 수 있다. 요약 내용에 대한 평가를 할 때는 종합적인 유창성이나 응집성, 어법, 독창력이나 창작력이 평가 내용으로 포함된다.

<예> 다음은 뉴스입니다. 잘 듣고 50자 내외로 요약하십시오.

> <녹음>
>   미국의 한 연구소에서는 생후 3개월에서 3살까지의 아기 100명을 대상으로 실험한 결과, 아기들이 낯선 어른들과 함께 있을 때보다 다른 아기들과 함께 있을 때 더 편안함을 느낀다는 사실을 알게 되었습니다. 이 연구에 의하면 아기들은 생후 1년쯤 되면 우정을 만들어 가기 시작하기 때문에 비슷한 또래의 아기들과 함께 있는 것을 좋아한다는 것입니다. 그래서 아기는 낯선 어른들을 보면 무서워하는 반면 낯선 아기에게는 미소를 지으며 잡으려고 손을 내미는 경향이 있다고 합니다.
>   이 실험 팀은 낮에 아기를 돌봐야 하는 맞벌이 부모들에게 세 살 이하의 아기일 경우에는 한 사람의 집에서 몇 명의 아기들을 가족이 함께 돌보는 것이 가장 이상적인 방법이라는 결론을 내렸습니다.

_____

_____

6.16 제목 붙이기

담화를 듣고 전체 내용과 성격 등을 파악하여 제목을 찾는 유형이다. 실생활에서는 듣고 제목을 말하는 과제를 실행하지는 않으나, 내용 이해력뿐만 아니라 이해한 내용을 추상적으로 응집하여 표현할 수 있는 고급 언어 능력을 측정한다는 데에 의미가 있다. 중급 이상에서 주로 사용한다.

<예1: 중급 > 무엇에 대한 내용인지 알맞은 것을 고르십시오. (2번)

> <녹음>
> 먼저 시작 단추를 누르면 불이 들어옵니다. 그 다음엔 미리 저장한 비밀번호를 누르십시오. 다시 한 번 시작 단추를 누르십시오. 그러면 불이 꺼질 것입니다. 자, 이제 문이 열렸습니다.

① 불을 끄는 방법 ② 문을 여는 방법
③ 번호 외우는 방법 ④ 단추 누르는 방법

<출처: 제8회 한국어능력시험 4급 듣기>

<예2: 고급 >
다음은 강의의 한 부분입니다. 제목으로 알맞은 것은 무엇입니까?

<녹음>
　어떤 사람들은 이 세상에 사람은 두 가지 종류밖에 없다고 합니다. 돈을 빌려 주는 사람과 돈을 빌리는 사람이 있을 뿐이라는 거지요. 장난스러운 말이지만 참 그럴 듯한 말입니다. 사람의 유형을 돈으로 분류한 걸 보면 돈이 얼마나 중요한지 새삼 이야기 하지 않아도 될 것 같습니다. 우리가 흔히 말하는 '금융'은 바로 이 돈의 유통을 말합니다. 돈이 남는 곳에서 모자라는 곳으로 흐르는 것입니다. 인류가 금융이라는 제도를 고안해 내지 못했다면 역사는 아마 다르게 쓰여졌을 것입니다. 오래 전부터 세계적인 지도자나 정치가들도 사실은 돈 때문에 울고 웃고 했던 것을 역사책 곳곳에서 발견할 수 있습니다. 그렇지만 금융이 언제부터 시작되었는지 알 수는 없습니다. 이자라는 것도 언제 생겼는지 모릅니다. 그러나 아리스토텔레스가 이자를 못마땅하게 생각했다는 것을 보면 아마 고대 그리스에서도 돈을 빌려 준 사람이 이자를 받지 않았나 싶습니다.

① 돈의 역할　　　　　　② 돈의 유통
③ 돈과 이자　　　　　　④ 돈의 역사

<출처: 제5회 한국어능력시험 6급 듣기>

6.17 담화 듣고 추론하기

담화의 일부분을 듣고 구체적으로 언급되지 않은 내용에 대한 추론, 전·후 상황 추론, 화자와 청자의 관계를 추론하여 진위 여부를 파악하는 유형이다. 담화 내용이나 담화 표지, 어조, 억양 등으로 추론할 수 있다. 주로 중급, 고급에서 사용한다.

<예1: 고급> 다음 대화를 듣고 나서 한 행동으로 알맞은 것을 고르십시오.

> **<녹음>**
>
> 여자: 안전 운전을 위해 저희가 꼭 알아야 할 상식들에 뭐가 있을까요?
>
> 남자: 먼저 운전 사각 지대는 직접 눈으로 확인해야 합니다. 특히 차를 잠시 세웠다가 다시 주행선으로 들어갈 때는 거울에만 의존하지 말고 반드시 고개를 돌려 상황을 확인해야만 합니다. 두 번째는 한손 운전도 익혀둘 필요가 있다는 것입니다. 보통은 핸들을 두 손으로 잡고 운전을 해야 하지만 가끔은 불가피한 경우가 생기므로 사고를 막기 위해 필요합니다. 마지막으로 운전자의 시야를 확보하기 위해서는 모자는 너무 눌러쓰지 마시고, 선글라스는 신호등 색깔과 관계없는 옅은 갈색의 것으로 끼는 게 좋습니다.

① 여자는 운전할 때는 모자를 쓰지 않는다.
② 여자는 녹색이나 청색 계통의 선글라스를 쓴다.
③ 여자는 비상시를 위해 한 손으로 운전하는 연습을 한다.
④ 여자는 똑바로 주행할 때에도 계속 고개를 돌려 확인한다.

<출처: 제7회 한국어능력시험 6급 듣기>

<예2: 고급> 다음은 강연의 일부분입니다. 잘 듣고 맞게 답하십시오.

> **<녹음>**
>
> 오늘날은 과학 기술이 급속히 발달하는 산업 사회입니다. 이러한 급속한 발전은 그 사회 구성원들의 가치관에도 많은 변화를 가져왔습니다. 인간의 본분으로 여겨졌던 충효에 대한 인식도 많이 달라졌습니다. 물론 충효의 본래 의미에는 변함이 없겠지만 이를 나타내는 행동이나 생활에서 차지하는 비중은 전과 같지 않습니다. 그러므로 현대 사회에서 알맞은 나름대로의 충효관이 세워져야 할 겁니다.
>
> 충효는 예전의 전통 유교 사회에서 최고의 선이었으며, 일상 생활에서도 행동의 우선순위를 정하는 원칙이었습니다. 옛날 이야기에서 빠지지 않는 이야기가 효자, 효녀 이야기이고, 역사서에서 빠지지 않는 대목이 충신 이야기인 것을 보면 그만큼 충효를 중요하게 여겼다는 것을 알 수 있습니다. 그런데 요즘은 어떻습니까?

* 이 뒤에 계속될 이야기는 무엇이겠는지 쓰십시오.

6.18 화자의 태도, 어조 파악하기

담화에 표면적으로 드러난 의미를 이해하는 것뿐만 아니라 대화의 밑바탕에 깔린 화자의 견해를 추론하는 유형이다. 성공적인 의사소통을 위해서는 상대방의 감정 및 태도에도 적절히 반응하여 원만한 관계를 유지해야 하므로 화자의 태도를 파악하는 능력도 평가되어야 한다. 중급, 고급에서 주로 사용한다.

<예1: 고급>
다음 드라마에서 어머니가 딸을 설득하기 위해 마지막으로 사용한 방법은 무엇입니까? (2번)

> 어머니: 아니, 그 사람하고는 대학 졸업한 후에 결혼하기로 했잖니? 그리고 학교 졸업이 이제 일 년밖에 안 남았는데……. 너도 잘 생각해 봐. 결혼은 몇 년 있다가 해도 되지만, 학교는 지금 그만 두면 영영 그만이야.
>
> 딸 : 엄마, 정우 씨하고 결혼한 후에 정우 씨 사업이 안정돼서 잘 살게 되면 다시 공부 계속해서 학업은 꼭 마치도록 할게요. 저는 공부보다 중요한 것이 사랑이라고 생각해요. 지금 정우 씨는 저하고 함께 지내고 싶대요.
>
> 어머니: 아무리 사랑이 중요하기로서니 공부를 포기해? 네 나이에 해야 될 일은 해야 되지 않겠어? (갑자기 슬픈 듯 애원하듯이) 내가 너 대학 졸업하는 것을 얼마나 보고 싶어했는지 알아? 그래서 네 학비 마련하느라고 힘들어도 참고 절약하면서 살아 왔어. 네가 이렇게 나를 실망시킬 수 있니?

① 권위를 앞세우고 있다.
② 동정심에 호소하고 있다.
③ 남자 친구에게 책임을 지우고 있다
④ 둘 사이의 행복했던 과거를 예로 들고 있다.

<출처: 제7회 한국어능력시험 5급 듣기>

<예2: 고급> 다음 토론을 듣고 여자는 텔레비전을 통한 문화교육에 대해 어떻게 생각하고 있는지 고르십시오.

> (남) 저는 문화 발전과 교육을 위해 텔레비전의 문화 관련 프로그램을 확대해야 한다고 생각합니다. 왜냐하면 국민의 문화적 기초 능력을 기르기 위해서는 문화 관련 프로그램이 텔레비전을 통해 계속 보급되는 방법이 가장 빠르고 좋은 방법이기 때문입니다.
>
> (여) 글쎄요. 현실적으로 그건 불가능합니다. 왜냐하면 텔레비전이라는 건 기본적으로 흥미 위주로 시간을 보내는 매체이기 때문이죠. 하지만 문화교육은 꼭 필요하니까 시간이 오래 걸리더라도 학교에서 문화 관련 프로그램을 강화하는 것이 효율적일 겁니다.
>
> (남) 하지만 현실 여건상 학교에서의 문화 교육은 시간이 많이 걸려서 텔레비전을 활용한 문화 교육이 훨씬 빠르고 실용적일 것이라고 생각됩니다.
>
> (여) 물론 학교에서의 문화교육이 쉬운 건 아닙니다. 그러나 텔레비전에 훌륭한 문화 관련 프로그램이 만들어진다고 해도 시청률은 0.1%도 안 됩니다. 게다가 흥미 위주의 프로그램의 비중이 더욱 높아진다면 문화 관련 프로그램의 시청률은 시간이 흐를수록 더 떨어져서 프로그램의 수도 축소될 것이라 생각됩니다.

① 비관적　　　　　② 효율적
③ 실용적　　　　　④ 긍정적

지금까지 살펴본 듣기 평가의 문제 유형 및 급별 활용 가능성을 표로 제시하면 다음과 같다.

<표 4.5> 듣기 평가의 문항 유형 및 급별 활용 가능성

연번	듣기 평가 유형	초급	중급	고급
1	음운이나 단어 듣고 맞는 것 고르기	○		
2	문장 듣고 문장의 일부 채우기	○		
3	문장이나 대화 듣고 적절한 반응 찾기	○	○	○
4	문장 듣고 유사한 문장 찾기	○		
5	담화 듣고 담화의 요소 파악하기	○	○	
6	그림보고 맞는 설명이나 대화 찾기	○		
7	담화나 문장 듣고 맞는 그림 찾기	○	○	
8	담화 듣고 그림 나열하기	○	○	
9	담화 듣고 그림, 지도, 도표 등을 완성하기	○	○	○
10	담화 듣고 담화의 중심 소재 및 내용 고르기	○	○	○
11	담화 듣고 내용과 일치하는/일치하지 않는 것 고르기	○	○	○
12	받아쓰기	○		
13	정보찾기	○	○	○
14	세부 내용 파악하기	○	○	○
15	내용 요약하기		○	○
16	제목 붙이기		○	○
17	담화 듣고 추론하기		○	○
18	화자의 태도, 어조 파악하기		○	○
19	담화 듣고 추론하기		○	○

7. 한국어 듣기 평가의 실제

앞에서 언어능력 평가 도구의 설계 및 제작은 일반적으로 1)평가의 기획, 2) 평가 항목의 선별, 3) 평가 문항과 지시문의 작성, 4) 문항의 검토와 사전 평가, 5) 평가의 최종 형태 제작의 5단계로 구성됨을 밝혔었다. 언어 능력 평가 도구의 설계 및 제작의 단계에 맞추어 듣기 평가를 기획하고 작성하는 실례를 제시해 보도록 하겠다.

7.1 평가의 기획

듣기 평가를 실제로 설계하고 제작하는 제일 첫 단계는 평가의 전체적인 구성 요소를 검토하고 결정함으로써 듣기 평가의 전체적인 틀을 구성하는 것에서부터 시작된다. 그 중에서도 가장 중요한 요소는 평가의 목적을 어디에 둘 것인지를 결정하는 일이다. 즉 학습자의 성취도를 측정하기 위한 것인지, 아니면 학습자가 현재 어느 정도의 듣기 숙달도 단계에 있는지를 파악하는 것에 있는지에 따라 평가의 내용과 대상이 달라진다. 그리고 평가 목적이 결정되면 학습자의 수준에 따라 평가 범주, 평가의 유형, 문항수와 시간 등 평가와 관련된 일반적인 형태를 결정한다.

한국어 듣기 평가를 기획하기 위한 기초 설계(안)[5]의 실례를 보이면 다음과 같다.

<표 4.6> 듣기 평가 설계의 기초 자료

영역	학습단계	평가목적	평가범주	평가 형태	문항수	시간
듣기	초급	성취도 평가	문법적 능력 사회언어학적 능력 담화이해 능력 전략적 능력	폐쇄식 반개방형 지필시험	25문항	30분

---

5) 한국어 듣기 평가의 실례를 보여주기 위한 기초 자료로 '한국어 세계화 추진위원회'에서 개발한 교육용 교재를 활용한다. 그 중에서도 특히 초급 교재는 언어 기술별로 말하기, 듣기, 읽기, 쓰기의 분리 교재로 개발되고 있어, 본 과제에서 제시하고자 하는 기술별 언어 평가를 위한 기초 자료로 활용도가 매우 높기 때문이다. 좀더 구체적으로 언급하면, 한국어 듣기 평가의 실례를 제시하기 위해서 〈2000년도 한국어 세계화 추진을 위한 기반 구축 사업, 한국어 초급(말하기·듣기) 교재 개발 사업보고서 II〉의 듣기 부분을 선수 학습했다는 가정 하에, 학습자들의 성취도를 평가하기 위한 예를 보이고자 한다. 따라서 학습 수준, 학습 목표 및 내용(주제/기능/문법 등) 등은 그 자료를 바탕으로 구성되었음을 밝힌다.

7.2 평가 항목의 선정

7.2.1 학습 목표 및 내용 검토

평가가 기획되고 그와 관련된 기초적인 구상이 끝나면, 다음 단계는 평가 내용 및 항목들을 선정해야 한다. 이는 구체적으로 무엇을 평가할 것인가에 관한 문제로 평가 목적에 따라 대상이 달라진다. 평가의 목적이 성취도 측정에 있다면 평가 단계까지 이루어진 구체적인 학습 목표 및 내용이 검토 대상이 될 것이고, 평가의 목적이 숙달도 평가에 있다면 학습자의 목표 수준에 대한 구체적인 목표 수준이 검토 대상이 될 것이다. 일반적으로 학습 목표 및 내용을 검토할 때 포함되어야 할 항목으로는 주제, 기능, 문법 요소, 어휘 범주 등이 있다.

앞에서 구상한 한국어 초급 듣기 평가를 위한 학습 목표 및 내용 검토의 실례를 보이면 다음과 같다.

<표 4.7> 학습 목표 및 내용 검토의 실례[6]

단원	주제	과제(기능)	문법
1	자기소개	처음 만난 사람과 인사 나누기 소개 받기	-(스)ㅂ니까?, -(스)ㅂ니다
2	위치	물건의 위치 듣기	-에 있다/없다
3	시간	시간 듣기 하루 일과 듣기	-에, -에서
4	물건사기	가게에서 물건사기	-하고
5	음식	맛 이야기하기 음식이나 음료수 준비하기	-(으)세요, -(으)ㄹ래요?
6	주말활동	주말 활동 듣기 요일 및 빈도부사 듣기	-았/었/였-
7	가족	가족 소개 내용 듣기	-시-
8	약속	약속 일 정하기 약속을 취소하고 새로 정하기 요일과 날짜 듣기	-을게요, -을 것이다, -을까요?
9	길찾기	호텔, 은행, 주유소 등의 장소 찾기 전화로 설명 듣고 장소 찾아가기	-아/어/여서, -(으)면, -(으)로
10	전화	전화번호 알아내기 타인을 찾는 전화 받기 전화 받고 메시지 받기	-(으)ㄴ/는데요, -아/어/여 주다, -지요?

---

6) 2000년, 〈한국어 초급(말하기·듣기) 교재 개발 사업보고서 Ⅱ〉 듣기 부분 교재 구성표를 바탕으로 정리했음.

11	교통	교통수단 이용하기	-아/어/여야 하다, -(으)로,
		목적지까지 가는 방법 알아 보기	-(으)려면
12	날씨	세계의 날씨 듣기	-겠-
		계절 날씨 듣기	
		날씨와 생활에 대한 정보 얻기	
13	취미	서로의 취미 이야기하기	-에, -는 것
14	여행	여행경험 이야기하기	-아/어/여 보다, -(으)ㄴ 적이 있다
		여행지 안내 및 추천 받기	
15	물건	잃어버린 물건 찾기	-(으)ㄴ/는
16	병	약 복용법 및 주의사항 듣기	-씩, -(으)십시오, -지 말다
		증세 표현하고 도움 받기	
17	집	집에 관한 설명 듣기	-(으)ㄴ 것 같다, -(으)ㄹ 것 같다,
		집 구하기	-지만
18	옷	옷차림에 대한 묘사 듣고 사람 찾기	-고 있다
		옷차림 조언 듣기	
19	공연	공연 문의하기	-(으)려고 하다, -(으)로
		표예매, 취소하기	
		관람 후 감상에 대한 의견 나누기	
20	조리법	음식 만드는 방법 알아보기	-기 전에
		음식 만들기	

7.2.2 주제 및 기능의 선택

성취도 평가를 위해 학습자들의 선수 학습 내용을 목록화한 다음에는 수험자의 성취 수준을 파악할 수 있도록 실제 듣기 평가에 포함시킬 주제 및 기능을 선택해야 한다. 이 때 유의해야 할 점은 평가의 타당도를 높이기 위해 가능한 한 다양한 주제나 기능이 포함되도록 하는 것이다.

앞에서 제시한 학습 목표 및 내용 중에서 평가에 포함될 주제 및 기능의 선택 실례를 보이면 다음과 같다.

<표 4.8> 주제 및 기능의 선택

단원	주제	과제(기능)	선정 여부
1	자기소개	처음 만난 사람과 인사 나누기	○
		소개 받기	
2	위치	물건의 위치 듣기	
3	시간	시간 듣기	○
		하루 일과 듣기	
4	물건사기	가게에서 물건사기	○
5	음식	맛 이야기하기	○
		음식이나 음료수 준비하기	
6	주말활동	주말 활동 듣기	○
		요일 및 빈도부사 듣기	○
7	가족	가족 소개 내용 듣기	○
8	약속	약속 일 정하기	
		약속을 취소하고 새로 정하기	
		요일과 날짜 듣기	○
9	길찾기	호텔, 은행, 주유소 등의 장소 찾기	○
		전화로 설명 듣고 장소 찾아가기	
10	전화	전화번호 알아내기	
		타인을 찾는 전화 받기	○
		전화 받고 메시지 받기	
11	교통	교통수단 이용하기	
		목적지까지 가는 방법 알아 보기	
12	날씨	세계의 날씨 듣기	
		계절 날씨 듣기	○
		날씨와 생활에 대한 정보 얻기	
13	취미	서로의 취미 이야기하기	○
14	여행	여행경험 이야기하기	○
		여행지 안내 및 추천 받기	
15	물건	잃어버린 물건 찾기	
16	병	약 복용법 및 주의사항 듣기	
		증세 표현하고 도움 받기	
17	집	집에 관한 설명 듣기	○
		집 구하기	
18	옷	옷차림에 대한 묘사 듣고 사람 찾기	○
		옷차림 조언 듣기	
19	공연	공연 문의하기	○
		표예매, 취소하기	
		관람 후 감상에 대한 의견 나누기	
20	조리법	음식 만드는 방법 알아보기	
		음식 만들기	

7.2.3 출제구상표 작성

학습 목표 및 학습 내용에 대한 목록화 작업이 이루어지면, 그 다음에는 그것을 바탕으로 구체적으로 평가할 주제나 기능, 문법이나 어휘 등에 대한 선정 작업과 함께 출제구상표를 만들어야 한다. 이때 주의해야 할 것은 평가 목적에 따라 주제나 기능, 어휘나 문법 범주가 한쪽에 치우지지 않고 균형 있게 안배되도록 하는 것이다. 평가가 타당도를 갖추려면 가능한 한 학습 목표나 내용을 광범위하게 반영하는 것이 바람직하지만 평가 시간, 평가의 물리적 환경 등을 고려할 때 완벽한 반영은 원칙적으로 불가능하다. 따라서 어떤 항목을 선정해서 평가 문항을 만드느냐에 따라 평가의 타당도가 크게 영향을 받을 수 있다. 그런 점에서 대표성을 가질 수 있는 평가 항목의 선정이 중요하며, 실생활 듣기의 특성을 최대한 반영해 출제구상표를 만들 필요가 있다.

앞에서 구상한 한국어 초급 듣기 평가를 위한 출제구상표의 실례를 보이면 다음과 같다.

<표 4.9> 한국어 초급 듣기 평가 출제구상표의 실례

번호	문항 형태	배점	문항 유형	출제 의도	평가 문항	내용 (소재/주제)	텍스트 유형
1	선다형	4	단어 듣고 맞는 것 고르기	음운 식별	모음 구별	의/이	문장
2	선다형	4	문장 듣고 문장의 일부 채우기	음운 식별	자음 구별	자/차	문장
3	선다형	4	질문 듣고 대답 완성하기	대화 완성하기	성함이 어떻게?	이름 묻기	대화
4	선다형	4	질문 듣고 대답 완성하기	대화 완성하기	언제 만날까요?	약속	대화
5	선다형	4	질문 듣고 대답 완성하기	대화 완성하기	자주 가요?	취미	대화
6	선다형	4	질문 듣고 대답 완성하기	대화 완성하기	같이 점심 먹을래요?	제안, 초대	대화
7	선다형	4	질문 듣고 대답 완성하기	대화 완성하기	축하합니다	축하	대화
8	선다형	4	대화 듣고 정보 찾기	숫자 듣기	몇 시입니까?	시간	대화
9	선다형	4	대화 듣고 맞는 그림 찾기	어휘 이해	눈이 와요	날씨	대화
10	선다형	4	대화 듣고 장소 고르기	담화요소 파악	이가 아파서요	병	대화
11	선다형	4	대화 듣고 장소 고르기	담화요소 파악	주문하시겠습니까?	음식 주문하기	대화
12	선다형	4	대화 듣고 장소 고르기	담화요소 파악	까만색 가방	물건사기	대화
13	선다형	4	대화 듣고 맞는 그림 고르기	세부내용 파악	침대 옆에 있어요	위치	대화
14	선다형	4	대화 듣고 맞는 그림 고르기	세부내용 파악	계란 3개, 콜라 2병	물건사기	대화

15	선다형	4	대화 듣고 맞는 그림 고르기	세부내용 파악	가족, 할머니, 부모님	가족	대화
16	선다형	4	대화 듣고 맞는 그림 고르기	세부내용 파악	치마하고 블라우스	옷	대화
17	선다형	4	대화 듣고 화제 파악하기	중심내용 파악	토요일에 뭐 할 거예요?	주말계획	대화
18	선다형	4	대화 듣고 화제 파악하기	중심내용 파악	방도 크고 깨끗해요	하숙집	대화
19	선다형	4	대화 듣고 화제 파악하기	중심내용 파악	학교 정문 앞에서	약속	대화
20	선다형	4	대화 듣고 일치하는 것 고르기	내용 파악	호주에서 왔어요	국적 소개	대화
21	선다형	4	대화 듣고 일치하는 것 고르기	추론하기	바꿔 주세요	전화걸기	대화
22	선다형	4	대화 듣고 일치하는 것 고르기	추론하기	제주도에 가 본 적이 있어요	여행 경험	대화
23	단답형	4	대화 듣고 세부내용 찾기	정보 찾기	문의, 공연, 매진	공연 문의	대화
24	단답형	4	대화 듣고 정보 찾기	정보 찾기	요금은 얼마입니까?	공연 문의	대화
25	선다형	4	대화 듣고 일치하는 것 고르기	세부내용 파악	공연이 있다	공연 문의	대화

7.3 실제 평가 문항의 개발

출제구상표를 작성한 후에는 그것을 기초 자료로 구체적인 평가 문항 작성에 들어가야 한다. 즉 실제로 평가 문제와 지시문을 만들어야 하는 것이다. 이 때 일차적으로 할 일은 평가 문제의 구조적인 틀을 짜는 것으로, 학습자 수준, 평가의 목표, 평가 항목, 평가 시간, 평가를 위한 물리적 환경 등을 고려하여 대문항은 몇 개로 할지, 하나의 평가 과제는 또 몇 개의 항목으로 할지, 각 평가 과제들의 유형을 어떻게 할지, 또 난이도는 어떻게 할 것인지 등을 결정해야 한다. 그 다음 단계로는 앞에서 만든 구조적인 틀에 맞추어 구체적인 문항과 지시문을 개발하는 일이다. 물론 실제로 문제를 만드는 과정에서 앞에서 설정된 구조적인 틀이 다소 변경될 수 있다. 전체적인 틀을 사전에 구성하는 것과 실제 평가 문항을 작성하는 데서 오는 차이 때문이다. 그러나 가능한 한 사전에 설계한 평가의 구조를 유지하는 것이 바람직하다.

듣기 평가 자료 및 문항을 개발할 때 유의해야 할 점을 살펴보면 다음과 같다.

1) 평가 자료가 실제성, 자연성, 그리고 명확성을 유지하도록 해야 한다.

첫째, 듣기 평가 자료가 실제성을 갖추어야 한다는 것은 평가를 위해 일부러 만든 인위적인 자료보다는 실제 언어 상황을 자연스럽게 반영한 지문이 되어야 한다는 말이다. 그러나 실제 그대로의 자료를 듣기 평가 지문으로 쓸 때는 여러 가지 문제가 발생한다. 실제 자료는 짜임새 없는 말이나 온전하지 못한 문장이 많고 난이도도 고르지 않기 때문에 수준에 따라서 그대로 쓰기 어려운 경우가 많다. 또한 언어 외적 환경이 배제된 지문(녹음 자료)을 제시하는 것이 과연 실제적인 자료인가 하는 점, 그리고 구어체의 특징을 어느 정도까지 수용해야 하는가 하는 점도 고민거리이다. 따라서 듣기 평가에서의 실제성은 위에서 제기한 문제들을 어느 정도 감안한 것으로 '실제 생활에서 쓰임직한' 자료를 말하는 의미까지 내포한다고 하겠다. 둘째, 듣기 평가의 자료가 자연스러운 담화여야 한다는 말은 어느 정도 언어 자료를 가공한다 하더라도 최대한 자연스러운 담화 상황이 되어야 한다는 뜻이다. 이 때 자연스러움은 발화의 자연스러움과 함께 상황의 자연스러움도 함께 고려한 자연스러움이어야 한다. 셋째, 듣기 지문이 명확해야 한다는 것은 실제 자료든 실제 자료를 가공한 자료이든 듣고 문제를 풀 때 모호성이 없어야 한다는 뜻이다.

2) 평가 자료가 실제 생활에서의 다양한 듣기 담화 유형을 반영해야 한다.

이는 담화 단위, 담화 유형, 주제 등에 있어서 듣기 평가의 지문이 현실의 다양한 담화 유형을 균형 있게 반영해야 한다는 뜻이다. 물론 이때 가장 중요하게 고려해야 할 것은 수험자의 숙달도 정도이다. 예를 들어 초급은 주로 일상적인 생활을 하는 데 필요한 기본적인 의사소통을 할 수 있는 단계이므로 담화 단위와 담화 유형, 담화 주제 등에 제약이 많이 따른다. 반면에 중급에서는 관공서 및 여러 기관에서 용무를 볼 수 있고, 간단한 감정까지 표현할 수 있다. 단답식의 의사소통에서 벗어나 자기 의견을 구체적으로 표현할 수 있으며 일상적이지 않은 특수 상황에서도 문제 해결이 가능하다. 자세한 설명, 상황 묘사를 할 수 있고 의견을 제시할 수 있다. 고급에서는 자기주장을 논리적으로 전개할 수 있으므로 토론, 협상, 설득이 가능하며 청중에 맞게 연설할 수 있다. 최고급의 단계에서는 고등 교육을 받은 내국인의 수준으로 모든 분야의 일을 할 수 있는 단계로 분류되어 있다.

3) 수험자의 숙달도 수준, 평가 목표나 주제에 따라 평가 유형을 선정해야 한다.

어떤 유형으로 듣기 능력을 평가할 것인가 하는 것은 듣기 평가의 가장 구체적이고 직접적인 부분이며, 평가의 타당도와 신뢰도를 좌우하는 중요한 부분이다. 따라서 수험자의 숙달도 수준, 평가 목표나 주제 등에 따라 적절한 평가 유형을 선정하는 것은 평가의 타당도를 높이는 데 필수적인 요소이다.

앞에서 제시한 출제구상표를 기초로 한 한국어 초급 듣기 평가를 위해 개발된 실제 평가 문항을 제시하면 다음과 같다.[7]

7.4 문항의 검토와 사전 평가

평가의 기본 요건이라 할 수 있는 타당도, 신뢰도 등을 높이기 위해서는 일차적으로 개발된 평가 문항을 그대로 시행하는 것이 아니라 다양한 측면에서 검토한 후 수정하고 보완하여 실시해야 한다. 일반적으로는 출제자의 자가 점검, 동료들과의 교차 검토, 그리고 사전 평가와 피드백 등의 과정을 통해 평가 문항의 적절성을 판단한다. 이 때 문항에 대한 분석과 평가는 내용에 대한 질적 분석과 양적 분석의 양 측면에서 모두 이루어지게 되는데, 일반적으로 검토 기준으로 언급할 수 있는 것은 다음과 같다.

ⅰ) 듣기 자료의 실제성 여부
ⅱ) 듣기 교육 목표와의 연계성
ⅲ) 과제와 지시의 명확성
ⅳ) 유형에 따른 난이도 배열의 문제
ⅴ) 정답과 오답의 명확성
ⅵ) 문항수의 적절성
ⅶ) 시간 배분의 문제

---

7) 본장의 끝부분에 별첨으로 제시할 예정이다

7.5 평가의 최종 형태 제작

문항의 검토와 사전 평가가 이루어지면, 이를 바탕으로 듣기 평가를 위한 평가지와 듣기 자료의 실제 제작에 돌입한다. 듣기 평가지 제작의 경우 1) 문항들의 선별과 교정, 2) 각 문항에 대한 배점 결정, 3) 문항의 배열 순서 결정 순으로 진행된다.

문항 배열의 경우 일반적으로 학습자의 심리적인 태도 등을 고려하여 난이도의 수준을 차차 증가시키는 순서로 배열하는 것이 좋다. 또한 듣기 자료의 특성에 따라 짧고 간단한 대화에서 길고 복잡한 듣기 자료 순으로 배열하는 것이 바람직하다. 선다형 문항들의 배열에 있어서는, 각각의 답지 번호가 대략 같은 빈도를 갖고, 답안지 전체 모양에서 정답의 위치가 감지될 수 있는 형태가 되지 않도록 배열한다. 이 모든 과정이 끝나면 문제지의 제작과 더불어 답지를 어떻게 만들 것인지 결정한다. 대체로 분리 답안지를 제작하는 것이 여러모로 편리하다.

이렇게 평가지와 답안지가 완성되면, 정답과 함께 채점기준표를 마련해야 한다. 객관식 문항의 경우에는 난이도, 중요도 등과 관련하여 배점을 어떻게 할 것인가가 중요하며, 주관식 문항의 경우에는 정답과 함께 부분 점수를 어떻게 줄 것인가, 즉 감점을 어떻게 할 것인가에 대한 기준이 마련되어야 한다. 그런데 듣기 평가의 경우 의사소통적 기능을 위한 청해력에 초점을 맞춘다면 쓰기 등으로 답을 하는 과정에서 맞춤법 오류나 문법적인 오류에 대한 강조보다는 어느 정도로 이해하고 있는지에 좀 더 비중을 둘 수가 있다.

앞에서 개발한 초급 듣기 시험의 〈정답 및 채점기준표〉의 실례를 제시해 보면 다음과 같다.

<표 4.10> 정답 및 채점기준표

번호	정답	채 점 기 준	배점
1	1		4
2	2		4
3	3		4
4	2		4
5	4		4
6	1		4
7	1		4
8	3		4
9	4		4
10	2		4
11	3		4
12	2		4
13	단답	(책상 옆에 가방을 그리면 4점)	4
14	2		4
15	2		4
16	2		4
17	1		4
18	4		4
19	3		4
20	2		4
21	3		4
22	2		4
23	단답	4점: 일요일 8시 2점: 요일이나 시간 중 하나만	4
24	단답	15,000원	4
25	1		4

7.6 평가의 시행

평가의 신뢰성과 타당성은 내용적 측면에서뿐만 아니라 평가의 실시 방법 및 환경적 측면에서도 확보되어야 한다. 평가 문항이 아무리 좋아도 시험 관리가 제대로 이루어지지 못한다면 공정한 평가로 인정받기 어렵다. 따라서 평가는 모든 응시자들이 동일한 조건 아래에서 최상의 상태에서 시험에 응시할 수 있도록 실시되고 관리되어야 한다. 그래야만 평가 자체의 공정성과 신뢰성을 확보할 수 있다. 특히 듣기는 지필 테스트만으로 가능한 읽기나 쓰기에서와는 달리 실제 시행 과정에서 많은 변수가 발생할 수 있다.

듣기 평가의 시행에서 중요하게 고려해야 할 점을 몇 가지 살펴보기로 한다.

1) 시험 관리자에게 시험 실시 방법에 대한 구체적인 지시 사항을 알려줘야 한다.

시험을 관리하는 사람은 시험에 사용되는 모든 자료에 대한 정보와 조작 방법을 숙지하고 있어야 한다. 특히 시험지의 배포와 감독에 그치지 않고 듣기 자료를 들려주기 위해 시청각 기자재의 활용이 필요한 경우에는 더더욱 시험 절차에 대한 사전 숙지가 요구된다. 따라서 듣기 시험에서는 듣기 자료를 어떻게 활용될 것인지에 대한 명확한 지시가 사전에 시험 관리자에게 전달되어야 하며, 그것은 구체적인 지시 사항을 담은 별개의 지침서 형태가 바람직하다. 예를 들어 듣기 자료를 몇 번을 들려줄 것인가, 혹은 대문항마다 휴지를 둘 것인지 아닌지에 따라 평가의 난이도가 영향을 받게 되므로 평가 신뢰도를 위해서도 구체적인 지침서 제작이 반드시 필요하다.

2) 듣기에 사용되는 녹음 자료나 장비를 고려해 듣기 자료를 녹음해야 한다.

듣기 시험은 불가피하게 시청각 시설을 활용하게 된다. 따라서 평가 실시 전에 어떤 기기를 이용할 수 있는지, 또 녹음된 듣기 자료에는 이상이 없는지, 기계의 작동 상태는 양호한지, 고사실에 필요한 전기 장치는 있는지 등을 미리 확인해 둠으로써 만약의 사태에 대비해야 한다. 만약의 불상사에 대비해 여벌의 녹음 자료를 구비해 두는 것도 바람직하다. 듣기 자체가 언어 외적인 요소의 영향을 많이 받는 것처럼 듣기 평가 역시 평가 실시 환경의 영향을 크게 받는다는 점을 염두에 두고 듣기 평가를 기획하고 실시해야 하는 것이다.

===

[별첨] 〈한국어 초급 듣기 평가의 실례〉

학습 단계	초급
평가 목적	성취도 평가
평가 영역	듣기
평가 형태	폐쇄식 반개방형 지필 시험
평가 문항	25문항
시험 시간	30분

한국어 초급 듣기 기말 시험

* 날짜: 2006년 _____월 _____일

* 범위: 한국어세계화추진위원회 개발 〈초급 한국어 듣기 교재〉 1과~20과

* 이름 : _____

* 점수: /100점

Ⅰ. 다음을 듣고 (   )에 알맞은 것을 고르십시오.

1. (   )예요.

〈녹음〉 의사예요

① 의사   ② 이사   ③ 이자   ④ 의자

2. (   )가 옵니다.

〈녹음〉 기차가 옵니다.

① 기자   ② 기차   ③ 기사   ④ 가지

Ⅱ. 질문에 맞는 대답을 고르십시오.

3. (   )

| <녹음> 안녕하세요, 성함이 어떻게 되세요? |

① 일본에서 왔습니다.　　　　② 대학생입니다.
③ 김민성입니다.　　　　④ 42살입니다.

4. (   )

| <녹음> 언제 만날까요? |

① 네, 내일 만나요.　　　　② 내일 만나요
③ 어제 만났어요　　　　④ 학교에서 만나요.

5. (   )

| <녹음> 등산을 자주 가요? |

① 네, 등산을 좋아해요.　　　　② 주말에 등산 가려고 해요.
③ 등산을 안 좋아해요.　　　　④ 네, 일주일에 2번쯤 가요.

6. (   )

| <녹음> 같이 점심 먹을래요? |

① 네, 좋아요　　　　② 점심 안 먹었어요.
③ 점심에 뭐 먹을까요　　　　④ 네, 정말 맛 있어요.

7. (   )

| <녹음> 생일 축하합니다. |

① 고맙습니다.　　　　② 미안합니다.
③ 실례합니다.　　　　④ 반갑습니다.

Ⅲ. 다음 대화를 듣고 질문에 알맞은 대답을 고르십시오.

8. 지금은 몇 시입니까?

> <녹음>
> 가: 지금 몇 시예요?
> 나: 두 시 십 분 전이에요.

① 1시 10분   ② 2시 10분

③ 1시 50분   ④ 2시 50분

9. 지금 날씨가 어떻습니까?

> <녹음>
> 가: 창밖 좀 보세요. 눈이 와요.
> 나: 정말 첫눈이 내리네요.

①　☀　 ②　🍃　 ③　☔　 ④　⛄

Ⅳ. 여기는 어디입니까? 다음 대화를 듣고 알맞은 것을 고르십시오.

10. (　　　　)

> <녹음>
> 가: 어떻게 오셨습니까?
> 나: 이가 아파서요. 그리고 이를 닦을 때 피가 나요.

① 공항   ② 병원   ③ 은행   ④ 슈퍼마켓

11. (　　　　)

> <녹음>
> 가: 주문하시겠습니까?
> 나: 김치찌개하고 비빔밥 주세요.

① 우체국   ② 극장   ③ 식당   ④ 여행사

12. (   )

<녹음>
가: 까만색 가방은 지금 없는데요. 다른 색은 어떻습니까?
나: 그럼 갈색으로 보여 주세요.

① 학교 ② 백화점 ③ 지하철역 ④ 공원

V. 다음을 잘 듣고 알맞은 곳에 그림을 그리십시오.

13.

<녹음>
가: 가방이 어디에 있어요?
나: 책상 옆에 있어요.

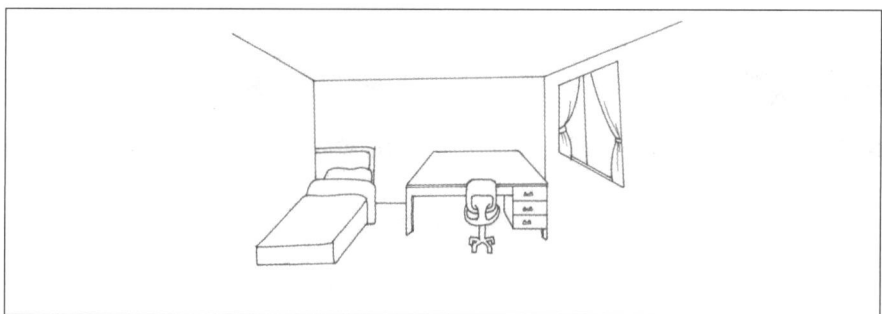

VI. 다음을 잘 듣고 알맞은 그림을 고르십시오.

14. (   )

<녹음>
가: 뭘 드릴까요?
나: 계란 세 개하고 콜라 두 병 주세요.

 ①  ②  ③  ④

15. (   )

<녹음>
(남): 가족이 어떻게 돼요?
(여): 할머니하고 부모님, 그리고 오빠가 있어요
(남): 할아버지는 안 계세요?
(여): 네, 작년에 돌아가셨어요.

①

②

③

④

16. (　　　)

<녹음>
(남): 소영 씨가 누구예요?
(여): 저기 치마하고 블라우스를 입은 여자요.
(남): 아, 머리가 긴 여자요?

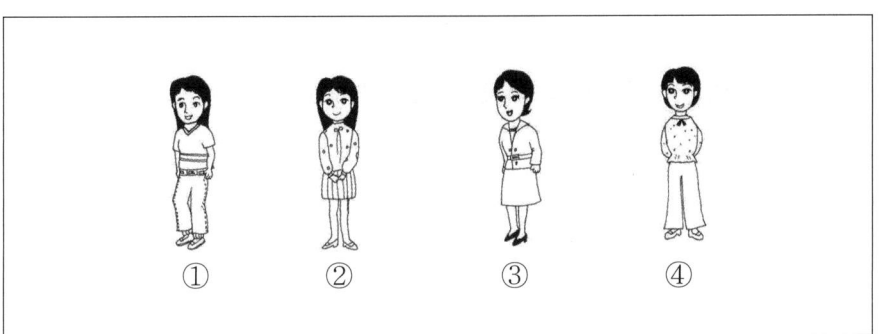

①　　　　　②　　　　　③　　　　　④

Ⅶ. 무엇에 대해 이야기하고 있습니까? 잘 듣고 알맞은 것을 고르십시오.

17. (　　　)

<녹음>
가: 토요일에 뭐 할 거예요?
나: 친구를 만날 거예요.

① 주말계획　　　　② 친구　　　③ 날씨　　　④ 취미

18. (　　　)

<녹음>
가: 새로 옮긴 하숙집이 마음에 들어요?
나: 네, 방도 크고 깨끗해서 좋아요.

① 약속　　　　② 여행　　　③ 생일　　　④ 이사

19. (   )

<녹음>
가: 어디에서 만나요?
나: 학교 정문 앞에서 만나요.

① 위치   ② 방향   ③ 약속 장소   ④ 약속 시간

Ⅷ. 다음 대화를 듣고 대화 내용과 일치하는 것을 고르십시오.

20. (   )

<녹음>
남자: 미국사람이에요?
여자: 아니요, 저는 호주에서 왔어요.

① 여자는 미국에서 왔어요.
② 여자는 호주 사람이에요.
③ 두 사람은 미국에서 왔어요.
④ 두 사람은 호주에서 만났어요.

21. (   )

<녹음>
남자: 김수미 씨 좀 바꿔 주세요.
여자: 수미는 지금 집에 없는데요. 저녁에 들어와요.
남자: 알겠습니다. 나중에 다시 전화하겠습니다.

① 남자는 수미를 못 만났습니다.
② 남자는 전화를 잘못 걸었습니다.
③ 남자는 수미 집에 전화를 했습니다.
④ 남자는 수미하고 전화를 하고 있습니다.

22. (   )

> <녹음>
> 여자: 마이클 씨, 오래간만이에요. 어디 갔다왔어요?
> 남자: 네, 제주도에 갔다왔어요.
> 여자: 아, 그래요? 제주도는 저도 한번 가본 적이 있어요. 어땠어요?
> 남자: 정말 아름다웠어요.

① 여자는 제주도에 못 가봤습니다.

② 남자는 여행에서 돌아왔습니다.

③ 남자는 제주도에서 별로 재미가 없었습니다.

④ 남자와 여자는 같이 제주도에 갔다왔습니다.

Ⅸ. 다음 대화를 잘 듣고 알맞은 답을 쓰십시오.

> <녹음>
> 남자: 문의 좀 하려고 하는데요. 공연이 언제언제 있습니까?
> 여자: 화요일부터 금요일까지는 오후 8시에 있고요,
>   주말에는 4시, 8시 두 번 공연이 있습니다.
> 남자: 그럼 이번 주 토요일 8시 공연 표 있습니까?
> 여자: 죄송하지만 토요일 8시 표는 매진입니다.
>   일요일 8시 표는 남아 있습니다.
> 남자: 요금은 얼마입니까?
> 여자: 15,000원입니다.
> 남자: 그럼 일요일 8시 공연으로 2장 예약해 주세요.

23. 이 사람은 언제 공연으로 예약을 했는지 쓰십시오.

(   )요일, (   )시 공연

24. 일반석 요금은 얼마입니까?

(원)

25. 들은 내용과 같은 것을 고르십시오.

① 월요일에는 공연이 없습니다.

② 공연은 하루에 한 번씩 합니다.

③ 남자는 혼자 공연을 보러 갈 것입니다.

④ 토요일 표가 없어서 예약을 안 했습니다.

제5장
한국어 말하기 평가

1. 말하기의 개념 및 특성

1.1 말하기의 개념

말하기는 자신이 의도한 내용을 음성 언어를 통해 표현하는 언어 기능이다. 말하기는 의사소통 행위에서 가장 중요한 수단이며 이러한 의사소통을 위해 상대방과 상호작용을 해야 한다는 것에 말하기의 어려움이 있다. 즉, 혼자서 아무리 잘 준비를 했다고 하더라도 상대방과 의사소통하는 데 실패한다면 성공적인 말하기라고 할 수 없는 것이다. 따라서 말하기란 상대방의 말을 듣고 판단하여 자신의 의도에 맞게 언어적 또는 비언어적으로 의사소통하는 것이라고 할 수 있다. 언어능력이란 문법적으로 정확하고 올바른 문장을 생성하는 것을 의미하는 것이 아니라 구두로 의사소통 할 수 있는 능력, 학습자가 주어진 상황에서 적절한 언어 표현을 사용하여 주어진 과제를 성공적으로 수행해 내는 것을 의미한다. Hymes(1972)는 언어능력과 언어 사용을 연계시키고 언어 자체에 대한 지식과 그 지식을 사용할 수 있는 능력을 합하여 의사소통 능력이라고 하였다. 의사소통은 사람간의 상호 활동의 한 모습이며 대화 참여자 사이에서 일어나는 양방향 활동이다. 그러므로 말하기는 자신의 의사를 명확히 표현하는 것은 물론이고 상대방의 의사를 충분히 이해하고 적절히 대처해 나가야 한다는 점에서 상호작용 속에 참여자간의 계속되는 의미협상 과정이라고 할 수 있다.

1.2 말하기의 특성

말하기는 음성 언어를 통한 의사소통 활동으로 화자와 청자 사이의 상호작용 속에서 일어나는 활동이다. 대화를 구두의 만남 또는 상호활동이라고 정의한 Nolasco와 Arthur(1987)의 논의처럼 말하기 활동은 구두 활동의 만남이라고 할 수 있다. 따라서 듣기 활동과는 뗄 수 없다. 이에 대한 주장은 "말하기는 듣기 기술과 분리될 수 없고 바람직하지도 않다."고 한 Heaton(1975)의 논의에서도 볼 수 있다. 따라서 말하기는 특히 듣기와의 연계를 극대화해야 한다는 특성을 지닌다. 또한 말하기는 말하기가 이루어지는 실제 상황에서 의미를 전달하고 의미를 이해해야 한다는 시간상의 제약으로 인해 기억에 부담을 주게 되므로 이를 극복하기 위한 여러 가지 전략적 측면들이 나타나게 된다.

따라서 말하기의 이러한 특성과 관련하여서 말하기에 간섭요인으로 작용하기도 하는 다음의 요소들이 반드시 고려되어야 한다.

1.2.1 중복

쓰기에서와는 달리 말하기에서는 의사소통 상황에서 자신의 의사를 좀 더 명확히 설명하기 위하여 반복이나 부연 설명을 하는 경우가 많다. 이러한 중복성은 화자에게 생각할 수 있는 시간적 여유를 주고 반복하기와 부연 설명하기 등을 통해 자신이 말하고자 하는 의미를 좀 더 명확히 전달할 수 있다. 이러한 중복성의 예로는 고쳐 하는 말, 설명하는 말, 덧붙이는 말 등이 있을 수 있다. 그러한 중복성은 시간적 여유와 부가적 정보를 제공하기 때문에 의미를 처리하는 데 도움을 줄 수 있다. 따라서 학습자들은 말하기의 모든 내용이 새로운 정보를 제공하고 있지 않다는 것을 알아야 하며 이러한 중복성의 단서가 되는 표현들을 익히고 사용할 수 있어야 한다.

1.2.2 축약

말하기에서는 보통 축약형이 많이 사용한다. 언어의 경제성이라는 측면에서 볼 때 구어에서는 가능하면 짧고 간결하게 자신의 의사를 전달하고자 하며, 따라서 화자와 청자가 모두 이해 가능하다는 전제 하에 여러 가지 형태의 축약형이 나타나게 된다. 그 종류를 살펴보면 음성적 축약(-때문에 → -땜에), 어형적 축약(여기에서→여기서/ 무엇을 →뭘), 통사적 축약(지금 어디에 가? - 학교.), 화용적 축약(엄마, 전화 받으세요. → 엄마, 전화.) 등이 있다. 이와 같은 축약형은 이해에 심각한 장애요인으로 작용할 수도 있다. 특히 교실 상황에서 완전한 형태의 한국어에만 노출되어 온 학습자들에게는 더욱 그러하다. 그러나 이러한 축약형은 반드시 학습되어야 하며 자연스러운 말하기를 위한 매우 중요한 요소이다.

1.2.3 수행 변인

말하기 상황에서 화자는 머리 속에서 생각이 진행되는 동안 머뭇거리거나 잠시 발화를 멈

추고 자신의 말을 되새기고 수정할 수 있다. 이러한 수행 변인으로는 대화 중에 많이 들을 수 있는 '음… / 저… / 자'와 같은 것들로서 말하는 사람이 자신의 생각을 정리하고 좀 더 적당한 표현을 찾기 위한 전략이지만 청자의 집중력을 분산시키는 요인으로 작용할 수 있으므로 학습자는 실제 말하기 상황에서 이를 잘 구분할 수 있는 능력을 길러야 한다.

1.2.4 구어체

구어체는 말하기의 독특한 특성으로 교사는 학습자들에게 구어체를 지도하고 이러한 표현들을 연습할 기회를 충분히 주어야 한다. 특히 한국어의 경우 글말과 입말의 형태가 매우 다르다는 점에서 이러한 구어체의 학습은 더욱 필요하다. 따라서 학습자에게 구어의 형태와 문어의 형태를 따로 구분하여 제시하고 실제 말하기 상황에서는 자연스러운 구어체를 사용할 수 있도록 지도해야 한다.

1.2.5 상호작용

말하기가 어려운 가장 큰 이유는 음운과 단어, 구, 담화 형태가 복잡하고 어려워서가 아니라 이것이 다른 사람과 언어로 의미를 주고받는 상호작용적 특성을 지니고 있다는 점이다. 대화란 둘 이상의 사람이 의미 협상에 참여하는 매우 협동적인 과정이다. 이러한 의사소통의 상호작용적 특성 때문에 사람들은 대화 상황에서 무엇을 말해야 할 것인지보다 언제, 어떻게 말할 것인지를 더욱 중요하게 여기게 된다. 따라서 말하기는 항상 대화를 나누는 상대방에 의해 영향을 받게 된다.

2. 한국어 말하기 평가의 목적 및 기능

2.1 한국어 말하기 평가의 목적

말하기 평가를 통해 교사는 교수 학습 효과에 대한 중요한 자료를 얻게 된다. 교사로서 학습 내용의 진단과 보완, 교정을 할 수 있고, 교수법의 개선과 평가 방법에 대한 개선도 숙고하게 된다(이인선, 2002). 또한 말하기 평가는 학습자에게 스스로 자신의 수행을 진단해 볼 수 있는 기회도 제공한다. 따라서 말하기 평가의 목적은 학생들의 의사소통 능력 정도를 파악하고 교육목표와 교수 및 평가 방법 등의 적합성과 효율성을 재고찰하며 여기에서 나온 평가 결과를 다음 교수·학습 과정에 활용하는 것이다. 이를 통해 말하기 평가는 교수-학습 과정을 돕고 개선하는 역할을 하게 된다. 따라서 바람직한 한국어 말하기 평가는 교사가 교수 방법을 개선하는 데 필요한 적절한 정보를 제공해야 하며, 학습자 개개인의 강점과 약점을 파악하여 수업이 진행되는 과정에서 교육적인 처방을 할 수 있고, 학습자의 창의성이나 문제 해결력 등 고등 사고 능력을 신장시킬 수 있는 것이 되어야 한다. 언어 교육의 목적이 진정한 의사소통 능력 배양이라고 할 때 말하기 평가를 통해 이러한 목적이 제대로 반영될 수 있도록 평가가 구성되어야 할 것이다. 말하기 평가란 곧 '상황에 맞게 적절히 의사소통을 잘 수행하는 능력'에 대한 평가이다. 그러므로 한국어 말하기 평가에는 한국어로 의사소통을 원활히 하기 위한 발화능력에 대한 평가뿐 아니라 최종적으로 주어진 과제 수행의 정도에 대한 평가도 동시에 이루어져야 한다.

2.2 한국어 말하기 평가의 기능

말하기는 특성상 수행 연습을 통하지 않고는 능력의 신장을 꾀하기 어렵다. 수행 연습 또한 맹목적으로 이루어지기보다 개인의 능력에 비추어 목표지향적으로 이루어지는 것이 효과적이다. 그러므로 한국어 학습자의 수행 과정 평가를 통해 교사와 학습자가 함께 문제점을 발견하고 학습자 능력에 맞는 목표를 재설정한 뒤에 다음 단계의 학습이 이루어져야 한다. 이와 같이 교수·학습과 평가의 과정이 유기적으로 연결될 때만이 교수·학습의 효과를 극대화할 수 있고 교육 평가 역시 제 기능을 수행할 수 있는 것이다.

또한 말하기 평가를 통해서 학습자는 자신의 수행 과정을 되돌아보면서 성취 정도를 스스로 판단하는 과정에서 교육적 피드백을 받게 된다. 그리고 동료 학습자의 수행을 관찰하면서 모방과 자기 수정의 과정을 가지게 된다. 따라서 바람직한 한국어 말하기 평가를 위해서는 교사들이 말하기 평가의 주 기능이 교수·학습 과정의 개선에 있음을 분명히 인지하고 평가가 평가를 위한 평가로 전락되지 않고 질적 평가가 되기 위한 다양한 방안을 강구해야 한다.

3. 한국어 말하기 평가의 범주

말하기 평가에 있어서 '무엇을 평가할 것인가' 하는 것은 매우 중요한 문제이다. 객관적인 평가 범주를 기초로 하지 않은 평가 기준은 무의미한 것이므로 객관적인 평가 범주 설정을 위해 말하기 능력, 즉 발화능력을 구성하는 것이 무엇인가에 대해 알아보고 이 발화 능력의 어떤 부분을 중심으로 평가해야 하는지 살펴보는 작업이 필요하다.

말하기 능력이란 의사소통할 수 있는 능력, 즉 사상과 감정을 상호작용을 통해 표현할 수 있는 능력을 의미한다. 이러한 의사소통 능력으로 Canale과 Swain(1980)은 '문법적 능력, 사회언어학적 능력, 담화적 능력, 전략적 능력'을 들고 있으며 이러한 구성 요소들이 모여 한 사람의 말하기 능력을 형성하게 된다. 그렇지만 실제 언어 수행 능력 평가에 있어서는 이 구성 요소들이 동등한 지위를 가질 수는 없다. 말을 형성하는 기본적인 능력들은 좀 더 강조가 되어야 하겠고 또 학습자의 수준 등에 따라 해당 언어 능력 평가에서 강조가 되어야 할 부분도 있다. 여기에서는 의사소통 능력 구성 요소 중 말을 형성하는 기초적 능력으로서 강조되어야 할 부분인 언어적 능력을 '문법, 어휘, 발음'으로 세분해 볼 수 있고, 그 외에 사회언어학적 능력, 담화적 능력, 전략적 능력을 말하기 평가범주로 설정할 수 있다.

또한 말하기 평가에서는 말하기 수행의 근본 목적이 의사소통에 있으므로 '얼마나 과제를 성공적으로 잘 수행하는가' 여부를 평가하는 과제 수행력에 대한 평가도 고려되어야 한다. 아무리 문법적으로 적합한 문장을 만들었다 하더라도 목표하는 과제 수행에 실패했다면 말하기의 근본 목적이 달성되지 않은 것이다. 그러므로 말하기 평가에서 과제 수행력 평가는 반드시 이루어져야 한다. 따라서 말하기의 평가 범주를 문법 능력, 어휘 능력, 발음 능력을 포함하는 언어적 능력과 사회언어학적 능력, 담화적 능력, 전략적 능력, 과제 수행력으로 구분하고 각 범주의 세부적인 내용을 살펴보면 다음과 같다.

3.1 문법적 능력

문법 능력, 어휘 능력, 발음 능력은 모두 문법적 언어능력의 구성 요소로 말하기의 정확성과 관련된다. 여기에서는 얼마나 정확하게 문법 요소를 사용하고 있는가, 어느 정도의 어휘 실력을 가지고 있는가, 발음이 의사소통에 지장을 주지는 않는가 등을 평가한다. 목표어에 대한 정확한 문법, 어휘, 발음 등에 대한 지식 없이 적절한 언어 수행을 하는 것은 불가능하다. 그러므로 언어를 이해하고 운영하는 능력인 문법적 능력에 대한 평가는 반드시 이루어져야 한다.

3.2 사회언어학적 능력

사회언어학적 능력은 학습자가 한국어로 담화가 이루어지는 상황에 맞는 적절한 언어사용 능력을 평가하기 위한 범주이다. 화자·청자의 다양한 관계 속에서 상황에 적절하고 격식에 맞는 언어를 사용하는지에 대한 평가가 이루어질 수 있다. 비공식적 상황과 공식적 상황에 맞는 어법의 사용, 또한 경어법 사용이나 설명하기, 나열하기, 주장하기와 같은 여러 가지 기능에 맞는 언어사용 능력, 그리고 속담이나 관용어, 유행어, 축약어, 고사성어 등과 같은 것들을 이해하고 사용할 수 있는 능력이 있는지를 판단한다.

3.3 담화 구성 능력

담화 구성 능력이란 한국어로 자신의 생각을 논리적으로 조리 있게 표현하는 능력으로서 고립된 단어나 문장 차원이 아니라 상황에 알맞은 담화를 구성할 수 있는 능력을 의미한다. 즉, 담화 구성 능력은 한국어로 얼마나 논리 정연하게 구성했는지, 문장 연결에 있어서 적절한 응집장치를 사용하고 있는지, 담화의 내용면에서 일관성을 유지하는지 등에 대해 초점을 둔 것이다. 이는 의사소통에 있어서 매우 중요한 부분으로서 적절한 담화표지들의 사용 능력은 의사소통 능력에서 큰 비중을 차지한다. 이러한 담화 능력은 학습자의 수준에 맞게 적절히 평가되어야 한다. 즉, 초급 단계에서는 문장 단위에서부터 짧은 문단 단위로 평가하고 고급으로 갈수록 보다 복합적인 담화 구성 능력을 평가해야 한다. 담화적 능력에는 '거침없이 능숙하게 표현하는' 능력인 유창성이 포함된다. 유창성에는 '속도'의 개념이 도입되는데 여기에서의 속도란 절대적인 속도가 아닌 학습자의 여러 상황을 고려한 상대적인 속도를 의미한다. 따라서 여기에서도 등급에 맞는 상대적인 속도와 개인이 처한 특수한 상황을 인식하면서 '유창성' 평가가 이루어져야 한다.

3.4 전략적 능력

전략적 능력이란 의사소통의 효율성을 높이고 의사소통에서 일어나는 장애를 회피하거나 불충분한 언어능력 때문에 생기는 좌절이나 실패를 보상하기 위해 사용하는 언어적·비언어적 전략을 의미한다. 이러한 말하기 상황에서 사용할 수 있는 전략으로는 어렵고 애매한 표현들을 회피한다거나 좀 더 쉬운 말로 바꾸어 말하거나 도움을 요청하는 것 등을 들 수 있다. 만일 초급의 학습자가 자신이 가지고 있는 언어적 능력의 범위 내에서 의사소통을 하기 위해 전략적 능력을 사용한다면 긍정적으로 평가될 수 있지만 학습자가 문제가 되는 의사소통 상황을 회피하기 위해 고의로 의사소통의 목표를 축소하는 전략을 사용한다면 이는 부정적으로 평가되어야 할 것이다. 일반적으로 이러한 전략적 능력은 말하기 능력의 구성 요소로 간주되어 왔지만 전략적 능력을 사용했는지를 판단하고 평가하는 것은 쉬운 일이 아니다. 따라서 말하기 평가에서는 이러한 전략적 능력의 판단을 위한 기준과 허용 범위들에 대한 자세한 지침이 필요할 것이다.

위에서 제시한 평가의 범주와 구체적인 한국어 말하기 평가 항목을 표로 정리하면 다음과 같다.

<표 5.1> 말하기 평가의 범주와 평가 목표

평가 범주	평가 목표
문법적 능력	정확한 발음
	적절한 어휘의 사용 능력
	자연스러운 억양
	문법의 정확한 활용 능력
사회언어학적 능력	상황에 맞는 어법 사용 능력
	기능에 맞는 언어 사용 능력
	경어법 사용 능력
	관용 표현의 사용 능력
	축약어 사용 능력
담화 구성 능력	이야기 구성 능력
	유창하게 표현하는 능력
	적절한 응집장치 사용 능력
	적절한 담화 표지 사용 능력
전략적 능력	발화 상황을 적절히 파악하고 대처하는 능력
	자신의 발화를 효율적으로 전달하는 능력
	질문에 대해 적절히 반응하는 능력

4. 한국어 말하기 평가의 내용

평가의 기능이 한국어 교수·학습 과정을 돕고 개선하는 것이라고 볼 때 한국어 말하기 평가는 학생들의 학습 목표 성취 정도를 확인하는 것에 초점을 맞추기보다는 학습자의 수행 과정 평가를 통해 교사와 학습자가 함께 문제점을 발견하고 학습자에 맞는 목표를 재설정한 후 다음 단계의 학습이 이루어지도록 하는 것이 바람직하다. 따라서 단순히 외워서 하는 맹목적인 연습보다는 개인에 맞는 목표지향적인 연습과 평가가 이루어져야 할 것이다. 이렇게 교수 학습과 평가가 유기적으로 연결될 때 교수·학습 효과가 극대화 될 수 있고 평가도 제 기능을 다하는 것이다. 말하기 평가란 상황에 맞게 적절히 의사소통을 잘 수행하는 능력에 대한 평가이다. 그러므로 한국어 말하기 교육은 실제적 담화 상황에서 수행되어야 하며 이러한 경험이나 적용, 연습 없이는 진정한 의미에서의 의사소통 능력의 신장은 불가능하다. 따라서 평가 또한 실제 수행 과정 속에서 한국어로 의사소통 능력을 평가하는 방식으로 이루어져야 한다. 실제적 평가에서 수행해야 할 과제 역시 세분화되어 고립된 과제가 아니라 일정한 맥락 속에서 학습자의 사고 능력을 요구하는 의미 있는 과제로 구성되어야 한다. 또한 과제의 내용도 비현실적인 것이 아닌 학습자의 현실을 반영한 것이 되어야 한다. 말하기 평가는 한 두 유형의 말하기에 대한 관찰을 하는 것만으로는 충분하지 않다. 말하기를 통해 학습자가 진정한 의미의 의사소통 능력을 기르려면 평가 역시 다양한 담화 상황에서 행해져야 한다. 따라서 말하기 평가의 내용 선정에 있어서는 상황과 목적, 대상이나 주제에 적합한 내용을 선정하여 말할 수 있어야 하며 이러한 내용을 알맞은 방법으로 조직하여 표현할 수 있어야 한다. 또한 담화 상황에 적절한 언어적·비언어적 표현을 하는지, 그리고 효율적인 과제 수행을 하는지의 여부도 평가되어야 한다. 이에 따른 한국어 말하기의 평가 내용을 초급, 중급, 고급으로 구분하여 정리해 보면 다음과 같다.

<표 5.2> 초급 말하기 평가의 목표 및 내용

분류		내용
평가의 목표		- 기본적인 생활에 필요한 언어생활과 관련된 기본 어휘와 기초적인 문법 규칙을 이해하고 사용할 수 있다 - 일상생활의 아주 기본적이면서도 개인적인 소재나 주제, 기능을 다룬 간단한 대화나 이야기를 할 수 있다 - 일상적인 생활에서 자주 접하는 화제나 아주 기본적인 공식적 상황에서 접하는 화제와 관련된 말하기를 수행할 수 있다.
평가의 범주	주제 및 소재	- 자기소개, 인사, 가족, 휴가, 위치, 물건사기, 날짜, 날씨, 취미, 병원, 주문, 약속, 장소, 교통, 시간, 이유, 영화, 은행, 병원, 모양, 색 등 일상생활에서 자주 접하는 기본적이면서도 개인적인 소재
	기능	- 한글의 자모를 정확히 발음한다. - 일상 생활에 필요한 기본적인 의사소통을 한다. - 상황에 적절한 표현을 익혀 간단한 주문이나 요청, 제안 등을 할 수 있다. - 경어법을 사용할 수 있다. - 제한된 맥락에서의 공식적 상황에서 대화가 가능하다. - 학습한 어휘와 문형의 연습을 통해 어느 정도 자연스러운 속도로 이야기 할 수 있다.
	어휘 및 문법	- 생존에 필요한 기본 어휘 (일상생활의 기본적인 어휘, 사물 이름, 위치, 수와 셈, 기본적인 동사/형용사 등) - 일상생활에서 자주 접하는 화제나 소재와 관련된 어휘 (물건 사기, 음식 주문하기 등과 관련된 어휘) - 공공 시설 이용시 자주 사용되는 기본 어휘 - 한국어의 기본 문장 구조와 기초적인 문법 규칙 (기본적인 문장 구조, 문장의 종류, 의문사, 기본 조사, 기본적인 연결 어미, 기본적인 보조 동사, 관형형, 기본 시제, 불규칙 활용, 부정문 등)
	텍스트 유형	- 질문 듣고 대답하기 - 역할극 - 간단한 인터뷰 - 지도 보고 설명하기 - 그림이나 사진 묘사하기 - 표 보고 설명하기 - 준비된 이야기 발표하기

<표 5.3> 중급 말하기 평가의 목표 및 내용

분류		내용
평가의 목표		- 일상생활과 관련하여 비교적 깊이 있는 의사소통에 필요한 발화를 할 수 있다. - 공식적 상황에서 필요한 어휘와 문법을 이해하고 활용할 수 있다. - 한국의 사회·문화적 내용을 배경으로 하는 어휘와 논리적으로 서술하거나 토론하는 데 필요한 표현들을 활용할 수 있다.
평가의 범주	소재	- 모임에서의 대화, 만남과 이별, 걱정과 충고, 건강 등 일상생활에서 자주 접하는 다소 비교적 추상적인 소재 - 직장 생활, 사건, 사고, 환경, 경제, 문화, 예술 등 사회의 주요 관심 영역 - 한국의 풍습이나 한국인의 독특한 사고방식 등 배경 지식을 요구하는 소재
	기능	- 음운 변동에 익숙하여 비교적 자연스럽게 발음할 수 있다. - 일상 회화에 별 어려움을 느끼지 않을 정도로 발화할 수 있다. - 일상적인 주제에 대해 자신의 의견을 정확하게 표현할 수 있다. - 주변의 도움 없이 간단한 공공 업무를 처리할 수 있다. - 예기치 않은 일에 대해 말로써 문제를 해결 할 수 있다. - 자신의 의견을 구체적으로 표현할 수 있으며 간단한 토론이 가능하다. - 자신의 감정을 적절히 표현할 수 있다. - 주어진 텍스트를 요약하고 간단히 비판할 수 있다.
	어휘 및 문법	- 일상생활에서 사용되는 대부분의 어휘 - 업무나 사회 현상과 관련된 기본 어휘 - 일상생활에서 비교적 자주 접하는 추상적인 소재 관련 어휘 - 비교적 빈번하게 접하는 공식적인 상황에서 필요한 어휘 (직장 생활, 병원 이용, 은행 이용 등) - 기본적인 한자어 - 뉴스 등에 자주 등장하는 어휘 - 빈도가 높은 관용어와 속담 - 복잡한 의미를 갖는 조사 - 복잡한 의미나 체계를 갖는 연결 어미, 보조 용언 - 논리적인 서술이나 표현에 필요한 문법 표현
	텍스트 유형	- 질문에 대답하기 - 알고 있는 정보 소개하기 - 상황극 - 주제 발표하기 - 간단한 토론하기 - 그림 보고 이야기 만들기 - 찬반 견해 말하기

<표 5.4> 고급 말하기 평가의 목표 및 내용

분류		내용
평가의 목표		- 고유 업무 영역이나 전문 연구 분야와 관련하여 깊이 있는 의사소통을 할 수 있다. - 한국의 정치, 경제, 사회, 교육, 문화 등 전 영역과 관련된 깊이 있는 토론을 할 수 있다.
평가의 범주	소재	- 정치, 경제적 상황, 사회적 미담이나 쟁점, 문화 현상의 주요 특징, 시대적 흐름과 같은 사회의 전문적인 영역
	기능	- 교육받은 모국어 화자 수준에 준하는 자연스러운 억양과 발음으로 발화 수행 - 다양한 상황에 맞게 적절한 언어를 유창하고 정확하게 표현하기 - 전문적인 업무 수행에 필요한 표현이나 다양한 담화 양식에 적절한 발화 수행 (예: 인터뷰, 토론, 발표 등) - 논리적으로 타당하고 적절하며하고 내용 연결이 긴밀한 발화 수행
	어휘 및 문법	- 사회 현상을 표현하는 데 필요한 추상적인 어휘 - 직장에서의 특정 영역과 관련된 어휘 - 세부적인 의미를 표현하는 데 필요한 어휘 - 널리 알려진 방언, 자주 쓰이는 약어, 은어, 속어 - 대부분의 시사용어 - 사회의 특정 영역에서 쓰이는 외래어 (이데올로기, 매스컴 등) - 다양한 상황에서 사용되는 복잡한 의미를 갖는 속담이나 관용어 - 전문적인 영역에서 사용되는 문법 표현 - 다양한 텍스트에서 자주 사용되는 문법 표현
	텍스트 유형	- 인터뷰 - 발표(조사 발표, 연구 발표 등) - 공식적 상황에서의 대화와 토론

5. 한국어 말하기 평가의 유형

말하기 평가는 의사소통적 언어 평가의 특성에 부합되고, 언어지식보다는 수행에 의거한 언어 평가가 되어야 한다. 특히 말하기 평가의 개발은 평가 수행을 가능한 한 시험상황이 아닌 실제 언어사용과 일치시키려는 노력으로, 단지 언어적 능력(linguistic competence) 뿐만 아니라 의사소통 수행(communicative performance)에 관여해야 하고 간접 측정(indirect measurement)보다는 직접 측정(direct measurement)에 관여해야 한다.

진정한 의사소통은 대화참여자 사이에 정보차(information gap)에 바탕을 두고, 과제중심적(task-based)인 성격을 띠고 있다(Harmer, 2001). 그러므로 정보차에 의한 과제중심적인 한국어 말하기 평가를 짝 또는 소집단의 학생을 대상으로 실시하는 것도 바람직하다고 본다. 정보차에 의한 말하기 평가에서는 평가자는 학생들에게 계속 질문을 하는 질문자가 아니라 수험자들의 대화를 조장하고 채점하는 위치에 조용히 남게 된다. 따라서 말하기 평가에서 평가자는 모든 학생들에게 얼굴을 맞대고 일일이 질문할 필요가 없고, 대신 임의로 정해진 짝끼리의 질문과 응답을 관찰하면서 객관적으로 평가할 수 있게 된다. 또한 의사소통적 언어 평가를 위해서는 주어진 담화 영역 내에서 평가 과제와 평가 내용의 통합이 이루어져야 한다. 따라서 다양한 담화 유형 속에서 정형화된 표현이나 담화 표지등을 적절히 활용하면서 그 담화 공동체의 구성원들이 동의하는 방식으로 언어를 구사할 수 있도록 평가 과제가 구성되어야 하며 평가 내용 또한 그러한 내용들을 평가할 수 있도록 구성되고 통합되어야 한다.

한국어 말하기 평가의 유형에는 교수·학습과정의 형성평가의 형태로 이루어지는 수행평가의 역할이 크다고 할 수 있다. 실제 한국어 교육 현장에서는 말하기 수행평가의 기능이 중요한 몫을 차지한다. 다음에 제시하는 구체적인 문항 유형들은 대부분 수행평가의 과제로 활용할 수 있는 예들이다.

6. 한국어 말하기 평가의 문항 유형

말하기 평가에서는 다양한 유형의 말하기 수행을 평가해야 한다. 이것은 근본적으로 말하기 평가가 일회적이 아니라 지속적이어야 가능한 부분이다. 한 학기에 몇 번의 발표 수행 경험만으로 말하기 영역의 평가를 대신할 수 없는 것이다. 말하기의 특정 유형에만 국한하여 평가를 하는 것은 결국 학습자들에게 편중된 기능만을 강조하는 결과가 된다. 따라서 평가의 방법을 다양화하여 가능한 한 직접적으로 평가 될 수 있도록 해야 한다.

이러한 말하기 평가의 유형을 구체적으로 살펴보면 다음과 같다

6.1 소리 내어 읽기

이것은 문자로 표현된 입력 자료를 음성 언어를 사용하여 그대로 낭독하는 것이다. 이러한 활동은 진정한 의미의 말하기 평가 유형은 아니지만 저급에서 고급에 이르기까지 말하기 전 활동으로서 발음과 억양 등에 관한 정확성을 파악할 수 있는 평가 유형이라고 할 수 있다.

현재 사용되는 많은 말하기 평가에는 소리내어 읽기 시험이 종종 들어있다. 학생들은 소리 내어 읽기 전에 주어진 문장을 잠깐 훑어 볼 수 있다. 소리 내어 읽는 능력은 다른 사람들과 융통성 있게 비격식적인 형태로 대화하는 능력과는 다른 능력이다. 특히 읽기 평가가 소리내어 읽기 연습이라고 오도되는 경우도 종종 있으며 모국어 화자라고 할지라도 소리 내어 읽기를 할 때에는 오류를 범하게 마련이다.

소리 내어 읽기 평가는 총체적인 말하기 능력과는 구분되는 발음과 억양 등의 평가를 목적으로 할 때에만 일반적으로 사용된다. 아마도 소리 내어 읽기의 가장 보편적인 과제는 어떠한 지시나 안내를 친구나 동료에게 해 주는 상황일 것이다. (예: 녹음을 하기 위해서는 흰 색 버튼을 '작동'쪽으로 놓고, 그 다음에 빨간색 버튼을 '말하기'라고 씌어진 쪽으로 가게 한 후, 녹음 버튼을 누르면 불이 들어올 것입니다.) 실제 상황에서 이러한 소리 내어 읽기가 가능한 상황은 학생이 자신이 받은 편지를 읽는 경우 정도가 될 것이다.

이러한 소리 내어 읽기보다 유용한 평가 방법은 짧은 이야기나 상황을 다시 이야기하는 것이다. 이러한 형태의 평가가 세밀하게 구성된다면 이는 소리 내어 읽기에서보다 음성학적 요소들을 더욱 잘 평가해 낼 수 있을 것이다. 그러나 이 경우에 말하기가 아닌 읽고 이해하기(reading comprehension)나 암기력, 내용 조직력 등을 평가하는 경우가 종종 있다.

<예1> 다음 대화를 상황에 맞게 읽으십시오.

> 남자: 안녕하세요, 오래간만이에요.
> 여자: 네, 마이클 씨. 그 동안 잘 지냈어요?
> 남자: 네, 잘 지냈어요. 요즘 어떻게 지내세요?
> 여자: 회사에 일이 많아서 좀 바빠요.

<출처: 제5회 한국어 능력시험 1급 읽기>

<예2> 여러분이 받은 편지를 친구에게 읽어 주십시오.

> 진수 씨에게.
> 그 동안 잘 있었어요?
> 저는 어제 일본에 돌아왔어요. 다음 주부터 다시 회사에 나가려고 해요. 한국에 있을 때 많이 도와 주어서 정말 고마웠어요. 일본에 오면 우리 집에 놀러 오세요. 가족들도 진수 씨를 보고 싶어해요.
> 안녕히 계세요.
>
> 2004년 9월 20일
> 다나카 씀

<출처: 제5회 한국어 능력시험 1급 읽기>

6.2 질문 읽고 대답하기

학생은 여러 가지 상황들이 적힌 종이를 받게 되고 이 상황들에 대해 문장을 구성해야 한다. 학생은 상황을 읽거나 듣고 적절한 반응을 해야 한다. 이 경우에는 교사는 학생들이 반응할 응답 모델을 보기로 제시한다. 이 방법은 어학실습실에서 수행되는 평가에 적당하다. 그러나 이들 중 몇몇은 실제적인 의사소통과 관계가 먼 경우가 있어서 실제적인 상호작용이 일어나지 못하는 경우가 있다.

<예1> (보기1)
① 나는 아파트에서 사는데 아파트에 사는 것이 싫증이 나서 마당이 있는 집으로 이사 가려고 한다.
　(응답 모델 : -고 싶다.)　→ (학생의 응답; 나는 마당이 있는 집으로 이사 가고 싶어요)
② 김영수 씨는 작은 차를 가지고 있지만 그의 친구들은 모두 큰 차를 가지고 있습니다.
　(응답: _____)
③ 미영 씨는 수영할 줄 모르지만 친구들은 모두 수영할 수 있습니다.
　(응답: _____)
④ 철수 씨는 친구를 극장 앞에서 기다리고 있습니다. 영화는 곧 시작하려고 하는데 친구는 아직 도착하지 않았습니다.
　(응답: _____)
⑤ 수지 씨는 서울에서 살고 싶지 않습니다. 수지 씨는 시골이 좋습니다.
　(응답: _____)

<예2> 이것은 <예1>처럼 제한된 구조가 아니며 응답 모델이 제시되지 않고 학생들은 자유롭게 반응할 수 있다.

(보기1)
① 당신의 친구가 안경을 어디에 놓았는지 잊어버렸습니다. 친구는 안경을 안 쓰면 잘 볼 수 없습니다. 당신은 친구에게 어떻게 이야기해 줄 수 있습니까?
   (학생의 응답: 내가 안경 찾는 것을 도와줘. 등...)

(보기 2)
① 학교에 가는 길에 비가 많이 내렸습니다. 그런데 당신과 친구는 우산이 없습니다. 비를 피할 곳도 없고 학교에 가려면 많이 걸어야 합니다. 당신은 친구에게 무슨 말을 할 것입니까?
   (학생의 응답: 그냥 뛰어 갈까? 등...)
② 백화점에 가는데 길을 잃어 버렸습니다. 경찰관에게 길을 물어 보세요.
   (응답: _____)
③ 친구가 휴가를 마치고 돌아왔습니다. 당신은 친구에게 무슨 말을 할 것입니까?
   (응답: _____)
④ 식당 종업원이 계산서를 가지고 왔습니다. 그런데 계산이 잘못 되었습니다. 당신은 종업원에게 어떻게 말할 것입니까?
   (응답: _____)
⑤ 당신의 친구는 공포 영화를 보고 싶어합니다. 당신은 그 영화를 다른 날 보기로 이미 예약해 놓았습니다. 그런데 당신은 친구가 그 사실을 안다면 상처를 받을 것임을 알고 있습니다. 친구에게 당신의 마음을 표현해 보십시오.
   (응답: _____)

6.3 질문 듣고 대답하기

이 평가에서 학생들은 들은 질문에 대해 적당한 방법으로 반응해야 한다. 이는 제한된 대화의 일종으로 주어진 상황이나 대화에서는 참여자와의 관계에 따라 적절한 어법을 사용해야 한다.

<예1>
(보기1) 연필을 좀 빌려도 될까요?
　　　　(응답: 물론이지요 / 그렇게 하세요... 등)

(보기2) 이번 테니스 경기 어땠어요?
　　　　(응답: 아주 재미있었어요/ 괜찮았어요 / 지건 이기건 상관없어요... 등)

① 어머, 또 비가 오네. 빨리 그쳐야 할 텐데...
　　(응답: _____)

② 우리, 늦지 않겠지?
　　(응답: _____)

③ 미영이가 오늘 저녁에 같이 못 와서 미안하다고 전해 달랬어.
　　(응답: _____)

<예2> 이것은 <예1>과 유사하지만 반응 대화가 좀 더 길고 상황도 더 복잡하다.
(보기1) 당신이 가게에 가고 있는데 한 남자가 와서 말을 건넨다.
남자: 실례합니다. 약국을 찾고 있는데 좀 도와주실 수 있으세요?
　　　(학생의 응답을 위한 휴지)
남자: 고맙습니다. 약국이 몇 시에 여는지 아세요?
　　　(학생의 응답을 위한 휴지)
남자: 정말 고맙습니다. 그런데 이 부근에 버스 정류장이 있나요?
　　　(학생의 응답을 위한 휴지)
남자: 어. 그런데 동전이 없네요. 만 원짜리를 바꿔 줄 잔돈이 있으세요?
　　　(학생의 응답을 위한 휴지)
남자: 도와 주셔서 정말 감사합니다.

　이 평가에서 학생이 남자의 질문에 대해 '잘 모르겠는데요'와 같이 응답할 경우 상황이 매우 어색해 질 수 있으므로 주의해야 한다. 이런 종류의 평가는 어학실습실에서 다수의 학생들을 짧은 시간에 평가할 때 매우 유용하다.

<예4> 알고 있는 정보 소개하기 : 학생에게 어떤 주제나 사건에 대한 정보를 설명하도록 한다.
① _____씨 나라에서 가 볼 만한 곳을 소개해 주세요
② 감기에 걸렸는데 어떻게 하는 것이 좋을까요?

<예5> 특정 상황을 가정하고 분석적으로 말하기: '-라면/ 다면'과 같은 문법적 요소를 활용하여 특정 상황을 가정하고 일어날 수 있는 일들을 자신의 생각과 관련지어 말하도록 한다.
① 만약 아무도 없는 산 속에서 길을 잃어버린다면 어떻게 하겠어요?
② 전공을 선택할 때에는 어떤 점을 가장 많이 생각해야 할까요?

<예6> 인과 관계 설명하기: 어떤 사건이나 현상에 대해 원인과 결과로 설명해 보도록 한다.
① 요즘은 아이를 점점 적게 낳는 추세인데 그 이유가 뭐라고 생각하세요?

6.4 인터뷰

이는 목표로 하는 문법이나 표현을 사용하여 상대방을 인터뷰하고 정보를 얻는 활동이다. 교사가 학생에게 일방적으로 질문을 하게 되는 개인적 인터뷰에서, 평가자는 학생들을 편하게 해 주어야 하고 공감을 해 주어야 하며 실제적인 대화를 하도록 노력해야 한다. 평가자는 인터뷰 도중에 점수를 매기는 행동을 해서는 안 된다. 이러한 이중적 역할(인터뷰 상대자로서의 역할과 평가자로서의 역할)은 인터뷰 평가에서 평가자에게 요구되는 중요한 것이다.

학생들의 긴장을 풀어줄 수 있는 또 다른 방법으로는 학생들이 두 명 내지 세 명이 한 조가 되어 서로 인터뷰하는 것이다. 이러한 짝짓기 인터뷰의 경우에는 좀 더 편안한 분위기가 될 수 있고 긴장도 줄어들 수 있어서 어색하고 딱딱한 발화가 감소한다. 그러나 학생끼리 짝을 지어 하는 인터뷰 평가의 문제점은 개인적인 갈등이 있는 상황이거나 두 사람 중 한 학생이 월등히 우수한 경우에 발생한다. 따라서 교사나 평가자는 수준이 비슷하거나 서로 마음이 맞는 사람들을 짝지어 주어야 한다. 비교나 대조를 통한 그림을 활용한 평가에서 학생들에게 퀴즈나 문제해결 과제 등을 제시해 줄 수도 있다. 한 학생이 짧은 퀴즈를 내면 다른 학생이 그것을 푼다. 이때에도 교사는 학생들의 지식을 재는 것이 아니라 학생들이 목표 문법과 어휘를 정확히 구사하는지에 초점을 맞추어 평가해야 한다. 학생은 언어의 문법적인 면이나 발음뿐만 아니라 적절한 언어 사용과 효율적인 의사소통 그리고 주어진 과제 수행에 소요된 시간 등도 평가되어야 한다.

6.4.1 개인적인 인터뷰

<예1> 다음 질문에 대답하십시오.

* 안녕하세요, 어제 뭐 했어요?
* 그럼 이번 주말에 뭐 할 거예요?
* 그래요? _____ 씨는 생일이 언제예요?
* 생일에 뭐 해요?
* 이번 생일에 무슨 선물을 받고 싶어요?

이는 평가 목표와 수험자의 등급에 맞추어 다양한 내용과 주제를 다룰 수 있다. 이러한 주제에 대해 다양한 질문을 하고 그에 대한 대답으로 평가를 진행한다. 그런데 이 평가에서는 수험자가 일방적으로 대답만을 하게 되어 진정한 의사소통 능력을 측정하기 어려운 측면이 있다.

6.4.2 짝짓기 인터뷰

이것은 짝 활동(pair-work)으로 학습자들이 짝이 되어 미리 정해져 있는 하나의 주제 상황에 대해 서로 질문하고 대답을 하는 활동이다. 일방적으로 질문자 혹은 응답자의 위치에 있는 것이 아니라 두 역할을 공유하게 되므로 의사소통 활동의 다양한 측면을 평가할 수 있다.

<예1> 다음 내용에 대해 서로 질문하고 대답해 보십시오.

① 취미가 무엇입니까?	① 취미가 무엇입니까?
② 얼마나 자주 합니까?	② 언제 주로 취미 활동을 합니까?
③ 취미 활동의 좋은 점이 무엇입니까?	③ 어떤 취미 활동을 하고 싶습니까?

6.4.3 학생이 교사 인터뷰하기

이는 수동적으로 대답만을 하는 개인적인 인터뷰하기의 단점을 보완하여 학생이 교사에게 질문을 하는 형식이다. 이때에는 학생이 교사에게 질문을 할 때 충분히 동기화 될 수 있는 상황을 이끌어 내는 것이 중요하다.

<예1> 당신의 선생님은 가방을 잃어버렸습니다. 당신은 분실물 센터의 직원입니다. 다음의 사항을 질문하세요

① 잃어버린 장소 : _____
② 잃어버린 시간 : _____
③ 가방 안에 있는 물건 : _____
④ 가방의 모양 : _____
⑤ 연락처 : _____

6.5 그림이나 자료를 활용한 말하기 평가

그림이나 지도, 도표 등을 말하기 평가에 이용할 수 있다. 단순한 사물의 그림은 발음을 평가할 때 사용될 수 있고 장면이나 상황 그림은 전체적인 말하기 기술을 평가하는 데 사용될 수 있다. 그림이나 자료를 활용한 말하기 평가를 통해 어휘와 문법 활용의 정확성을 평가할 수 있을 뿐만 아니라 정보 파악 능력과 이야기 구성 능력 등도 평가할 수 있다. 또한 똑같은 그림을 가지고도 각 등급에 모두 사용할 수 있는데 이는 숙달도 정도에 따라 어휘, 문법, 사회언어학적 지식 등이 확장되어 사용될 수 있기 때문이다. 학생들은 잠시 동안 그림을 보고 그 그림을 주어진 시간 안에(2-3분 정도) 설명해야 한다. 때때로 학생들이 발화하는 단어의 수를 한 평가자가 세고, 다른 평가자는 오류의 수를 세어 평가를 하기도 한다. 이 경우에 점수는 학생이 발화한 단어의 수와 오류의 수로 매겨진다. 이 경우 유창성, 문법, 어휘, 발음, 설명의 정확성 등이 따로 평가되어야 한다. 광고나 포스터, 만화 등을 다양하게 사용할 수 있다. 이 경우에 학생들의 어휘와 문법 수준 조절을 위해 그림 선택에 신중을 기해야 한다. 만약 그림이 이야기 묘사나 이야기를 상황에 맞게 순서대로 나열하는 것과 같은 평가에서는 학생에게 한 두 문장 정도를 미리 제시해 줄 수도 있다.

〈예1〉 다음 지하철 노선도를 보고 서울역에서 자신의 집에까지 가는 방법을 설명해 보십시오.

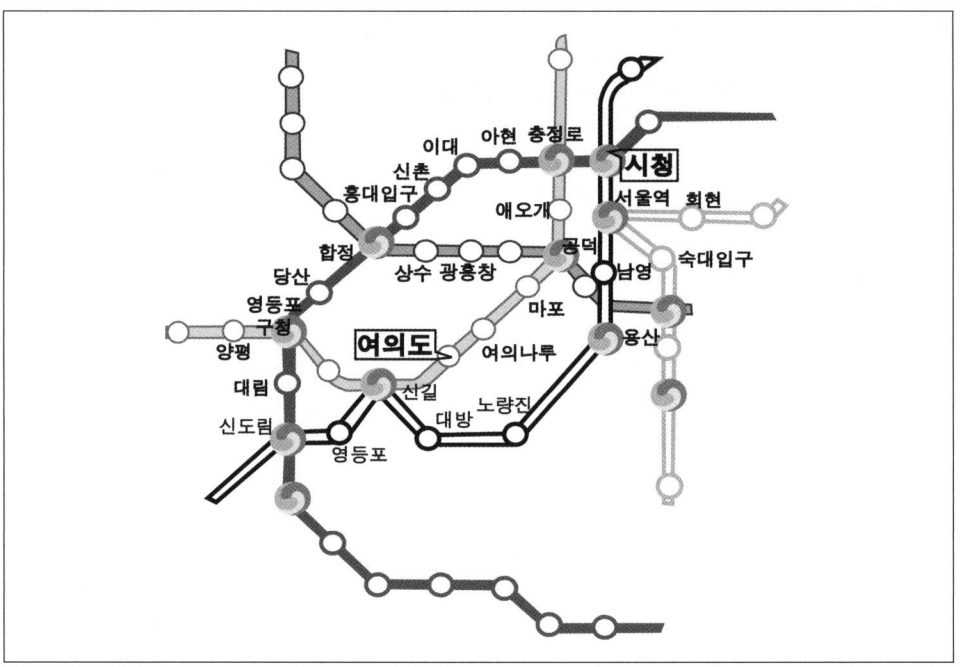

〈예2〉 친구와 같이 정동진에 가려고 합니다. 다음 열차 시간표도표(기차 시간표, 하루 일과표, 그래프 등)를 보고 이야기해 보십시오.

열차 번호	출발역/ 시간	⇒	정동진	도착역/시간
0521	청량리/ 08:00		[14:37]	강릉 14:54
0523	청량리/ 10:00		[16:37]	강릉 16:58
0525	청량리/ 12:00		[18:51]	강릉 19:08
0527	청량리/ 14:00		[20:32]	강릉 20:50
0191	청량리/ 17:00		[23:00]	강릉 23:17
0529	청량리/ 22:00		[04:39]	강릉 04:56
0511	청량리/ 23:30		[07:03]	강릉 07:20

〈예3〉 다음은 김민수 씨의 하루 일과표입니다. 이것을 보고 이야기해 보십시오

〈예4〉 직장에 다니는 인터넷 이용자들 2,240명을 대상으로 현재 직장 생활을 하는 목적이 무엇인지에 대한 설문 조사를 하여 다음과 같은 결과를 얻었습니다. 그래프를 보고 설명해 보십시오.

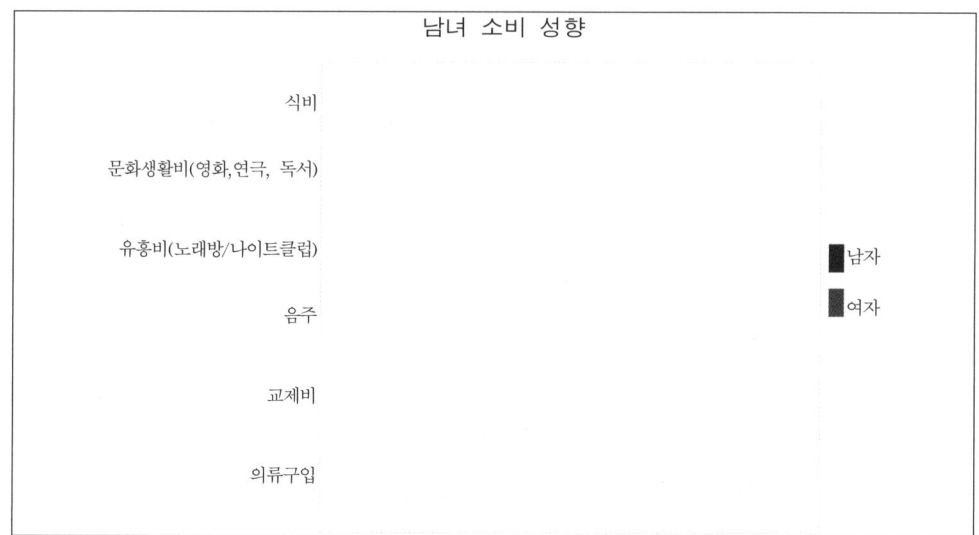

〈예5〉 다음 기차표를 보고 이야기해 보십시오.

〈예6〉 이 사람들은 지금 무엇을 하고 있습니까? 이 사람들은 어떤 관계인 것 같습니까?

〈예7〉 다음 일기 예보를 보고 각 지역의 날씨에 대해 이야기해 보십시오.

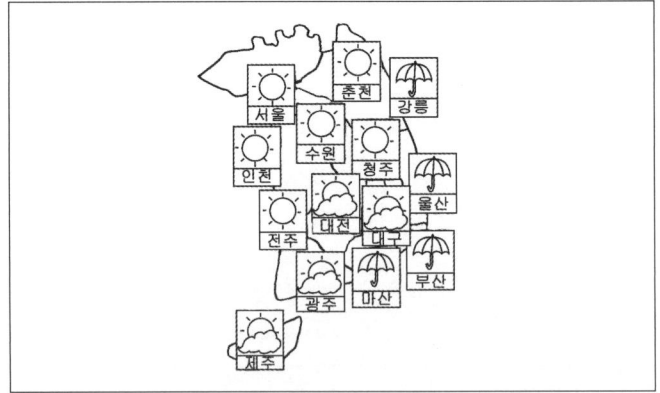

〈예8〉 그림을 보고 이야기를 계속 만드세요.

세탁소에 가서 맡긴 옷을 찾아왔다. 집에 와서 옷을 입으려고 보니 앞 부분에 전에는 없던 검은 색 얼룩이 있다.

〈예9〉 두 학생이 짝이 되어 비슷하지만 서로 다른 부분이 있는 그림을 하나씩 가지고 서로의 그림을 설명하면서 어떤 부분이 다르고 어떤 부분이 같은지를 이야기한다. 학생들은 서로의 그림을 볼 수 없다. 이러한 평가에서 교사는 어떤 학생이 목표 문법을 정확히 이야기하는지, 또 자신의 목표를 잘 성취하는지에 주의를 기울여야 한다. 성공적인 의사소통을 방해하는 오류들이 있는지 주의해야 한다. 반면에 어느 정도의 사소한 오류들은 크게 문제 삼지 않는다.

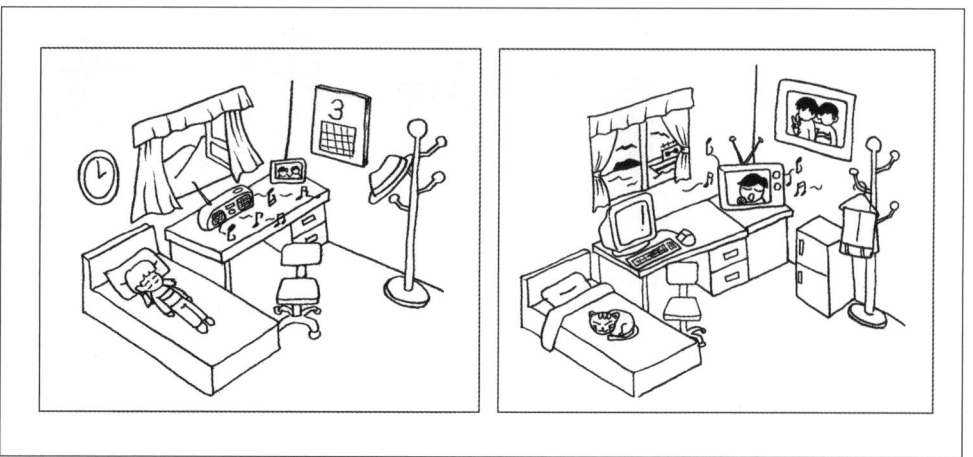

〈예10〉 다수의 학생이 한 그룹이 된 평가에서 활용할 수 있는 그림을 이용한 평가는 학생
　　　들에게 순서가 있는 그림들을 제시하고 그것들을 순서에 맞게 배치하도록 하는 것
　　　이다. 학생들은 자신의 그림을 친구들에게 보여주지 않은 채 설명해야 한다. 모든
　　　그림을 설명하고 나서 그들은 서로의 그림들이 어떻게 연결될 수 있는지 토의하고
　　　적당한 순서를 정한다. 각각의 구성원들은 정해진 순서에 따라 자신들의 그림을 나
　　　열하고 좀 더 나은 의견이 있을 경우 순서를 바꿀 수도 있다.

<예11> 다음 글을 읽고 짧게 요약해 보십시오.

> 　최근 논란이 되고 있는 유전자 변형 농산물은 우수한 품질을 가지고 있어 많은 사람들의 관심을 끌고 있다. 또한 미래의 식량 자원을 확보한다는 점에서도 매력을 가지고 있다. 그런데 문제는 이것이 우리의 건강에 어떤 영향을 미치는지 아직 증명되지 않았다는 점이다. 최근 영국에서 유전자 변형 감자를 먹은 쥐가 뇌에 이상이 생겼다는 보고가 있다. 유전자 변형 농산물이 식량난을 해결해 준다는 것을 인정하지 않는 것이 아니다. 그러나 사람이 먹어도 안전한 것인가에 대해 충분한 과학적 검토가 이루어져야 할 것이다.

6.6 정보 결함 활동

이는 한 사람이 가지고 있는 정보를 다른 사람에게 전달하거나 서로가 자신이 가진 정보를 교환하는 활동이다. 실제 의사소통 과정도 대화 참여자 사이의 정보 결함에 바탕을 둔 과제 중심적 성격을 띠고 있으므로 이러한 정보 결함 활동은 실생활의 의사소통과 유사한 활동이 될 수 있다. 정보 결함 활동에서는 활동 이전에 활동 내용을 명확히 제시해 주는 것이 필요하다.

<예1> 다음 그림의 물건들이 어디에 있는지 친구에게 물어보세요.

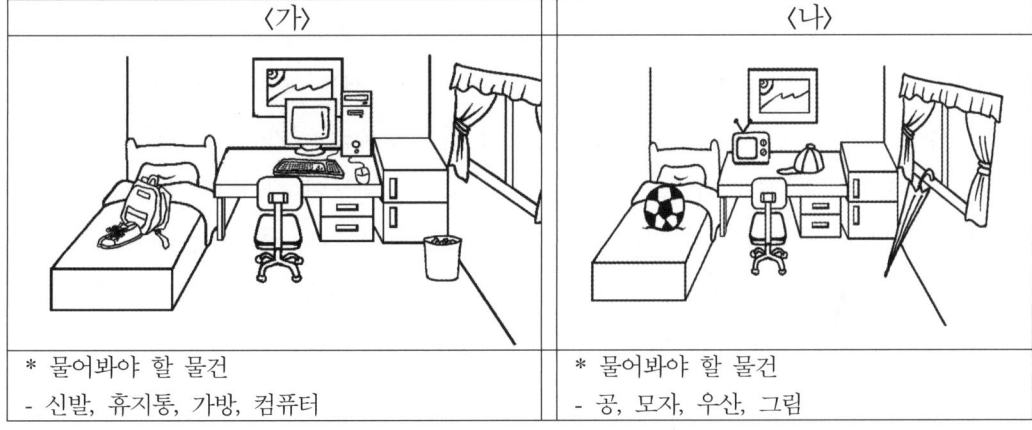

〈가〉	〈나〉
* 물어봐야 할 물건 - 신발, 휴지통, 가방, 컴퓨터	* 물어봐야 할 물건 - 공, 모자, 우산, 그림

〈예2〉 다음은 당신과 친구의 일주일 계획표입니다. 이것을 보고 친구와 만날 약속을 해 보세요.

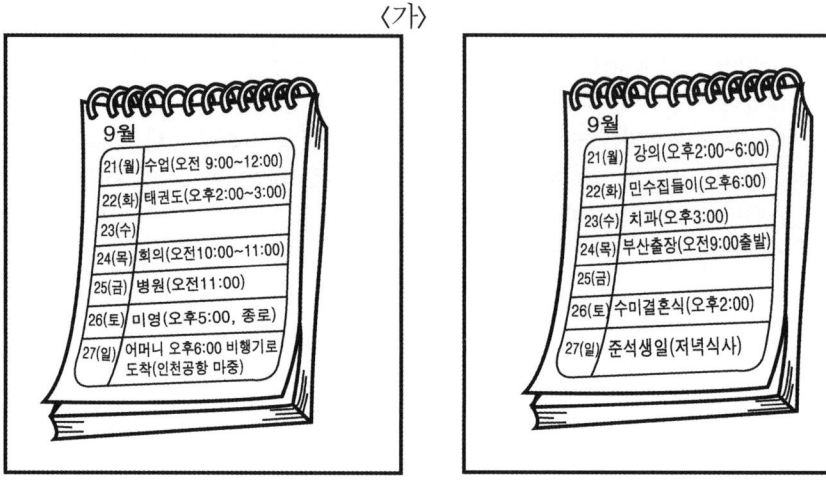

〈가〉

9월
21(월)	수업(오전 9:00~12:00)
22(화)	태권도(오후2:00~3:00)
23(수)	
24(목)	회의(오전10:00~11:00)
25(금)	병원(오전11:00)
26(토)	미영(오후5:00, 종로)
27(일)	어머니 오후6:00 비행기로 도착(인천공항 마중)

〈나〉

9월
21(월)	강의(오후2:00~6:00)
22(화)	민수집들이(오후6:00)
23(수)	치과(오후3:00)
24(목)	부산출장(오전9:00출발)
25(금)	
26(토)	수미결혼식(오후2:00)
27(일)	준석생일(저녁식사)

6.7 역할놀이

이는 다양한 말하기 기능을 수행할 수 있는지를 평가하는 데에 유용하다. 역할놀이를 통해 학생들은 다양한 상황을 접해 보고 특별한 상황에서 특정한 역할을 담당하여 적절한 발화를 하게 된다. 이 때 유의해야 할 점은 역할극에 참여하는 학생의 수준이 너무 차이가 나서는 안 된다는 것이다. 이러한 학생의 수준에 대한 고려는 숙달도 평가에서는 미리 고려되기 어렵다는 난점이 있다. 숙달도 평가에 역할놀이를 적용하기 위해서는 평가 진행자가 수험자의 상대 역할이 되는 방법이 있는데 이 때 평가 진행자의 역할에 따라 평가 결과가 달라질 수 있으므로 이 점에 주의해야 한다. 역할놀이에서는 종종 모범 대화문이 제시되거나 참고가 될 수 있는 어휘와 문법 등이 제시될 수 있다. 이러한 역할놀이를 통해서 평가자는 학습자의 어휘, 문법 활용의 정확성과 상황 대처 능력을 평가할 수 있으며 주어진 과제를 잘 완수해 내는지와 같은 과제 수행력도 평가할 수 있다.

<예1> 다음 역할극 카드를 보고 이야기해 보십시오.

<가>

> 당신은 영화표가 두 장 있습니다. 이 표로 주말에 영화를 볼 수 있습니다. 친구에게 전화해서 약속하세요.

<나>

> 친구가 당신에게 전화했습니다. 약속을 하고 영화를 보러 가세요. 당신은 토요일에 숙제를 해야 하고, 일요일에는 산에 가려고 합니다.

<예2> 친구가 당신을 생일파티에 초대했는데 당신은 집에서 텔레비전을 보면서 있고 싶습니다. 친구에게 고마움을 표시하고 공손하게 거절하세요.

<예3> 당신은 어머니에게 용돈을 올려달라고 이야기하는데 어머니는 반대하십니다. 어머니를 설득하세요.

6.8 시청각 자료의 내용 이야기하기

다양한 입력 자료에 대한 이해 후에 그 내용에 대해 이야기하는 평가 유형으로 이러한 평가 유형은 주로 높은 등급에서 이루어질 수 있고 각각 듣기, 읽기 능력과 연계하여 평가될 수 있다. 시청각 자료의 내용 이야기하기를 통해 내용을 종합하는 능력과 이야기 구성 능력 등을 평가할 수 있다.

<예1> 다음 소설을 읽고 전체 줄거리를 이야기해 보십시오.

<예2> 환경오염에 대한 비디오를 보고 여러분의 생각이나 느낌을 이야기해 보십시오.

<예3> 테이프에 녹음된 대담 내용을 듣고 간단히 요약한 후 여러분의 생각을 이야기해 보십시오.

<예4> 사형제도 찬·반에 대한 신문기사를 읽고 요약한 후 여러분의 생각을 이야기해 보십시오.

6.9 토론하기

이것은 한 가지 주제 상황에 대하여 2인 이상이 함께 의논하여 결정하게 하는 수행능력 평가이다. 이러한 토론하기를 통해 논리적으로 말하기, 주장하기, 설득하기 등의 언어 능력이 평가될 수 있다. 토론은 교사의 통제 정도에 따라 유도된 토론에서부터 자유로운 토론까지 다양한 형태가 가능하다. 유도된 토론은 교사가 선정한 시청각 자료나 주제에 대해 토의하는 것이다. 여기에서 유의할 점은 토의할 수 있는 주제를 선정해야 한다는 것이다. 토론의 주제는 토론 참여자들이 그에 대한 언어 외적 지식, 즉 화제 지식이 충분히 있어야 하고, 관심을 가질 만한 것이어야 한다. 그렇지 않으면 언어능력 이외의 요인으로 인해 평가 결과가 달라지게 될 것이다. 또한 함께 대화에 참여하는 수험자들의 특성에 따라 진행이 다양한 양상으로 이루어질 수 있다. 따라서 숙달도 평가에 활용하기 위해서는 고려해야 할 점이 많다.

<예1> 친구 생일에 줄 선물을 같이 준비하려고 합니다. 어느 정도의 가격에서 어떤 물건을 사면 좋을지 서로 의논해서 결정하십시오.

<예2> 수도 이전에 대해 여러분은 어떻게 생각하십니까?

<예3> 다음의 신문 기사를 읽고 자신의 생각을 이야기해 보십시오.

<예4> ① '양심적 병역 거부' 문제에 대해 찬성하는 입장에서 토론해 보십시오.
② '양심적 병역 거부' 문제에 대해 반대하는 입장에서 토론해 보십시오.

6.10 발표하기

자신의 생각과 의견을 서술함으로써 말하기 능력을 평가받을 수 있다. 초급 수준에서는 준비된 이야기 발표하기가 일반적인 형태이고 고급 단계에서는 준비된 이야기 발표 이외에도 주어진 주제에 대해 즉각적으로 말해야 하는 발표하기의 형태도 가능하다. 이러한 발표하기는 특히 읽기나 쓰기와 같은 다른 언어 기능과 자주 연결되어 평가되어진다. '발표하기'에서는 분명한 의사전달 능력이 강조되어야 하므로 전체적인 내용의 논리성과 함께 표현의 유창성이나 정확성 등도 강조되어야 한다. 또한 특정 주제에 대한 탐구 능력도 평가될 수 있다.

<예1> 자신이 좋아하는 운동 경기 중 한 가지에 대해 이야기해 보십시오.

<예2> 여러분의 가족에 대해 발표해 보십시오.

<예3> 조사발표: 한국에서 역사적으로 유명한 인물을 한 명 선택하여 조사하고 그 내용을
발표하십시오.

<예4> 인터뷰 발표: 다음 주제에 대해 한국 대학생 10명을 만나 인터뷰하고 그 결과를 분
석하여 발표하십시오.

<예5> 연구발표: 여러분이 흥미를 느끼는 주제에 대해 조사하고 그 결과를 분석, 종합하여
발표하십시오.

6.11 통역하기

수험자는 모국어로 발화된 내용을 듣거나 혹은 씌어진 글을 읽고 한국어로 말하기를 하는
것이다. 이는 발화 상황에 맞게 말할 수 있는지를 평가할 수 있는 수행 능력 평가로서 이를
위해서는 평가자가 미리 내용에 대한 지식이 있어야 한다. 통역하기를 통해서 효율적인 의사
소통 능력과 과제 수행력을 평가할 수 있으며 주어진 정보를 정확히 전달하는 능력도 평가할
수 있다.

6.12 TOP Test(구두 숙달도 시험)

TOP(Tests of oral proficiency)는 컴퓨터를 이용한 구두 숙달도 시험으로 이 시험 자료는
문제를 헤드셋으로 듣거나, 화면에 제시된 문제를 보고 컴퓨터에 답을 녹음하는 방식으로 진
행된다. TOP Tests, 즉 구두 숙달도 시험 방식의 장점은 첫째, 단시간에 대규모 말하기 시험
실시가 가능하다는 점, 둘째, 학생의 녹음 자료를 복수의 평가자가 반복적으로 청취하며 학생

의 말하기 능력을 객관적으로 측정할 수 있다는 점, 셋째, 학생에게 본인의 말하기 기술 및 발음에 관련된 피드백을 제공할 수 있다는 점 등을 들 수 있다.

다만 컴퓨터에 말해야 하는 부자연스러운 상황이라는 이 시험 방식의 단점을 보완하려면 이 시험과 함께 토론하기 및 발표하기 시험도 함께 실시하는 것이 바람직하다.

<예1> 1번은 일반적 상황에 대하여 말하는 능력을 측정하는 문항입니다.
　　　 문제를 듣고 1분 동안 준비하고 1분 동안 녹음을 합니다.
　　　 문제는 다음과 같습니다.

　<문제> 오랫동안 못 만났던 친구에게 안부를 묻고 자신이 어떻게 지냈는지 이야기해 주십시오.

<예2> 2번은 신문 자료를 요약하여 말하는 능력을 측정하는 문항입니다. 주어진 신문 자료를 읽고 1분 동안 요약해 주십시오.

<예3> 3번은 그림을 보면서 줄거리를 말하는 능력을 측정하는 문항입니다. 다음 그림들을 보고 줄거리를 이야기해 주십시오.

<예4> 4번은 도표를 보고 격식을 갖춰 발표하는 능력을 측정하는 문항입니다. 아래에 제시된 도표를 보고 1분 동안 발표해 보십시오.

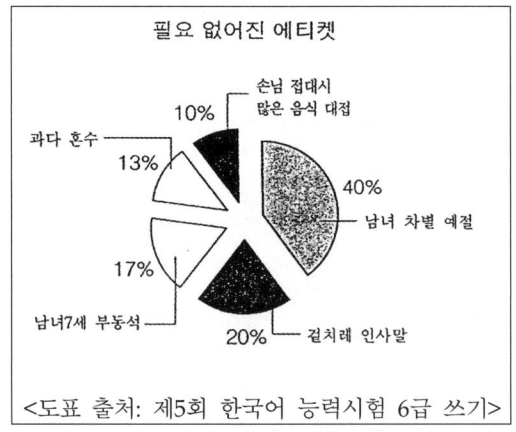

<도표 출처: 제5회 한국어 능력시험 6급 쓰기>

6.13 포트폴리오 평가

평가는 일회적으로 이루어지는 것보다 실제적이고 자연스러운 상황에서 여러 번에 걸쳐 이루어지는 것이 바람직하다. 즉 학생들의 수행 과정을 지속적으로 관찰하고 학생들 스스로도 자신을 평가해 보는 과정을 통해 피드백을 받음으로써 수행이 개선될 수 있다. 포트폴리오법은 이와 같이 학습자의 변화 과정을 보여줄 수 있는 다양한 자료를 지속적으로 모아 이것을 총체적으로 평가하는 수행평가 방식이다. 이러한 포토폴리오 평가는 종래에 해 오던 것처럼 교사가 평가기록부를 만들어서 계속적으로 학생의 수행을 기록하는 것에서 한 걸음 더 나아가 학생이 자신을 평가하는 평가지와 자신의 수행 과정을 녹음하거나 녹화한 테이프 등의 자료가 평가의 대상이 되는 것이다. 이러한 포트폴리오의 교육적 가치에 대해 Valencia(1990)은 다음과 같이 제시하고 있다(전은주, 1999에서 옮김).

〈포트폴리오평가의 교육적 가치〉
ⅰ) 학습자와 학습자의 수행 결과를 의미 있게 연결한다.
ⅱ) 강점과 요구를 반영한다.
ⅲ) 학습자가 자신의 목표를 정하도록 돕는다.
ⅳ) 학습자가 자신의 발전을 볼 수 있다.
ⅴ) 학습자가 그들의 과제에 제시된 아이디어에 대해 생각할 수 있게 돕는다.
ⅵ) 다양하나 결과물을 반영한다.
ⅶ) 학습자가 앞으로 노력해야 할 바를 설명한다.
ⅷ) 학습자가 청자로서 자신의 재능을 이해할 수 있게 돕는다.
ⅸ) 학습자가 자신이 주체라는 느낌을 갖게 한다.
ⅹ) 학습자가 자신에게 어울리는 과제 수행 방법을 발견하게 돕는다.

따라서 포트폴리오 평가는 학습자로 하여금 자신의 수행에 대해 전체적으로 점검할 수 있게 하고 자신의 단점을 깨달아 스스로 교정할 수 있는 기회를 줌으로써 교수-학습 과정을 개선하도록 도와준다. 그러나 이러한 포트폴리오 평가는 시간이 오래 걸리고 노력이 많이 필요하며 평가에 주관이 개입할 가능성이 있다는 단점을 지닌다. 따라서 포토폴리오 평가를 시행하기 위해서는 각종 평가지와 평가 기준표 등이 마련되어야 한다.

포트폴리오 평가의 첫 단계는 자료 수집 단계이다. 이 단계에서 학생은 스스로 자신의 수행을 모으고 자기 평가를 하며 교사도 학생의 활동을 관찰하고 수행 장면 등을 녹음 또는 녹화 등의 방법을 활용하여 기록한다. 두 번째 단계에서는 그동안 모은 자료를 상호 검토하고 여러 자기 자료 중에서 가장 좋은 것을 최종 포트폴리오에 포함시킨다. 이러한 과정을 통해 학습자는 자신의 수행을 되돌아보고 개선할 수 있으며 평가를 교육 과정에 반영시킬 수 있게 된다. 마지막으로 교사는 지금까지 모인 결과물을 바탕으로 최종 평가를 내리게 된다. 이 때에는 앞에서 제시한 문법적, 사회언어학적, 담화적, 전략적 능력 등이 모두 포함된다. 이처럼 과정을 중시하는 포토폴리오 평가를 통해 학습자는 자신의 수행을 향상시킬 수 있는 피드백을 많이 받을 수 있고 수업 과정을 중요시하게 되며 교사는 학습자를 직관에 의한 것이 아닌, 축적된 자료를 활용하여 보다 타당한 평가할 수 있게 된다.

지금까지 살펴본 말하기 평가의 문항 유형 및 급별 활용 가능성을 표로 제시하면 다음과 같다.

<표 5.5> 말하기 평가의 문항 유형 및 급별 활용 가능성

	평가 유형	초급	중급	고급
1	소리내어 읽기	○	○	○
2	질문 읽고 대답하기	○	○	○
3	질문 듣고 대답하기	○	○	○
4	인터뷰	○	○	○
5	그림, 자료 보고 이야기하기	○	○	
6	정보 결함활동	○	○	
7	역할놀이	○	○	
8	시청각 자료 내용 이야기하기	○	○	○
9	토론하기		○	○
10	발표하기	○	○	○
11	통역하기		○	○
12	TOP Test	○	○	○
13	포트폴리오 평가	○	○	○

7. 한국어 말하기 평가의 실제

앞에서 언어능력 평가 도구의 설계 및 제작은 일반적으로 1) 평가의 기획, 2) 평가 항목의 선별, 3) 평가 문항과 지시문의 작성, 4) 문항의 검토와 사전 평가, 5) 평가의 최종 형태 제작의 5단계로 구성됨을 밝히고 있다. 따라서 이러한 언어능력 평가 도구의 설계 및 제작 단계에 맞추어 말하기 평가 기획 및 설계의 실례를 제시해 보도록 한다.

7.1 평가의 기획

말하기 평가를 설계, 제작할 때의 첫 단계는 평가 목표를 확인하는 일이다. 이 부분에서는 우선 말하기의 특성을 확인하고 등급별 평가 내용과 목표를 확인해야 한다. 이 과정은 평가의 타당도·신뢰도의 문제와 필수적으로 연관된 부분이므로 말하기 평가의 전 과정에 걸쳐 고수되어야 한다. 실제 평가의 제작에 있어서 문항 제작 단계로 가면 평가 기획에서 확인된 목표들이 수정되는 경향이 있는데 이는 바람직하지 못한 것이다. 또한 이 단계에서 학습자의 수준과 평가에서 목표로 하는 수준 등이 확인되어야 한다. 이러한 확인을 통해 학습자의 수준에 맞는 평가 설계가 이루어질 수 있으며 학습자의 단계에 맞는 평가 범주와 평가 유형이 선정될 수 있다. 말하기 평가의 문항 수 선정에서 어느 정도의 문항 수가 적절한가에 대해서는 논의의 여지가 있다. 말하기 평가에서 적정한 평가 과제의 수에 대해서는 정해진 규칙이 없다. 다른 기능에 비해 적은 수의 과제로 평가를 하는데서 오는 평정의 오차를 줄이기 위해서는 과제의 수를 늘리는 것이 바람직하나 이는 평가 시행과 채점에 요구되는 시간과 노력 등 현실적인 문제들로 실현되기가 쉽지 않다. 그러므로 어느 정도의 과제 수가 가장 학생의 능력을 잘 평가해 내는지에 대한 경험적 연구와 판단이 필요하다. 이러한 문제는 평가에 걸리는 시간에도 적용된다. 평가하는 시간이 너무 짧은 경우에는 학생들의 능력을 제대로 파악하기 힘들고 반면에 시간이 너무 길게 주어진 경우에도 신뢰로운 평가가 이루어지기 힘들다. 따라서 말하기 평가에서는 특히 시간에 대한 고려가 있어야 한다.

<표 5.6> 한국어 말하기 평가 설계(안)의 실례

영역	학습단계	평가 목적	평가 범주	평가 형태	평가 문항	시간
말하기	초급	성취도 평가	문법적 능력 사회언어학적 능력 담화 구성 능력 전략적 능력	구술시험	8문항	20분

7.2 평가 항목의 선정

7.2.1 학습 목표 및 내용 검토

평가 목표가 세워지고 평가와 관련된 기초적인 자료가 정리되면 평가 항목을 선정해야 한다. 이는 무엇을 평가할 것인가에 대한 문제로 전 단계에서 수립된 평가 목표에 맞추어 평가 항목을 선정하는 작업이다. 이 부분에서는 평가의 목적과 학습자의 수준에 맞는 평가 항목들을 구체적으로 밝히는 과정이 필요하다. 즉, 평가 범주로 세워진 언어적 능력, 사회언어학적 능력, 담화적 능력, 전략적 능력 등을 평가할 수 있는 구체적인 평가 항목을 제시해야 한다. 이 때 여러 가지 능력들이 고루 평가되고 있는지, 그리고 주제나 기능이 편중되지 않는지를 고려해야 한다.

<표 5.7> 학습 목표 및 내용 검토의 실례 [8]

단원	주제	과제(기능)	문법
1	자기소개	처음 만난 사람과 인사 나누기 소개 받기	-(스)ㅂ니까?, -(스)ㅂ니다
2	위치	물건의 위치 이야기하기	-에 있다/없다
3	시간	시간 듣기 하루 일과 이야기하기	-에, -에서
4	물건사기	가게에서 물건사기	-하고
5	음식	맛 이야기하기 음식이나 음료수 준비하기	-(으)세요, -(으)ㄹ래요?

---

8) 2000년, 〈한국어 초급(말하기·듣기) 교재 개발 사업보고서 Ⅱ〉 듣기 부분 교재 구성표를 바탕으로 정리 했음.

6	주말활동	주말 활동 이야기하기	-았/었/였-
		요일 및 빈도부사 이야기하기	
7	가족	가족 소개하기	-시-
8	약속	약속 일 정하기	-을게요, -을 것이다, -을까요?
		약속을 취소하고 새로 정하기	
		요일과 날짜 이야기하기	
9	길찾기	호텔, 은행, 주유소 등의 장소 찾기	-아/어/여서, -(으)면, -(으)로
		전화로 설명 듣고 장소 찾아가기	
10	전화	전화번호 알아내기	-(으)ㄴ/는데요, -아/어/여 주다, -지요?
		전화하기	
		전화하고 메시지 남기기	
11	교통	교통수단 이용하기	-아/어/여야 하다, -(으)로, -(으)려면
		목적지까지 가는 방법 알아 보기	
12	날씨	세계의 날씨 이야기하기	-겠-
		계절 날씨 이야기하기	
		날씨와 생활에 대한 정보 이야기하기	
13	취미	서로의 취미 이야기하기	-에, -는 것
14	여행	여행경험 이야기하기	-아/어/여 보다, -(으)ㄴ 적이 있다
		여행지 안내 및 추천 받기	
15	물건	잃어버린 물건 찾기	-(으)ㄴ/는
16	병	약 복용법 및 주의사항 묻고 이야기하기	-씩, -(으)십시오, -지 말다
		증세 표현하고 도움 받기	
17	집	집에 관한 설명하기	-(으)ㄴ 것 같다, -(으)ㄹ 것 같다, -지만
		집 구하기	
18	옷	옷차림에 대한 묘사하기	-고 있다
		옷차림 조언하기	
19	공연	공연 문의하기	-(으)려고 하다, -(으)로
		표예매, 취소하기	
		관람 후 감상에 대한 의견 나누기	
20	조리법	음식 만드는 방법 알아보기	-기 전에
		음식 만들기	

7.2.2 주제 및 기능의 선택

성취도 평가를 위해 학습자들의 선수 학습 내용을 목록화한 후 수험자의 성취 수준을 파악할 수 있도록 실제 말하기 평가에 포함시킬 주제 및 기능을 선택해야 한다. 이 때에는 다양한 주제나 기능이 포함되도록 하는 것이 중요하다. 앞에서 제시한 학습 목표 및 내용 중에서 평가에 포함될 주제 및 기능의 선택 실례를 보이면 다음과 같다.

<표 5.8> 주제 및 기능의 선택

단원	주제	과제(기능)	선정 여부
1	자기소개	처음 만난 사람과 인사 나누기	○
		소개하기	○
2	위치	물건의 위치 이야기하기	○
3	시간	시간 이야기하기	○
		하루 일과 이야기하기	
4	물건사기	가게에서 물건사기	○
5	음식	맛 이야기하기	
		음식이나 음료수 준비하기	
6	주말활동	주말 활동 이야기하기	○
		요일 및 빈도부사 표현하기	○
7	가족	가족 소개하기	
8	약속	약속 일 정하기	○
		약속을 취소하고 새로 정하기	○
		요일과 날짜 말하기	○
9	길찾기	호텔, 은행, 주유소 등의 장소 찾기	○
		전화로 설명 듣고 장소 찾아가기	
10	전화	전화번호 알아내기	
		타인을 찾는 전화하기	
		전화 하고 메시지 남기기	
11	교통	교통수단 이용하기	○
		목적지까지 가는 방법 알아보기	○
12	날씨	세계의 날씨 이야기하기	
		계절 날씨 이야기하기	
		날씨와 생활에 대한 정보 얻기	
13	취미	서로의 취미 이야기하기	

14	여행	여행경험 이야기하기	○
		여행지 안내 및 추천 받기	
15	물건	잃어버린 물건 찾기	
16	병	약 복용법 및 주의사항 묻고 이야기하기	
		증세 표현하고 도움 받기	
17	집	집에 관한 설명하기	
		집 구하기	
18	옷	옷차림에 대한 묘사하기	
		옷차림 조언하기	
19	공연	공연 문의하기	○
		표예매, 취소하기	○
		관람 후 감상에 대한 의견 나누기	
20	조리법	음식 만드는 방법 알아보기	
		음식 만들기	

7.2.3 출제구상표 작성

학습 목표 및 내용의 검토를 바탕으로 평가 항목을 선정한다. 출제구상표의 구체적인 예를 제시하면 다음과 같다.

<표 5.9> 한국어 초급 말하기 평가 출제구상표의 실례

번호	배점	문항 유형	내용(소재/주제)	기능	문법 및 어휘
1	10	질문 듣고 대답하기	한국	경험 이야기하기	-아/어 봤어요
2	10	질문 듣고 대답하기	고향	직업 이야기하기	에 다니다 /직업 관련 어휘
3	10	질문 듣고 대답하기	여행	소개/권유하기	-아/어 보세요
4	10	그림보고 이야기하기	친구	묘사하기	-고 있다
5	10	지도보고 이야기하기	지하철	설명하기	교통 관련 어휘
6	10	지도보고 이야기하기	지하철	설명하기	-(으)려면 /교통 관련 어휘
7	20	인터뷰	운동	묻고 답하기	일정 관련 어휘, 문법
8	20	역할놀이	A. 옷가게	구매하기	구매 관련 어휘, 문법
			A. 옷가게	물건 바꾸기	교환 관련 어휘, 문법
			B. 전화	약속하기	약속 관련 어휘
			B. 전화	약속 변경하기	약속 변경 관련 어휘, 문법

7.3 실제 평가 문항의 개발

평가 목표와 평가할 주제, 기능 등이 선정되면 그것을 기초로 구체적인 평가 문항을 만들어야 한다. 우선 첫 단계로 평가의 목표와 학습자의 수준, 평가 항목과 시간 등을 고려하여 평가의 유형에 맞는 평가 문항을 작성한다. 이 때에는 대문항의 수와 각 평가 과제의 유형, 난이도와 시간 배분 등을 함께 고려해야 한다. 또한 초급의 학습자라면 평가 실시와 관련된 지시문을 어떻게 줄 것인지, 지시에서 학습자의 모국어를 사용할 것인지의 여부 등도 결정해야 한다. 실제 말하기 평가 문항을 작성할 때의 주의사항을 살펴보면 다음과 같다.

1) 말하기 평가는 문법 능력 측정보다는 실제 수행에 초점을 두도록 평가를 제작해야 한다.

이를 위해서 발화 상황에 맞는 적절한 언어 사용 능력과 과제 수행 능력을 중심으로 말하기 평가가 이루어지도록 해야 한다. 초급 단계에서는 유창성보다는 정확성에 더 초점을 두게 되지만 초급 말하기의 목표가 일상적인 생활을 하는 데 필요한 기본적인 의사소통을 할 수 있는 것이므로 이러한 의사소통 능력을 평가할 수 있도록 해야 한다. 이를 위해 평가의 기획에서 목표한 여러 가지 능력들이 고루 평가 될 수 있도록 말하기 평가를 고안해야 하며 따라서 채점 기준의 마련에서도 이러한 요소가 고려되어야 할 것이다.

2) 말하기 평가는 평가가 이루어지는 상황과 평가 과제가 실제적이어야 한다.

말하기 평가 상황이 지나치게 통제되거나 부자연스러운 상황이라면 실제적인 말하기가 이루어지기 힘들다 따라서 실제 담화 상황과 같은 맥락에서 말하기 평가가 이루어질 수 있어야 한다. 이를 위해서는 과제가 실제적인 내용이어야 하며 학습자의 흥미를 유발할 수 있는 것이어야 한다. 또한 학습자가 자신의 모국어로도 충분히 발화할 수 있는 내용이어야 한다. 자신의 모국어로도 이야기하기 어려운 내용으로는 학습자의 능력을 정확히 측정해 낼 수 없을 것이다.

3) 학습자의 수준과 평가 목표 등에 맞는 적절한 평가 유형을 선정하도록 해야 한다.

수험자의 숙달도 수준, 평가 목표나 주제 등에 따라 적절한 평가 유형을 선정해야 한다. 어떤 유형으로 말하기 능력을 평가할 것인가 하는 것은 말하기 평가의 가장 구체적이고 직접적인 부분이다. 말하기 평가의 유형은 학습자의 수준에 따라서도 많이 달라진다. 초급 학습자의 경우에는 간단한 인터뷰나 역할놀이, 정보 결함 활동 등이 이루어지고 고급으로 올라갈수록 자신의 생각을 논리적으로 표현하는 발표하기, 토론하기와 같은 평가 유형이 사용될 수 있다. 따라서 학습자의 수준에 맞는 평가 유형과 그 유형에 맞는 활용 가능한 자료를 선택해야 하는 것이 매우 중요하다. 말하기 평가에서는 또한 다양한 유형의 말하기를 통해 능력을 평가해야 한다. 말하기의 특정 유형에만 국한하여 평가를 하는 것은 결국 학습자들에게 편중된 기능만을 강조하는 결과가 된다. 따라서 평가의 방법을 다양화하여 직접적으로 평가가 불가능한 부분은 관찰 평가 등을 통해서라도 평가되어야 한다.

4) 학습자가 무엇을 수행해야 하는지 명확히 제시해 줄 수 있어야 한다.

지시문은 학습자가 이해할 수 있는 수준으로 작성되어야 하며, 교사는 지시문과 구두 지시를 통해 학습자에게 해야 할 과제를 설명해 줄 수 있다. 이러한 지시는 명확해야 하며 학습자가 지시를 잘못 이해하여 실수하는 일이 없어야 한다. 또한 초급 학습자의 경우 과제의 수준보다 지시문의 수준이 더 높은 경우가 있으므로 이 때에는 지시를 학습자의 모국어를 사용하는 방안도 고려해 보아야 한다. 그리고 학습자에게 제시되는 여러 가지 시청각 자료들도 그 내용이 명확해야 한다. 내용 파악이 어렵고 모호한 자료들은 학습자들에게 혼돈을 주어 수행을 방해할 수 있기 때문이다.

7.4 문항의 검토와 사전 평가

문항들이 제작된 후에는 일단 출제자가 여러 가지 측면에서 다시 검토를 해 보는 것이 필요하다. 이는 평가의 기본 요건이라 할 수 있는 타당도, 신뢰도 등을 높이기 위한 필수적인 단계이다. 이 단계에서 출제자는 문항이 초기에 세운 평가의 목표에 부합하는지, 실제 담화 상황을 잘 나타낼 수 있는지, 문항들이 학생의 수준에 맞는지와 그 지시가 명확한지, 그리고 문항의 수와 시간 배분이 적절한지에 대해 검토해 보아야 한다. 이를 위해서는 예비 평가 단계를 거치는 것이 좋으며 이러한 예비 평가를 통해 도출된 문제점들을 바탕으로 문항에 대한 수정이 이루어져야 한다. 또한 다른 교사에 의한 재검토가 이루어진다면 평가 문항의 완성도를 더욱 높일 수 있을 것이다. 이러한 문항 검토의 기준으로는 다음과 같은 것들을 들 수 있다.

ⅰ) 말하기 자료의 실제성 여부

ⅱ) 교육 목표와의 연계성

ⅲ) 자료의 실제성 여부

ⅳ) 학생 수준과 문항 수준과의 일치 여부

ⅴ) 과제와 지시, 제시 자료의 명확성

ⅵ) 문항 수의 적절성

ⅶ) 시간 배분의 문제

7.5 평가의 최종형태 제작

사전 평가를 통해 문항에 대한 검토 내용을 바탕으로 문항을 선별하고 수정한 후에는 각 문항을 배열하고 배점을 최종적으로 결정하여 평가의 최종 형태를 완성한다. 문항과과제의 제시 형태는 간단한 것에서 복잡한 것으로, 쉬운 것에서 어려운 순서로 배열하는 것이 바람직하다. 특히 말하기 평가의 시작 단계에서는 학생의 긴장을 풀어줄 수 있는 쉬운 질문으로 시작하는 것이 좋으며 예기치 못한 상황에 대비하기 위하여 여분의 문제들을 준비하는 것이 바람직하다.

또한 말하기 평가에서 채점 기준의 마련은 매우 어려운 부분 중의 하나이다. 교사가 학생의 수행을 객관적으로 평가할 수 있는 유일한 척도를 마련한다는 것은 현실적으로 불가능하고 바람직하지도 않다. 평가의 목표와 평가의 유형, 그리고 학습자의 수준이나 특성 등을 고려하여 평가의 범주를 설정하고 그에 맞는 채점 기준을 마련하는 것이 가장 타당하고 실제적인 방법이라 할 수 있을 것이다.

이를 위해서는 평가자의 역할이 무엇보다도 중요하다. 평가자는 평가의 목표 설정부터 평가 문항 작성에 이르기까지 모든 과정에 참여한 사람으로서, 이 모든 사항을 고려한 평가 기준을 만들어야 한다. 말하기 평가에서는 특히 평가자의 오류를 최소화할 수 있는 장치가 마련되어야 한다. 말하기 영역 평가의 채점에서 평정자의 편견이나 기대, 비일관적인 기준은 동일한 관찰 내용을 전혀 다르게 해석할 가능성이 있으므로 명확한 채점 기준표가 있어야 한다.

7.5.1 말하기 채점 방법

평가 유형에는 앞에 제시한 크게 두 가지 유형 즉, 객관식 평가와 주관식 평가가 있는데 말하기 평가의 경우는 거의 주관식 평가 유형을 취한다. 주관식 평가의 유형은 예측하는 바와 같이 평가자의 주관성으로 인해 평가의 신뢰성, 객관성을 확보하기 어렵게 만든다. 이와 같은 문제를 해결하기 위한 몇 가지 방법이 있다. 첫째, 한 수험자의 발화수준을 여러 명의 채점자가 채점하는 방법 둘째, 한 채점자(평가자)가 채점한 후 얼마간의 시간이 지난 뒤에 다시 채점하여 같은 점수를 주는지를 검토하는 방법으로 채점의 일관성, 신뢰성을 확보할 수 있다. 그러나 이러한 방법을 객관적으로 해결하기 위해 채점척도 개발이 필요하다. 말하기 평가의 예를 들어 보자. 다음 채점지에서는 말하기 평가의 평가항목으로 발음/억양, 정확성, 유창성, 적절성 등의 항목을 평가하고 있다. 두 가지의 예를 구체적으로 분석해 보면, 두 학생 모두 전체 36점 중에 31점을 획득하였으나 각 항목의 배점을 모두 9점으로 하였기 때문에 각 항목에 대한 가중치를 두어 배점을 달리 한다면 두 학생의 평가는 달리 환산될 것이다. 즉, 의사소통능력에서 강조되는 유창성, 적절성 등을 2배로 가중치를 두고 각각 18점씩으로 한다면 두 학생의 점수는 학생 1은 47점, 학생 2는 43점으로 다른 평가결과를 초래할 것이다. 따라서 채점척도 개발과정에서 평가하고자 하는 평가항목을 어떻게 구성할 것인지가 중요하다. 실제 평가에서 채점척도의 등간을 예시에서와 같이 9등급으로 하지 않고 6등급, 5등급 등으로 조정할 수 있다.

7.5.2 말하기 채점자 훈련

말하기 평가에서는 채점의 신뢰도, 객관성을 확보하기 위한 채점자 훈련이 필요하다. 우선, 채점자들이 말하기 평가항목과 평가기준에 대한 충분한 이해가 필요하다. 시범적인 평가 활동으로 몇몇 학생들의 말하기 수행 예를 통해 실제로 평가를 시행해 본다. 채점결과에 대해 채점자들간의 비교를 통해 평가척도에 제시되어 있는 기준들을 조정하고 수렴시킬 수 있도록 논의하는 시간을 갖는다. 이러한 시험적 평가를 통해 말하기 평가자의 주관성을 최대한 배제하고 객관성을 확보하게 될 것이다.

(학생 1) 이름: _____	A+	A0	A-	B+	B0	B-	C+	C0	C-
	9	8	7	6	5	4	3	2	1
발음/억양			√						
정확성				√					
유창성		√							
적절성	√								

(학생 2) 이름: _____	A+	A0	A-	B+	B0	B-	C+	C0	C-
	9	8	7	6	5	4	3	2	1
발음/억양	√								
정확성		√							
유창성				√					
적절성			√						

앞에서 제시한 초급 말하기 시험의 실례에 나온 문항의 채점 기준을 제시해 보면 다음과 같다.

1) 인터뷰

초급 말하기 시험의 실례에서 제시된 1-3번의 질문 듣고 대답하기 평가에서는 다음과 같은 채점 기준을 사용할 수 있다.

평가 항목	평가 내용	평가	점수
발음	발음과 억양의 정확성과 자연스러움	‖ --- ‖ --- ‖ 1　2　3	
어휘/문법	문법과 어휘의 정확하고 적절한 구사 능력	‖ --- ‖ --- ‖ --- ‖ 1　2　3　4	
이해 및 응답의 적절성	질문의 내용을 이해하고 적절하게 응답하는 능력	‖ --- ‖ --- ‖ 1　2　3	
총점 (10점)			

2) 그림 보고 묘사하기 / 그림 보고 대답하기

초급 말하기 시험의 실례에서 제시된 4-6번의 그림 보고 묘사하기와 그림 보고 대답하기 평가에서는 다음과 같은 채점 기준을 사용할 수 있다.

평가 항목	평가 내용	평가	점수
이해	질문의 내용 이해	‖ --- ‖ --- ‖ 1　2　3	
발음	발음과 억양의 정확성과 자연스러움	‖ --- ‖ --- ‖ 1　2　3	
어휘/문법	문법과 어휘의 정확하고 적절한 구사 능력	‖ --- ‖ --- ‖ --- ‖ 1　2　3　4	
총점 (10점)			

3) 정보 얻기

평가 항목	평가 내용	평가	점수
이해	질문의 내용 이해	‖ --- ‖ --- ‖ 1　　2　　3	
발음	발음과 억양의 정확성과 자연스러움	‖ --- ‖ --- ‖ 1　　2　　3	
어휘/문법	문법과 어휘의 정확하고 적절한 구사 능력	‖ --- ‖ --- ‖ --- ‖ --- ‖ 1　2　3　4　5	
응답의 적절성 및 정확성	대답의 정확성 여부	‖ --- ‖ --- ‖ --- ‖ --- ‖ 1　2　3　4　5	
질문 완결성	모두 질문했는가?	‖ --- ‖ 1　　2	
응답 완결성	모두 대답했는가?	‖ --- ‖ 1　　2	
총점 (20점)			

4) 역할놀이

평가항목	평가 내용	평가	점수
이해	질문의 내용을 이해하고 적절한 답을 하는가?	‖ --- ‖ --- ‖ 1　　2　　3	
발음	발음과 억양의 정확성과 자연스러움	‖ --- ‖ 1　　2	
어휘/문법	어휘와 문법의 정확한 구사 능력	‖ --- ‖ --- ‖ --- ‖ --- ‖ 1　2　3　4　5	
유창성	적절한 속도로 상황에 맞게 자연스럽게 이야기	‖ --- ‖ --- ‖ --- ‖ --- ‖ 1　2　3　4　5	
과제 수행	상대방과의 원활한 의사소통을 통해 목표하는 과제 수행	‖ --- ‖ --- ‖ --- ‖ --- ‖ 1　2　3　4　5	
총점 (20점)			

이 때 평가 척도는 그 점수가 커질수록 좋다는 것을 의미한다.

<평가 척도 설명의 예>

‖ ------------ ‖ ------------ ‖ ------------ ‖ ------------ ‖
　1　　　　　2　　　　　3　　　　　4　　　　　5
매우 나쁨　대체로 나쁨　보통임　대체로 좋음　매우 좋음

5) 각 평가 유형에 따른 채점 기준과 함께 보다 구체적이고 세부적인 평가 기준을 마련하여 다수의 평가자가 평가할 경우에도 평가자간의 신뢰도를 확보할 수 있도록 해야 한다. 위에서 제시한 초급 말하기 시험의 세부 기준은 다음과 같다.

〈세부 기준〉
① 문법 오류 - 1회 1점 감점
② 어휘 오류 - 1회 1점 감점
③ 질문을 이해 못하면 2회까지 반복. 보충 설명을 통한 응답 시에는 2점 감점
④ 주요 문형(-(으)러, -아/어 보다, -을/를 좋아하다, -(으)ㄹ 수 있다, 관형형 -는 / -(으)ㄴ)을 사용하여 응답하지 못한 경우 감점
⑤ 지나치게 느리게 답하거나 짧게 답할 경우 감점

6) 고급 말하기 평가의 채점 기준

이러한 채점 기준은 학습자의 수준에 따라서 많이 달라진다. 초급에서는 주로 정확성 측면에 비중을 많이 둔다면 고급으로 갈수록 유창성의 비중이 커지게 되며 평가 항목도 더욱 다양해진다. 또한 평가 활동 유형에 따라서도 평가의 내용이 많이 달라지게 된다.

고급 말하기 활동으로는 크게 비상호작용적, 혹은 일방적 형태인 발표하기와 상호작용적 형태인 토론하기 등이 있다. 일방적 형태인 발표하기와 달리 토론하기의 경우는 다양한 평가 항목으로 구성될 수 있으며 상호작용적 활동의 특성상 듣기능력과 함께 평가된다. 따라서 토론하기는 상대방의 주장을 듣고 이해하는 능력이 우선시되며 이에 상응하는 자신의 의견을 논리적으로 나타낼 수 있느냐가 주된 평가항목이 되어야 할 것이다. 다음은 고급 토론하기의 평가항목의 예이다. 우선, 전체 평가내용 중 토론 능력과 언어능력의 영역으로 구분하고 좌담회(토론)를 위한 준비 정도와 토론 시 요구되는 태도 등을 포함한 기타 영역으로 나누어진다.

고급 수준에서 이루어지는 토론 평가에서의 채점 기준의 실례를 제시해 보면 다음과 같다. 이 경우는 전체 40점을 기준으로 하는 경우이므로 토론능력이 15점(38%), 언어능력이 15점(38%), 기타 10점(25%)으로 배분되어 있다.

<고급 좌담회(토론)의 평가 내용 및 평가 항목>

평가 내용	세부 항목	구체적 내용	평가 점수
토론 능력	이해력 및 대응능력	- 상대방의 주장에 대해 적절히 대응하는가 - 타당한 내용으로 대응하는가	5 4 3 2 1
	논리성	- 주장하는 내용이 논리적인가	5 4 3 2 1
	기여도 (참여횟수)	- 팀 전체의 일관된 논리에 얼마나 기여하고 있나	5 4 3 2 1
언어능력	표현의 유창성	- 표현이 유창한가	5 4 3 2 1
	고급 표현/ 어휘 사용능력 (좌담회 표현)	- 좌담회에 적절한 표현들을 사용하는가 - 주제에 관련된 고급 표현들을 사용하는가	5 4 3 2 1
	발음/억양	- 발음이 자연스럽고 정확한가 - 억양이 자연스럽고 정확한가	5 4 3 2 1
기타	태도	- 좌담회의 기본적인 태도와 예의를 준수하는가(사회자, 토론 참여자로서의 역할)	5 4 3 2 1
	준비성	- 자신의 논리전개를 위해 적절한 자료들을 준비했나	5 4 3 2 1
총점			_____

5	4	3	2	1
매우 좋음	대체로 좋음	보통임	대체로 나쁨	매우 나쁨

7.6 평가의 시행

말하기 평가를 진행할 때에는 여러 가지 주의해야 할 사항들이 있다. 특히 말하기 평가를 진행할 때 가장 중요한 것은 평가자의 역할이다.

1) 평가자는 평가 환경이 편안하고 평가에 적절한 환경이 되도록 분위기를 조성해야 한다. 학습자들은 평가 상황에서 긴장을 많이 하게 된다. 이로 인해 학습자는 자신의 실력을 제대로 나타내 보이지 못하는 경우가 생기게 된다. 따라서 평가자는 학습자들의 긴장을 풀어주고 평가를 원만하게 진행하기 위해 노력해야 한다.

2) 평가자는 평가에 사용되는 여러 가지 기기와 평가에 필요한 도구의 사용을 숙지하고

있어야 한다. 평가에 오디오나 비디오, 컴퓨터 등 여러 가지 기기들이 사용될 경우 교사는 이러한 도구들을 잘 준비하고 능숙하게 다룰 수 있어야 하며 평가에 필요한 카드 등을 어떻게 학생들에게 제시할 것인지에 대해 숙지하고 있어야 평가가 자연스럽게 이루어질 수 있다.

3) 평가의 기록은 평가 상황이 아닌 평가를 마친 후에 하는 것이 바람직하다. 교사가 학습자에 대한 평가를 학습자가 보는 앞에서 체크하고 기록하는 것은 학습자를 긴장시키고 자연스러운 발화를 막는 요인으로 작용할 수 있다. 그러므로 가능하면 평가 상황에서는 아주 간단히 메모만으로 기록하였다가 학습자가 떠난 후에 바로 평가를 하는 것이 바람직하다.

4) 말하기 평가에서는 평가자가 가지는 시간적, 공간적 제약의 극복과 평정자의 오류를 최소화할 수 있는 방안이 강구되어야 한다. 말하기 평가는 그 특성상 결과물을 반복적으로 검토할 수 없다. 그러므로 만약 관찰자가 중요한 행동의 일부라도 놓치게 된다면 정확한 평정을 할 수 없게 된다. 이를 피하기 위해 평가자는 말하기 평가 상황을 녹화 또는 녹음하고 이를 나중에 재생해 보면서 필요한 부분은 반복 관찰해 봄으로써 보다 정확하고 객관적인 평가를 할 수 있게 된다. 그러나 이런 기계적인 작업이 학습자에게 부담을 주어 수행을 방해하지 않도록 주의를 기울여야 한다. 따라서 인터뷰를 통한 말하기 평가에서는 제 2의 평가자를 배치하는 것도 하나의 평가 방법이 될 수 있다. 한 평가자는 인터뷰만을 수행하고 제2평가자는 옆에서 학생을 관찰하면서 좀 더 정확히 학생의 수행을 평가할 수 있으므로 보다 신뢰로운 평가가 가능할 것이다. 이 때 제2의 평가자는 학생에게 부담을 주지 않도록 교실의 뒤에서 평가를 할 수도 있다. 만일 인터뷰를 통한 말하기 평가가 학생이 일정 수준의 과제를 수행할 수 있는지 여부를 가리기 위한 것이라면 그 학생에 맞는 수준의 평가가 이루어져야 한다. 만일 학생이 대답할 능력이 없다고 판단되면 평가를 계속 지속하는 것은 무의미하므로 평가를 종료하는 것이 바람직하다. 반면에 말하기 평가의 목적이 학생의 배치에 있다면 학생이 수행한 발화를 통해 이 학생이 어느 수준에 적합한지를 결정해야 하므로 여러 수준의 과제를 제시하고 답을 유도해 내는 것이 중요하며 학생의 수준이라고 짐작되는 적당한 수준의 인터뷰를 계속 수행해 나가야 한다.

5) 말하기 평가에서 평가자는 너무 많은 말을 하지 않도록 주의해야 한다. 평가자는 학습자가 스스로 발화할 수 있는 분위기를 조성하고 학생의 반응을 유도해 내야 한다. 따라서 말하기 평가에서는 다른 어느 영역보다도 평가자의 역할이 중요하다. 그러므로 보다 타당하고 신뢰로운 평가를 위해 평가자에 대한 교육이 반드시 이루어져야 할 것이다. 아무리 조직적으로 구조화된 말하기 평가일지라도, 실제 평가 상황에서는 예측할 수 없는 돌발적인 상황들이 일어날 가능성이 높다. 따라서 평가자는 이런 가능성을 염두에 두고 이러한 돌발 상황에 잘 대처하기 위해 훈련하고 준비해야 한다.

7.7 평가 환경의 고려

다른 영역과 달리 말하기 평가는 환경적 영향을 많이 받는다. 평가에 영향을 미치는 환경적 요소로는 첫째, 평가 장소와 분위기, 평가에 사용되는 기기나 도구들과 같은 물리적 요소 등을 들 수 있다. 평가를 받는 장소와 상황은 학생들이 편안한 분위기를 느낄 수 있도록 최대한 친숙하고 안정적인 분위기가 되어야 한다. 또한 평가에 사용될 기자재들도 미리 점검하고 평가자가 사용법을 숙지하여 평가 상황에서 문제가 발생하지 않도록 해야 한다. 둘째, 평가를 진행하는 평가자도 평가에 매우 중요한 영향을 미친다. 평가자가 친숙한 사람이냐 아니냐에 따라서 학생들의 수행에 많은 영향을 미치게 된다. 또한 평가자와 상호작용을 많이 하게 되는 말하기 평가에서는 평가자가 제대로 평가와 관련된 교육을 받았는지의 여부도 매우 중요하다. 따라서 바람직한 평가를 위해서는 평가자에 대한 체계적인 교육이 필요할 것이다. 만일 말하기 평가가 역할놀이 등과 같이 짝활동의 형태로 이루어진다면 짝이 되는 학생들의 수준도 고려되어야 할 것이다. 이 경우 두 학생의 수준이 지나치게 차이가 난다면 제대로 된 평가가 이루어질 수 없다. 따라서 평가자는 사전에 미리 학생들의 수준을 파악하여 비슷한 수준의 학생끼리 짝이 되도록 배려하는 것이 필요하다. 그러나 이러한 고려는 성취도 평가에서는 가능하겠지만 일반적인 숙달도 평가에서는 고려되기 힘들다. 따라서 평가자는 평가를 시작하는 단계에서 학생들의 수준을 파악할 수 있는 질문들을 사용하여 학생들의 수준을 파악하고 이러한 차이를 평가에 반영하도록 노력해야 할 것이다. 또한 평가의 시작 단계에서 학생이 수행 가능한 질문들을 함으로써 학생들로 하여금 긴장을 풀고 평가에 임할 마음의 준비를 하게 해 줄 수 있다.

이와 같이 평가 내용과 자료, 반응 유형이 유기적인 관계를 가지고 적절히 통합할 때 효과적인 평가 유형이 완성된다. 말하기 교육의 목표를 반영한 평가 대상 선정, 숙달도 및 목표에 따른 자료의 선택, 이를 결합한 다양한 문제 유형은 말하기 평가의 타당도를 높일 것이다. 또한 명확한 지시문이나 보기의 제시 등은 평가의 신뢰도를 높일 것이다.

==

[별첨] 〈한국어 초급 말하기 평가의 실례〉

학습 단계	초급
평가 목적	성취도 평가
평가 영역	말하기
평가 형태	구술시험
평가 문항	8문항
시험 시간	20분

한국어 초급 말하기 기말 시험

* 날짜: 2006년 _____월 _____일
* 범위: 한국어세계화추진위원회 개발 <초급 한국어 말하기 교재> 1과~20과
* 이름 : _____
* 점수: /100점

〈한국어 초급 말하기 시험의 실례〉

Ⅰ. 다음 질문을 듣고 대답하십시오. (10점 X 3 = 30점)

1. _____ 씨는 한국에서 어디에 가 봤어요?

2. 거기에서 뭘 했어요?

3. _____ 씨 나라에서 가 볼 만한 곳이 있으면 소개해 주세요.

   ('-아/어 보세요'를 사용해서 이야기하도록 유도)

Ⅱ. 다음 그림을 보고 대답하십시오. (10점)

4. 지금 무엇을 하고 있습니까?

Ⅲ. 다음 그림을 보고 대답하십시오. (10점×2=20점)

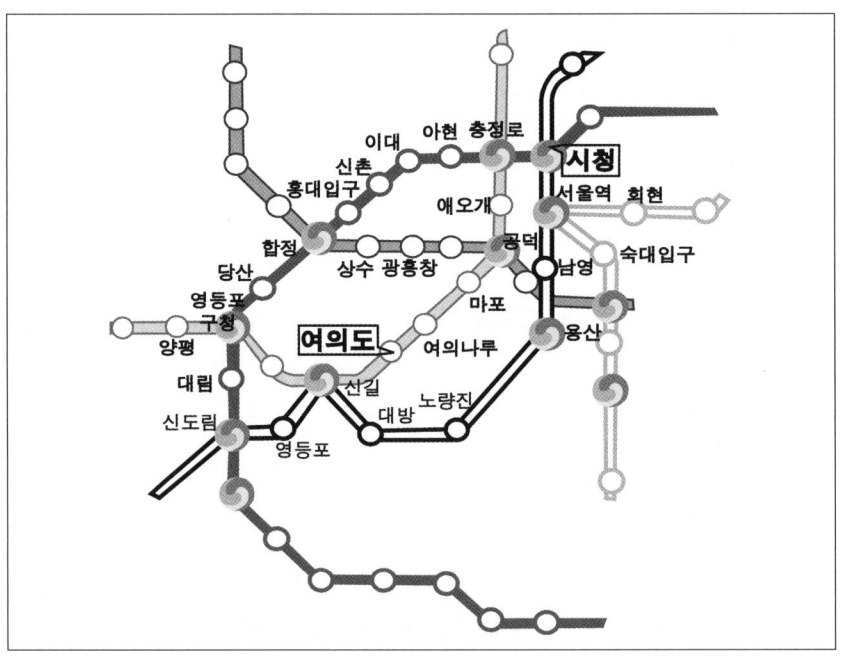

5. 이걸 어디에서 볼 수 있어요?

6. _____ 씨는 지금 시청에 있어요. 여의도에 가려면 어떻게 해야 해요?

Ⅳ. 다음을 보고 서로 묻고 답하십시오. (20점)

7.　〈A〉

운동	요일	시간	등록비
수영		오전 7시-8시	학생: 직장인:
요가	화, 목, 토		학생: 40,000원 직장인: 50,000원
헬스		오전 9시-10시	학생: 직장인:

〈B〉

운동	요일	시간	등록비
수영	월, 수, 금		학생: 50,000원 직장인: 60,000원
요가		오후 2시-3시	
헬스	월, 화, 목, 금		학생: 60,000원 직장인: 70,000원

Ⅴ. 역할놀이 (20 / 택1)
〈주의 사항〉

　학생들은 두 명이 짝이 되어 역할놀이를 수행한다. 역할놀이 표는 네 가지가 제시되며 학생들은 이 중 하나를 선택하게 된다. 이 때 교사는 학생들이 카드를 무작위로 뽑을 수 있도록 해야 하며, 학생들은 카드를 뽑은 후 자신의 카드에 적힌 지시 사항을 읽고 준비하는 시간을 갖는다. 지시사항이 너무 어려울 경우 교사가 부연 설명을 해 주거나 지시사항 자체가 학생들의 모국어로 제시될 수도 있다.

8.

A

<옷가게> 옷가게에 가서 바지를 사세요	<옷가게> 손님에게 바지를 파세요

B

<옷가게> 어제 산 바지가 작아요. 바지를 바꾸세요	<옷가게> 손님이 바지를 바꾸려고 합니다. 바지를 바꿔 주세요

C

친구에게 전화해서 주말 약속을 하세요	친구가 전화를 했습니다. 친구와 주말 약속을 하세요

D

친구에게 전화해서 약속 시간을 바꾸세요	친구가 전화를 해 약속 시간을 바꾸려고 합니다.

제6장
한국어 읽기 평가

1. 읽기의 개념 및 특성

1.1 읽기의 개념

읽기는 의사소통 활동 중 문자 언어를 통해 이루어지는 이해 활동이다. 문자 언어를 매개로 한다는 점에서는 쓰기와, 이해 활동이라는 점에서는 듣기와 공통적이다. 기본적으로 이해 활동인 읽기는 독자와 읽기 텍스트와의 만남에서 시작된다. 그런데 읽기는 인간의 머리 속에서 이루어지는 활동이므로 독자가 텍스트로부터 의미를 구성하는 구체적인 과정이나 방법 등은 정확히 알기 어렵다. 따라서 읽기의 주체인 독자와 읽기의 대상인 텍스트가 독자의 이해에 어떤 영향을 미치는지, 그리고 양자가 상호 어떤 관련성을 맺고 있는지를 보는 관점에 따라 읽기에 대한 개념 정의가 달라져 왔다.

오랫동안 언어 교육에서 읽기는 수동적인 이해 기능으로서 단선적인 활동으로 이해되었다. 이런 입장의 전제는 글의 의미는 텍스트 속에 고정되어 있다고 보는 것이다. 이 경우 읽기는 독자가 텍스트에 포함된 내용을 이해하는 것으로 정의된다. 그런데 70년대에 이르러 인지심리학으로부터 읽기에 관한 새로운 관점이 대두되었다. 그것은 바로 독해에서 텍스트보다 더 중요한 역할을 하는 것은 독자가 텍스트에 끌어들이는 배경 지식이라는 인식이었다. 배경 지식이란 독해 과정에서 독자가 끌어들이는 사전 지식의 구조를 말한다. 텍스트의 의미는 고정된 형태로 존재하는 것이 아니며, 읽기는 독자가 자신의 배경 지식을 이용해 주어진 텍스트에서 의미를 구성해 가는 역동적인 과정이라는 것이었다. 이제 읽기는 수동적인 언어 해석 과정이 아니라 독자가 주어진 글에서 의미를 구성해 나가는 역동적인 과정으로 이해된다. 독자가 글을 읽는 행위는 외견상 수용적으로 보이지만, 그 내면을 들여다보면 독자의 활발한 참여가 이루어지는 과정이다. 독자는 글에 포함된 각종 실마리를 종합하여 자신의 관점에서 필자의 의도를 파악하고 의미를 구성해 나가기 때문이다.

Hudelson(1994: 379)은 "의미의 형성은 한 개인이 기호로 나타내어진 문서를 처리함으로써 이루어지는데, 이때 글에 대한 독자의 반응, 의미의 해석, 독자가 글을 읽는 목적뿐만 아니라 독자의 과거 경험이나 언어 및 문화적 배경이 독자가 문서를 처리하는데 영향을 미친다"고 설명한다. 또 Grabe(1991)는 글에 대해 독자가 갖는 기대와 목적이 바로 글의 이해라 설명하면서 읽기 과정에 포함되는 기능과 지식을 다음 6가지로 제시하고 있다.

ⅰ) 자동적인 인식 기능

ⅱ) 단어와 문법에 대한 지식

ⅲ) 형식적 담화 구조에 대한 지식

ⅳ) 내용/세계에 대한 배경 지식

ⅴ) 종합하고 평가하는 능력/전략

ⅵ) 학습을 감독하는 상위 인지 능력과 기술

이상의 내용을 정리하면, 읽기는 텍스트와 독자의 상호활동에 의해 이루어지는 이해 처리 과정으로서, 독자는 읽기 과정에서 앞에서 말한 이런 모든 기능과 지식을 종합적으로 활용해 텍스트에 대한 올바른 이해에 도달하게 된다.

1.2 읽기의 특성

일상적 언어생활을 하면서 우리는 다양한 읽기 텍스트를 접한다. 그런데 우리는 주어지는 모든 읽기 텍스트의 의미를 자동적으로 해석하는 것이 아니다. 우리는 필요한 경우에 필요한 방식으로 읽기 텍스트를 다루게 된다. 왜냐하면 읽기는 목적을 가진 이해 활동이기 때문이다. 누구나 어떤 이유와 기대를 갖고, 즉 목적을 가지고 텍스트를 대한다. 예를 들어, 즐거움을 얻기 위해 소설이나 시를 읽고, 주식 시세나 운동 경기 결과, 또는 구인 광고 등의 정보를 얻기 위해 신문을 본다. 또 학문적인 목적이나 지식을 얻기 위해 전문 서적이나 잡지 등을 읽는다. 그 외에도 식당에서는 적당한 가격의 음식을 고르기 위해 메뉴판을 보며, 여행지에 대한 호기심으로 안내 책자를 읽기도 한다. 이와 같은 정보 획득, 지식 확장, 정서적인 위안, 호기심 충족 등이 모두 읽기의 목적이라고 할 수 있다.

Wallace(1992: 6-7)는 읽기의 목적을 크게 1) 생존을 위한 읽기, 2) 학습을 위한 읽기, 3) 즐거움을 위한 읽기의 세 가지로 들고 있다. '비상구', '위험, 공사중' 같은 표지판 읽기가 생존을 위한 읽기의 예라고 할 수 있고, 어떤 교과의 교과서를 공부하는 것은 학습을 위한 읽기의 예가 된다. 또 소설이나 시 등을 읽는 것은 즐거움을 위한 읽기의 예라고 하겠다. 물론 이 경우에도 염두에 두어야 할 것은 읽기의 목적은 텍스트 유형에 의해 결정되는 것이 아니라 읽기가 이루어지는 상황에 따라 달라진다는 사실이다. 즉 누가 읽는지, 어디에서 읽는지, 언제 읽는지, 그리고 왜 읽는지 등이 읽기의 목적을 결정하는 변수가 된다.

또한 읽기는 선택적 이해 활동이다. 이는 읽기가 목적을 가진 이해 활동이라는 점과 일맥상통하는 것이다. 현실 속에서 우리는 무수한 읽기 자료에 둘러싸여 있다. 이와 같이 수많은 정보에 파묻혀서 살아가는 현대인들에게는 현실 속에서 모든 텍스트를 완벽하게 이해할 필요성도, 또 그럴 만한 시간적 여유도 없다. 그것들은 각기 다른 목적에 필요하다. 따라서 우리는 그 중에서 자신에게 필요한 것, 즉 읽기 목적에 필요한 텍스트를 선택적으로 읽으면 된다. 이와 같이 목적에 맞는 텍스트를 골라야 한다는 점에서 읽기는 선택적 활동이다. 또한 어떤 텍스트를 선택했다 하더라도 그것을 모두 다 읽을 필요는 없다는 점에서도 읽기는 선택적이다. 신문을 예로 들어 보자. 어떤 사람은 정치면을 보기 위해서, 또 어떤 사람은 스포츠면을 보기 위해서 신문을 집어든다. 또 같은 스포츠면을 본다고 하더라도 야구 결과를 알기 위해서 보는 사람도 있고 축구에 더 관심을 보이는 사람도 있다. 그 경우 사람들은 관심이 없는 부분은 빼고 필요한 부분만 읽게 될 것이다. 따라서 외국어 읽기의 경우에도 모국어에서 하듯이 선택적으로 읽는 능력이 필요하다.

읽기가 이렇게 목적에 따른 선택적 이해 활동이므로 실제 읽기를 할 때는 목적과 텍스트의 유형에 따라 각기 다른 방식으로 읽어야 한다. 똑같이 정보를 얻기 위한 읽기라고 하더라도 여행사 안내문을 읽을 때와 신문을 읽는 방식은 다를 수밖에 없다. 즉 처음부터 끝까지 다 읽어야 할 필요가 있는 것도 있고, 처음과 끝만 읽어도 되는 자료도 있으며, 완벽하게 이해하기 위해 여러 번 읽어야 할 경우도 있는 것이다. 읽기의 이와 같은 특성은 읽기 교수의 방식이 다양화 되어야 할 근거가 된다.

이상의 논의를 바탕으로 읽기의 특성을 다음 3가지로 정리할 수 있다.

ⅰ) 읽기는 목적을 가진 이해 활동이다.
ⅱ) 읽기는 선택적 이해 활동이다.
ⅲ) 읽기 목적과 텍스트의 유형에 따라 읽기 방식이 달라진다.

2. 한국어 읽기 평가의 목적 및 기능

2.1 한국어 읽기 평가의 목적

읽기 평가의 일차적인 측정 목표는 수험자의 읽기 능력이 어느 정도인지를 알아보는 데 있다. 즉 한국어 학습자의 한국어 의사소통 능력의 한 구성요소로서의 읽기 능력을 측정하고자 하는 것이다. 그런데 읽기라는 말은 문맥에 따라 다양한 의미로 사용된다. 그러나 외국어로서의 한국어 읽기 교육의 목표는 단순히 한국어로 표기된 문자를 소리로 읽을 수 있는 것, 즉 시각 기호를 소리와 연결시킬 수 있도록 하는 것이 아니라 한국어로 쓰인 글의 의미를 이해할 수 있도록 하는 데 있다. 이렇게 외국어로서의 한국어 읽기는 이해 활동으로서 글에 담긴 의미를 정확하게 이해하는 데 있기 때문에 한국어 읽기 능력 평가의 목적 역시 한국어로 쓰인 글의 의미를 제대로 파악하고 있는지를 평가하는 데 있다. 그런데 글의 의미를 제대로 파악하기 위해서는 단순히 문장을 인식하고 그 문장의 의미를 아는 것만으로는 부족하다. 단어나 문장 차원의 해석만이 아니라 한국어 단어가 사용되는 맥락에 대한 이해, 즉 문장이 담화의 부분으로서 어떻게 기능하는가에 대한 이해도 포함되어야 한다. 따라서 외국어로서의 한국어 읽기 평가의 목표는 한국어로 쓰인 글을 하나의 담화로서 전체적으로 이해할 수 있는지를 제대로 평가하는 데 있다.

한편 한국어 읽기 평가는 종합적인 의사소통 능력의 하위 범주로서의 읽기 능력에 대한 평가뿐만 아니라 읽기 교육과정 중에 이루어지는 읽기의 구체적인 학습 목표의 달성 여부를 측정하는 것이 또 하나의 목적이 된다. 즉 교육 현장에서 이루어지는 읽기의 교수·학습 과정을 개선하기 위해 각종 정보를 수집하고 교육적으로 가치 판단을 하기 위한 질적 평가의 일환으로 이루어지는 것이다. 이와 같이 읽기 능력에 대한 질적 평가를 하는 경우에는 학습자 개개인의 읽기 능력 향상을 위해 학습자의 강점과 약점을 파악하는 것이 중요한 평가 목적이 된다. 또한 읽기 학습을 통해 학습자의 읽기 태도가 어떻게 변화하는지에 대한 측정도 함께 이루어진다.

2.2 한국어 읽기 평가의 기능

한국어 읽기 평가의 일차적인 기능은 한국어 학습자들의 읽기 능력이 어느 정도인지를 판별하는 데 있다. 그러나 한국어 교육 현장에서 이루어지는 한국어 읽기 평가는 그와 같은 전통적인 판정의 역할뿐만 아니라 학습 결과를 진단하고, 진단 결과에 따라 교육과정이나 교수법을 개선하는 계기로서의 기능이 더 크다. 즉 평가 결과를 통해 학습자가 무엇을 알고 무엇을 모르는가, 즉 학습자가 학습목표에 제대로 도달했는지를 파악하는 것이 일차적인 기능이며, 이에 더해 교사와 학습자 양 측면에서 교수 방법이나 학습 방법을 개선하는 계기를 삼을 수 있는 것이다. 또한 잘 만들어진 평가는 학습자의 학습 동기를 유발시키고, 자신감을 갖게 한다. 학습자는 읽기 평가 문제를 통해 읽기 수업의 목표를 잘 인식하게 될 뿐만 아니라 자신이 어떤 방향에 초점을 맞추어서 학습을 해야 할지에 대해 알게 된다.

이상의 내용을 바탕으로 한국어 읽기 평가의 기능을 간단히 정리하면 다음과 같다.

첫째, 한국어 읽기 평가는 학습자의 한국어 읽기 능력 및 읽기 학습의 성취 수준에 대한 정확한 정보를 제공하는 기능을 수행한다.

둘째, 한국어 읽기 평가는 교사에게 자신의 읽기 교수 방법을 개선하는 데 필요한 적절한 정보를 제공하는 기능을 수행한다.

셋째, 한국어 읽기 평가는 학습자에게는 자신들의 읽기 수행에 있어 강점과 약점을 모두 파악하여 학습 방법의 수정이나 개선의 기능을 수행한다.

넷째, 한국어 읽기 평가 자체가 학습자들에게 또 다른 읽기 활동의 한 경험으로서, 이러한 경험을 통해 학습자들에게 읽기 학습에 대한 도익 부여 및 동기 강화의 기능을 수행한다. 즉 읽기 평가가 학습자에게 읽기 활동에 대한 목표 의식을 갖게 해주는 것으로, 평가가 갖는 긍정적 피드백 효과의 일종이라 할 수 있겠다.

3. 한국어 읽기 평가의 범주

읽기 평가의 측정 목표를 제대로 수행하기 위해서는 과연 '읽기란 무엇인가', '읽기 능력을 구성하는 요소는 무엇인가'에 대한 구체적인 답변이 이루어져야 한다. 이를 통해서 한국어 읽기 평가의 범주를 구체화할 수 있다.

읽기는 문자로 표현된 언어, 즉 텍스트와 독자의 상호활동에 의해 이루어지는 이해 처리 과정이다. 또한 외국어로서 한국어 교육에서의 읽기란 단순히 문자를 소리로 전환할 수 있다는 의미가 아니라 한국어로 쓰인 글을 하나의 담화로서 전체적으로 이해하는 능력이다. 이를 종합하면, 한국어 교육에서의 읽기는 어휘와 구조의 이해를 바탕으로 독자의 스키마와 배경 지식을 통해 전체적인 글의 의미를 해석할 수 있는 의사소통 기술이라고 정의할 수 있다. 이와 같은 정의에 의하면, 읽기 평가는 문자 언어를 통해 전달되는 담화에 대한 이해 능력을 측정하는 데 그 목적이 있다.

그렇다면 이러한 내용을 어떤 범주로 평가할 수 있는지, 즉 무엇을 평가할 것인가가 먼저 결정되어야 한다. 이를 위해 본 장에서는 의사소통 능력으로서의 읽기 능력의 구성 요소를 중심으로 읽기의 평가 범주에는 어떤 것이 있는지를 살펴보고 이를 구체화해 본다. 언어 능력에 언어를 사용할 줄 아는 능력만이 아니라 실제 수행의 기저가 되는 지식을 포함시킨 Hymes(1972) 이래 의사소통 능력 구성 요소에는 문법적 능력, 사회언어학적 능력, 담화적 능력, 전략적 능력 등이 포함되었으며, 언어 능력 평가의 범주에도 '언어적' 요소와 '사회적' 요소 모두 포함되었다. 따라서 본 장에서는 이와 같은 의사소통 능력 구성 요소를 중심으로 읽기 평가의 범주를 구체화해 보기로 한다.

3.1 문법적 능력

한국어 읽기에서의 문법적 능력이란 수험자가 읽기 평가 상황에서 보여주는 언어 지식과 관련된 능력으로 해당 언어에 관한 지식을 얼마나 많이, 그리고 얼마나 정확하게 알고 있느냐와 관련된 능력이다. 이는 어휘나 문법 규칙 하나하나의 형태적, 의미적 영역을 함께 인식하여 사용할 수 있는지와 관련된 능력으로, 수험자가 읽기 평가 상황에서 한국어 어휘, 한국어의 언어적 규칙을 얼마나 정확하게 이해하여 이에 반응할 수 있는가를 말한다. 그러기 위해서는 각 등급에 맞는 어휘와 발음, 문법을 얼마나 정확하게 그리고 유창하게 사용할 수 있는지에 대한 평가가 이루어져야 한다. 좀더 구체적으로 말하면, 문자 언어를 인식하고 그 자체대로 이해할 수 있는지, 각 등급에 맞는 어휘를 충분히 알고 있고 또 유창하게 이해할 수 있는지, 담화 상황에 맞는 문법 항목이 사용되었는지, 유창하게 이해하고 반응할 수 있는지를 평가한다.

한국어 읽기 이해에 필요한 문법적 능력을 좀더 구체적으로 살펴보면 다음과 같다.

   ⅰ) 철자에 대한 이해 능력
   ⅱ) 문장 구조에 대한 이해 능력
  ⅲ) 문법 규칙에 대한 이해 능력
  ⅳ) 어휘의 의미나 쓰임을 이해할 수 있는 능력
   ⅴ) 문맥으로부터 어휘의 의미를 추측해 낼 수 있는 능력

3.2 사회언어학적 능력

한국어 읽기에서의 사회언어학적 능력이란 담화가 이루어지는 사회언어학적 상황을 제대로 파악하고 거기에 맞는 언어를 사용할 수 있는지를 보는 능력이다. 즉 청자와 화자의 관계, 상황, 격식에 맞게 언어를 사용하고 있는지 등 문장 안에 사용되는 사회언어학적 표지들을 이해하고 담화 상황을 이해할 수 있는 능력을 말한다. 읽기 평가에서 사회언어학적 능력을 평가하기 위해서는 각각의 담화 상황에 맞는 기능 수행 능력, 상황에 맞는 어법 사용 능력, 필자·독자의 관계에 따른 경어법 사용 능력, 부탁하기, 사과하기, 설명하기, 설득하기 등 여러 기능에 맞는 언어 사용 능력이 평가되어야 한다. 이러한 사회언어학적인 능력은 물론 어휘, 문법과 같은 것을 통해 간접적으로 측정될 수 있지만, 평가 항목을 선정하거나 할 때 사회언어학적인 능력에 대한 고려가 충분히 이루어져야 한다.

한국어 읽기 이해에 필요한 사회언어학적 능력을 좀더 구체적으로 살펴보면 다음과 같다.

   ⅰ) 문장 종결형의 기능이나 의미를 이해할 수 있는 능력
   ⅱ) 높임법 체계를 이해할 수 있는 능력
  ⅲ) 언어권별로 특수한 표현(속담이나 관용적 표현 등)을 이해할 수 있는 능력
  ⅳ) 문화적 내용을 이해할 수 있는 능력

3.3 담화 이해 능력

한국어 읽기에서의 담화 이해 능력이란 대화 상황에서 어떤 내용을 읽고 얼마나 잘 이해하고 논리적이고 정확하게 응답할 수 있는지, 그리고 담화의 내용에 담긴 논리와 내용의 일관성을 이해하고 정리할 수 있는 능력을 말한다. 따라서 읽기 평가에서의 담화 이해 능력은 고립된 단어나 문장의 차원이 아니라 담화 표지 등을 사용하여 담화를 전체적으로 이해할 수 있는 능력을 말한다.

한국어 읽기 이해에 필요한 담화 이해 능력을 좀더 구체적으로 살펴보면 다음과 같다.

ⅰ) 접속어의 쓰임을 이해할 수 있는 능력
ⅱ) 문맥의 의미를 이해할 수 있는 능력
ⅲ) 문장 간, 문단 간 관계를 이해할 수 있는 능력
ⅳ) 담화 구성 방법 및 전개 방법을 이해할 수 있는 능력
ⅴ) 담화의 맥락(시간, 장소, 상황)을 이해할 수 있는 능력
ⅵ) 담화의 주제를 이해할 수 있는 능력
ⅶ) 담화의 기능을 이해할 수 있는 능력
ⅷ) 담화의 전체 내용 및 세부 내용을 이해할 수 있는 능력

3.4 전략적 능력

전략적 능력이란 언어 활동을 원활하게 수행할 수 없는 상황에서 그 상황에서 어떻게 벗어나는지와 관련된 능력이다. 즉 대화 도중에 언어 능력의 부족으로 인해 대화에 단절이나 공백이 생겼을 때 이를 적절히 피해 가는 능력으로 회피 전략, 바꾸기 전략, 도움 요청 전략, 비언어적 의사소통 전략 등이 있다. 평가와 관련해서는 전략적 능력은 주로 말하기와 쓰기에서 일어나는 것으로 생각된다. 그러나 읽기 평가의 경우에도 화자가 언어 지식의 부족으로 인해 읽기 텍스트의 내용을 이해할 수 없을 때, 이를 해결할 수 있는 언어적 전략으로 확장해서 생각해 볼 수 있다. 읽기에서 이러한 전략적 능력은 단어나 문법 하나하나에 대한 정확한 이해보다는 전후 문맥을 통해 문장의 의미를 파악하거나, 글의 전체적인 흐름을 통해 텍스트의 기능

을 유추하는 능력 등이 예로 언급될 수 있다.

한국어 읽기 이해에 필요한 전략적 능력을 좀더 구체적으로 살펴보면 다음과 같다.

ⅰ) 유추나 추론 등을 이용해 텍스트를 이해할 수 있는 능력
ⅱ) 실제 세계의 지식과 경험을 활용할 수 있는 능력
ⅲ) 읽기 목적에 따라 읽기 전략을 활용할 수 있는 능력

위에서 제시한 한국어 읽기 평가의 범주와 구체적인 평가 항목을 표로 정리하면 다음과 같다.

<표 6.1> 읽기 평가의 범주와 평가 목표

평가 범주	평가 목표
문법적 능력	철자의 이해 능력
	문장 구조의 이해 능력
	문법 규칙의 이해 능력
	어휘의 의미나 쓰임의 이해 능력
	문맥으로부터 어휘의 의미 유추 능력
사회언어학적 능력	문장 종결형의 기능 및 의미 이해 능력
	높임법 체계의 이해 능력
	상황이나 기능에 맞는 텍스트 유형 이해 능력
	언어권별 특수한 표현의 이해 능력
담화 이해 능력	접속어나 담화 표지의 이해 능력
	문맥의 의미 이해 능력
	문장 간/문단 간 관계 이해 능력
	담화 구성 방법 및 전개의 이해 능력
	담화의 맥락(시간, 장소, 상황)의 이해 능력
	담화 주제의 이해 능력
	담화 기능의 이해 능력
	담화의 전체 내용 및 세부 내용 이해 능력
전략적 능력	유추나 추론 등을 이용한 텍스트 이해 능력
	실생활에서의 경험이나 배경 지식을 활용하는 능력
	읽기 목적에 따른 읽기 전략 활용 능력

4. 한국어 읽기 평가의 내용

교육과정과 평가 사이에서 이루어지는 정보 교류와 파급효과를 고려할 때 가장 이상적인 것은 교육의 내용과 평가의 내용이 일치하는 것이다. 그것을 읽기 평가에 적용해 보면, 읽기 평가의 구체적인 내용이나 평가 항목은 읽기 교육 과정이나 읽기 교육 내용과 연계되는 것이 가장 바람직할 것이다.

읽기 평가의 내용은 실생활에서 접하는 읽기 텍스트의 종류와 실제 읽기 교육의 내용과 밀접한 연관을 맺고 있다. 읽기 텍스트의 종류만 하더라도 우리는 날마다 우리는 무수히 많은 문자 언어에 둘러싸여 생활하고 있다. 그만큼 읽기 자료의 범위나 내용이 광범위하다는 뜻이다. 가장 기본적인 것으로는 비언어적 표지부터 시작해 자모 읽기, 문장 읽기 등을 거쳐 다양한 유형의 긴 글에 이르기까지 읽기 자료의 범위는 매우 넓고 광범위하다. Nunan(1999)에서는 문어로 된 입력 자료들의 예로 초대장, 항공권, 엽서, 지원서 등록 형식, 명함, 가계도, 면허증, 분류된 광고 항목, 통행권, 손으로 쓴 노트, 영화 예고, 지도, 사업상 서신 등을 제시하고 있다. 그러나 이는 모든 종류의 읽기 텍스트를 망라했다기보다 대표적인 유형들만 보여준 것이다.

한국어 읽기 평가의 내용에 영향을 미치는 또 한 가지 요소는 한국어 읽기 교육의 내용이다. 한국어 읽기 교육은 기본적으로 실제 한국어 사용 환경에서 한국어 화자가 접하는 다양한 읽기 자료들을 처리하는 방법을 가르치는 것이 주 목적이 될 것이고, 읽기 목적에 따라 이 다양한 읽기 자료를 다루는 방법을 익히는 데 있다. 따라서 한국어 읽기 평가 역시 학습자 숙달도를 고려한 한국어 읽기 교육의 교수요목을 반영해야 한다.

물론 한국어 읽기 교육은 학습자 수준에 따라 어휘나 문법, 주제나 기능, 담화의 유형이나 길이 등 교육 내용이 달라진다. 현재 한국어 교육 현장에서 이루어지고 있는 읽기 교육 과정이나 교육 내용을 참고해 한국어 읽기 능력 평가의 등급별 평가 목표 및 내용을 제시해 보면 다음과 같다.

4.1 초급 읽기 평가의 목표 및 내용

초급 읽기 평가는 일상생활에서 자주 접하는 주제나 기능을 다룬 간단한 글을 읽고 내용을 이해할 수 있는지를 확인하는 데 목표가 있다. 따라서 주로 생존에 필요한 기본적인 소재를 다룬 짧은 텍스트의 내용 이해를 주요 내용으로 한다.

<표 6.2> 초급 읽기 평가의 목표 및 내용

분류		내용
평가의 목표		- 일상생활과 관련이 있는 표지나 표지어를 이해할 수 있다. - 일상생활에서 자주 접하는 화제, 소재, 주제, 기능을 다룬 간단한 글을 읽고 내용을 이해할 수 있다. - 생활하는 데 필요한 간단한 생활문과 광고나 안내문 등의 실용문을 읽고, 정보와 내용을 파악할 수 있다. - 단문에서 시작하여 짧은 서술문, 광고문, 안내문 등 점차 간단하면서도 다양한 담화의 내용을 이해할 수 있다.
평가의 범주	주제 및 소재	- 생존에 필요한 기본적인 소재 (음식, 쇼핑, 장소 이동, 교통, 병원, 날씨, 날짜 및 시간, 전화 등) - 일상생활에서 자주 접하는 주제 (소개, 인사, 학교생활, 집에서의 생활, 위치, 가족, 취미, 여행, 모양, 색 등)
	기능	- 실생활에서 흔히 접하는 간단한 표지나 표지어 읽기 - 짧은 서술문 읽기 - 일기, 편지 등 일상생활과 관련된 간단한 생활문이나 설명문 읽기 - 생활하는 데 필요한 메모, 영수증, 광고나 안내문 등 간단한 실용문 읽기 - 간단하고 평이한 질문 읽고 대답하기 - 사적이고 친숙한 소재의 이야기 이해하기
	어휘 및 문법	- 생존에 필요한 기본 어휘 (일상생활의 기본적인 어휘, 사물 이름, 위치, 수와 셈, 기본적인 동사/형용사 등) - 일상생활에서 자주 접하는 화제나 소재와 관련된 어휘 (물건 사기, 음식 주문하기 등과 관련된 어휘) - 공공 시설 이용시 자주 사용되는 기본 어휘 - 한국어의 기본 문장 구조와 기초적인 문법 규칙 (기본적인 문장 구조, 문장의 종류, 의문사, 기본 조사, 기본적인 연결 어미, 기본적인 보조 동사, 관형형, 기본 시제, 불규칙 활용, 부정문 등)
	텍스트 유형	- 광고, 안내문, 메모, 소개의 글 - 편지글, 일기, 영수증, 명함, 메모 등 - 실생활에서 자주 접하는 친숙한 소재나 주제의 생활문

4.2 중급 읽기 평가의 목표 및 내용

중급 읽기 평가는 일상생활에서 비교적 자주 접하는 사회적인 관심사를 다룬 다양한 텍스트의 이해 정도를 측정하는 것이 기본 목표이다. 따라서 주제 및 소재, 기능, 텍스트 유형에 있어 초급보다는 조금 복잡한 생활문과 비교적 평이한 내용을 다룬 시사적인 글이 평가 대상이 된다. 이를 표로 정리하면 다음과 같다.

<표 6.3> 중급 읽기 평가의 목표 및 내용

분류		내용
평가의 목표		- 친숙하고 구체적인 사회, 문화 소재를 다룬 간단한 글을 읽고 이해할 수 있다. - 광고, 안내문 등의 실용문을 읽고 중요한 정보를 파악할 수 있다. - 비교적 친숙한 사회적 주제를 다룬 논설문이나 설명문 등을 이해할 수 있다. - 가벼운 수필이나 동화, 간단한 시 등의 작품을 읽고 내용을 파악할 수 있다. - 사회적 관계 유지에 필요한 텍스트를 읽고 이해할 수 있다. - 비교적 평이한 내용을 다룬 시사적인 글을 읽고 내용을 이해할 수 있다.
평가의 범주	주제 및 소재	- 일상생활에서 비교적 자주 접하는 추상적 소재나 사회적 관심사 　(직업, 건강, 보람, 국가와 도시, 걱정과 충고, 언어생활, 경제 형편, 문화 예술, 결혼, 　성격, 모양, 교육, 사건, 사고, 스포츠, 대중문화, 저축, 결혼, 교통 문제, 환경문제 등) - 빈번하게 접하는 공식적인 상황(공공기관 이용, 직장생활, 병원이나 은행 이용 등)
	기능	- 사회·문화 등의 친숙하고 구체적인 소재를 다룬 간단한 글 읽고 이해하기 - 광고, 안내문 등의 실용문 읽고 정보 파악하기 - 비교적 친숙한 주제를 다룬 논설문, 설명문을 읽기 - 안내문, 광고, 사용설명서 등을 읽고 정보 파악하기 - 건의문 등을 읽고 글의 목적 파악하기 - 시나 수필을 읽고 작자의 의도 파악하기 - 복잡한 맥락의 담화 읽고 함축된 의미 파악하기 - 간단한 신문기사를 읽고 내용 파악하기
	어휘 및 문법	- 일상생활에서 사용되는 대부분의 어휘 - 업무나 사회 현상과 관련된 기본 어휘 - 일상생활에서 비교적 자주 접하는 추상적인 소재 관련 어휘 - 비교적 빈번하게 접하는 공식적인 상황에서 필요한 어휘 (직장, 병원, 은행 이용 등) - 기본적인 한자어　　　　　　　　　　- 신문 기사 등에 자주 등장하는 어휘 - 빈도가 높은 관용어와 속담　　　　- 복잡한 의미를 갖는 조사 - 복잡한 의미나 체계를 갖는 연결 어미, 보조 용언 - 논리적인 서술이나 표현에 필요한 문법 표현
	텍스트 유형	- 신문 기사 등의 시사적인 글 - 초대장, 안내문, 만화, 각종 광고, 설명문 등의 각종 생활문 - 수필, 시 등의 쉬운 문학작품 - 건의문 등의 간단하고 쉬운 서식

4.3 고급 읽기 평가의 목표 및 내용

고급 읽기 평가는 다양한 사회적인 관심사를 전문적으로 다룬 다양한 텍스트의 이해 정도를 측정하는 것이 기본 목표이다. 따라서 주제 및 소재, 기능, 텍스트 유형에 있어 고유 업무 영역이나 전문 연구 분야와 관련된 글이 주요 대상이 된다. 이를 표로 정리하면 다음과 같다.

<표 6.4> 고급 읽기 평가의 목표 및 내용

분류		내용
평가의 목표		- 정치, 경제, 사회, 문화 등에 걸쳐 전문적으로 다룬 글을 읽고 이해할 수 있다. - 사회적이고 추상적인 내용을 다룬 논설문, 설명문 등의 글을 이해할 수 있다. - 본격적인 수필, 동화 등의 작품을 읽고 내용을 파악할 수 있다. - 한국 문학의 대표적인 작품을 읽고 감상할 수 있다. - 다양한 종류의 글을 읽고 글을 쓴 의도를 파악할 수 있다. - 고유 업무 영역이나 전문 연구 분야와 관련된 글을 이해할 수 있다
평가의 범주	주제 및 소재	- 직장에서의 구체적인 직무 수행 활동 영역 - 추상적이거나 사회적인 소재나 주제 - 정치적 상황, 경제 현황, 사회적 현상, 시대적 흐름 등의 주요 특징 - 다양한 전문적인 영역 - 소재 및 주제의 예 (소비, 재해, 회원 모집, 교육 제도, 정치 제도, 경제 활동, 가치관, 과학, 보도, 우주, 자유, 문화, 벼룩시장, 태권도, 행사, 야생동물, 전통 문화, 전화 서비스, 문화 유적, 사명, 인간복제, 언어학습, 여성흡연, 민족, 예술의 기능, 한국인의 정서, 사회보장제도, 한국사, 인류문명, 윤리, 과학 기술, 경제 현상, 안락사 등)
	기능	- 친숙하지 않은 소재를 다룬 논설문이나 설명문을 읽고, 글의 종류를 파악하고 결과를 예측하거나 생략된 내용 파악하기 - 수필과 동화를 읽고 작자의 태도와 내용 추론하기 - 표제어를 읽고 글의 내용 추론하기 - 여러 종류의 글을 읽고 내용 파악하기, 화자의 의도, 함축적 의미 파악하기 - 긴 소설이나 희곡을 읽고 인물의 심리, 작중 상황을 파악하기 - 추상적이고 전문적인 소재를 다룬 논설문이나 설명문을 읽고 주제 파악하거나 정보 파악하기
	어휘 및 문법	- 사회 현상을 표현하는 데 필요한 추상적인 어휘 - 직장에서의 특정 영역과 관련된 어휘 - 세부적인 의미를 표현하는 데 필요한 어휘 - 널리 알려진 방언, 자주 쓰이는 약어, 은어, 속어 - 대부분의 시사용어 - 사회의 특정 영역에서 쓰이는 외래어 (이데올로기, 매스컴 등) - 다양한 상황에서 사용되는 복잡한 의미를 갖는 속담이나 관용어 - 전문적인 영역에서 사용되는 문법 표현
	텍스트 유형	설명문, 논설문, 동화, 수필, 시, 소설, 신문기사, 안내문, 연설문, 광고, 편지, 광고문, 서평, 각종 식사(式辭) 등 모든 종류의 텍스트

5. 한국어 읽기 평가의 유형

평가의 유형은 평가의 목적과 내용에 따라 달라진다. 일반적으로 교육 현장에서 이루어지는 평가의 목적은 선발과 분류, 배치를 목적으로 한 평가와 교수·학습 활동의 지도나 조언, 개선을 위한 평가로 나눌 수 있다. 전자의 경우에는 일반적으로 교수·학습 활동과 평가 활동이 분리되어 특정 시점에 평가가 이루어지게 평가로서, 일반적으로 총괄평가 형태를 취하며 후자의 경우에는 학습 활동의 전 과정에서 평가가 이루어지기 때문에 교수·학습 활동과 평가 활동이 통합적으로 이루어지는 평가로서, 형성평가의 형태를 취한다. 역사적으로 볼 때에는 학습의 대단원이나 교육 프로그램의 종류 단계에서 학습자가 교육 내용을 어느 정도 성취했는지를 평가하는 총괄평가가 체계가 주를 이루었으나 1990년대부터 전통적인 평가체계와 대비되는 대안적 평가체계로서 교수·학습이 진행되는 과정에서 수수로 학습자들의 학습 정도를 측정함으로써 학습자에게 피드백을 주어 각 학습자로 하여금 학습내용과 방법을 개선할 수 있도록 하는 형성평가 전반을 수행평가라는 개념을 도입해 포괄적으로 사용되고 있다.

이를 한국어 읽기 평가에 적용시켜 보면, 최근 한국어 교육 현장에서 이루어지는 읽기 평가의 경우에도 중간시험이나 기말시험처럼 특정 학습단계에서 학습자의 읽기 능력이 어느 정도에 도달했는지를 평가하는 총괄 평가와 함께 읽기 수업 목표에 따라 읽기 수업을 진행시켜 나가는 과정에서 학습자가 어느 정도 교육 내용을 이해하고 있는지, 읽기 중 강점과 약점은 무엇인지 등을 파악하기 위한 수행평가의 필요성 및 중요성이 강조되고 있다.

그런데 앞서 듣기 평가에서도 언급했듯이 수행 평가를 전제로 할 경우 듣기나 읽기 같은 이해 기능은 단독 평가가 이루어지기 힘들다는 문제가 있다. 이해 활동은 머리 속에서 사고의 형태로 이루어지기 때문에 그 과정이나 결과를 말하기나 쓰기 같은 표현 기능으로 표현하지 않는 한 어떻게 이루어졌는지를 확인하기 어렵기 때문이다. 따라서 평가의 측면에서 볼 때 이해 기능의 수행 평가는 표현 기능의 수행 평가에 비해 교육 현장에서 그 중요성이 덜 강조된다. 하지만 꼭 분리해서 이해 능력을 평가할 필요가 없다면 다른 언어 기능과 통합해서 학습자의 읽기 능력을 지속적으로 평가하는 것이 바람직하다. 듣기와 말하기가 활동의 동시성으로 인해 가장 밀접하게 통합 평가가 가능하다면, 읽기의 경우에는 활동의 연속성을 고려해 읽고 쓰기나 읽고 말하기 등의 통합 평가가 가능하다.

6. 한국어 읽기 평가의 문항 유형

일반적으로 읽기 평가의 문항 유형은 평가 자료, 평가 내용(주제나 기능), 평가 요소, 반응 유형 등에 따라 구분될 수 있는데, 이들 범주가 다양하게 결합되면서 읽기 평가의 문항 유형이 구체화된다. 평가에 쓰이는 읽기 자료는 대체로 숙달도에 따라 유형이 크게 달라지는 경향을 보인다. 초급에서는 아직 완전히 텍스트 형태를 갖추지 못한 문장 단위의 자료부터 시작해 점차 실생활에서 접할 수 있는 다양한 유형으로 확대된다. 숙달도에 따라 읽기 평가 자료로 쓰일 수 있는 텍스트의 종류는 다음과 같다.

ⅰ) 초급 읽기 자료: 짧은 문장, 간단한 대화, 5~7 문장 이내로 구성된 생활문이나 실용문, 표지어, 광고, 실용문, 영수증, 메모, 편지, 일기, 안내문, 광고문 등
ⅱ) 중급 읽기 자료: 비교적 복잡한 대화나 간단한 문단의 글, 간단한 설명문이나 수필, 간단한 신문 기사, 초대장, 캠페인, 인터뷰, 토론, 뉴스, 안내 방송 등
ⅲ) 고급 읽기 자료: 문단의 연쇄로 이루어진 글, 복잡한 대화, 공적인 상황에서의 대화, 서술문, 기사문, 토론, 문학작품, 서평, 강연, 각종 식사, 학술문, 사설, 평론 등

읽기 평가에서 다루어지는 주제나 기능 역시 숙달도에 따라 다른 언어 기능의 평가와 마찬가지로 개인적인 것에서 사회적인 것으로, 구체적인 것에서 추상적인 것으로, 보편적인 것에서 특수한 것으로 확장되는 경향을 보인다. 읽기 평가의 문항 유형을 결정하는 또 하나의 변인은 반응 유형이다. 어떤 반응 유형을 선택하느냐에 따라 평가의 신뢰도나 타당도가 달라지며, 평가 목표에 부합하는 정도가 다르기 때문에 각 유형의 특성을 고려하여 선택해야 한다.

이상에서 언급한 자료, 내용, 반응유형 등의 범주가 평가 목표나 목적에 따라 서로 유기적으로 적절히 통합될 때 효과적인 문항 유형이 완성된다. 읽기 교육 목표를 반영한 평가 항목 선정, 숙달도 및 교육 목표에 따른 읽기 자료의 선택, 이를 결합한 다양한 문항 유형은 읽기 평가의 타당도를 높일 것이다.

읽기 평가에 활용되는 문항 유형 및 구체적인 실례는 다음과 같다.

6.1 단어나 문장의 내용에 맞는 그림 찾기

초급 단계에서 철자의 식별력과 기초 어휘력을 측정하기 위한 유형이다. 주어진 단어나 문장을 읽고 해당되는 그림을 찾는 유형이다. 그림을 제시할 때 오해를 피하기 위해 지시하는 것이 분명한 그림을 제시해야 한다. 단어에 맞는 그림 찾기의 경우에는 어휘의 고립적인 의미만을 파악하는 유형이며, 문장에 맞는 그림 찾기의 경우는 어휘력과 함께 문장의 이해력을 평가할 수 있다.

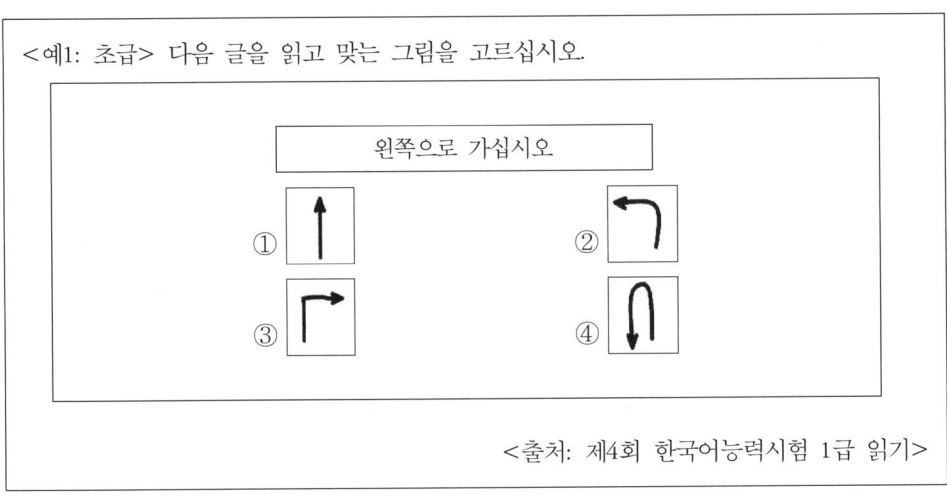

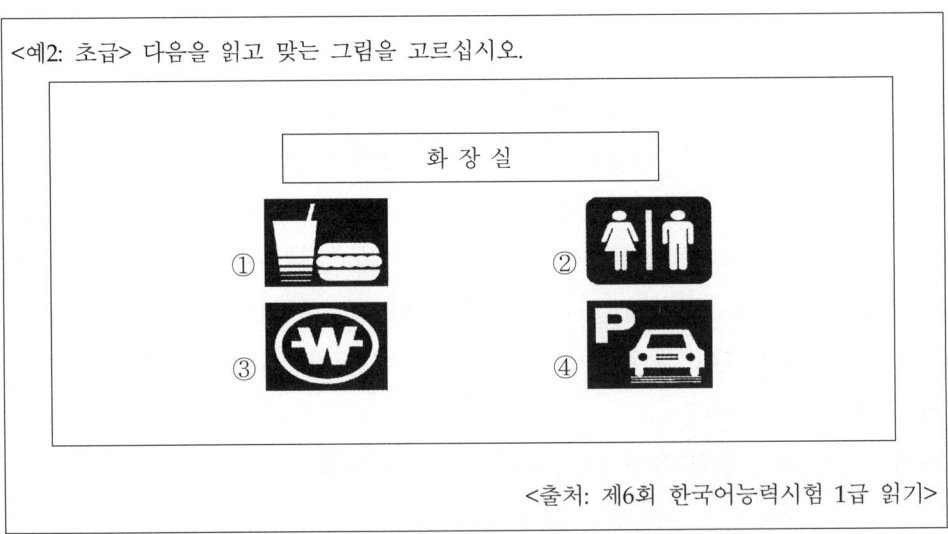

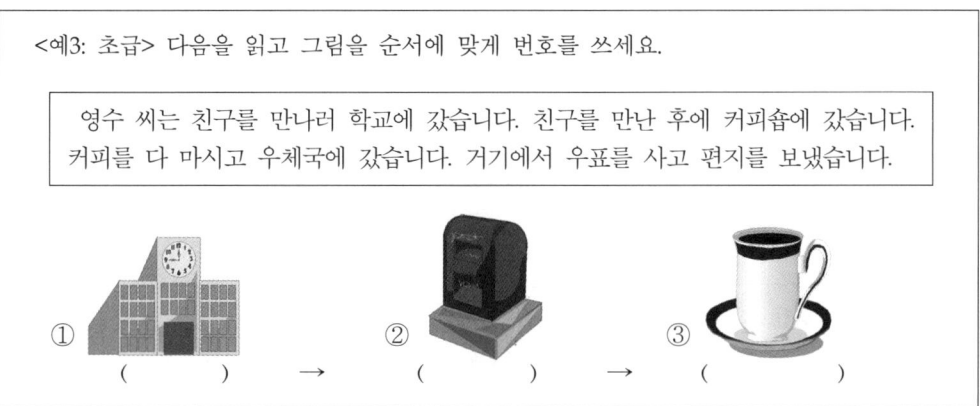

<예3: 초급> 다음을 읽고 그림을 순서에 맞게 번호를 쓰세요.

> 영수 씨는 친구를 만나러 학교에 갔습니다. 친구를 만난 후에 커피숍에 갔습니다. 커피를 다 마시고 우체국에 갔습니다. 거기에서 우표를 사고 편지를 보냈습니다.

①   (   ) → ②   (   ) → ③   (   )

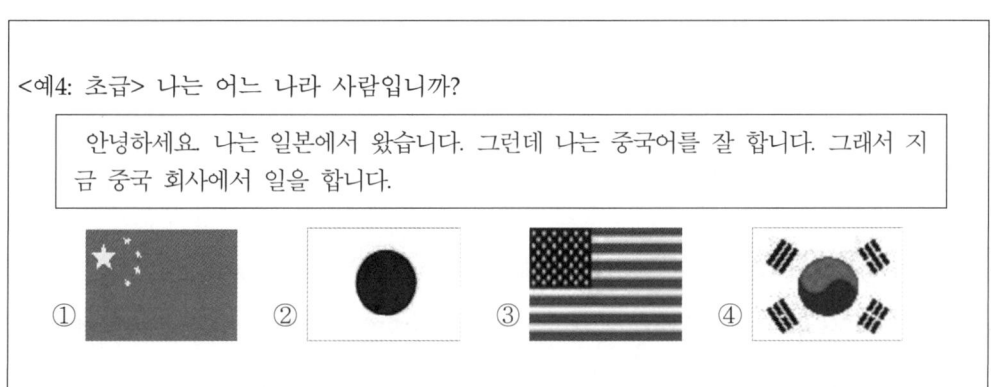

<예4: 초급> 나는 어느 나라 사람입니까?

> 안녕하세요 나는 일본에서 왔습니다. 그런데 나는 중국어를 잘 합니다. 그래서 지금 중국 회사에서 일을 합니다.

①   ②   ③   ④

6.2 유의어, 반의어 찾기

단어를 제시하고 비슷한 말이나 반대말을 찾도록 하는 문제 유형이다. 두 개 이상의 단어를 함께 제시하고 그들 간의 관계가 같거나 다른 것을 찾게 할 수도 있다. 단어 자체만 제시하고 유의어나 반의어를 찾는 방식과 문장이나 문맥 속에서 사용된 특정 단어의 유의어나 반의어를 문맥에 맞게 찾도록 할 수도 있다. 문맥과 함께 제시되지 않고 고립된 단어만 제시하는 경우 문맥 내에서의 단어의 의미 파악 능력은 측정할 수 없으므로 가능하면 문맥 속에서 제시하는 것이 바람직하다.

<예1: 초급> 밑줄 친 부분과 반대되는 뜻을 가진 말을 고르십시오.

가: 저 사람을 알아요?

나: 아니요, (   )

① 나와요   ② 놀아요   ③ 몰라요   ④ 잘해요

<출처: 제8회 한국어능력시험 1급 어휘·문법>[9]

<예2: 초급> 반대되는 뜻을 가진 것을 고르십시오.

① 오늘-지금   ② 일찍-늦게   ③ 어제-아침   ④ 내일-저녁

<출처: 제4회 한국어능력시험 1급 어휘·문법>

6.3 문장 내의 틀린 부분 찾기

문장을 읽고 오류를 찾아내는 유형으로 미시적인 문법적 능력을 측정하기 위한 문제 유형이다. 조사, 어미변화, 시제, 존대법 등을 대상으로 평가할 수 있다. 비문을 제시하고 오류를 파악하게 하는 것이므로 문장을 생성하는 것과는 거리가 멀다는 단점이 있다. 실제 언어 사용을 고려하지 않은 문항으로, 의사소통 능력을 측정하는 것과는 거리가 있다.

<예1: 초급> 다음 문장에서 틀린 부분을 찾아서 표시하십시오.

어제는 친구의 생일이었습니다. 친구한테 주러 꽃을 샀습니다.
         ①   ②   ③   ④   ⑤

(   )

---

9) 교육과정평가원에서 실시하고 있는 〈한국어능력시험〉에서는 〈어휘·문법〉을 별도의 평가영역으로 설정, 분리 평가하고 있다. 하지만 본고에서는 어휘와 문법 능력을 각 언어 기능에 포함시켜 평가하는 것으로 전제하고 있다. 따라서 〈한국어능력시험〉 평가문항 중 〈어휘·문법〉의 실례들이 본고에서 분류하고 있는 기능별 평가유형의 사례로 적합한 경우 이를 인용한다. 특히 한국어능력시험의 〈어휘·문법〉 영역의 문항 유형은 본고에서 제시하고 있는 읽기 평가의 문항 유형에 해당되는 사례가 많아 이를 인용한다.

<예2: 초급> 다음 문장에서 틀린 부분을 고르십시오.

> 지금 아이가 방에서 <u>자요</u>. <u>그리고</u> 시끄럽게 떠들지 마세요.
> ①   ②   ③   ④

(　　　　　　　　)

6.4 문장 내 단어의 의미 찾기

어휘력을 측정하기 위한 전형적인 유형으로, 보통 밑줄을 친 단어와 뜻이 가장 비슷한 단어나 구를 고르는 유형이다. 숙달도에 따라 다양한 어휘나 관용어 등을 제시할 수 있다. 하지만 밑줄 친 단어만을 보고 답을 찾을 수도 있다는 점에서 지엽적인 어휘력만을 평가하는 한계가 있다는 점을 염두에 두고 가능한 한 문맥을 활용할 수 있도록 유도해야 한다.

<예1: 초급> 밑줄 친 부분의 의미와 비슷한 것을 고르십시오.

> 회의가 한 시 <u>삼십 분</u>에 시작돼요.

① 반   ② 안   ③ 전   ④ 후

<출처: 제8회 한국어능력시험 1급 어휘·문법>

<예2: 중급> 밑줄 친 부분과 의미가 같은 것을 고르십시오.

> 그는 가난한 노인을 도우면서 살기로 <u>마음 먹었다.</u>

① 결심했다   ② 약속했다   ③ 노력했다   ④ 연락했다

<출처: 제8회 한국어능력시험 3급 어휘·문법>

<예3: 고급> 다음 밑줄 친 부분과 의미가 비슷한 것을 고르십시오.

> 갑자기 따귀를 얻어맞은 그는 <u>어안이</u> 벙벙한 얼굴로 아내를 쳐다보았다. 워낙 졸지에 벌어진 일이라 식구들도 모두 깜짝 놀란 표정이었다.

① 어설픈   ② 어수룩한   ③ 어쭙잖은   ④ 어리둥절한

<출처: 제7회 한국어능력시험 6급 어휘·문법>

6.5 문장 내 적절한 어휘/문장 고르기

문장의 일부분을 빈칸으로 제시하고, 문맥에 맞는 단어나 표현, 혹은 문장을 고르는 문제이다. 숙달도 단계에 따라 알맞은 어휘나 문법적인 표현을 목표로 문항을 구성할 수 있다. 가능한 한 실생활에서 사용되는 자연스러운 문장이나 단락을 제시해 수험자의 어휘력, 문법적 지식 등을 평가하는 것이 좋다.

<예1: 초급> 다음 (   )에 알맞은 말을 고르십시오.

> 용돈을 (   ) 일을 합니다.

① 벌고   ② 벌면   ③ 벌어서   ④ 벌기 위해서

<출처: 제4회 한국어능력시험 2급 어휘·문법>

<예2: 중급> 다음 (   )에 가장 알맞은 말을 고르십시오.

> 사람들은 무엇보다도 건강이 제일 중요하다고 한다. 그 이유는 사회에서 성공했다고 해도 (   ) 아무 소용이 없기 때문일 것이다.

① 건강하다고 해도   ② 건강이 중요하지만
③ 건강을 잃어버리면   ④ 건강이 아무리 좋아도

<출처: 제5회 한국어능력시험 3급 어휘·문법>

<예3: 고급> 다음 (   )에 알맞은 말을 고르십시오.

> 하루에도 수십 번씩 쉴 새 없이 (   ) 주가, 그 주가 곡선을 보며 울기도 하고 웃기도 하는 사람들이 많을 것이다.

① 오르락내리락하는   ② 오를 듯 말 듯 하는
③ 오르다가 말다가 하는   ④ 오르는 등 내리는 등 하는

<출처: 제6회 한국어능력시험 6급 어휘·문법>

6.6 대화 구성하기

대화에 부족한 부분을 적절한 어휘와 문법적 표현을 사용해 채워 넣도록 하는 문제 유형이다. 어휘력과 문법적 능력은 물론 담화를 제대로 이해하는지도 함께 평가할 수 있다. 초급부터 고급까지 모든 숙달도 단계에 사용될 수 있다. 일반적으로 개방형 문항의 경우 읽기 능력과 쓰기 능력을 함께 평가할 수 있다.

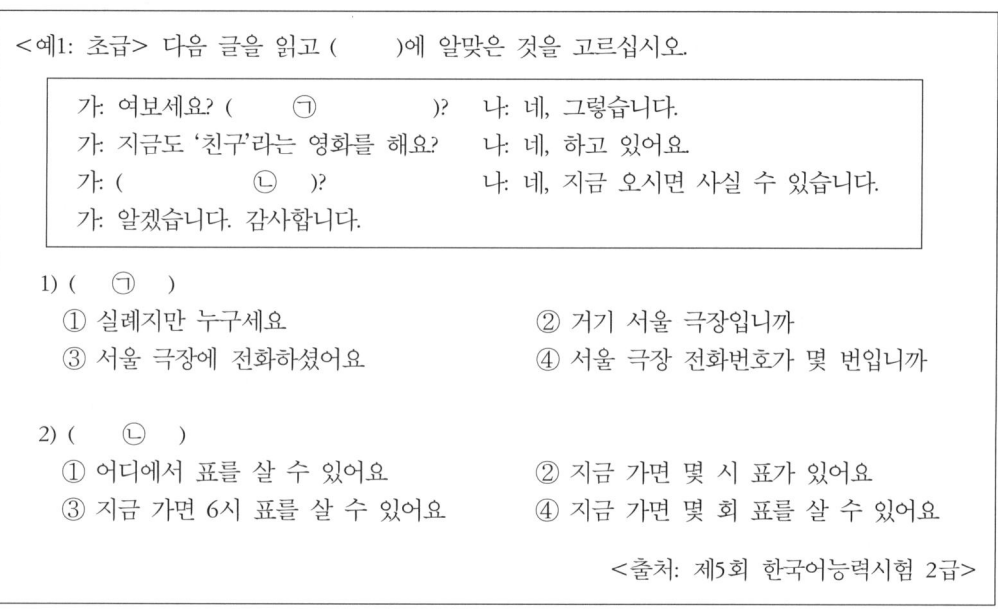

<예1: 초급> 다음 글을 읽고 (   )에 알맞은 것을 고르십시오.

    가: 여보세요? (㉠   )?   나: 네, 그렇습니다.
    가: 지금도 '친구'라는 영화를 해요?   나: 네, 하고 있어요.
    가: (㉡   )?   나: 네, 지금 오시면 사실 수 있습니다.
    가: 알겠습니다. 감사합니다.

1) (㉠   )
    ① 실례지만 누구세요   ② 거기 서울 극장입니까
    ③ 서울 극장에 전화하셨어요   ④ 서울 극장 전화번호가 몇 번입니까

2) (㉡   )
    ① 어디에서 표를 살 수 있어요   ② 지금 가면 몇 시 표가 있어요
    ③ 지금 가면 6시 표를 살 수 있어요   ④ 지금 가면 몇 회 표를 살 수 있어요

<출처: 제5회 한국어능력시험 2급>

6.7 문장을 읽고 관계 있는 문장 찾기

문장을 제시하고 의미가 같거나 다른 문장을 찾는 유형이다. 학습한 문법이나 속담 관용 표현 등을 목표로 출제할 수 있다. 어휘력과 문법적 능력, 그리고 표현 이해력을 측정할 수 있다. 단문으로 제시되는 경우와 몇 개의 문장으로 단락으로 구성해서 제시하는 경우가 있다. 주로 초급 단계에서 많이 활용되는 문항 유형이다.

<예1: 초급> 다음의 내용과 같은 것을 고르십시오.

> 제 취미는 책을 읽는 것입니다. 저는 여러 가지 책을 읽습니다. 특히 역사 책을 많이 읽습니다.

① 저는 역사 책을 씁니다.　　　② 저는 역사를 가르칩니다.

③ 저는 도서관에서 일합니다

④ 저는 책 읽는 것을 좋아합니다.

<출처: 제8회 한국어능력시험 1급 읽기>

<예2: 초급> 다음의 내용과 같은 것을 고르십시오.

> 철수 씨는 성격이 좋고 친절합니다. 그래서 반 친구들과 선생님들에게 인기가 많습니다.

① 선생님들이 인기가 좋습니다.

② 철수 씨의 반 친구들이 모두 친절합니다.

③ 철수 씨의 반 친구들이 철수 씨를 좋아합니다.

④ 철수 씨는 성격이 좋고 친절한 사람을 좋아합니다.

<출처: 제8회 한국어능력시첨 2급 읽기>

6.8 텍스트 읽고 글의 중심 소재 찾기

문장이나 글을 읽고 중심적으로 다루어진 소재를 찾는 것이다. 어휘력과 함께 문장 이해력, 텍스트 특성에 대한 이해력 등을 측정할 수 있다. 수험자의 숙달도에 따라 다양한 소재와 내용을 물을 수 있다.

<예1: 초급> 다음은 무엇에 대한 이야기입니까?

> 오늘 오전에는 조금 흐리겠습니다. 오후부터 비가 내리겠습니다.

① 날씨　　　② 저녁　　　③ 시간　　　④ 우산

<출처: 제8회 한국어능력시험 1급 읽기>

<예2: 중급> 다음은 무엇에 대한 글입니까?

> 길거리에서 담배를 피우면서 걸어가는 사람들이 종종 있다. 그런데 그 사람들은 자신들의 행동이 아이들에게 얼마나 위험한 것인지 알아야 한다. 왜냐하면 담배를 든 손이 주위에 있는 아이들의 얼굴에 닿을 수도 있기 때문이다. 그러므로 걸어가면서 흡연하지 않았으면 좋겠다.

① 길에서 담배를 피우는 사람　　② 길에서 아이들이 주의할 점
③ 흡연이 아이에게 주는 영향　　④ 걸으면서 피우는 담배의 위험성

<출처: 제8회 한국어능력시험 3급 읽기>

6.9 문맥에서 어구의 의미 파악하기

어휘나 어구의 의미를 문맥 내에서 유추, 파악하는 능력을 측정한다. 어휘의 이차적인 의미나 문맥 내에서의 쓰임을 확인할 수 있다. 학습자의 현 수준보다는 난이도가 조금 높은 어휘나 어구를 확인하는 것이 좋다. 문맥 내에 답의 근거가 되는 말이 있어야 하며, 읽은 내용을 바탕으로 답을 쓰도록 한다.

<예1: 중급> 밑줄 친 단어의 의미를 가장 잘 설명한 것을 고르십시오.

> 아이들의 심한 장난 때문에 방을 아무리 <u>치워도</u> 깨끗한 날이 없어요.

① 더럽혀도　　② 수선해도　　③ 정리해도　　④ 세탁해도

<출처: 제4회 한국어능력시험 3급 어휘·문법>

<예2: 고급> 이 글에서 ㉠의 의미로 알맞은 것을 고르십시오.

> 오존층은 지구의 ㉠'갑옷'의 역할을 한다. 태양과 우주에서 날아오는 해로운 자외선을 차단해 주는 것이다. 자외선이 곧바로 지면에 도달하는 경우 시력을 버리게 되고, 피부암이 생기며, 농작물은 말라 죽게 된다.

① 기초　　② 생명　　③ 근원　　④ 보호

<출처: 제5회 한국어능력시험 5급 읽기>

6.10 접속사 고르기

글의 내용을 논리적으로 연결하기위해 필요한 접속부사를 찾는 유형이다. 언어의 중요한 요소인 논리적 사고력의 연결 능력을 평가한다. 읽기 능력 중 담화 이해 능력을 평가하는 것으로 초급이나 중급 단계에서 주로 사용한다.

<예1: 초급> 다음 글을 읽고 ㉠에 알맞은 것을 고르십시오.

> 마사코: 비빔밥 맛있어요?
> 기　영: 아주 맛있어요. (　㉠　) 조금 매워요.

① 그리고　　② 그러니까　　③ 그래서　　④ 그렇지만

<출처: 제4회 한국어능력시험 1급 어휘·문법>

<예2 : 고급> (　　　)에 앞 뒤 문장을 자연스럽게 연결해 주는 말을 넣으십시오.

> 　답사를 하느라 팔도를 돌아다니다 보니 나는 참으로 기발한 간판을 많이 본다. 성남에서 이천 쪽으로 가다 보면 '베드로 횟집'이 나온다. '그렇지! 베드로는 어부였고, 이 길은 천주교 성지 순례 코스지.' 라는 생각을 하고 웃은 적도 있다. 우리는 간판을 사용 가치의 측면에서만 보고 말지만 이것은 아주 중요한 문화인류학적 유물이요, 이 시대의 얼굴이기도 하다. (　　　) 답사 여행에서는 작은 것 하나도 예사로 보아 넘길 수 없다.

(　　　　　　　　　　　)

<출처: 제7회 한국어능력시험 5급 읽기>

6.11 중심 내용 파악하기

한 단락 이상의 글을 읽고 글의 주제나 전체적인 내용을 파악하게 하는 유형이다. 글의 전체적인 담화 이해 능력을 측정한다. 주로 중급 이상에서 활용된다.

<예1: 중급> 다음 글을 읽고 글쓴이의 중심 생각을 고르십시오.

> 소나무는 버릴 것이 없는 쓸모가 다양한 나무이다. 소나무는 집짓기에 으뜸가는 나무이며 가구를 짜거나 배를 만드는 데도 좋고, 종이를 만드는 펄프의 연료로도 쓰인다.

① 소나무는 다양하게 쓰인다.
② 소나무로 만든 배는 제일 좋다.
③ 소나무 껍질로 종이를 만들어서 사용한다.
④ 집을 지을 때 소나무를 사용하는 것이 제일 좋다.

<출처: 제4회 한국어능력시험 3급 읽기>

<예2: 중급> 다음 글의 중심 내용은 무엇입니까?

> 음식 문화는 나라에 따라 다르다. 나라마다 기후가 다르고 생활 습관이 다르기 때문이다. 요즘에는 해외 여행의 기회가 늘어나고, 다른 나라와의 교류가 증가함에 따라 낯선 문화와 음식을 만나는 기회가 예전보다 훨씬 더 많아졌다. 그리고 그 음식들 중 어떤 것은 우리의 음식 문화와 너무 달라서 가끔씩은 놀라게 되기도 한다. 하지만 우리의 음식 문화처럼 다른 나라의 음식 문화도 그 나라만의 고유한 특성을 가지고 있다는 것을 이해한다면 그렇게 놀라운 일만은 아닐 것이다.

① 다른 나라와 더 활발하게 교류해야 한다.
② 세계 여러 나라의 음식 문화는 매우 다양하다.
③ 나라마다 음식 문화가 서로 다름을 이해해야 한다.
④ 다양한 음식을 경험하려면 해외여행을 하는 것이 좋다.

<출처: 제6회 한국어능력시험 3급 읽기>

6.12 주제문 찾기

한 단락 이상의 글을 읽고 전체 주제를 파악하는 문제이다. 담화 이해력을 측정하는 문제로 주로 고급 단계의 수험자를 대상으로 출제된다.

<예1: 고급> 다음 글이 주제문을 고르십시오.

> ㉠참사랑은 고통받는 이웃과 함께 꿈과 아픔을 나누는 것이어야 한다. ㉡자기를 위한 사랑이라면 그것은 욕심일 수는 있어도 참사랑은 아니다. ㉢이것은 새를 새장 안에 가두어 두고, '내가 너를 사랑하기에 너를 보호하기 위해 이 새장 안에 가두어 둔다'고 하는 것과 같다. ㉣이웃에 대한 사랑도 자기 만족을 위한 사랑으로 끝나서는 안 된다. ㉤그들이 가진 꿈과 그들이 느끼는 아픔을 이해할 수 있어야 한다.

① ㉠   ② ㉡   ③ ㉢   ④ ㉣

<출처: 제7회 한국어능력시험 6급 읽기>

<예2: 고급> 다음은 문장들을 순서없이 늘어놓은 것입니다.
주제문으로 가장 적합한 것을 고르십시오.

> ㉠ 항상 불안정하고 움직임이 많은 사람은 소극적인 성향을 갖는다.
> ㉡ 늘 진취적인 자세를 취하는 사람은 적극적인 성향을 갖는다.
> ㉢ 자세는 그 사람의 심리 상태에 대해서 많은54 정보를 전달해 준다.
> ㉣ 상대방에 대한 호감이 있을 때는 자세가 상대방의 정면을 향하고, 보다 가까이 다가가면서 신체적 접촉이 늘게 된다.

① ㉠   ② ㉡   ③ ㉢   ④ ㉣

<출처: 제5회 한국어능력시험 6급 읽기>

6.13 제목 고르기

글의 대의와 주제, 글의 어조를 파악한 후 이를 바탕으로 알맞은 제목을 붙이는 유형이다. 보통 기사문 등의 시사적인 글이나 광고문 등 특정한 글을 사용해서 글의 내용과 함께 글의 특성을 알고 있는지 확인할 수 있다. 텍스트 유형이나 난이도, 분량 등에 따라 다양한 숙달도 단계에 활용될 수 있으며, 일반적으로는 중급 이상의 단계에 많이 활용된다.

<예1: 초급> 글의 제목으로 가장 알맞은 것을 고르십시오.

> 발이 편안하면 몸도 편안해집니다. 발을 건강하게 하려면 어떻게 해야 할까요? 피곤할 때에는 발을 높게 하고 자면 피로가 풀립니다. 걸을 때에는 빨리 걷는 것이 좋습니다. 그러나 굽이 높은 구두를 신고 걷는 것은 좋지 않습니다. 굽이 낮은 구두나 운동화를 신고 걸어야 합니다. 가끔 맨발로 걸어다니는 것도 좋습니다.

① 발과 건강 ② 발과 신발
③ 잠과 건강 ④ 맨발과 건강

<출처: 제7회 한국어능력시험 2급 읽기>

<예2: 고급> 다음 글의 제목으로 알맞은 것은?

> 좋은 버릇이란 여러 번 거듭하는 가운데 저절로 마음이나 몸에 배어 굳어 버려야 하는데, 그것은 바로 훈련을 뜻하는 것이다. 음식을 바르게 먹는 버릇을 키우지 못하면 죽을 때까지 버릇없이 먹게 된다. 말을 곱게 쓰는 버릇을 기르지 못하면 일생 상스러운 말로 남의 빈축을 사게 마련이다. 청결하게 생활하는 버릇이 없으면 늘 불결하여 이웃을 불편하게 할 것이며 부지런한 버릇이 몸에 배지 않으면 평생 게으르게 된다. 어렸을 적부터 좋은 버릇을 키우는 훈련은 인격 형성을 위한 절대 불가결의 조건이 아닐 수 없다.

① 버릇의 뜻 ② 버릇의 중요성 ③ 버릇과 훈련 ④ 버릇의 문제점

<출처: 제3회 한국어능력시험 5급 읽기>

6.14 지시어 내용 찾기

문맥에서 지시어가 지시하는 내용을 찾는 문제이다. 전체 내용과 문장간의 의미 관계를 파악해야 가능하다. 그러므로 전체적인 담화 이해와 함께 문맥의 흐름을 이해하는 능력이 필요하다.

<예1: 초급> ㉠'그것'이 가리키는 말을 쓰십시오.

어제 '집으로'라는 한국 영화를 보았습니다. 외할머니와 손자가 함께 시골에서 지내는 이야기였습니다. 처음에 아이는 시골 생활과 할머니를 싫어했습니다. 하지만 곧 할머니의 사랑을 느끼게 됩니다. ㉠그것은 고향의 느낌입니다. 아이는 어머니와 함께 다시 도시로 떠나지만 할머니를 잊지 못합니다. 영화를 보고 나도 할머니가 그리워졌습니다.

(   )

<출처: 제7회 한국어능력시험 2급 읽기>

<예2: 고급> 밑줄 친 부분이 비유하는 것은 무엇인지 쓰십시오.

학문은 누구도 모르고 있던 진실을 밝혀 새로운 지식을 만들어 내는 제조업이다. 일단 제조한 지식을 전달하고 보급하는 유통업은 학문이 아니다. 제조업을 하자면 유통업의 도움이 필요하다. 유통업의 기여를 무시할 수 없다. 그러나 기여하는 바가 크다 하더라도 유통업을 제조업으로 간주할 수는 없다. 외국 학문의 최신 흐름을 신속하게 소개하는 것을 자랑으로 삼는 사람을 학자라로 할 수는 없다. 지식의 제조업과 유통업은 서로 다른 활동이다.

(   )

<출처: 제7회 한국어능력시험 5급 읽기>

6.15 글의 기능이나 목적 파악하기

주어진 텍스트를 읽고 글을 쓴 목적이나 기능을 파악하는 유형이다. 문장과 담화의 기능을 파악하는 능력은 읽기 자료의 의사소통적 목적을 인식하는 중요한 요소이다. 주로 중급 이상의 단계에서 많이 활용된다.

<예1: 중급> 다음은 무엇에 대한 글입니까?

> <구합니다>
> * 25세~35세 남녀
> * 09~18시(주 5일 근무)
> * 월 100만 원, 점심 제공
> ☎ (02)234-5678

① 직장을 구하는 광고　　　　② 직원을 구하는 광고
③ 회사를 알리는 광고　　　　④ 식당을 소개하는 광고

<출처: 제7회 한국어능력시험 3급 읽기>

<예2: 고급> 이 글의 종류는?

> 지난 7일5 대학가 한국 소극장에서 막이 오른 '허탕'은 우리의 현실을 감옥으로 풍자한 내용이다. 무거운 주제를 다루었지만 이를 표출하는 방식은 경쾌하다. 여백 없이 배우들의 치고 받는 대화로만 진행되었으면서도, 재치 있는 대사와 관객의 눈까지 배려한 깔끔한 무대 장치 덕분에 관객들은 주제에 짓눌리지 않고 즐겁게 작품에 몰입할 수 있다.

① 영화평　　　② 연극평　　　③ 문학평　　　④ 음악평

<출처: 제3회 한국어능력시험 6급 읽기>

<예3: 고급> 다음은 신간 서적에 대한 소개문입니다. 이 책의 성격은?

> 대기업의 회장을 지냈던 그가 경영에서 물러난 후에 자신이 살아 온 인생을 되돌아보며 써 낸 책이 요즘 장안의 화제다. 이 책에서 그는 자신이 걸어 왔던 삶과 기업을 일군 과정을 자세히 기록했다. 오늘날 대기업가로 성공하게 된 여러 일화들도 유머 있게 다루고 있다.

① 위인전　　　② 수필집　　　③ 자서전　　　④ 장편소설

<출처: 제3회 한국어능력시험 6급 읽기>

6.16 단락 순서 제시하기

여러 개의 단락으로 구성된 텍스트를 몇 개로 분리하여 임의로 순서를 뒤섞은 후에 다시 논리적으로 명백한 순서로 재배열하도록 하는 것이다. 유의해야 할 점은 글을 지나치게 많이 분류하면 응집성 있는 재배열이 어려우므로 3-5개 단락 정도로 분류하는 것이 적절하다. 글의 내용을 암시하는 첫 한두 문장을 제시해서 문제를 푸는 근거가 되도록 한다. 문장이나 단락의 수준에 따라 모든 단계에서 활용될 수 있다.

<예1: 초급> 다음 글의 순서로 맞는 것을 고르십시오.

> (가) 받는 돈을 부모님께 모두 부쳤습니다.
> (나) 지난 한 달 동안 주유소에서 일했습니다.
> (다) 힘들었지만 열심히 일해서 첫 월급을 받았습니다.
> (라) 어머니께서 돈을 받으시고 눈물을 흘리셨습니다.

① (가)-(나)-(다)-(라)　　　② (나)-(다)-(가)-(라)
③ (다)-(라)-(나)-(가)　　　④ (라)-(가)-(나)-(다)

<출처: 제7회 한국어능력시험 2급 읽기>

<예2: 중급> 다음 글을 순서대로 나열하십시오.

> (가) 자연을 친구로 대화를 나누다 보면 몸뿐만 아니라 마음 또한 건강해지는 것을 느끼게 된다.
> (나) 그러나 사람을 만나면, 아무리 친한 친구라도 서로 자꾸 부딪치게 되고 그럴 때마다 '내가 이 나이가 되도록 이것밖에는 안 되는구나.'하는 생각도 들고 해서 피곤해지곤 한다.
> (다) 나에게는 친한 친구들이 많다. 70여 년을 살아오면서 교수, 의사, 회사 사장 등 사회에서 중요한 일들을 하고 있는 많은 사람들을 알고 있다.
> (라) 그래서 나는 그림을 배우기 시작했다. 47살의 늦은 나이에 시작한 취미생활이라서, 처음에는 잘 할 수 있을까 하는 생각도 들었지만, 주말마다 산으로 나가 그림을 그리다 보니 그림을 잘 그리고 못 그리는 것은 이제 중요한 문제가 못 된다는 것을 알게 되었다.

① (가)-(나)-(다)-(라)　　　② (가)-(라)-(다)-(나)
③ (다)-(나)-(라)-(가)　　　④ (다)-(라)-(나)-(가)

<출처: 제4회 한국어능력시험 3급 읽기>

<예3: 고급> 다음 글을 읽고 이 글을 순서대로 맞게 배열한 것을 고르십시오.

> (가) 그런데 하루의 시작을 해 뜰 때로 정해야 하는가, 해 질 때로 정해야 하는가? 원시 시대부터 해가 뜨면서 일이 시작되었기 때문에 전자를 택하는 사람이 많을 것이다. 그러나 또한 해가 지면 일이 끝나며, 일이 끝난다는 것은 새로운 시작을 의미하므로 후자를 택하는 사람도 있을 것이다.
>
> (나) 따라서 정오나 자정은 일년 내내 대체로 일정하므로 정오나 자정을 하루의 시작으로 삼으면 좋다. 정오를 하루의 시작으로 정하면 사람들이 한창 활동하고 있는 대낮에 날짜가 바뀌게 되는 단점이 있으나 자정을 하루의 시작으로 정하면 이와 같은 불편이 없다. 1925년부터는 밤에 일하는 천문학자들조차도 다른 '보통 사람들'처럼 자정을 하루의 시작을 채택하게 되었다.
>
> (다) 현대에 와서는 하루의 시작이 해 뜰 때나 해 질 때가 아니다. 해 뜰 때부터 다음 해 뜰 때까지의 시간은 낮이 점점 짧아지는 반 년 동안은 24시간보다 조금 더 길고, 낮이 점점 길어지는 다음 반 년간은 24시간보다 조금 짧다. 일출과 일몰은 반대 방향으로 일어난다. 즉, 서로 접근하거나 서로 멀어진다.
>
> (라) 예를 들어 고대 이집트에서는 해 뜰 때를, 유태인들은 해 질 때를 각각 하루의 시작으로 삼았다. 유태인들의 관습은 오늘날까지도 계속되어 우리의 축제일의 전야제를 다음 날 아침에 시작되는 원래의 날보다 더 즐기기도 한다.

① (가)-(나)-(다)-(라)　　② (가)-(라)-(다)-(나)
③ (다)-(나)-(가)-(라)　　④ (다)-(라)-(가)-(나)

<출처: 제7회 한국어능력시험 6급 읽기>

6.17 문장이나 단락 삽입·삭제하기

논리적인 일관성을 위해 필요한 문장을 전체 글 중에서 어디에 삽입해야 할지를 찾는 문제 유형이다. 또한 이와 반대로 글의 흐름 상 불필요한 문장, 내용에 맞지 않는 문장을 삭제하도록 할 수도 있다. 담화 이해 능력을 평가할 수 있는 문제 유형으로 중급 이상의 단계에 주로 활용된다.

<예1: 고급> 다음 글의 전개에서 없어도 되는 문장을 고르십시오.

> 요즘 초등학생들은 웬만한 어른들보다 더 바쁘다. ㉠누구보다도 일찍 일어나 가방을 챙기고 학교로 향한다. ㉡오후에는 피아노 학원이나 태권도 학원, 미술 학원 등으로 동분서주한다. ㉢길가의 게임기에 앉아 오락이라도 하고 싶지만 선생님이 볼까 두렵다. ㉣밤에는 낮에 못한 숙제를 하느라고 TV 앞에 앉아 있을 수조차도 없다.

①㉠   ②㉡   ③㉢   ④㉣

<출처: 제5회 한국어능력시험 5급 읽기>

<예2: 고급> 다음 글에서 <보기>의 문장을 넣을 수 있는 곳을 고르십시오.

> 에너지 전문가들은 앞으로 40~50년 후에는 에너지 자원이 고갈될 것이라고 경고한다. (㉠) 1970년대 이후 많은 과학자들은 석탄이나 석유 등을 대체할 새로운 에너지원을 찾는 연구에 몰두해 왔다. (㉡) 그러나 30년이 지난 현재까지도 아직 이렇다 할 대규모 대체 에너지를 찾지 못한 실정이다. (㉢) 즉, 태양 에너지를 비롯하여 풍력·지열·조력·수소 에너지 등을 사용하여 지역 규모의 발전 시설을 가동하는 것이다. (㉣) 이 중 태양 에너지와 풍력 에너지는 이미 실용화 되고 있다.

> ──────── <보기> ────────
> 그래서 과학자들이 생각해 낸 것이 지역별로 필요한 양을 공급할 수 있는 소규모 에너지원이다.

①㉠   ②㉡   ③㉢   ④㉣

<출처: 제8회 한국어능력시험 6급 읽기>

6.18 정보 파악하기

대부분의 실생활 읽기는 목적을 가진 읽기로 자신에게 필요한 정보를 찾기 위해 이루어진다. 주어진 텍스트의 내용에서 필요한 정보를 빠른 시간 내에 찾을 수 있는 능력은 읽기 능력 중에서 아주 중요한 요소이다. 대체로 광고지, 안내문, 설명서, 계약서, 메모, 지시문 등 실용적인 텍스트를 읽기 자료로 활용하는 경우가 많으며, 시간, 장소, 순서 등 필요한 정보를 파악하게 하는 문제이다. 많은 정보를 훑어 읽고 필요한 정보만을 빨리 파악할 수 있는지를 측정한다. 활용 자료의 수준이나 내용에 따라 초급부터 고급까지 모두 사용할 수 있다.

<예1: 초급> 다음 글을 읽고 질문에 답하십시오.

♥ 이보다 저렴할 수 없다 ♥

학생 시절의 아름다운 추억을 만들어 드립니다
여기 저렴하면서도 멋진 여행을 준비했습니다.
혼자서 또는 친구와 배낭을 메고 떠나 보세요.

제주도(5박 6일) 180,000원

  (1) 전통 공연 관람 및 시내 관광
  (2) 위의 요금에는 항공료, 호텔(조식 포함), 교통비가 포함되어 있습니다.
  (3) 한 달 전에 예약하시면 10% 할인된 가격으로 여행하실 수 있습니다.
  (4) 15명 이상이면 할인 받을 수 있습니다.

고려여행사 Tel: 02-3221-1888~9

---

1) 위의 광고는 어떤 여행 광고입니까?
  ① 배낭 여행　　② 수학 여행　　③ 신혼 여행　　④ 졸업 여행

2) 위 글의 내용과 같은 것은 무엇입니까?
  ① 저녁 식사가 포함되어있다.
  ② 단체 관광이면 할인 받을 수 있다.
  ③ 전통 공연을 무료로 관람할 수 있다.
  ④ 예약을 하면 언제든지 10% 할인을 받을 수 있다.

3) 위 글을 읽고 여행을 가게 되면 호텔에서 며칠 동안 잠을 잘 수 있습니까?

  _____

6.19 세부 내용 파악하기

텍스트를 읽고 텍스트에 담긴 구체적이고 세부적인 사항을 이해했는지를 파악하는 유형이다. 문맥에 대한 이해, 어휘나 문법 지식에 대한 이해, 담화적 이해 능력 등을 모두 측정할 수 있다. 답안은 선다형, 진위형, 단답형 등으로 구성할 수 있다.

<예1: 중급> 다음 글을 읽고 글의 내용과 다른 것을 고르십시오.

> 7일 아침 지하철 운행이 1시간 동안 중단되는 바람에 출근길 시민들이 큰 불편을 겪었다. 지하철이 멈추자 약 3만 명의 시민들이 버스나 택시로 갈아타려고 한꺼번에 역을 빠져나와 지하철역 주변의 교통이 매우 복잡해졌다. 또 몇몇 승객들은 지하철 사무실을 찾아가 환불을 요구하기도 했다. 한편 지하철 공사에서는 지금 정확한 고장 원인을 알아 보고 있는 중이라고 한다.

① 사고가 나자마자 지하철 공사는 승객들에게 요금을 환불해 주었다.
② 출근길의 지하철이 갑자기 고장난 이유는 아직 알 수 없다고 한다.
③ 1시간 동안 지하철이 다니지 않아 출근하던 시민들이 불편을 겪었다.
④ 지하철 대신 버스나 택시를 타려는 시민들 때문에 교통이 복잡해졌다.

<출처: 제6회 한국어능력시험 3급 읽기>

<예2: 고급> 다음 기사를 읽고 내용과 일치하는 것을 고르십시오.

> 자살이 들불처럼 번지고 있다. 생활이 어려움을 비관해 자살한 주부, 현실도피를 위해 자살을 선택한 회사원, 학업 문제로 아파트 옥상에서 뛰어 내린 여고생 등 사연과 계층이 다양하다. 겉으로 볼 때 자살의 이유는 다양하지만 자살의 근본 원인은 대체로 우울증이다. 하지만, 최근 자살이 늘고 있는 것은 우울증 환자가 늘어서라기 보다는 사회, 경제, 문화적으로 자살을 부추기는 환경 때문이다.

① 최근 우울증 환자의 증가로 자살이 급증하고 있다.
② 자살의 밑바탕에는 우울증이 깔려 있는 경우가 많다.
③ 요즘 자살은 중·장년층에서 많이 일어나는 경향이 있다.
④ 요즘 자살의 전형적인 유형은 생활의 어려움을 비관한 자살이다.

<출처: 제7회 한국어능력시험 5급 읽기>

6.20 필자의 태도 파악하기

읽기는 기본적으로 필자와 독자간의 글을 통한 상호활동적 의사소통이다. 따라서 필자의 태도나 의도를 유추하는 것은 중요한 읽기 능력이다. 글에 명시적으로 나타나 있지는 않지만 전체 내용을 파악함으로써 글의 밑바탕에 깔린 작가의 관점은 무엇인지, 작가의 의도와 목적이 무엇인지를 파악하는 것은 중요한 읽기 능력의 평가 요소가 될 수 있다. 주로 중급 이상의 수험자를 대상으로 이루어지는 평가 유형이다.

<예1: 중급> 글쓴이가 느끼는 감정은 무엇입니까?

정말 오래간만에 친구를 만났다. 그는 고등학교 시절 나의 단짝이었다. 우리는 마음이 잘 맞아 항상 붙어 다녔다. 겨울 방학 때 야간 열차를 타고 같이 바닷가로 여행을 갔었다. 값싼 여관에서 하룻밤을 묵고 아침에 본 춥고 쓸쓸한 바닷가의 모습은 지금도 나에게 젊은 날의 추억으로 남아 있다.

학교에 지각해 선생님께 종아리를 맞았던 일, 수업 시간에 몰래 도시락으 르먹다가 들켜 청소를 했던 일, 그 때는 싫었지만 지나간 모든 것들이 이제는 다시 그리워진다.

① 서러움　　② 그리움　　③ 외로움　　④ 괴로움

<출처: 제8회 한국어능력시험 3급 읽기>

<예1: 고급> 다음은 고향에 간 화자가 아내에게 보낸 편지의 일부이다.
편지를 통해 알 수 있는 화자의 정서로 알맞은 것은?

어쨌든 언제부터인가 나는 돌아가 숨을 숲과 나무 그늘 아래를 꿈꾸게 되었는데 어제 내가 들른 곳은 내 기억 속에 남아 있는 숲과 나무 그늘 중의 하나였소, 그러나 지금 내가 느끼는 것은 이제 더 이상 그런 숲과 나무 그늘은 없다는 것이오. 인간이 가진 낙원 상실의 신화에는 이제 그 숲과 나무 그늘도 추가되어야 할 것 같소

① 부러움　　② 안타까움　　③ 배신감　　④ 안도감

6.21 전후 이야기 추측하기

담화 이해 능력을 측정하기 위한 문제 유형으로 단락의 앞이나 뒤에 나올 말을 추론하는 것이다. 이때 논리적 정확성을 기하기 위해 앞이나 뒤에 나올 것을 암시할 수 있는 내용이 포함되어야 한다. 주로 중급 이상의 단계에서 활용되는 문제 유형이다.

<예1: 고급>
이 글의 바로 앞부분에 나올 내용으로 가장 알맞은 것은 무엇입니까?

> 정당과 이익 집단은 다른 점이 많다. 정당은 정치 권력을 차치하려 하지만 이익 집단은 그럴 의사가 없다. 정당은 광범위한 분야에 관심을 갖고 활동하지만 이익 집단은 자기 집단의 이익에만 관심을 갖고 활동한다. 일부 이익 집단은 정당을 지지하는 주변 단체로서의 역할을 수행하면서 정당을 통해 자신의 정치적 이익을 실현시키는 경우도 있다.

① 이익 집단의 활동 범위　　　　② 정치 활동 단체의 종류
③ 이익 집단과 정당의 공통점　　④ 이익 집단과 정당의 차이점

<출처: 제7회 한국어능력시험 6급 읽기>

<예2> 이 글의 바로 뒤에 이어질 내용을 가장 알맞은 것은 무엇입니까?

> 우리 인간의 삶에서 신체의 완전성은 일반적으로 행복의 첫째 조건으로 꼽는다. 그러나 신체 조건이 완전하지 못한 사람이라 할지라도, 자기의 신체적 조건에 알맞은 삶의 길을 열어 나가는 가운데에서 행복한 삶을 누릴 수 있으면, 자신의 의지로 어려움을 이겨내면서, 인류사에 빛나는 업적을 남길 수도 있다. 실제로 우리 주변에서, 또는 지난날의 역사 속에서 그런 인물들을 찾아볼 수 있다.

① 건강한 몸을 유지하기 위해 노력해야 하는 이유
② 건강을 잃고 불행하게 살아가는 사람들의 이야기
③ 장애를 극복하고 뛰어난 업적을 남긴 분의 이야기
④ 장애인 보호 시설 확충을 위한 정부의 노력 촉구

<출처: 제7회 한국어능력시험 6급 읽기>

6.22 요약하기

주어진 지문을 제시한 형식에 맞추어 요약하는 유형이다. 지문에 대한 이해력과 함께 이를 쓰기를 통해 표현할 수 있는 능력이 필요하다. 단순히 문장을 줄이거나 축약하는 것이 아니라, 필수적인 요소를 포함하면서 새로운 표현으로 변형해 낼 수 있는 능력이 요구된다. 읽기 능력과 쓰기 능력을 함께 평가할 수 있는 유형이다.

<예1: 중급> 다음 글을 읽고 내용을 20자 이내로 요약하십시오

> 소비자들의 관심을 끌기 위해 새로운 형식으로 만든 광고들이 최근 들어 속속 등장하고 있다. 뉴스 형식을 빌어 정보를 전하는 광고가 있는가 하면, 소설이나 영화 기법으로 만든 광고도 눈에 띈다. 다양한 형식의 광고는 상품에 대한 이미지를 좋게 하고 상품의 판매량을 증가시키는 것은 물론이고 소비자들에게 새로운 볼거리도 제공하고 있으니 새로운 형식의 광고를 만드는 것이 쉽지는 않겠지만 도전해 볼 만한 일이기는 한 것 같다.

<내용 요약>

<예2: 고급> 다음 글을 읽고 30자 이내로 내용을 요약하십시오.

> 최근 논란이 되고 있는 유전자 변형 농산물은 우수한 품질을 가지고 있어 많은 사람들의 관심을 끌고 있다. 또한 미래의 식량 자원을 확보한다는 점에서도 매력을 가지고 있다. 그런데 문제는 이것이 우리 건강에 어떤 영향을 미치는지 아직 증명되지 않았다는 점이다. 최근 영국에서는 유전자 변형 감자를 먹은 쥐의 뇌에 이상이 생겼다는 한 대학 연구소의 발표가 있었다. 유전자 변형 농산물이 식량난을 해결해 준다는 것을 인정하지 않는 것은 아니지만 사람이 먹어도 안전한 것인가에 대한 충분한 과학적 검토가 이루어져야 할 것이다.

<내용 요약>

6.23 단락과 주제 연결하기

두 단락 이상의 글에서 내용이 구별되는 각 단락의 주제를 알맞게 연결해 놓은 것을 찾는 문제이다. 한 단락의 글에서 중심 내용이나 주제를 찾는 문제 유형이 확장된 유형으로 보면 된다. 주로 중급 이상의 단계에서 활용된다.

<예1: 고급> 다음 글을 읽고 각 단락의 주제로 알맞지 않은 것을 고르십시오.

> (가) 현대의 과학 교육에서는 실험 실습을 중시한다. '백문이 불여일견'이라는 말 그대로 직접 대상을 관찰하고 조사하는 것이 말로만 듣거나 책에서만 읽은 것보다 효과적이기 때문이다.
>
> (나) 그러나 여기에도 문제는 있다. 그 한 예가 생명체를 대상으로 삼는 일이다. 누구나 생물 시간에 개구리를 해부하면서 느꼈던 그 묘한 갈등을 기억할 것이다. 개구리의 허무한 죽음! 그런데 학생들은 다른 교과의 공부를 통해 '풀 한 포기', '벌레 한 마리라도 함부로 죽여서는 안 된다. 생명은 귀한 것이다.'라고 배우고 있는 것이다.
>
> (다) 물론 생명의 해부를 긍정적으로 받아들일 수도 있다. 의학의 발전은 흰쥐의 생체 실험 같은 과정을 무시하고서는 생각할 수조차 없다. 오늘날 알려진 생물학의 최신 정보들도 각종 생명체에서 추출된 것들이기 때문이다.
>
> (라) 그렇다고 하더라도 어떠한 생명이든 존중되어야 한다는 명제에 이론이 있을 수는 없을 것이다. 물질과 달라서 생명체의 생애는 단 한 번뿐이다. 더구나 동물들은 인간과 마찬가지로 감각이 있어 고통을 느끼며 죽음에 대한 공포감을 가지고 있지 않은가.

① (가)-실험 실습의 중요성   ② (나)-실험 실습의 가치
③ (다)-실험 실습의 유용성   ④ (라)-생명에 대한 존중

6.24 글의 목차보고 알맞은 제목 고르기

하나의 글에 포함될 내용의 목차를 보고 그 모든 내용을 포함하는 알맞은 제목을 고르는 문제 유형이다. 담화를 하나의 전체로 이해할 수 있는 담화 이해 능력을 측정할 수 있다. 주로 중급 이상의 단계에 많이 활용된다.

<예1: 고급> 다음 내용을 사용하여 한 편의 글을 완성했을 때 가장 어울리는 제목은?

> (1) 변화시킬 수 있는 기상상태　　(2) 날씨를 예견해 준 동물의 행동
> (3) 가장 변화에 민감한 고양이과 동물들 (4) 갈매기가 폭풍의 예언자일수도
> (5) 두꺼비와 개구리의 울음 소리　　(6) 날씨가 나쁘면 은신처를 떠나는 가재

① 기상의 미래　　　　　　　② 기상 관측의 결과
③ 기상 변화의 원인　　　　　④ 자연 파괴 현상

6.25 글의 제목이나 목차로 글 내용 파악하기

어떤 글이 제목이나 목차를 보고 유추와 추론을 통해 글 내용을 짐작하게 하는 평가 유형이다. 생략된 내용이나 함축적인 의미를 제대로 이해할 수 있어야 한다. 대체로 중급 이상의 단계에서 많이 활용된다.

<예1: 고급> 다음 신문기사의 제목을 보고 내용을 가장 잘 설명한 것을 고르십시오.

> "싸게 더 싸게" 소비 거품 사라진다

① 과소비 풍조가 일고 있어 시장에서 알뜰 소비자들이 사라져 간다.
② 무조건 싸게 하려는 소비자들 때문에 알뜰형 소비자가 피해를 보고 있다.
③ 과소비 풍조가 사라지고 될 수 있으면 싸게 사려는 실속 소비자가 늘고 있다.
④ 무조건 절약하고 안 쓰는 것보다는 같은 물건을 싸게, 알뜰하게 사는 것이 요구된다.

<예2: 고급> 다음은 논설문의 제목입니다. 어떤 내용의 글일지 쓰십시오.

> <진정한 여성 해방을 위해>

지금까지 살펴본 읽기 평가의 유형 및 급별 활용 가능성을 표로 제시하면 다음과 같다.

<표 6.5> 읽기 평가의 문항 유형 및 급별 활용 가능성

연번	평가 유형	초급	중급	고급
1	단어나 문장의 내용에 맞는 그림 찾기	○		
2	유의어, 반의어 찾기	○		
3	문장 내 틀린 부분 찾기	○		
4	문장 내 적절한 어휘/문장 고르기	○	○	
5	유의어, 반의어 찾기	○	○	
6	대화 구성하기	○	○	
7	문장을 읽고 관계있는 문장 찾기	○	○	
8	텍스트 읽고 글의 중심 소재 찾기	○	○	
9	문맥에서 어구의 의미 파악하기	○	○	○
10	접속사 고르기	○	○	○
11	중심 내용 파악하기		○	○
12	주제문 찾기		○	○
13	제목 고르기		○	○
14	지시어 내용 찾기	○	○	○
15	글의 기능이나 목적 파악하기		○	○
16	단락 순서 제시하기		○	○
17	문장이나 단락 삽입·삭제하기		○	○
18	정보 파악하기	○	○	○
19	세부 내용 파악하기	○	○	○
20	필자의 태도 파악하기		○	○
21	전후 이야기 추측하기		○	○
22	요약하기		○	○
23	단락과 주제 연결하기		○	○
24	글의 목차보고 제목 고르기		○	○
25	글의 제목이나 목차나 글 내용 파악하기		○	○

7. 한국어 읽기 평가의 실제

앞에서 언어능력 평가 도구의 설계 및 제작은 일반적으로 1)평가의 기획, 2) 평가 항목의 선별, 3) 평가 문항과 지시문의 작성, 4) 문항의 검토와 사전 평가, 5) 평가의 최종 형태 제작의 5단계로 구성됨을 밝혔었다. 언어 능력 평가 도구의 설계 및 제작의 단계에 맞추어 듣기 평가를 기획하고 작성하는 실례를 제시해 보도록 하겠다.

7.1 평가의 기획

읽기 평가를 실제로 설계하고 제작하는 제일 첫 단계는 평가의 전체적인 구성 요소를 검토하고 결정함으로써 읽기 평가의 전체적인 틀을 구성하는 것에서부터 시작된다. 그 중에서도 가장 중요한 요소는 평가의 목적을 어디에 둘 것인지를 결정하는 일이다. 즉 학습자의 성취도를 측정하기 위한 것인지, 아니면 학습자가 현재 어느 정도의 읽기 숙달도 단계에 있는지를 파악하는 것에 있는지에 따라 평가의 내용과 대상이 달라진다. 그리고 평가 목적이 결정되면 학습자의 수준에 따라 평가 범주, 평가의 유형, 문항수와 시간 등 평가와 관련된 일반적인 형태를 결정한다.

한국어 읽기 평가를 기획하기 위한 기초 설계(안)[10]의 실례를 보이면 다음과 같다.

<표 6.6> 읽기 평가 설계의 기초 자료

영역	학습단계	평가목적	평가범주	평가형태	문항수	시간
읽기	초급	성취도 평가	문법적 능력 사회언어학적 능력 담화이해 능력 전략적 능력	폐쇄식 반개방형 지필시험	25문항	30분

---

10) 한국어 읽기 평가의 실례를 보여주기 위한 기초 자료로 '한국어 세계화 추진위원회'에서 개발한 교육용 교재를 활용한다. 그 중에서도 특히 초급 교재는 언어 기술별로 말하기, 듣기, 읽기, 쓰기의 분리 교재로 개발되고 있어, 본 과제에서 제시하고자 하는 기술별 언어 평가를 위한 기초 자료로 활용도가 매우 높기 때문이다. 좀더 구체적으로 언급하면, 한국어 읽기 평가의 실례를 제시하기 위해서 〈2001년도 한국어 세계화 추진을 위한 기반 구축 사업, 한국어 초급(읽기·쓰기) 실물 교재 개발 최종보고서〉의 읽기 부분을 선수 학습했다는 가정 하에, 학습자들의 성취도를 평가하기 위한 예를 보이고자 한다. 따라서 학습 수준, 학습 목표 및 내용(주제/기능/문법 등) 등은 초급 읽기 교재를 바탕으로 구성되었음을 밝힌다.

7.2 평가 항목의 선정

7.2.1 학습 목표 및 내용 검토

평가가 기획되고 그와 관련된 기초적인 구상이 끝나면, 다음 단계는 평가 내용 및 항목들을 선정해야 한다. 이는 구체적으로 무엇을 평가할 것인가에 관한 문제로 평가 목적에 따라 대상이 달라진다. 평가의 목적이 성취도 측정에 있다면 평가 단계까지 이루어진 구체적인 학습 목표 및 내용이 검토 대상이 될 것이고, 평가의 목적이 숙달도 평가에 있다면 학습자의 목표 수준에 대한 구체적인 목표 수준이 검토 대상이 될 것이다. 일반적으로 학습 목표 및 내용을 검토할 때 포함되어야 할 항목으로는 주제, 기능, 문법 요소, 어휘 범주 등이 있다.

앞에서 구상한 한국어 초급 읽기 평가를 위한 학습 목표 및 내용 검토의 실례를 보이면 다음과 같다.

<표 6.7> 학습 목표 및 내용 검토의 실례[11]

단원	주제	기능	어휘	문법
1	소개	인물 소개의 글 이해하기 명함에서 정보 파악하기	국적, 직업	-은/는 -입니다 -은/는 -입니까?
2	동작	일상적인 동작 파악하기 펜팔 편지 이해하기	동작, 사물	-은/는 -ㅂ습니다 -은/는 -을/를 -ㅂ습니다
3	위치	사물의 위치 파악하기 안내문에서 정보 얻기	사물, 장소, 위치	-이/가 -에 있다/없다 -와/과
4	수	사람, 사물의 수 파악하기 학생증 읽기	고유어 수 한자어 수	단위명사, -도
5	하루생활	현재·과거의 일상생활 이해하기 일정표 이해하기	시간, 일상활동, 장소	-에, -에 가다, -에서 -았/었/였습니다
6	가족	가족 소개 이해하기 경어법에 맞는 글 이해하기	가족, 경어표현	-(으)십시다, -(으)셨습니다 -께서, -께서는, 안, -에게
7	주말	일상적인 주말활동, 미래의 주말활동 이해하기 설문지 작성하기	요일, 주말활동	-(으)ㄹ 것이다 -고, -고 싶다
8	물건사기	쇼핑 관련 서술문 이해하기 비교의 글 이해하기 광고전단에서 정보 파악하기	쇼핑관련 어휘, 식품과 생활용품, 만단위 이상의 수	이/그/저, -(으)러 가다/오다, -(으)ㄴ(형용사 관형형)

---

11) 2001년, 〈한국어 초급(읽기 · 쓰기) 실물 교재 개발 최종보고서〉 읽기 부분 교재 구성표를 바탕으로 정리한 것이다.

9	음식	음식에 관한 간단한 글 읽기	한국음식의 이름 식당 관련 어휘	-중에서 -는(동사의 관형형)
		메뉴 읽기		
10	계절	계절 소개의 글 이해하기	계절관련 어휘, 색	-지만, -(으)면
		편지글 이해하기		
11	날씨	날씨에 관한 주제문 읽기	날씨, 온도	-겠습니다, -(으)ㄹ 수 있다/없다, -지 않다
		주간 일기도에서 정보 파악하기		
		신문의 일기예보 이해하기		
12	길 찾기	길 찾기에 관한 간단한 글 읽기	도로 관련 어휘 방향이동 어휘	-(으)로, -아/어서, -기
		안내문 읽고 장소위치 파악하기		
13	감사와 초대	편지글 읽고 이해하기	인사말, 편지와 카드, 초대 표현	-기 바라다, -아/어/여서, -게
		연하장, 초대장 읽고 이해하기		
14	여행	간단한 기행문 이해하기	여행, 관광	-기 전에, -(으)려고 하다
		여행안내문, 상품광고문 이해하기		
15	학교생활	학교생활에 관한 간단한 글 읽기	수업과 과목, 학교시설	-의, -기 때문에, -(으)면서
		시설 이용 안내문 읽기		
16	취미생활	취미생활에 관한 서술문 이해하기	취미, 운동	-는 것, -(으)ㄹ 때
		광고문 읽고 정보 파악하기		
17	건강	건강에 관한 서술문 이해하기	몸, 건강관련 어휘	-을/를 위해서, -아/어/여야 하다, -았/었/였을 때
		광고문 정보 파악하기		
18	편지	비격식적인 편지글 읽기	편지	비격식체, -(으)ㄹ, -아/어/여 주다
		엽서 읽기		
		공식적인 이메일 읽기		
19	약속	약속에 관한 간단한 주제문 읽기	약속관련 어휘 메시지관련 어휘	-기로 하다, -보다, -았/었/였으면 하다
		이메일, 메모 읽기		
20	교통	교통 관련 내용 이해하기	교통수단, 교통관련 어휘	-(이)나, -(으)로 갈아타다, -밖에 (부정)
		교통 상황 설명 파악하기		

7.2.2 주제 및 기능의 선택

성취도 평가를 위해 학습자들의 선수 학습 내용을 목록화한 다음에는 수험자의 성취 수준을 파악할 수 있도록 실제 읽기 평가에 포함시킬 주제 및 기능을 선택해야 한다. 이 때 유의해야 할 점은 평가의 타당도를 높이기 위해 가능한 한 다양한 주제나 기능이 포함되도록 하는 것이다. 앞에서 제시한 학습 목표 및 내용 중에서 평가에 포함될 주제 및 기능의 선택 실례를 보이면 다음과 같다.

<표 6.8> 주제 및 기능의 선택

단원	주제	기능	선정여부
1	소개	인물 소개의 글 이해하기	○
		명함에서 정보 파악하기	
2	동작	일상적인 동작 파악하기	○
		펜팔 편지 이해하기	
3	위치	사물의 위치 파악하기	○
		안내문에서 정보 얻기	
4	수	사람, 사물의 수 파악하기	
		학생증 읽기	
5	하루생활	현재·과거의 일상생활 이해하기	○
		일정표 이해하기	
6	가족	가족 소개 이해하기	○
		경어법에 맞는 글 이해하기	
7	주말	일상적인 주말활동, 미래의 주말활동 이해하기	○
		설문지 작성하기	
8	물건사기	쇼핑 관련 서술문 이해하기	○
		비교의 글 이해하기	
		광고전단에서 정보 파악하기	
9	음식	음식에 관한 간단한 글 읽기	○
		메뉴 읽기	
10	계절	계절 소개의 글 이해하기	
		편지글 이해하기	
11	날씨	날씨에 관한 주제문 읽기	
		주간 일기도에서 정보 파악하기	
		신문의 일기예보 이해하기	○
12	길 찾기	길 찾기에 관한 간단한 글 읽기	○
		안내문 읽고 장소위치 파악하기	
13	감사와 초대	편지글 읽고 이해하기	○
		연하장, 초대장 읽고 이해하기	
14	여행	간단한 기행문 이해하기	
		여행안내문, 상품광고문 이해하기	○
15	학교생활	학교생활에 관한 간단한 글 읽기	
		시설 이용 안내문 읽기	
16	취미생활	취미생활에 관한 서술문 이해하기	○
		광고문 읽고 정보 파악하기	
17	건강	건강에 관한 서술문 이해하기	○
		광고문 정보 파악하기	
18	편지	비격식적인 편지글 읽기	
		엽서 읽기	
		공식적인 이메일 읽기	
19	약속	약속에 관한 간단한 주제문 읽기	○
		이메일, 메모 읽기	
20	교통	교통 관련 내용 이해하기	○
		교통 상황 설명 파악하기	

7.2.3 출제구상표 작성

학습 목표 및 학습 내용에 대한 목록화 작업이 이루어지면, 그 다음에는 그것을 바탕으로 구체적으로 평가할 주제나 기능, 문법이나 어휘 등에 대한 선정 작업과 함께 출제구상표를 만들어야 한다. 이때 주의해야 할 것은 평가 목적에 따라 주제나 기능, 어휘나 문법 범주가 한쪽에 치우치지 않고 균형 있게 안배되도록 하는 것이다. 평가가 타당도를 갖추려면 가능한 한 학습 목표나 내용을 광범위하게 반영하는 것이 바람직하지만 평가 시간, 평가의 물리적 환경 등을 고려할 때 완벽한 반영은 원칙적으로 불가능하다. 따라서 어떤 항목을 선정해서 평가 문항을 만드느냐에 따라 평가의 타당도가 크게 영향을 받을 수 있다. 그런 점에서 대표성을 가질 수 있는 평가 항목의 선정이 중요하며, 실생활 읽기의 특성을 최대한 반영해 출제구상표를 만들 필요가 있다.

앞에서 구상한 한국어 초급 읽기 평가를 위한 출제구상표의 실례를 보이면 다음과 같다.

<표 6.9> 한국어 초급 읽기 평가 출제구상표의 실례

번호	문항 형태	배점	문항 유형	출제의도	평가문항	내용 (소재/주제)	텍스트 유형
1	선다형	4	표지어 의미 고르기	표지 이해	공중전화	전화	표지
2	선다형	4	표지어 의미 고르기	표지 이해	매표소	공연	표지
3	선다형	4	중심 소재 찾기	내용 범주 파악	주말, 영화	취미	서술문(2문장)
4	선다형	4	중심 소재 찾기	내용 범주 파악	맑다, 흐리다	날씨	서술문(2문장)
5	선다형	4	중심 소재 찾기	내용 범주 파악	생일, 꽃	선물	서술문(3문장)
6	선다형	4	의미가 같은 것 고르기	문장 의미 이해	나이	소개	의문문
7	선다형	4	의미가 같은 것 고르기	문장 의미 이해	늦잠을 자다	일상생활	서술문
8	선다형	4	의미가 같은 것 고르기	문장 의미 이해	가게, 수건	쇼핑	서술문
9	선다형	4	문장 내 알맞은 어휘 고르기	문맥 이해	교통, 편리하다	교통	서술문(2문장)
10	선다형	4	문장 내 알맞은 어휘 고르기	문맥 이해	누나, 형	가족	서술문(3문장)
11	선다형	4	문장 내 알맞은 어휘 고르기	문맥 이해	감기, 약	건강	서술문(3문장)
12	선다형	4	문장 내 알맞은 어휘 고르기	문맥 이해	소리, 크게	부탁	서술문(2문장)
13	선다형	4	문장 내 알맞은 어휘 고르기	문맥 이해	가깝다, 걷다	위치	서술문(2문장)

14	선다형	4	문장 내 알맞은 어휘 고르기	문맥 이해	싱겁다	맛	서술문(2문장)
15	선다형	4	일치하는 내용 고르기	세부내용 이해	버스, 지하철	교통	생활문
16	선다형	4	일치하는 내용 고르기	세부내용 이해	건강, 운동	건강	생활문
17	선다형	4	일치하는 내용 고르기	세부내용 이해	공원, 나무	집	생활문
18	선다형	4	글의 기능 파악하기	담화 유형 이해	한국어공부	자기소개	생활문
19	선다형	4	일치하는 내용 고르기	세부내용 이해	6개월	자기소개	생활문
20	선다형	4	글의 목적 파악하기	담화유형 이해	여행기간	여행	안내문
21	선다형	4	알맞은 어휘 고르기	주제어 이해	준비물	여행	안내문
22	선다형	4	글의 성격 이해하기	화자 의도 파악	도착하다	편지	편지
23	단답형	4	이유 고르기	문맥 이해	공항, 나가다	편지	편지
24	선다형	4	문장 내 적절한 어휘 고르기	추론하기	초대하다	초대	생활문
25	선다형	4	일치하는 내용 고르기	세부내용 이해	이사, 선물	초대	생활문

7.3 실제 평가 문항의 개발

출제구상표를 작성한 후에는 그것을 기초 자료로 구체적인 평가 문항 작성에 들어가야 한다. 즉 실제로 평가 문제와 지시문을 만들어야 하는 것이다. 이 때 일차적으로 할 일은 평가 문제의 구조적인 틀을 짜는 것으로, 학습자 수준, 평가의 목표, 평가 항목, 평가 시간, 평가를 위한 물리적 환경 등을 고려하여 대문항은 몇 개로 할지, 하나의 평가 과제는 또 몇 개의 항목으로 할지, 각 평가 과제들의 유형을 어떻게 할지, 또 난이도는 어떻게 할 것인지 등을 결정해야 한다. 그 다음 단계로는 앞에서 만든 구조적인 틀에 맞추어 구체적인 문항과 지시문을 개발하는 일이다. 물론 실제로 문제를 만드는 과정에서 앞에서 설정된 구조적인 틀이 다소 변경될 수 있다. 전체적인 틀을 사전에 구성하는 것과 실제 평가 문항을 작성하는 데서 오는 차이 때문이다. 그러나 가능한 한 사전에 설계한 평가의 구조를 유지하는 것이 바람직하다.

읽기 평가 자료 및 문항을 개발할 때 유의해야 할 점을 살펴보면 다음과 같다.

1) 실생활에서 접할 수 있는 다양한 유형의 텍스트를 자료로 활용해야 한다.

읽기 평가 자료는 반드시 미문이거나 완성도가 높은 글일 필요는 없다. 실제로 현실 속에서는 문학적인 글보다는 오히려 광고문이나 편지, 혹은 뉴스나 잡지 같은 실용적인 읽기 자료를 더 많이 접하게 된다. 또한 실생활에서 우리의 관심을 끄는 것은 완결된 형태의 텍스트보다 간판, 상표, 광고, 표지판, 표어, 신문 표제어와 같은 불완전한 형태의 읽기 자료들이다. 따라서 읽기 평가에서도 반드시 완결된 구조의 글만을 읽기 평가 텍스트로 활용하기보다는 가능한 한 실생활에서 접할 수 있는 다양한 실제 자료를 평가 자료로 활용해야 한다. Brown(1994:286-287)은 우리가 실생활에서 접할 수 있는 문어 텍스트 유형으로 (1)논픽션: 보고서, 사설, 에세이, 기사, 사전이나 백과사전 등의 참조 자료, (2)픽션: 소설, 단편소설, 농담, 극본, 시 등, (3)서신: 개인적 서신, 업무용 서신, (4)축하 카드, (5)일기나 기록문, (6) 메모, (7)메시지(예: 전화 메시지), (8)공고문, (9)신문 기사, (10)학문적인 글: 짧은 시험 답안, 보고서, 에세이, 논문, 책 등, (11), 각종 양식, 신청서, (12)설문지, (13)지시문, (14)상표, (15)간판, (16)처방전(조리법), (17)청구서(혹은 다른 금융 명세서), (18)지도, (19)매뉴얼, (20)메뉴, (21)스케줄(예: 교통수단 정보), (22)광고: 상업 광고, 개인 광고(구인 광고) 등, (23) 초대장, (24)목록(예: 전화번호), (25)연재만화, 만평 등을 언급하고 있다. 그만큼 실생활에서의 읽기 자료는 다양하다는 것을 알 수 있고, 이러한 실생활 읽기 자료의 구성 및 특성은 읽기 평가 자료에도 반영되어야 한다.

2) 실제 읽기와 같은 다양한 읽기 방법이나 전략을 확인할 수 있도록 해야 한다.

읽기 평가의 목표는 수험자가 교실 밖 현실에서 접할 수 있는 자료들을 처리할 수 있는 지식과 능력을 갖추고 있는지를 확인하는 것에 있다. 따라서 읽기 평가 자료의 선택뿐만 아니라 읽기 평가 자료를 어떻게 활용할 것인지도 실생활 읽기의 특성을 반영해야 한다. 물론 실제적인 읽기 자료라 하더라도 숙달도에 따라 길이와 난이도를 단계별로 조정해 제시해야 한다. 또 초급 단계에서는 어느 정도 자료를 가공할 필요성도 있다. 그러나 그런 경우에도 자료의 자연스러움을 훼손하지 않도록 유의해야 하며, 읽기 목적에 따른 다양한 읽기 전략 및 읽기 방법을 확인할 수 있는 자료의 구성이 필요하다.

이와 같은 점들에 유의하면서 앞에서 제시한 출제구상표를 기초로 한 한국어 초급 읽기 평가를 위해 개발된 실제 평가 문항을 제시하면 다음과 같다.[12]

---

12) 본장의 끝부분에 별첨으로 제시할 예정이다

7.4 문항의 검토와 사전 평가

평가의 기본 요건이라 할 수 있는 타당도, 신뢰도 등을 높이기 위해서는 일차적으로 개발된 평가 문항을 그대로 시행하는 것이 아니라 다양한 측면에서 검토한 후 수정하고 보완하여 실시해야 한다. 일반적으로는 출제자의 자가 점검, 동료들과의 교차 검토, 그리고 사전 평가와 피드백 등의 과정을 통해 평가 문항의 적절성을 판단한다. 이 때 문항에 대한 분석과 평가는 내용에 대한 질적 분석과 양적 분석의 양 측면에서 모두 이루어지게 되는데, 일반적으로 검토 기준으로 언급할 수 있는 것은 다음과 같다.

ⅰ) 읽기 자료의 실제성 여부
ⅱ) 읽기 교육 목표와의 연계성
ⅲ) 과제와 지시의 명확성
ⅳ) 유형에 따른 난이도 배열의 문제
ⅴ) 정답과 오답의 명확성
ⅵ) 문항수의 적절성
ⅶ) 시간 배분의 문제

7.5 평가의 최종 형태 제작

문항의 검토와 사전 평가가 이루어지면, 이를 바탕으로 읽기 평가를 위한 평가지의 제작에 돌입한다. 읽기 평가지 제작의 경우 1)문항들의 선별과 교정, 2)각 문항에 대한 배점 결정, 3)문항의 배열 순서 결정 순으로 진행된다. 문항 배열의 경우 일반적으로 학습자의 심리적인 태도 등을 고려하여 난이도의 수준을 차차 증가시키는 순서로 배열하는 것이 좋다. 또한 읽기 자료의 특성에 따라 짧고 간단한 대화에서 길고 복잡한 읽기 자료 순으로 배열하는 것이 바람직하다. 또한 선다형 문항들의 배열에 있어서는, 각각의 답지 번호가 대략 같은 빈도를 갖고, 답안지 전체 모양에서 정답의 위치가 감지될 수 있는 형태가 되지 않도록 배열한다. 이 모든 과정이 끝나면 문제지의 제작과 더불어 답지를 어떻게 만들 것인지 결정한다. 대체로 분리 답안지를 제작하는 것이 여러모로 편리하다. 또한 평가의 신뢰성과 타당성은 내용적 측면에서뿐만 아니라 평가의 실시 방법 및 환경적 측면에서도 확보되어야 하므로 모든 응시자들이 동일한 조건 아래에서 최상의 상태에서 시험에 응시할 수 있도록 실시되고 관리되어야 한다. 그래야만 평가 자체의 공정성과 신뢰성을 확보할 수 있다.

<표 6.10> 정답 및 채점기준표

번호	정답	채 점 기 준	배점
1	3		4
2	1		4
3	1		4
4	2		4
5	4		4
6	1		4
7	2		4
8	3		4
9	2		4
10	1		4
11	3		4
12	3		4
13	2		4
14	4		4
15	3		4
16	2		4
17	4		4
18	1		4
19	2		4
20	4		4
21	1		4
22	1		4
23	단답	4점: 공항으로 마중 나가기 위해서 3점: 공항으로 가기 위해서 ('마중 나가다'는 뜻이 포함되면 2점)	4
24	2		4
25	1		4

또한 이렇게 평가지와 답안지가 완성되면, 정답과 함께 채점기준표를 마련해야 한다. 객관

식 문항의 경우에는 난이도, 중요도 등과 관련하여 배점을 어떻게 할 것인가가 중요하며, 주관식 문항의 경우에는 정답과 함께 부분 점수를 어떻게 줄 것인가, 즉 감점을 어떻게 할 것인가에 대한 기준이 마련되어야 한다. 그런데 읽기 평가의 경우 의사소통적 기능을 위한 독해력에 초점을 맞춘다면 쓰기 등으로 답을 하는 과정에서 맞춤법 오류나 문법적인 오류에 대한 강조보다는 어느 정도로 이해하고 있는지에 좀 더 비중을 둘 수가 있다. 앞에서 개발한 초급 읽기 시험의 〈정답 및 채점기준표〉의 실례를 제시해 보면 위와 같다.

7.6 평가의 시행

평가의 신뢰성과 타당성은 내용적 측면에서뿐만 아니라 평가의 실시 방법 및 환경적 측면에서도 확보되어야 한다. 평가 문항이 아무리 좋아도 시험 관리가 제대로 이루어지지 못한다면 공정한 평가로 인정받기 어렵다. 따라서 평가는 모든 응시자들이 동일한 조건 아래에서 최상의 상태에서 시험에 응시할 수 있도록 실시되고 관리되어야 한다. 그래야만 평가 자체의 공정성과 신뢰성을 확보할 수 있다.

===

[별첨] 〈한국어 초급 읽기 평가의 실례〉

학습 단계	초급
평가 목적	성취도 평가
평가 영역	읽기
평가 형태	폐쇄식 반개방형 지필 시험
평가 문항	25문항
시험 시간	30분

한국어 초급 읽기 기말 시험

* 날짜: 2006년 _____월 _____일
* 범위: <초급 한국어 읽기 교재> 1과~20과
* 이름 : _____
* 점수: /100점

I. 다음을 읽고 알맞은 것을 고르십시오.

1. (   )

공중전화

① 　　　　　　　　　②

③ 　　　　④

2. (　　　)

> # 매표소

① 여기에서 표를 사십시오.

② 여기에서 차를 타십시오.

③ 여기에서 기다리십시오.

④ 이쪽으로 나가십시오.

Ⅱ. 다음은 무엇에 대한 이야기입니까? 알맞은 것을 고르십시오.

3. (　　　)

> 나는 영화 보는 것을 좋아합니다. 그래서 주말에는 꼭 영화를 보러갑니다.

① 취미　　　　　② 계획　　　　　③ 경험　　　　　④ 약속

4. (　　　)

> 오전에는 맑겠습니다. 그러나 오후부터 차차 흐려져 밤부터 비가 오겠습니다.

① 계절　　　　　② 날씨　　　　　③ 건강　　　　　④ 소개

5. (　　　)

> 오빠의 생일이었습니다. 오빠에게 꽃을 주었습니다. 오빠가 좋아했습니다.

① 가족　　　　　② 약속　　　　　③ 편지　　　　　④ 선물

Ⅲ. 의미가 같은 것을 고르십시오.

6. (   )

나이가 어떻게 돼요?

① 몇 살이에요?　　　　　　② 무슨 일을 해요?

③ 생일이 언제예요?　　　　　④ 가족이 몇 명이에요?

7. (   )

오늘은 늦잠을 잤습니다.

① 오늘은 일찍 일어났습니다.

② 오늘은 늦게 일어났습니다.

③ 오늘은 일찍 잠이 들었습니다.

④ 오늘은 일찍 잠이 들었습니다.

8. (   )

그 가게에는 수건이 없습니다.

① 그 가게에서는 수건이 비쌉니다.

② 그 가게에서는 수건이 안 삽니다.

③ 그 가게에서는 수건을 안 팝니다.

④ 그 가게에서는 수건을 못 팝니다.

Ⅳ. (   )에 알맞은 것을 고르십시오.

9. (   )

서울은 (   )이/가 편리합니다. 백화점도 많고 시장이 많아서 필요한 물건을 살 수 있습니다.

① 음식　　　　② 교통　　　　③ 쇼핑　　　　④ 길 찾기

10. (   )

> 저는 (   )이/가 아주 많습니다. 누나가 두 명 있고, 형이 한 명 있습니다. 또
> 여동생도 2명 있습니다.

① 가족   ② 친구   ③ 부모님   ④ 형제

11. (   )

> 감기에 걸렸습니다. 그래서 (   )에 갔습니다. 오늘은 약을 먹고 쉬어
> 야 합니다.

① 공원   ② 도서관   ③ 병원   ④ 우체국

12. (   )

> 소리가 잘 안 들려요. 좀 (   ) 말해 주십시오.

① 작게   ② 조용히   ③ 크게   ④ 적게

13. (   )

> 집에서 회사가 (   ). 그래서 걸어 다닙니다.

① 멉니다   ② 가깝습니다   ③ 비슷합니다   ④ 막힙니다

14. (   )

> 설렁탕이 좀 (   ). 그래서 소금을 더 넣어야 합니다.

① 짭니다   ② 씁니다   ③ 맵습니다   ④ 싱겁습니다

Ⅴ. 다음 글을 읽고 내용과 같은 것을 고르십시오.

15. (   )

> 서울에는 자가용 승용차를 이용하는 사람이 많아서 출퇴근시간에는 길이 많이 막힙니다. 그러나 서울에는 버스나 지하철을 이용하는 사람이 더 많습니다. 버스는 서울의 구석구석까지 다녀서 편리합니다. 그러나 길이 막힐 때는 시간이 많이 걸립니다. 지하철을 타면 버스보다 빨리 갈 수 있습니다. 그래서 지하철을 타는 사람이 점점 많아지고 있습니다.

① 서울 사람들은 자가용을 가장 많이 이용합니다.

② 지하철이 서울의 구석구석까지 다녀서 편리합니다.

③ 서울 사람들은 대중교통 수단을 더 많이 이용합니다.

④ 버스와 지하철은 편리하지만 시간이 많이 걸려서 인기가 없습니다.

16. (   )

> 저는 건강을 위해서 여러 가지 일을 합니다. 첫째, 가까운 거리는 차를 타지 않습니다. 둘째, 아침, 점심, 저녁을 꼭 먹습니다. 그리고 맵고 짠 음식은 별로 먹지 않습니다. 셋째, 주말에는 취미 생활을 하면서 즐겁게 보냅니다. 즐겁게 사는 것이 건강을 위해서 가장 중요합니다.

① 저는 건강을 위해 아침을 굶습니다.

② 저는 가까운 곳은 걸어 다닙니다.

③ 주말에는 주로 푹 쉬면서 보냅니다.

④ 운동을 열심히 하는 것이 건강에 가장 좋습니다.

17. (   )

> 우리 집 옆에 공원이 있습니다. 공원이 크고 깨끗합니다. 나무도 많습니다. 나는 아침마다 공원으로 산책을 하러 갑니다. 아침에 공원에 가 보면 나와 같은 사람들이 많습니다.

① 우리 집은 공원에서 멉니다.

② 공원은 작지만 깨끗합니다.

③ 우리 집에는 나무가 많습니다.

④ 사람들은 산책을 하러 공원에 옵니다.

Ⅵ. 다음 글을 읽고 물음에 답하십시오.

> 안녕하세요? 제 이름은 제니퍼입니다. 캐나다에서 왔습니다. 한국에 온 지 6개월 되었습니다. 3달 전부터 대학교에서 한국어와 한국 문화를 공부하고 있습니다. 아직 모르는 것이 많이 있습니다. 여러분을 만나서 정말로 반갑습니다. 앞으로 사이좋게 지내고 싶습니다.

18. 언제 이런 이야기를 합니까?
① 자신을 소개할 때　　　　② 친구와 약속할 때
③ 실수를 했을 때　　　　　④ 친구에게 부탁할 때

19. 이 글의 내용과 같은 것을 고르십시오.
① 제니퍼 씨는 6월에 한국에 왔습니다.
② 제니퍼 씨는 한국어 공부를 3개월 했습니다.
③ 제니퍼 씨는 한국 친구를 많이 사귀고 싶어합니다.
④ 제니퍼 씨는 친구들과 함께 한국어를 공부하려고 합니다.

Ⅶ. 다음 글을 읽고 물음에 답하십시오.

> 안녕하십니까?
> 서울 여행사가 준비한 태국 여행에 참가해 주셔서 감사합니다. 아래는 이번 여행에 대한 안내입니다. 잘 읽으시기 바랍니다. 그리고 더 궁금하신 것이 있으면 저한테 전화하시기 바랍니다.
>
> (1) 기간: 12월 13일 ~ 12월 17일
> (2) 모이는 시간: 12월 13일 오전 10시
> (3) 모이는 장소: 인천 공항 3층 출국심사대 앞
> (4) (　ㄱ　): 여권, 수영복, 선글라스, 우산 등
>
> 　　　　(주) 서울여행사　동남아여행팀 김철수 (012-0345-6788) 드림

20. 이 글을 쓴 목적은 무엇입니까?

① 여행에 초대하기 위해서　　　　　② 여행 경험을 알려주기 위해서

③ 여행 상품을 소개하기 위해서　　　④ 여행일정 등에 대해 알려주기 위해서

21. ㉠에 들어갈 알맞은 말을 고르십시오.

① 준비물　　　　　② 일정　　　　　③ 비용　　　　　④ 숙박 장소

Ⅷ. 다음 글을 읽고 물음에 답하십시오.

보고 싶은 부모님께.

어머니, 아버지 그동안 잘 지내셨습니까?　저는 잘 지내고 있습니다.

처음에는 음식 때문에 좀 힘들었지만 지금은 괜찮습니다.

친구도 많이 사귀었고, 한국 생활에도 이젠 익숙해졌습니다.

2월에 이곳에 오실 거지요? 빨리 부모님을 보고 싶습니다.

오시는 날 제기 공항으로 나가겠습니다.

그러니까 ㉠도착 시간을 저한테 꼭 알려 주십시오.

그럼 그 때 뵙겠습니다. 안녕히 계십시오.

2005년 1월 19일　　　　사토 올림

---

22. 이 글에 대해 맞는 것을 고르십시오. (　　　　)

① 사토가 부모님한테 편지를 썼습니다.

② 사토는 공항 근처에 살고 있습니다.

③ 사토는 한국 생활을 힘들어하고 있습니다.

④ 사토는 부모님이 도착하는 시간을 알고 있습니다.

23. 왜 ㉠과 같이 말했습니까? 이유를 쓰십시오.

(　　　　　　　　　　　　　　　　　　　　　　　　　　)

Ⅸ. 다음 글을 잘 읽고 물음에 답하세요.

> 오늘은 영진 씨 집에 갔다 왔습니다. 영진 씨가 일주일 전에 이사를 해서 친구들을
> (   ). 영진 씨 집은 회사에서 가까워서 우리는 퇴근 후에 걸어서 갔습니
> 다. 영진 씨와 영진 씨 부인이 저녁을 맛있게 해 주었습니다. 불고기를 먹었습니다. 맥
> 주도 조금 마셨습니다. 우리는 영진 씨 부부에게 그림을 선물했습니다. 밤늦게 집에 돌
> 아갔습니다.

24. (   ) 알맞은 말을 고르십시오.
① 약속했습니다   ② 초대했습니다
③ 인사했습니다   ④ 사과했습니다

25. 이 글의 내용과 같은 것을 고르십시오.
① 영진 씨는 결혼을 했습니다.
② 영진 씨에게 생일 선물을 주었습니다.
③ 영진 씨는 회사에서 먼 곳에 살고 있습니다.
④ 영진 씨와 함께 식당에 가서 불고기를 먹었습니다.

제7장
한국어 쓰기 평가

1. 쓰기의 개념 및 특성

1.1 쓰기의 개념

언어학습의 궁극적인 목적은 효과적인 의사소통이라고 할 수 있다. 이러한 의사소통의 형태는 입말(음성 언어)과 글말(문자 언어)의 형태로 표현되며 그 기본적인 기능의 차이로 인해 의사소통에는 이 두 가지 형태가 모두 필요하다. 쓰기는 이 중에서 문자 언어를 사용하여 의사소통을 하는 기능으로서, 글말인 문자 언어를 통해 표현되므로 입말보다 분명하고 정확해야 한다.

쓰기는 문자 표현 기능의 가장 기본이 되는 맞춤법, 표기법에서 시작하여 어휘력, 구문력, 표현력과 같은 그 언어 문화에 관한 지식을 포함하는 포괄적인 개념의 표현 능력이라고 할 수 있다. 따라서 사실상 쓰기를 언어의 종합적인 운용 능력이라고 말하며(최길시, 1998) 언어에 대한 종합적인 운영 능력을 필요로 한다는 점에서 쓰기 능력을 네 가지 언어 능력 중에서 가장 상위의 능력이라고 보기도 한다(괵셀, 2004). 이에 언어 교육에 있어서 쓰기는 매우 중요한 의미를 갖는다. 글말이 분명하고 명확하기 위해서는 분명하고 명확한 사고를 해야 한다. 따라서 쓰기를 가르친다는 것은 사고하는 방법을 가르친다는 것이며, 제2언어 쓰기는 모국어가 아닌 언어로 사고하고 표현하는 방법을 가르치는 것이라고 할 수 있다.

이러한 쓰기의 개념은 매우 포괄적이라고 할 수 있다. 왜냐하면 매우 초급 단계에서의 쓰기는 글자를 베끼는 기호화 수준으로서 불러 주는 말을 받아 쓸 줄 알거나 입말을 글자로 옮겨 쓰는 정도의 능력을 의미한다. 그러나 그 다음 단계로 갈수록 이러한 단순한 의미의 전사의 개념을 넘어서서 정형화된 텍스트를 작성할 줄 아는 기능으로 확장되며 이 단계에서는 문법적 구조에 맞게 문장을 작성하거나 일반적인 문장 구성 원리에 맞게 텍스트를 작성할 줄 아는 능력으로까지 그 개념이 확대된다. 그러나 쓰기의 의미는 이렇게 일차원적인 것이 아닌 보다 고급 수준의 창의적이고 효과적인 의사전달 형태인 작문의 개념까지도 포괄하는 것이다. 즉, 자신이 직면한 상황, 글을 쓰는 목적 등에 따라 여러 가지 글쓰기 전략을 활용하며 자신의 목적에 맞게 지식을 변형, 구성하는 인지적인 과정이다. 따라서 쓰기란 단순한 전사에서부터 고도의 의미창조 기능을 포함하는 의사소통 수단이라고 할 수 있다. 이러한 정의는 쓰기의 개념이 자신의 생각을 구성해 내는 작문의 과정이라는 점을 더욱 강조한다. 따라서 쓰기는 글말을 통해 의사소통하는 하나의 수단으로서, 글자를 익혀 베껴 쓰는 단순한 활동뿐만 아니라 창의적이고 효과적으로 자신의 생각과 의사를 전달하기 위한 문제해결 과정을 포함하는 것이라고 할 수 있다.

1.2 쓰기의 특성

쓰기란 문자 언어를 사용하여 의미를 전달하는 작업이다. 따라서 문자 언어에 대한 숙달도가 필요할 뿐만 아니라 이러한 문자 언어를 통한 표현 기능도 숙달해야 한다. 이러한 쓰기의 특성은 다음과 같다.

ⅰ) 현재 글쓰기가 진행되고 있는 상황과는 다른 상황에서 그 글이 읽혀진다는 특성을 지닌다. 이로 인해 쓰기를 할 때에는 읽을 독자와 상황을 고려하는 것이 필요하다.

ⅱ) 이렇게 한번 씌어진 글은 독자에게 전달되면 더 이상의 오류 수정이 불가능하다는 점에서 말하기보다 정확성이 더욱 요구된다.

ⅲ) 쓰기는 음성 언어 이외에도 몸짓이나 억양 등 여러 가지 다양한 의사 전달 수단을 활용할 수 있는 말하기와는 달리 오로지 문자만으로 자신의 의사를 전달해야 한다는 어려움이 있다.

ⅳ) 쓰기는 쓰기 전 작업을 통해 자신이 표현하고자 하는 내용을 미리 정리하고 준비하여 조직적으로 내용을 구성할 수 있다는 점에서 다른 사람에게 자신의 의견을 주장하거나 설득하는 것과 같은 기능을 수행하는 데 보다 효과적으로 활용될 수 있다. 쓰기의 이러한 특성은 언어의 또 다른 표현 기능인 말하기를 더 조직적으로 수행하는 데에도 매우 효과적인 수단으로 사용될 수 있다.

이러한 일반적인 쓰기의 특성과는 달리, 외국어 쓰기에 있어서는 다음과 같은 또 다른 특성들이 나타난다.

ⅰ) 우선 학습자들은 낯선 문자에 익숙해져야 한다는 점과 또 이러한 낯선 문자로 자신의 생각을 표현해야 한다는 점에서 부담감을 느끼기 쉽다.

ii) 오류 수정이 불가능하다는 쓰기의 특성 상, 내용보다는 정확성을 더 중시하게 되는 경향이 있다. 특히 한국어와 같이 입말과 글말의 형태가 다른 경우에는 문자 언어에 상대적으로 노출될 기회가 적은 외국인 학습자들은 더욱 어려움을 겪게 된다.

iii) 외국어 쓰기는 일반적으로 학습자들의 인지적 성숙도에 비해 학습한 외국어의 수준이 낮은 경우가 대부분이어서 자신의 생각을 자유롭게 표현하는 데 제한을 많이 받게 된다.

이처럼 쓰기가 지니는 여러 가지 어려움에도 불구하고 쓰기 기능은 다른 언어 기능의 학습을 강화하고 통합해 줄뿐만 아니라 정확한 구조와 철자 쓰기를 통해 다른 언어 기능의 발전에도 도움을 줄 수 있다는 데에서 그 중요성을 가진다. 그뿐 아니라 쓰기 활동은 의식적인 언어 발달을 가져오게 하며 학습자의 표현 능력을 신장시켜 준다.

2. 한국어 쓰기 평가의 목적 및 기능

2.1 한국어 쓰기 평가의 목적

쓰기는 학습자가 지닌 모든 지식과 능력을 사용하여 창조적이고 일관성 있는 글의 구성과 자신의 생각, 경험 등을 의사소통할 수 있다는 점에서 통합적인 그리고 총체적인 언어 기능이다. 한국어 쓰기 교육의 목표는 한국어의 어휘, 문법, 문장 구조를 정확하게 익혀서 원어민 화자 수준으로까지 자기의 생각이나 느낌을 바르게 표현하고 전달할 수 있도록 하는 힘을 길러주는 데 있다(손연자, 1996: 3). 따라서 쓰기 평가의 목적은 글을 통해 학습자가 자신의 의사를 얼마나 성공적으로 표현하느냐를 알아봄으로써 쓰기 교육의 목표 달성 여부를 측정하는 것이라고 할 수 있다. 학습자는 자신의 문장이나 표현의 통사론적, 수사학적, 화용론적 측면을 점검하여 좀 더 나은 한국어 문장 구조와 표현방법, 그리고 이들의 논리적인 구성을 시도할 수 있다.

이와 같이 쓰기 평가는 한국어 학습자가 한국어에 대한 이해력을 신장시켜 사용 능력을 갖추도록 하는 데 많은 도움이 될 것이다. 따라서 쓰기 평가를 통해 학습자는 한국어를 정확히 사용할 수 있는 능력과 동시에 한국어의 쓰임새를 폭넓게 습득함으로써 의사소통 능력을 향상시킬 수 있다.

2.2 한국어 쓰기 평가의 기능

한국어 쓰기 평가를 통해 초급 단계의 학습자는 한국어의 기본 체계와 문법 구조 등을 익히게 해 주고 자신의 오류를 발견하여 그것이 수정되는 과정을 통해 한국어의 구문 원칙을 보다 정확히 사용할 수 있게 된다. 또한 한국어 쓰기 평가를 통해 학습자들은 구문의 형식이나 표현의 습득 정도를 높일 수 있다. 한국어 학습자들은 자신의 생각을 한국어로 표출하는 과정에서 문법 사항이나 표현들을 실제로 인식하고 사용하는 기회를 많이 가지게 된다. 그러므로 자연히 한국어에 대한 활용능력이 생겨 쉽게 한국어를 습득할 수 있다. 또 구어를 사용할 때와 달리 문어를 사용할 때 적절한 어휘나 문법 사항 및 표현을 선택할 시간적 여유가 있기 때문에 쓰기 평가를 통해 학생들이 문법이나 표현의 정확성과 다양성을 시도해 볼 수 있는 기회를 가질 수 있다.

또한 쓰기 평가를 시행함으로써 시각적으로 한국어를 이해할 수 있고 쓰기 이외의 다른 언어 기능을 습득하는 데에도 도움을 받을 수 있다. 한국어 쓰기 평가는 문법과 같은 언어학적 단위들을 적절하게 사용하는 능력뿐만 아니라 자신의 생각을 개발해 내고 이를 조직화하여 표현하는 연습을 하는 데 효과적인 방법이다. 과거에는 규범 문법과 수사적 규칙에 중점을 둔 결과 중심의 쓰기가 강조되어 쓰기에서 모범적인 텍스트의 모방과 정확한 어법활용의 표현 과정을 강조하였으며 평가에서도 쓰기 과제를 평가하고 오류 수정하는 전형적인 형태를 취하였다. 따라서 이러한 결과 중심의 쓰기에서는 결과물을 바탕으로 쓰기에 대한 지식 즉, 문법적 지식이나 수사학적 규칙에 해당하는 지식들을 중심으로 한 정확성이 평가의 중요한 기준이 되었다. 따라서 학습자의 실수와 오류에 집중하고 언어의 형태와 형식의 정확성에 얽매여 자신의 쓰기 과제 수행 과정에서 일어나는 문제들을 의식하고 해결해 나가는 방법을 습득할 기회가 없었다. 그러나 점차 이러한 형식주의적 접근의 쓰기에서 쓰기를 점차 과제와 학습자간의 의미 구성 과정으로 보는 인지주의적 접근에 이르러 과정 중심 쓰기가 논의되기 시작하였다. 여기에서는 학습자의 의미구성 과정에서 일어나는 상호작용적 요소를 강조함으로써 언어의 사회적 기능 측면이 강조된다. 이러한 과정 중심의 쓰기 교육은 쓰기를 역동적인 의미 구성 행위로 파악하면서 내용을 생성하고 조직, 표현, 수정하는 일련의 쓰기 과정에서 교사가 역동적으로 개입하여 학생들의 작문 능력과 문제해결 능력을 촉진하고자 하는 접근 방식이다. 따라서 이러한 과정 중심의 쓰기 교육에서는 글을 쓰는 방법에 대한 구체적인 훈련과 연습이 필요하며 쓰기 평가에 있어서도 학생들이 쓰기를 결과물이 아니라 하나의 문제 해결 과정으로 인식할 수 있도록 해 주어야 한다. 따라서 한국어 쓰기 평가에서는 한국어 학습자들이 필요한 정보를 모으고 그것을 잘 조직하였는지, 또한 자신의 글쓰기 목표를 달성하기 위해 어떤 전략을 사용하였는지 등도 평가 되어야 한다.

이러한 과정 중심 쓰기 교육에서의 쓰기 과정은 상호작용적 협동 과정을 기초로 해야 한다. 글쓰기 과정은 끊임없는 자신과의 상호작용이며 교사와 학생, 동료학생들과의 상호작용 과정이라고 볼 수 있다. 쓰기 과정이 문자 언어를 통한 문제 해결 과정이라고 볼 때 다양한 방법을 통해 문제를 해결할 수 있다. 쓰기 학습에서 다양한 문제 해결 방법에 대해 서로 논의하는 과정은 협동적인 과제의 성격을 띠며 이러한 과정 속에서 의미를 구성해 나가게 된다. 이러한 논의의 과정은 곧 논리적인 사고 훈련의 과정이다. 따라서 학습자들은 쓰기 과정을 통해 자신의 생각을 종합하고 분류하고 관련짓는 등 사고를 촉진할 수 있고 자신의 생각을 비교, 대조, 정교화시키는 기능을 습득할 수 있게 된다. 따라서 쓰기 평가에서 단순한 어휘, 문법의 정확도 측정에만 집중할 것이 아니라 어휘 구사 능력, 정확한 문법적 지식, 그리고 기능 수행력과 문장 구성력, 담화 구성력 등과 같은 총체적인 의사소통의 과정이 평가되어야 하며 특히 학생의 사고력과 올바른 의사표현 능력이 평가되도록 해야 할 것이다.

3. 한국어 쓰기 평가의 범주

쓰기는 문자 언어로 자신의 생각을 표현해내는 활동이다. 이처럼 문자를 활용한 의사소통이라는 것은 그 표현 수단이 문자라는 것으로 인해 어려움이 따른다. 말하기는 음성 언어를 활용한 표현 기능으로서 한번 발화되면 사라져버리고 궁극적인 목적이 상대와의 원활한 의사소통에 있기 때문에 유창성에 비해서 정확성이 그다지 문제가 되지 않는다. 그러나 쓰기는 그 결과물이 계속 남는다는 특성으로 인해 정확성의 문제가 매우 중요하게 다루어질 수 있다. 이제는 쓰기가 단순히 과거에 중점을 두었던 입말을 글자를 통해 표현하는 활동이며 '글로 쓰기'

라는 결과물 중심의 시각에서 벗어나 화자가 표현하고자 하는 것을 형식과 내용에서 요구되는 응집성과 결속성, 논리성 등을 고려하여 구성해 나가는 창조적인 과정이라는 관점으로 인식의 전환이 필요하다. 그러나 이는 결과물이 중요하지 않다는 것이 아니라 그동안 간과되어 왔던 글을 쓰는 과정 즉, 어떻게 그런 결과물이 나오게 되었고 그 결과물이 나오기까지의 과정에서 일어나는 다양한 양상에 더욱 관심을 가져야 한다는 것이다. 또한 단순한 문법이나 어휘의 오류에만 집착하지 말고 전체적인 글의 조직과 내용의 풍부성과 정확성 그리고 글 쓰는 이의 사고 능력까지도 평가해야 한다는 것이다. 우리는 학습자가 생성해 낸 쓰기 결과물을 통해서 학습자가 얼마만큼 이해했는지, 어떻게 이해했는지 등을 알 수 있다. 따라서 쓰기 평가의 범주에는 쓰기의 결과물과 과정이 모두 포함되어야 한다.

현재 외국어로서 한국어 교육에서 쓰기 능력을 평가하는 평가 범주로는 크게 문법 관련 범주와 담화능력 범주로 나누어 볼 수 있다. 문법 관련 범주는 주로 첫째, 맞춤법을 들 수 있다. 쓰기는 문자의 특성상 영속성을 지니므로 초급에서 한글 자모를 쓰는 능력에서 시작하여 문장 단위 이상의 글에서 띄어쓰기와 문장 부호를 정확히 사용하는 능력이 중요하다. 특히 한국어의 철자법은 청각적 요소만으로는 알 수 없는 다양한 형태론적 정보를 제공해 주며 한국어 학습자들은 들은 것을 문자로 썼을 때 더욱 효과적으로 학습할 수 있기 때문에 맞춤법의 정확성이 평가되어야 한다. 문법 관련 범주의 둘째, 어휘 사용 능력을 들 수 있으며 이 범주에서는 자신의 등급에 맞게 어휘를 적절하고 다양하게 활용하고 있는가를 평가한다. 문자 언어로 자신의 사고를 표현하는 쓰기에서는 말하기에서보다 준비 단계가 길고 결과물을 생산해 내는 데 많은 시간이 걸리며 이 과정에서 말하기에서보다 더욱 다양한 어휘의 활용을 필요로 한다. 셋째, 문법 활용 능력에 대한 평가로서 여기에서는 각 단계에 맞는 적절한 문법을 정확히 사용하고 있는지와 다양한 문법 요소들을 사용하고 있는지를 평가한다.

한국어 쓰기 능력 평가 범주를 구체화해 보면 다음과 같다.

3.1 문법적 능력

한국어 쓰기 평가의 범주에서 문법적 능력은 문자에 대한 정확한 사용으로 맞춤법, 어휘의 적절하고 정확한 활용능력으로서 어휘사용 능력, 자신이 표현하고자 하는 의사를 전달하기 위한 적절한 문법활용 능력 등으로 구성된다. 말하기 평가와 마찬가지로 학습자의 표현기능에 해당하는 쓰기 평가는 한국어에 대한 문법적 지식을 정확하게 활용할 수 있는 능력을 평가하는 것이라고 할 수 있다.

3.2 담화적 능력

3.2.1 담화 구성능력

담화 구성 능력이란 글쓰기 상황에서 내용을 얼마나 정확하고 논리적으로 일관성 있게 구성하는지와 관련된 능력이다. 원활한 의사소통을 위해서는 내용이 일관되고 긴밀하게 연결되어야 하며 일관된 내용 구성 능력은 좋은 글쓰기를 위해 매우 중요한 부분이다. 이러한 담화 구성 능력은 초급 단계에서는 문장 단위의 쓰기 능력 측정에서부터 짧은 대화나 문단 쓰기를 평가하고 점차 급이 올라갈수록 하나의 이야기를 구성하는 담화 쓰기로 확대될 수 있다.

3.2.2 수사적 조직능력

수사적 조직이란 이야기하기, 서술하기, 묘사하기, 설명하기, 비교하기 등과 같은 텍스트의 전개 방법에 관한 것으로 글을 쓸 때 자신이 가지고 있는 정보를 조직적으로 제시하는 능력을 의미한다. 이러한 수사 규칙은 급이 올라갈수록 상황, 주제, 기능 등에 따라 점차 증가되고 발전되어야 한다.

3.2.3 구조적 긴밀성

이는 문장들 간의 관계를 분명하고 정확하게 생성해 내는 것과 관계된 것으로 인용, 대치, 연결, 생략 등의 장치를 사용하는 능력을 의미한다. 초급에서는 이러한 구조적 긴밀성과 관련된 부분이 적지만 점차 급이 올라갈수록 이러한 구조적 긴밀성에 대한 지식이 확대되게 된다.

3.3 사회언어학적 능력

사회언어학적 능력이란 글쓰기의 상황과 관련된 것이다. 그 글의 성격이 개인적인 글쓰기인지 공식적인 글쓰기인지에 따라 글의 형식성에 대한 강조가 달라질 수 있고 또한 글을 읽는 대상이 누구냐에 따라 다양한 격식이 설정될 수 있다. 따라서 평가가 요구하는 상황에 맞게 글쓰기가 이루어졌는지를 평가하게 된다.

3.4 전략적 능력

전략적 능력은 의사소통의 효율성을 높이거나 의사소통에서 장애가 발생할 경우 이를 보상 또는 회피하기 위해 사용하는 방법이다. 과제가 주어지고 문제해결을 위한 자료 수집활동이 이루어지며 얻어진 자료를 조직하고 재생산해 내는 과제 중심의 쓰기 활동에는 다양한 전략들이 활용될 수 있다.

지금까지 언급한 한국어 쓰기의 평가 범주와 평가 항목을 표로 정리해 보면 다음과 같다.

<표 7.1> 쓰기의 평가 범주와 평가 항목

쓰기 평가의 범주		평가 항목
문법적 능력	맞춤법	기초적인 한글 자모 쓰기, 맞춤법의 정확한 사용
	어휘 사용 능력	학습자 수준에 적절한 어휘의 정확한 이해와 활용 능력
	문법 활용 능력	학습자 수준에 맞는 문법 활용 능력과 담화 상황에 맞는 적절한 사용 능력
담화적 능력	담화 구성 능력	문장, 대화, 담화 상황에서 내용의 긴밀한 연관성과 일관성을 유지하는 능력
	수사적 조직 능력	글의 특성에 따른 내용 조직 전개 방법과 관련된 수사적 조직 능력(서론, 본론, 결론에 따른 구성 등)
	구조적 긴밀성	특수한 담화 장치들의 적절한 활용(그러므로, 따라서 , 반면에 등)
사회 언어학적 능력		경어법의 사용 등과 같은 사회 문화적 기능의 활용과 메모나 일상적 글쓰기, 주장이나 반론하기 등 평가에서 요구하는 기능을 수행하는 능력
전략적 능력		주어진 과제 해결을 위한 전략 활용 능력

4. 과정 중심 쓰기 평가

4.1 과정 중심 쓰기 평가의 개념

과정 중심 쓰기 평가란 수업과 연계하여 반복적이고 계속적으로 텍스트를 생산해 냄으로써 결과뿐만 아니라 쓰기가 이루어지는 과정에 집중하고 그 사이에서 일어나는 학습자의 사고 과정을 중시하는 평가 방법이다. 1990년대 말 이후 쓰기의 개념은 점차 어휘, 문법의 정확성과 일회적 평가를 중심으로 하는 결과 중심 쓰기에서 과정 중심 쓰기로, 그리고 더 나아가 문제해결적 혹은 전략 중심적 정의로까지 확대되어 논의되고 있다. 과정 중심 쓰기 평가는 교육 과정 안에서 교사와 학습자가 함께 글을 구성해 나가며 평가 자체도 쓰기 수업과 분리된 것이 아니라 수업 과정과 융합되어 이루어지게 된다. 이를 통해 학습자에 대한 정확한 파악이 가능하고 학습자에 맞는 타당한 피드백을 줄 수 있게 된다. 일반적으로 과정 중심 쓰기는 '계획하기 → 쓰기 → 다시 쓰기'의 단계로 이루어진다. 따라서 평가도 이들 각 단계를 거치면서 쓰기가 발전해 과정을 통해서 이루어진다. 기존의 결과 중심 쓰기 평가가 수업과 분리되어 문법과 어휘의 정확성에 중점을 둔 일회적인 평가라고 한다면 과정 중심 쓰기 평가는 학습자가 여러 단계의 사고 과정을 거치면서 보다 반복적이고 계속적으로 텍스트를 생산해 내는 과정을 중시하는 평가 방식이다.

4.2 과정 중심 쓰기 평가의 활용 – 포트폴리오 평가

한국어 교육의 쓰기 평가 유형에 관한 연구에서 과정 중심 쓰기 평가에 관련되는 평가 유형으로 포트폴리오 평가를 들 수 있다. 이는 특별한 목적을 염두에 두고 즉, 쓰기 목적이 분명한 상황에서 학습자가 일정 기간을 두고 쓴 여러 편의 글을 모은 작품집(portfolio)을 대상으로 하는 평가이다(원진숙 1999: 208). 이러한 과정 중심 쓰기 포트폴리오 평가는 '평가 계획 → 평가 → 평가 결과 활용'의 세 단계로 구분해 볼 수 있다.

4.2.1 평가 계획 단계

평가 계획 단계에서 평가자는 학습 목표에 맞는 평가에 대한 전반적인 계획과 평가 기준 등을 설정한다. 여기에서는 구체적인 쓰기 과제의 유형을 결정하고 쓰기 과제의 내용물을 수집하는 방법과 기간 등을 결정하게 된다. 이를 통해 학습자와 교사가 도달하고자 하는 목표가 보다 명시적으로 제시될 수 있다. 또한 보다 타당하고 신뢰로운 평가를 위해 계획 단계에서 구체적인 채점 기준을 수립한다.

4.2.2 평가 단계

평가 단계에서는 학습자와 교사가 끊임없이 상호작용 해 나가는 과정을 통해 각 단계에서 요구하는 과정을 제대로 수행해 내고 있는지, 또한 학습자가 자신의 수준에 맞는 목표를 설정하고 이 목표에 도달했는지 등을 평가하게 된다. 이 단계에서는 교사에 의한 평가만이 아닌 상호 협의와 자기 평가, 동료 평가 등도 중요한 평가 범주가 된다. 또한 학습자들이 쓰기의 전 과정을 통해 어떠한 전략을 활용하고 있는지도 중요하게 평가된다. 이러한 쓰기 과정의 진정한 평가를 위해서는 학습자들의 쓰기 활동에서 강조했던 내용을 중심으로 학습자들의 쓰기 전 과정을 점검할 수 있는 점검표 등을 활용할 수 있다. 점검표의 항목으로 각 단계에서 수행한 활동과 전략 사용을 점검할 수 있으며 체계적으로 조직된 점검표를 통해 쓰기 과정에서 향상된 정도와 변화되는 과정을 평가하도록 해야 할 것이다. 따라서 쓰기 과정의 단계에서 평가되어야 할 항목을 중심으로 평가 범주를 설정해 보면 다음과 같다.

<표 7.2> 평가 단계에서의 쓰기 포트폴리오 평가의 평가 범주

단계	계획하기	쓰기	다시 쓰기
쓰기 과정에 따른 평가 범주	• 글을 쓰는 목적에 대한 인식 능력(독자, 글의 성격 등) • 정확한 글의 방향(주제) 설정 능력 • 핵심 아이디어 탐색 • 핵심 아이디어를 발견하기 위한 아이디어 조직 능력	• 주제문과 배경 정보 제시 능력 • 논리적 문단 구성력 • 자신의 의도 표현 능력 • 핵심 아이디어에 집중하는 능력 • 사전을 활용한 적절한 표현 능력	• 글의 일관성, 통일성 • 주제 표출 능력 • 글의 내용적 긴밀성 • 주제문 확인 • 맞춤법, 어휘, 문법의 정확성 • 흥미 있는 글쓰기
조정 하기	• 계획하기 단계의 활동에 대해 점검, 조정	• 초고 쓰기에 대해 점검과 조정	• 교사-학생, 학생-학생 사이의 피드백
학습 전략에 따른 평가 범주	• 개요 쓰기 • 브레인스토밍 • 자유 연상 • 가치 규명 • 마인드맵 • 묶어서 생각하기 • 빨리 쓰기 • 정보 수집활동 • 상의하기	• 시간 내에 쓰기 • 정교화 전략 • 줄이기 전략 • 주제문 쓰기 • 빨리 쓰기 • 상의하기 • 소집단 활동	• 다시 쓰기 • 고쳐 쓰기 • 돌려 읽기 • 동료 의견 듣기 • 집단 수정 활동 • 교사 의견 듣기 • 점검하기 • 상의하기

4.2.3 평가 결과 활용 단계

교사는 여러 단계에 걸친 쓰기 평가 과정을 통해 각 평가에서의 결과를 그 때 그 때 즉각적으로 학습자에게 알려 준다. 이러한 과정을 통해 학습자는 자신의 장·단점을 정확히 파악할 수 있고 자신의 성취를 바탕으로 보다 높은 목표를 재설정함으로써 쓰기 능력을 향상시킬 수 있게 된다. 이러한 과정 중심의 쓰기 포토폴리오 평가는 학생 평가뿐만 아니라 교사 평가의 과정도 포함한다. 교사는 평가 과정을 통해 학습자들의 향상을 확인하고 보다 효율적인 교수법을 개발시킬 수 있으며 이는 교수의 질을 향상시킬 수 있는 계기가 된다.

4.3 과정 중심 쓰기 평가의 장·단점

학습자들의 쓰기 결과물이 중요하지 않은 것은 아니나 한국어 교육이 이루어지고 있는 현장의 현실적인 상황을 고려할 때 결과 중심 쓰기가 쓰기 평가에서 주요한 방법으로 활용될 수밖에 없는 것이 현실이다. 그러나 보다 바람직한 쓰기 평가를 위해서는 이러한 결과물뿐만 아니라 그 결과물이 나오기까지의 과정이 더욱 중시되어야하며 이를 통해 글쓰기가 이루어지는 실제적인 상황 속에서 문제해결 능력과 전략 사용 능력 등이 강화되고 평가될 수 있어야 한다. 기존의 결과 중심 쓰기에서는 학습자가 학습한 문법 및 어휘를 중심으로 평가가 이루어진다. 이러한 쓰기 평가는 고립적이고 인위적인 상황에서 일회적인 평가를 통해 이루어지며 그것의 결과만을 평가의 대상으로 삼는다. 여기에서 평가의 주안점은 쓰기의 정확성과 형식성에 있으며 평가의 주체는 교사로 한정된다. 반면 과정 중심 쓰기 평가는 전반적인 한국어 교수·학습 상황에서 이루어지며 평가는 결과물 그 자체보다는 그러한 결과물이 도출되기까지의 과정을 보다 중시한다. 이러한 과정 중심 평가에서는 평가가 일회적으로 이루어지지 않고 지속적으로 이루어지며 평가의 주체가 교사로 한정되지 않고 학습자 자신 및 동료 학습자로 확대된다. 이러한 과정을 통해 학습자가 자신의 오류를 정확히 파악하고 수정할 수 있으며 교사와 학습자 모두 성취를 높이기 위한 다양한 노력을 기울임으로써 평가가 교수·학습 과정 개선에 긍정적인 역할을 할 수 있다. 또한 과정 중심의 쓰기 평가를 통해 학습자의 사고력과 총체적인 의사소통 능력이 평가될 수 있다. 과정 중심 쓰기 평가가 이와 같은 장점을 지니고 있음에도 불구하고 채점이 복잡하고 어려우며 여러 사람이 평가에 관여할 경우 채점자 간의 신뢰도를 확보하기가 어렵다는 단점이 있다. 또한 정규 수업 시간에 실시하기에는 과정 중심 평가에서 요구하는 단계를 모두 따르는 데에 많은 노력과 시간이 소요된다는 점도 문제점으로 지적될 수 있다. 따라서 쓰기 과제의 성격과 학습 현실을 고려하여 시행하는 것이 바람직하다. 또한 위에서 구분한 각 단계들은 고립적인 것이 아니며 유기적으로 연결되어 있는 과정이다. 따라서 교사는 이들을 인위적으로 구분하기 보다는 쓰기 평가의 전 과정을 통해 통합하려는 노력을 해야 한다. 과정중심 쓰기 평가에서교사는 안내자이며 조력자의 역할을 담당한다. 따라서 교사는 한국어 학습 과정에 역동적으로 참여하여 학습자들을 적절히 안내해 주고 학습자의 사고를 확장시킬 수 있도록 도와주어야 한다. 또한 협의하고 교정하는 과정 속에서 교사와 학습자간의 원활한 한국어 의사소통이 무엇보다도 중요하므로 이를 위한 교사의 훈련과 노력이 매우 중요하다.

5. 한국어 쓰기 평가의 내용

일반적으로 쓰기 평가에서는 초급 단계에서의 한글 자모 쓰기에서부터 고급 단계에서의 사고력, 논리적 의사소통까지를 평가하게 된다. 따라서 가장 간단하게는 맞춤법, 어휘, 문법의 정확성에서부터 시작하여 점차 문장 구성 능력, 이야기 구성 능력, 그리고 자유 작문에 이르기까지 종합적인 의사소통 능력을 포괄하게 되는 것이다. 이러한 능력은 따로 구분될 수 있는 것이 아니라 총체적, 유기적으로 연관된 것으로서 평가에서 이러한 부분들이 모두 포함되어야 한다. 위에서 제시한 쓰기 평가의 범주에 포함될 수 있는 쓰기 평가의 내용은 무엇보다도 초기에 설정된 평가의 목표와 가장 밀접한 관련을 갖는다. 한국어 쓰기의 목적이 문자 언어를 통한 원활한 의사소통이라고 할 때 쓰기에서 평가되는 과제의 내용도 개별적인 언어 항목에서부터 궁극에는 넓은 의미의 의사소통과 관련지어 이루어져야 하며 그러기 위해서는 과제의 내용이 실제적이고 유의미한 것이어야 한다. 한국어 쓰기 과제는 보다 목표 지향적이고 활동 지향적이어야 한다. 쓰기를 문제해결 과정으로 보는 관점에서는 한국어 쓰기 활동은 과제를 중심으로 한 목표달성의 과정으로 구현되어야 한다. 이를 위해서는 주어진 쓰기 과제 자체가 활동을 기반으로 하고 있어야 한다.

교육에서 평가란 학습자의 수준을 확인하고 학습 결과를 점검하는 데에서 그치는 것이 아니라 얻어진 평가 결과를 학습에 다시 반영하여 학습자로 하여금 그를 바탕으로 좀 더 진보하도록 하는 역할을 하는 것이다. 따라서 평가는 교육의 마지막 단계가 아니라 순환하는 계속적인 과정인 것이다. 이러한 평가의 파급 효과를 고려할 때 평가에서 다루는 내용들은 교육 목표를 잘 반영하는 것들이어야 한다. 그러나 쓰기 평가에서의 단계별 교육 목표나 교육 내용에 대해서는 표준화된 자료가 아직 정립되어있지 못한 상태이다. 따라서 여기에서는 한국어능력시험에서 제시하고 있는 쓰기 평가의 목표 및 내용을 바탕으로 서술하기로 한다. 현재 교육과정평가원에서 매년 시행하고 있는 숙달도 평가인 한국어능력시험의 경우 대부분의 국내 교육기관의 등급 분류와 유사하게 1급부터 6급까지 6단계로 구분해 제시하고 있을 뿐만 아니라, 평가 범주로 기능, 소재, 언어, 텍스트 유형 등 네 가지를 제시하고 있어 실제 현장에서 이루어지는 교육 내용이 상당부분 반영되어 있는 것으로 볼 수 있기 때문이다. 따라서 이를 기초로 해서 한국어 교육기관들의 교육 목표와 내용을 참조하여 한국어 쓰기 능력의 급별 평가 목표 및 내용을 제시해 보면 다음과 같다.

5.1 초급 쓰기 평가의 목표 및 내용

초급 쓰기 평가에서는 기본적인 간단한 문장을 생성할 수 있는 능력을 측정한다. 즉, 한국어의 기본적인 음운을 맞춤법에 맞게 쓸 수 있으며, 기본 어휘와 문법 규칙을 활용하여 일상생활에서 필요한 간단한 대화문이나 생활문 등을 생성해 낼 수 있는지 등이 평가의 목표 및 내용이 된다. 이를 표로 정리해 보면 다음과 같다.

<표 7.3> 초급 쓰기 평가의 목표 및 내용

분류		내용
평가의 목표		- 외운 문장을 이용하거나 문장의 기본 구조를 이해하여 간단한 문장을 생성할 수 있다. - 맞춤법의 기본 원리에 맞춰 글자를 쓸 수 있다. - 자주 쓰이는 문장의 종결형과 연결형을 사용하여 간단한 문장을 구성할 수 있다. - 일상생활에서 요구되는 평이한 대화나 생활문을 쓸 수 있다. - 자주 접하는 실용문을 작성할 수 있다.
평가의 범주	주제 및 소재	- 자신, 일상생활, 물건, 장소, 위치, 시간, 음식, 취미, 교통, 운동, 가족, 쇼핑, 날씨, 집, 약속, 편지, 옷, 전화, 우체국, 은행, 여행, 계획, 감정
	기능	- 기본적인 문장 구성하기 - 간단한 대화 구성하기 - 매우 간단한 실용문 쓰기 - 간단한 설명문 쓰기 - 자기 소개하기, 묻고 대답하기, 물건 사기, 주문하기, 위치 표현하기, 시간 표현하기, 일상생활 표현하기 - 요청하기, 명령하기, 설명하기, 비교하기, 제안하기, 동의하기, 거절하기, 허가하기, 추측해서 표현하기, 메모하기
	어휘 및 문법	- 생존에 필요한 기본 어휘 (일상생활의 기본적인 어휘, 사물 이름, 위치, 수와 셈, 기본적인 동사/형용사 등) - 일상생활에서 자주 접하는 화제나 소재와 관련된 어휘 (물건 사기, 음식 주문하기 등과 관련된 어휘) - 공공시설 이용시 자주 사용되는 기본 어휘 - 한국어의 기본 문장 구조와 기초적인 문법 규칙 (기본적인 문장 구조, 문장의 종류, 의문사, 기본 조사, 기본적인 연결 어미, 기본적인 보조 동사, 관형형, 기본 시제, 불규칙 활용, 부정문 등)
	텍스트 유형	- 문장, 문장의 연쇄 - 대화문, 서술문, 실용문, 설명문, 메모, 편지, 서식, 안내문, 광고문

5.2 중급 쓰기 평가의 목표 및 내용

중급 쓰기 평가에서는 초급에서 목표로 했던 간단하고 일상적인 쓰기에서 좀 더 발전된 형태의 보다 정확하고 유창한 쓰기 능력을 측정한다. 중급 쓰기 평가에서는 일상생활과 관련된 쓰기뿐만 아니라 사회적 소재와 관련된 쓰기, 그리고 간단하나마 자신의 생각을 논리적으로 표현하는 것과 같은 보다 다양한 기능의 쓰기로 그 목표와 내용이 확대된다. 또한 텍스트 유형도 초급에서보다 더욱 다양해진다. 이러한 내용들을 표로 정리해 보면 다음과 같다.

<표 7.4> 중급 쓰기 평가의 목표 및 내용

분류		내용
평가의 목표		- 일상생활과 관련된 친숙한 소재에 관해서 정확하고 유창하게 글을 쓸 수 있다. - 생활과 밀접한 관련이 있는 사회적 소재에 대해서도 어느 정도 글을 쓸 수 있다. - 표현할 수 있는 추상적 소재의 범위가 넓어지며 보다 정확하고 유창하게 표현할 수 있다. - 업무 환경에서 요구하는 일반적인 글쓰기 기능을 부분적으로 수행할 수 있다.
평가의 범주	주제 및 소재	- 가족, 직업, 쇼핑, 근황, 여행, 계획, 친구, 학교생활, 직장 생활, 사건, 사고, 모양, 외모, 복장, 성격, 사회, 문화, 경제, 언어, 유행, 교육, 인간
	기능	- 일상생활과 관련된 대화나 실용문을 유창하고 정확하게 쓰기 - 친숙한 사회적 소재로 대화 구성하거나 글쓰기 - 간단한 논리적 글쓰기 - 하나의 의미를 다양한 방법으로 표현하기 - 설명하기, 기술하기, 묘사하기, 비교하기, 후회 표현하기, 가정 표현하기, 우려 표현하기, 설명문 쓰기, 안내문 만들기, 기사 작성하기
	어휘 및 문법	- 일상생활에서 사용되는 대부분의 어휘 - 업무나 사회 현상과 관련된 기본 어휘 - 일상생활에서 비교적 자주 접하는 추상적인 소재 관련 어휘 - 비교적 빈번하게 접하는 공식적인 상황에서 필요한 어휘 (직장 생활, 병원 이용, 은행 이용 등) - 기본적인 한자어 - 뉴스 등에 자주 등장하는 어휘 - 빈도가 높은 관용어와 속담 - 복잡한 의미를 갖는 조사 - 복잡한 의미나 체계를 갖는 연결 어미, 보조 용언 - 논리적인 서술이나 표현에 필요한 문법 표현·문단 구성하기
	텍스트 유형	- 문장의 연쇄 문단 - 대화문, 서술문, 실용문, 설명문, 메모, 편지, 서식, 안내문, 광고문, 기사, 감상문, 서평, 수필

5.3 고급 쓰기 평가의 목표 및 내용

고급 쓰기 평가에서는 정치, 경제, 사회, 문화 전반에 걸친 전문적인 분야와 관련된 주제들을 글로 표현할 수 있는 능력을 측정한다. 또한 자신이 표현하고자 하는 내용을 다양한 문법과 어휘를 활용하여 논리적으로 격식에 맞게 표현하는 능력 등이 평가된다. 여기에서는 보다 시사적이고 추상적이며 복잡한 의미를 갖는 어휘와 문법의 사용이 평가의 목표 및 내용이 된다. 이를 표로 정리해 보면 다음과 같다.

<표 7.5> 고급 쓰기 평가의 목표 및 내용

분류		내용
평가의 목표		- 정치, 경제, 사회, 문화 전반에 걸친 친숙하지 않은 주제에 관해 표현할 수 있다. - 자신의 전문 분야에서 요구되는 글쓰기 기능을 부분적으로 수행할 수 있다. - 논증이나 추론 과정을 거쳐 자신의 주장을 논리적으로 펴는 글을 쓸 수 있다.
평가의 범주	주제 및 소재	- 업무, 사건, 사고, 사회, 문화, 경제, 언어, 교육, 과학, 인간, 사랑, 가치관, 성, 문화 비평, 의학 기술, 정치 구조, 경제 현상, 제도, 관념
	기능	- 격식에 맞는 문체와 어휘를 사용해서 글쓰기 - 다양한 표현법 중 적절한 표현 선택해서 글쓰기 - 한국어 담화 구조에 맞춰 글쓰기 - 요약하기, 의견 주장하기, 비판하기, 가설 뒷받침하기, 서류와 보고서 - 사회 현상을 표현하는 데 필요한 추상적인 어휘
	어휘 및 문법	- 직장에서의 특정 영역과 관련된 어휘 - 세부적인 의미를 표현하는 데 필요한 어휘 - 널리 알려진 방언, 자주 쓰이는 약어, 은어, 속어 - 대부분의 시사용어 - 사회의 특정 영역에서 쓰이는 외래어 (이데올로기, 매스컴 등) - 다양한 상황에서 사용되는 복잡한 의미를 갖는 속담이나 관용어 - 전문적인 영역에서 사용되는 문법 표현작성하기, 번역하기
	텍스트 유형	- 문장의 연쇄, 문단 - 대화문, 서술문, 설명문, 논설문, 편지, 안내문, 광고문, 기사, 서평, 수필, 소설, 시

6. 한국어 쓰기 평가의 문항 유형

쓰기의 최종 목표는 학습자로 하여금 자신의 생각과 경험에서 얻은 정보를 이용하여 상대방에게 문자 언어로 의사를 전달할 수 있는 단계에 이르게 하는 것이다. 그러나 학습자가 이 단계에 도달하기 위해서는 우선 기본적인 언어 사용 능력을 갖추어야 한다. 즉, 학습자는 우선 한국어라는 언어의 구조와 쓰임새를 이해하고 사용할 수 있어야 한다. 이러한 기능이 습득되면 여기에 자신의 사고를 논리적이고 효과적으로 표현할 수 있는 능력을 기를 수 있는 것이다. 따라서 한국어 교육에서 쓰기를 교육한다는 것은 우선 한글의 정확한 사용, 문법적 구조에 대한 지식, 한국어의 표현방법을 익히는 것에서 시작하여 궁극적인 목표인 의사소통을 위해 글을 효과적으로 구성하며 자신의 사고를 논리적으로 전개하는 방법까지를 모두 습득하는 것을 의미한다. 이러한 수행들은 그 특성상 분절적이지 않고 통합적인 성격을 지니므로 학습자가 쓰기 교육을 통해 한국어의 의사소통 능력을 얻기 위해서는 이러한 내용을 모두 학습해야 한다.

실제 한국어 교육 현장에서는 학습자의 언어능력 수준에 따라 쓰기 활동 유형을 비담화적 활동과 담화적 활동으로 크게 구분해 볼 수 있다. 비담화적 평가 활동에는 베껴 쓰기, 문법 활용, 빈 칸 채우기, 틀린 곳 고치기 등이 포함된다. 이러한 유형은 '제한적 쓰기(limited writing)'의 형태로서, 한글의 자모를 비롯해서 기본적인 문법지식을 활용할 수 있도록 해 주는 기계적인 연습들이다. 그러나 담화적 활동 유형에서는 기계적인 연습을 넘어서 문장 생성 기능을 평가하게 된다. 이 단계에서는 문장 단위에서 문단 단위와 같은 완전한 담화 텍스트의 구성으로 의미를 확장하게 되며, 입력 자료가 주어지는 '유도된 쓰기(guided writing)' 평가 유형들이 대부분 포함된다. 다양한 교육 자료들은 의사소통 능력을 개발하고 평가하기 위한 과제로 활용되는 것들이다. 의사소통 접근의 기본적인 원리에 해당하는 정보찾기 활동은 시각 자료를 활용하여 정보를 채우거나 설명, 묘사하는 평가로 활용한다. 그리고 글말의 표현 기능에 해당하는 쓰기는 이해 기능에 해당하는 읽기와 자연스럽게 연계되어 평가된다. 따라서 읽기와 쓰기를 통합한 평가들이 활용될 수 있다. 텍스트 자료 요약하기, 텍스트 논조에 따라 모방해서 쓰기, 찬성·반대 입장에서 자신의 견해 밝히기 등의 형태가 여기에 속하는 유형들이다. 좀 더 자유롭게 주제를 선택하여 자신의 생각을 나타내는 '자유작문(free writing)'의 형태는 초급단계부터 고급단계까지 활용이 가능한 쓰기 활동이다. 가장 높은 수준의 쓰기 능력을 요구하는 활동이 학문적이거나 전문적인 내용의 글쓰기인데, 전문적인 용어 사용 능력과 논리적인 고도의 사고능력을 개발할 수 있는 쓰기 활동이다. 이 단계의 쓰기 지도는 전문적이고 체계적인 기술이 요구되는 형태이기도 하다.

쓰기의 단계와 입력 자료의 특성을 결합하여 쓰기 평가에 사용할 수 있는 유형들을 구체적으로 살펴보면 아래와 같다.

6.1 베껴 쓰기

이는 초급 단계의 학습자들이 한글 자모를 익히는 단계에서 활용 가능한 문제 유형이다. 이러한 유형에서는 학습자들이 한글 자모의 형태와 한글 구성 체계를 제대로 파악하고 있는지와 띄어쓰기 능력 등을 평가할 수 있다.

<예1> 글씨를 보고 쓰십시오.

가	구

창	문

저	는		한	국		사	람	입	니	다	.

6.2 받아쓰기

이는 듣기와 결합된 활동으로 교사의 말을 듣고 받아쓰는 문제 유형이다. 이 유형은 단어나 문장 단위의 평가가 모두 가능하다. 듣기와 말하기에만 익숙한 학생들일 경우 받아쓰기를 통해 정확한 맞춤법을 익힐 수 있으나 일반적으로 숙달도 평가에서는 이용하기 어렵다.

<예1> 부르는 말을 잘 듣고 쓰십시오.
 ① 교사: 책상

 _____

 ② 교사: 지금 읽는 책은 일본어 책입니다.

 _____

6.3 그림 보고 쓰기

이는 주어진 그림 자료를 보고 쓰게 하는 활동으로 초급 단계에서는 간단한 유형을 제시하여 맞춤법과 어휘력, 문법적 정확성 등을 평가할 수 있다. 또한 조금 더 다양한 그림을 제시하고 이야기를 구성해 보는 유형에서는 문장과 담화 구성력 등 보다 높은 수준의 평가가 가능해진다.

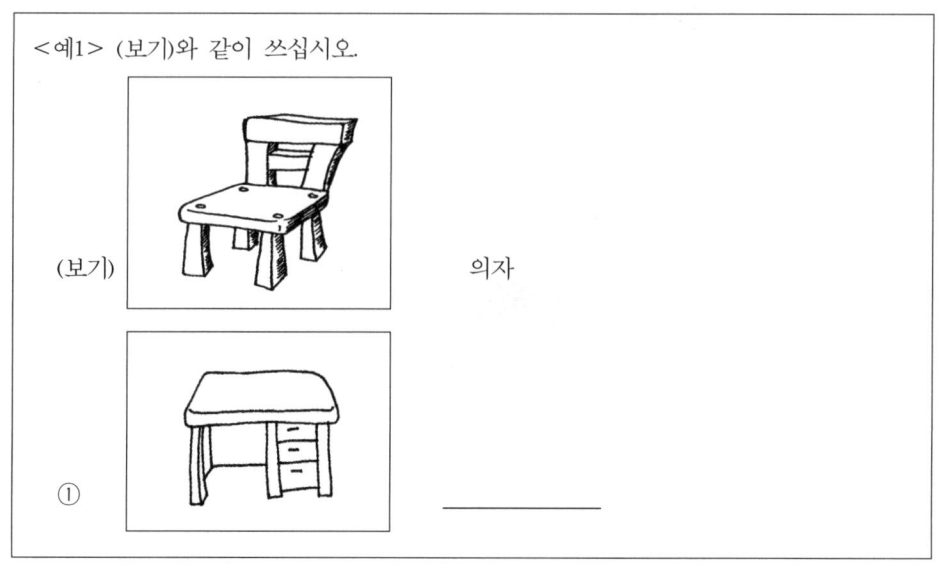

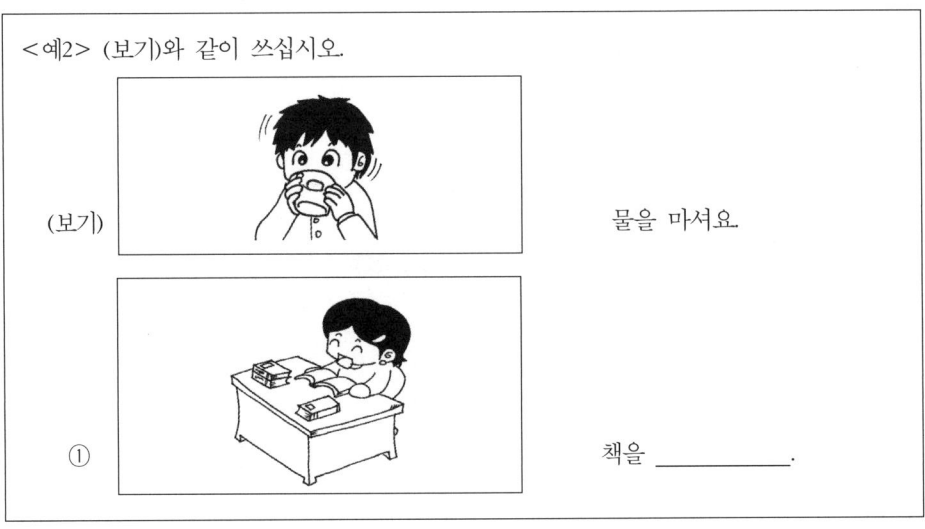

<예2> (보기)와 같이 쓰십시오.

(보기) ☐ 물을 마셔요

① ☐ 책을 _____.

<예3> '-(으)ㄹ까요?'를 사용하여 <보기>와 같이 쓰십시오.

(보기) ☐ 산에 갈까요?

① ☐ _____?

<예4> 다음의 그림을 순서에 맞게 배열하고 이야기를 만들어 보십시오.

(ㄱ)   (ㄴ)   (ㄷ)

6.4 빈칸 채우기

이는 주어진 문장이나 담화의 빈칸을 채우는 활동으로 문법과 어휘력 등을 평가할 수 있다. 또한 듣고 빈칸 채우기와 같은 이해 활동과 연결되어 통합적인 능력을 평가할 수 있는 문제유형이기도 하다.

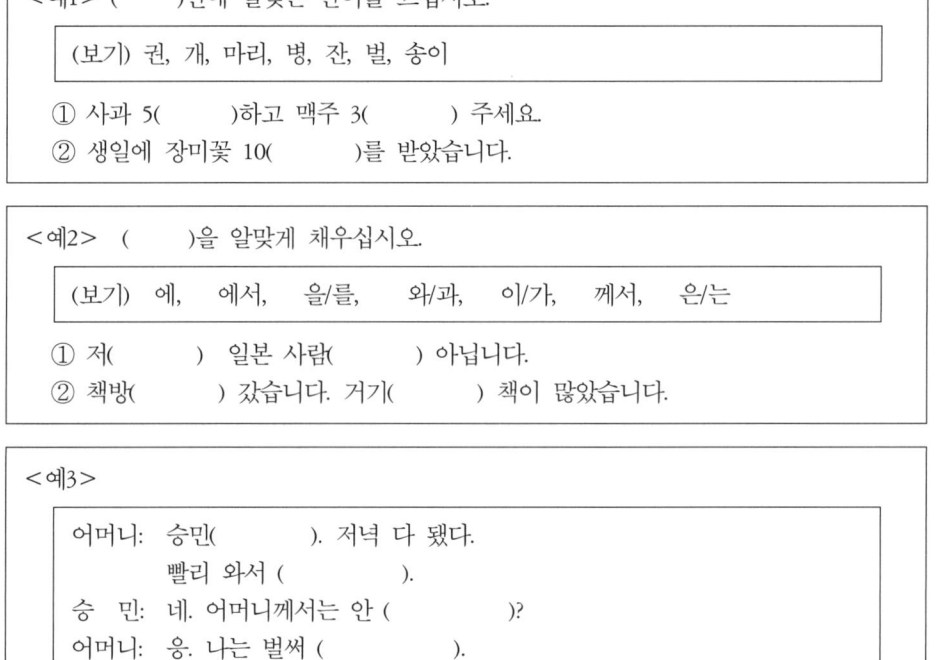

<예1> (　　) 안에 알맞은 단어를 쓰십시오.

(보기) 권, 개, 마리, 병, 잔, 벌, 송이

① 사과 5(　　)하고 맥주 3(　　) 주세요.
② 생일에 장미꽃 10(　　)를 받았습니다.

<예2> (　　)을 알맞게 채우십시오.

(보기) 에, 에서, 을/를, 와/과, 이/가, 께서, 은/는

① 저(　　) 일본 사람(　　) 아닙니다.
② 책방(　　) 갔습니다. 거기(　　) 책이 많았습니다.

<예3>

어머니: 승민(　　). 저녁 다 됐다.
　　　　빨리 와서 (　　).
승　민: 네. 어머니께서는 안 (　　)?
어머니: 응. 나는 벌써 (　　).

<출처: 제5회 한국어능력시험 2급 표현(어휘, 문법)>

6.5 고쳐 쓰기

이는 제시된 어휘를 활용하여 주어진 문형이나 맥락에 맞게 써 보는 활동으로 기본적인 문법적 지식뿐만 아니라 문장 구성능력까지도 평가할 수 있다. 〈예2〉와 같은 형태의 문제 유형에서는 학습자의 수준에 따라 여러 가지 다양한 응답이 가능할 수 있으므로 이러한 경우에는 어절수를 제한해 주는 것이 좋다.

<예1> 다음 (   ) 속의 말을 적당히 고쳐서 쓰십시오.
　① 시험이 _____(으)니까 걱정하지 마십시오.　　　　(쉽다)
　② 친구가 책을 _____아/어 줬습니다.　　　　　　　　(고르다)

<예2> ㉠을 알맞게 고쳐 쓰십시오.

　　오해는 아주 사소한 데에서 비롯한다. 상대방이 (알다)하고 말하지 않았을 뿐
　인데 상대방을 의도적으로 무시하거나 따돌리는 것으로 확대 해석되는 것이 하
　나의 예라고 할 수 있다.

<출처: 5회 한국어능력시험 5급 어휘·문법>

6.6 틀린 것 고치기

이는 아주 기본적인 맞춤법에서부터 문법적 능력과 문장 구성력까지를 평가할 수 있는 문제유형이다. 단, 이러한 유형은 학습자들에게 정확하지 않은 단어나 문법의 형태를 제시한다는 점에서 부정적인 영향을 미칠 수 있음에 유의해야 한다.

<예1> 다음 중 틀린 것을 찾아 알맞게 고치십시오.
　① ㉠ 창문　　　㉡ 가개　　　　㉢ 연필　　　　㉣ 의자
　→ (　　　　　　　　　　)

<예2> 틀린 것을 고치십시오.
　① 아버지와 저는 생각이 많이 달릅니다.
　→ (　　　　　　　　　　)

<예3> 다음 중 틀린 것을 찾아 알맞게 고치십시오
　① 요즘은 ㉠날씨가 이상합니다. ㉡어제까지는 ㉢따뜻하면, 오늘은 아주 ㉣춥습니다.
　→ (　　　　　　　　　　)

<출처: 제3회 한국어능력시험 1급 어휘·문법>

<예4> 다음 메모를 보고 쓴 글 중에서 틀린 것을 찾아 알맞게 고치십시오.

> <오늘 할 일>
> 1. 우체국 - 편지 보내기
> 2. 미영 씨 - 영화(오후 5시, 극장 앞)

→ ㉠오늘은 해야 할 일이 몇 가지 있습니다. ㉡먼저 우체국에 가서 편지를 찾아
야 합니다. ㉢그리고 오후 다섯 시에 극장 앞에서 미영 씨를 만날 것입니다. ㉣
그리고 같이 영화를 볼 것입니다.

→ (   )

<출처: 제3회 한국어능력시험 2급 쓰기>

6.7 어순에 맞게 문장 완성하기

이는 초급 단계에서 활용할 수 있는 문제 유형으로 학습자의 기초적인 문장 구성 능력을 파악할 수 있다. 그러나 한국어는 특성상 어순의 배치가 자유로울 수 있다는 점에 유의하여 여러 가지 응답이 나올 수 있는 가능성을 평가 문항 구성과 채점 단계에서 철저히 점검해야 한다.

<예1> 문장을 만드십시오.
① 여름에, 지난, 배웠습니다, 수영을
→ 지난 _____.

<출처: 제6회 한국어능력시험 1급 쓰기>

6.8 바꿔 쓰기

이는 통제된 쓰기 평가 형태로서 경어법, 반말 등과 같은 사회언어학적 능력이나 시제의 일치 또는 직접화법을 간접화법으로 바꾸는 것과 같은 문법적 정확성 등을 평가할 수 있는 문제 유형이다.

<예1> 다음 대화를 존댓말을 사용해서 고치십시오.

① 나는 어제 오빠와 함께 할아버지 집에 갔습니다.
→ _____

② 삼촌에게 어머니가 준 선물을 주었습니다.
→ _____

<예2> 보기와 같이 문장을 바꾸십시오.

> (보기) 오늘 친구를 만났습니다.
> → 어제 친구를 만났습니다.
> → 내일 친구를 만나겠습니다.

① 오늘 미선 씨가 아픕니다. → 어제 _____.
② 수영을 배웁니다. → 다음 달에 _____.

<예3> 다음 글을 어머니께 보내는 글로 바꿔 쓰십시오.

> 영희에게
> 보내 준 편지와 선물 잘 받았어. 정말 고마워. 잘 쓸게.
>
> 　　　　　　　　　　　　　　　　　　 친구 미영이가

↓

> 어머니께
>
> _____
> _____
>
> 　　　　　　　　　　　　 _____

<예4> 다음을 간접화법으로 바꾸십시오.

> 영수 씨가 "그 식당 음식이 맛있습니다."라고 했어요.
> → 영수 씨가 그 식당 음식이 (맛있다고) 했어요

① 뉴스에서 내일 여의도로 차가 들어가지 못합니다."라고 했어요
→ 뉴스에서 내일 여의도로 차가 들어가지 (　　　　　) 했어요

<출처: 제5회 한국어능력시험 2급 어휘·문법>

6.9 문장 연결하기

이는 둘 이상의 문장을 문맥에 맞게 연결하는 유형으로 문법적 정확성과 문장 구성력을 평가할 수 있다. 주어진 연결어미를 활용해서 연결할 수도 있고 주어진 그림을 보고 문장을 생성해서 연결할 수도 있으며 단지 두 문장을 문맥에 맞게 연결할 수도 있다. 이 경우에는 학습자의 수준에 따라 여러 가지 형태의 연결어미가 사용될 수 있다.

<예1> 다음을 이용해서 두 문장을 연결하십시오

-아서/어서, -고, -(으)니까,

① 나는 백화점에 갔습니다. 구두를 샀습니다.
→ _____

<예2> 두 문장을 바르게 연결하십시오.
① 친구에게 세탁기 사용하는 법을 가르쳐 주었어요. 친구가 고맙다고 했어요.
→ _____

<출처: 제5회 한국어능력시험 3급 어휘 · 문법>

<예3> 두 그림을 한 문장으로 연결하십시오.
<보기>

→ _____

<그림출처: 한국어 활용연습 1 (연세대학교 한국어학당)>

<예4> 다음을 연결하여 문장을 만드세요.
① 미리 이야기하다 / 대책을 세우다 / 불행이 없다
→ _____

<출처: 제5회 한국어능력시험 5급 쓰기>

6.10 질문에 대답하기

이는 그림을 보고 대답을 하거나 문장으로 주어진 질문을 읽고 그에 대한 답을 쓰는 형태로 주로 초급에서 활용 가능하며 문법적 정확성과 문장 구성력 등을 평가할 수 있는 문제 유형이다.

<예1> 지금 무엇을 하고 있습니까?

→ _____

<예2> 무슨 음식을 좋아합니까?
→ _____

6.11 문장 완성하기

이는 문맥에 맞게 문장을 완성하는 유형으로 문법적 정확성뿐만 아니라 문장 구성력까지 평가할 수 있으며 학습자의 수준에 따라 다양한 유형의 응답이 가능하다. 초급에서 고급에 이르기까지 활용이 가능하다.

<예1> 다음 (   )안에 알맞은 것을 고르십시오.

① (   ) 약속을 잊을 때가 많아요 그래서 자주 실수를 해요
   ㉠ 요즘 정신이 없어서
   ㉡ 약속 장소를 정하지 않았는데
   ㉢ 언제나 약속을 잘 지키려고
   ㉣ 약속 시간을 아직 모르니까

<출처: 제3회 한국어능력시험 2급 쓰기>

<예2> 다음 문장을 완성하십시오.
① _____(으)면 수영장에 갑시다.

<예3> (   )안에 적당한 말을 쓰십시오.
① 여행을 가려고 합니다. 여행에 필요한 물건들을 가방에 많이 넣었습니다. 그래서
여행 가방이 (   )

<출처: 제3회 한국어능력시험 1급 쓰기>

<예4> 다음 (   )에 알맞은 말을 쓰십시오.

> 거짓말 한 마디를 하고 그것을 상대방이 믿게 만들기 위해서는 다시 일곱 가
> 지의 거짓말을 해야 한다. 결국 인생을 사는 데 가장 슬기로운 길은 (   ).

<출처: 제5회 한국어능력시험 3급 쓰기>

<예5> 다음 글을 읽고 ㉠에 알맞은 것을 쓰십시오.

> 중학교 3학년 때였습니다. 저희 반에 '은정'이라는 이름을 가진 학생이 세
> 명 있었습니다. 그래서 선생님께서는 이 학생들을 부를 때, 키가 큰 학생은 '큰
> 은정', (㉠)은 '작은 은정', 얼굴이 까만 학생은 '까만 은정'이라고 불렀습니
> 다.

<출처: 제3회 한국어능력시험 2급 쓰기.>

6.12 대화 완성하기

이는 주어진 대화를 읽고 알맞게 완성하는 형태로서 문법적 정확성과 담화적 능력을 평가

할 수 있는 문제 유형이다. 대화 완성하기는 초급부터 고급에 이르기까지 다양하게 출제될 수 있으며 학습자의 수준에 맞는 어휘 등을 제시하여 응답을 유도할 수도 있다. 문제 유형에 따라 질문을 생성할 수도 있고 대답을 완성할 수도 있다. 이 때의 대화는 현실적인 느낌을 줄 수 있도록 실제적인 내용으로 구성되어야 한다.

<예1> 밑줄 친 곳에 알맞은 것을 고르십시오.
　　가: _____
　　나: 선물할 거니까 예쁘게 싸 주세요.
　㉠ 여기에서 드실 거예요, 가지고 가실 거예요?
　㉡ 어떤 선물을 하면 좋아할까요?
　㉢ 포장을 해 드려야 됩니까?
　㉣ 어서 오세요. 뭘 찾으세요?

<출처: 제3회 한국어능력시험 2급 쓰기>

<예2> 다음 대화를 완성하십시오.
　① 가: 스키를 탈 수 있어요?　　　② 가: 테니스를 _____?
　　나: 네, _____.　　　　나: 아니요, 못 쳐요.

<예3> 다음 대화에 맞도록 문장을 완성하십시오
　① 가: 미경이한테 사진 주니까 좋아하지?
　　나: 응, 처음에는 좋아했는데 갑자기 표정이 달라지더라고.
　　가: 왜? 네가 뭐라고 했는데?
　　나: 그냥 사진이 더 잘 나왔다고 했거든.
　　가: 뭐라고? 그렇게 말하면 듣기에 따라서 _____.

<출처: 제5회 한국어능력시험 4급 쓰기>

<예4> '등잔 밑이 어둡다'라는 속담을 사용해서 대화를 완성하십시오.

　　가: 도대체 내 컴퓨터에 무슨 문제가 있는지 모르겠는데 좀 봐 줄 수 있겠어?
　　나: 나도 인터넷으로 자료 찾는 정도밖에 모르는데. 참, 영욱이가 컴퓨터에 대
　　　　해서는 모르는 게 없잖아.
　　가: _____

<출처: 제5회 한국어능력시험 4급 쓰기>

6.13 상황에 맞게 문장 구성하기

이는 주어진 상황을 이해하고 그에 맞게 문장을 구성하는 문제 유형으로서 학습자의 수준에 따라 여러 가지 형태의 응답이 나올 수 있다. 따라서 학습자가 지나치게 낮은 수준의 문법과 어휘를 사용하는 것을 막기 위해 학습자의 수준에 맞는 어휘나 문법 항목 등을 제시해 줄 수도 있다. 이는 비교적 자유로운 쓰기 평가 유형에 속하므로 채점 기준을 명확히 제시하는 것이 필요하다.

<예1> 다음을 읽고 알맞게 쓰십시오.

> 회사에서 영미 씨의 자리는 문 옆에 있습니다. 그런데 사람들이 문을 잘 닫지 않아서 시끄럽습니다. 그리고 겨울에는 매우 춥습니다. 그래서 영미 씨는 문에 쪽지를 써 붙이려고 합니다. 어떻게 쓰면 좋을까요?

(   )

<출처: 제5회 한국어능력시험 2급 쓰기>

<예2> 친구가 보낸 전자 우편을 읽고 답장을 써 보십시오.

보낸 날짜	2001년 5월 20일
보낸 사람	ymkim@kice.com
받는 사람	cschoi@kice.com

> 철수야, 나 좀 도와 줄 수 있겠니?
> 우리 어머니가 지금 많이 편찮으셔. 그래서 일주일쯤 결석할 것 같아. 그러니까 선생님께 죄송하다고 말씀 좀 드려 줄래? 꼭 부탁해. 잘 있어.
>
> 영미가

<출처: 제5회 한국어능력시험 2급 쓰기>

6.14 정보 채우기

이는 주어진 자료에 알맞은 정보를 채워 넣는 활동으로 학생증이나 여러 가지 서류와 같은 실제적인 자료를 이용한 쓰기 유형이다. 이 유형은 이해 기능과 연계하여 주어진 텍스트를 읽거나 듣고 그 내용에 맞게 정보를 써 넣거나 그래프 또는 표 등을 완성하는 활동도 가능하다.

<예1> 여러분은 현금 카드를 만들려고 합니다. 다음의 신청서를 완성하십시오.

카드 신청서		
성명 :	성별: 남 여	나이: 살
생년월일:	주소 :	
전화번호: (회사) (자택 -)		
결혼 (기혼 / 미혼)	학력 : 중졸 / 고졸 / 대졸 / 대재 / 대학원졸	
직업 ( )		
취미 ( )		
카드를 받으실 곳: 자택 / 직장 / 기타 ( )		
신청일: 년 월 일 이 름: 인		

6.15 설명·묘사하기

이는 주어진 그림이나 사진, 도표 등을 보고 이를 묘사하는 평가 유형으로 문법적 능력뿐만 아니라 텍스트를 정확히 설명하고 묘사했는지 관련된 표현력, 문장 구성력, 담화 구성력 등이 모두 평가될 수 있다.

〈예1〉 다음 동물에 대해 묘사해 보십시오.

〈예2〉 다음 그래프를 보고 내용을 알맞게 써 보십시오.

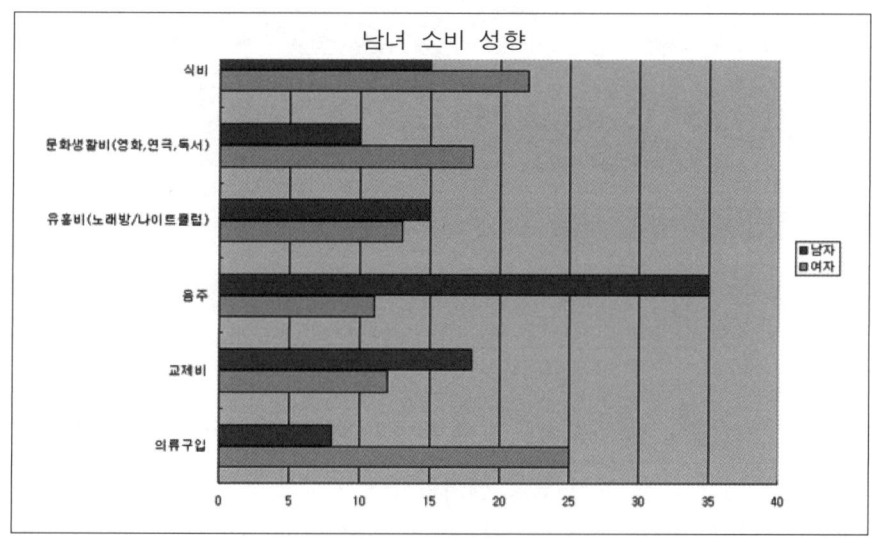

〈예3〉 아래의 표를 보고 250자 내외로 기사를 만들어 보십시오. 1968년에 사람들이 휴가를 보내는 방법과 1988년을 비교하여 설명하고, 왜 이런 차이가 나는지에 대한 이유를 써 보십시오.

휴가 보내는 방법	1968	2000
해외 여행	2%	31%
집에서 가까운 산으로 등산 가기	18%	21%
고향에 있는 가족이나 친지, 친구 방문	21%	20%
다른 지방으로 여행	26%	13%
집에 있기	31%	15%
합계	100%	100%

〈예4〉 다음 그림은 교통사고가 자주 일어나는 길의 그림입니다. 이 상황을 묘사하고 어느 부분이 위험하며 사고의 원인이 되는 것들은 무엇인지 써 보십시오.

6.16 이야기 구성하기

이는 서술형 쓰기 문제로, 제시된 제목과 표현 등을 이용하여 이야기를 구성하는 문제 유형이다. 초급에서는 활용 가능한 표현 등을 제시하거나 주어진 표현을 순서대로 사용해야 한다는 등의 제약을 가할 수 있다. 고급으로 갈수록 주어진 핵심 어휘들을 사용하여 보다 자유로운 글쓰기가 가능하다.

<예1> 다음 글감에 대해서 주어진 표현을 사용하여 문장을 만들어 보십시오.(30자 내외)

자기 비판

표현 : 남 / 비판하다 / 쉽다 / 어렵다

<출처: 제7회 한국어능력시험 5급 쓰기>

<예2> 다음은 신문의 표제어입니다. 제시된 단어를 순서대로 사용해서 기사의 내용을
재구성해 보십시오. (30자 내외)

> 김영수 선수 재기, 올림픽 금 '번쩍'

(사용 단어) 부진 / 일어서다 / 따다

<출처: 제5회 한국어능력시험 5급 어휘·문법>

<예3> 다음은 한국과 일본에서 열리는 월드컵 대회의 자원봉사 지원양식입니다. 이 양
식에 따라 월드컵 자원봉사자로서 자기를 소개하는 글을 240자 이내로 쓰십시오.
(모든 정보가 다 들어가야 함)

성명	박진호
직업	대학원생
지원분야	월드컵 경기장 내 행사 진행 도우미
참여 동기	축구 발전에 기여
자격증	스페인어 동시통역사 자격증
외국어 능력	영어, 스페인어
기타	성실, 봉사 정신 투철, 축구 사랑

<출처: 제5회 한국어능력시험 5급 어휘·문법>

<예4> 다음 메모는 김치 박물관 개관 안내에 대한 내용입니다. 이 메모를 신문의 기사
문 형식으로 바꾸어 써 보십시오.

> <김치 박물관 개관>
> 장소 - 삼청동
> 개관일 - 2005. 10. 5.
> 관람 시간 - 10시 - 17시
> 어른 - 2,000원 (25인 이상 1,100원)
> 어린이 - 1,000원
> 첫째, 셋째 화요일 휴관
> 지하철 3호선 경복궁역 4번 출구

<예5> 다음은 화제가 되고 있는 한 회사의 제품 판매 전략에 대한 신문 기사의 표제어입니다. 아래에 제시된 표현을 모두 사용하여 이어지는 내용을 50자 내외로 쓰십시오

> **직접 체험 후 구매**
> "일단 한번 써 보세요."
> 소비자 만족도 높아 성공적
> 업체들 잇따라 시도

<사용 표현>
가전제품 업체, 무료, 써 보다, 만족하다, 구입하다, 새로운 시도, 매출액

<출처: 제7회 한국어능력시험 5급 쓰기>

6.17 문단 완성하기

이는 글의 어느 한 문단을 비워 놓고 내용에 알맞게 글을 완성하는 유형이다. 이러한 평가 유형에서는 글의 맥락을 학생들이 이해할 수 있도록 긴밀히 연결된 내용 구조로 글이 구성되어 있어야 하며, 답을 유도해 내기 위해 적절한 담화 표지들을 잘 제시해야 한다.

<예1> 다음 글을 읽고 아래에 제시된 근거를 사용해서 글을 완성하십시오(200자 내외로 쓰십시오)

> 몇 해 전부터 일부 국가에서는 차라리 일부 마약을 담배나 술처럼 정식으로 판매하자는 주장이 등장하고 있다. 불법 밀거래와 그에 따른 사회적 악영향을 줄이는 데 도움이 된다는 논리였다. 의학적으로 안전성이 규명된 마약이라면 차라리 합법화하는 것이 사회적 낭비를 줄일 수 있다는 것이다. 그러나 한 편에서는 마약의 합법화는 말도 안 된다는 입장이 강하게 유지되고 있다. 마약이 합법화되면
> _____
> _____
> _____
> 이렇게 강경한 반대 속에서 '마약의 합법화' 주장이 어떻게 될 지 귀추가 주목된다.

(근	거)
청소년 마약 복용	육체적 · 정신적 건강

<출처: 제5회 한국어능력시험 6급 쓰기>

6.18 읽고 요약하기

자료를 읽거나 듣고 요약하는 문제 유형으로 통합적인 능력을 평가하는 숙달도 평가 유형이다. 이는 주어진 텍스트의 핵심 내용을 이해하고 재구성하는 것이므로 단순한 쓰기 이상의 능력이 필요하다. 주어진 내용을 그대로 베낀 것이 아닌지, 핵심 내용이 잘 담겨 있는지 등이 평가되어야 한다.

> <예1> 다음 글을 읽고 글의 내용을 100자 이내로 요약하십시오.
>
> > 경찰청과 청소년 전문가들이 비행 청소년 174명을 대상으로 청소년 비행에 영향을 미치는 요인을 조사하였다. 이 조사는 비행 청소년을 비행 재발 가능성이 높은 '고위험군'(80명)과 재발 가능성이 낮은 '저위험군'(94명)으로 나누어 두 집단과 여러 요인의 상관관계를 살피는 방식으로 이뤄졌다.
> >
> > 조사 결과 고위험군 청소년의 55%가 가정불화를 경험한 반면 저위험군은 10.6%만이 가정폭력의 경험이 있었다. 또 고위험군 청소년의 47.5%는 부모 이혼, 11.3%는 부친이나 모친 등 부모의 사망을 경험하고 16.3%는 가정의 생계를 책임지고 있었다.
> >
> > 경찰청은 이 조사 결과를 자료 삼아 "청소년 비행 발생 시 무조건 형사입건하기보다는 '다이버전 제도' 등을 통해 선도해 나가야 할 것"이라고 말했다. '다이버전 제도'는 청소년 범죄에 대한 대처를 기존의 사법처리 대신 지역사회와 전문가의 보호 및 선도로 전환, 청소년 범죄자의 사회 복귀를 돕고 재범을 방지하자는 취지의 제도이다.

> <예2> 최근에 읽은 책 중 가장 기억에 남는 책의 내용을 간단히 요약하고 이에 대한 자신의 느낌을 쓰십시오. (50자 이상)

6.19 찬·반 견해 쓰기

어떠한 주제나 견해에 대해 자신의 의견을 밝히고 그 내용을 논리적으로 전개해 나가는 것으로 자신이 견지하는 입장이 잘 드러나도록 논리적이고 구조화된 글쓰기가 되어야 한다.

<예1> 다음을 읽고 찬성, 또는 반대의 의견을 써 보십시오. (50자 이상)

> 요즘 젊은 사람들은 결혼을 한 후에도 자녀를 낳지 않는 사람들이 많다고 합니다. 이것에 대해서 어떻게 생각하십니까? '자녀, 없어도 좋은가?'라는 제목에 대한 여러분의 의견을 쓰십시오.

6.20 자유 작문

이는 주어진 주제를 가지고 제한 없이 글을 쓰는 것으로 글의 종류에 따라 실용문 쓰기, 설명문 쓰기, 논설문 쓰기, 문학 텍스트 쓰기 등 여러 가지 유형의 글쓰기가 가능하다. 보통 제목만 주어지는 자유 작문에서도 분량 조절을 위해 일정한 제한을 제시하기도 한다.

<예1> 다음 제목을 가지고 글을 쓰십시오. (10문장 이상)

제목: 나의 하루

<예2> 여러분은 왜 한국어를 공부합니까? 한국어를 배워서 앞으로 무엇을 하고 싶습니까? '한국어를 배우는 이유'라는 제목으로 글을 써 보세요 (10문장 이상)

<예3> 부모님께 드리는 편지를 써 보십시오.

부모님께
_____
_____
_____
_____

                                년   월   일
                                _____ 올림

<예4> 오늘 하루 동안 있었던 일을 일기로 써 보십시오.

_____년 _____월 _____일 (날씨:)
_____
_____
_____
_____
_____

<예5> 다음은 '농업을 살리는 길'이라는 보고서를 쓰기 위한 개요를 작성한 것입니다. 이 개요를 읽고 농업 살리기에 대한 여러분의 주장이 담긴 글을 써 보십시오.

<제목: 농업을 살리는 길>
1. 농산물의 수입 개방으로 국내 농업이 매우 어려운 상황에 놓여 있다.
2. 정부와 민간 차원의 농업을 살리는 방안이 절실하다.
3. 삶의 기반이 되는 농업을 중시해야 한다.

<출처: 제7회 한국어능력시험 6급 쓰기>

<예6> 다음 글을 읽고 반박하는 글을 써 보십시오.

이솝 우화 '거북이와 토끼'를 보면 거북이는 대단히 긍정적인 인간형으로 부각되어 있다. 그러나 그러한 평가는 부당하다. 첫째, 토끼가 경주를 제의했을 때 거북이는 왜 그것을 받아들였을까? 바보가 아닌 이상 뻔히 질 경주를 하는 일은 없을 것이다. 결국 그는 경박한 토끼가 실수할 가능성을 염두에 두었거나 아니면 우리가 예측할 수 없는 어떤 요행을 바랐던 것에 불과하다. 둘째, 거북이는 잠든 토끼를 깨우지 않고 그냥 지나갔다. 아무리 야박한 세상이라도 친구 사이에 그런 일은 있을 수 없는 것이다. 그는 다만 승부욕에 사로잡혀 신의를 저버렸을 뿐이다. 친구에 대한 신의를 저버린 거북이. 그는 결코 긍정적인 인간형으로 보기 어렵다.

<출처: 제4회 한국어능력시험 6급 쓰기>

<예7> "자기중심적 사고방식은 죄의 온상이다"라는 제목으로 논증하는 글을 써 보십시오.

<예8> "가을"이라는 제목으로 시를 써 보십시오.

지금까지 살펴본 말하기 평가의 유형 및 급별 활용 가능성을 표로 제시하면 다음과 같다.

<표 7.6> 쓰기 평가 문제 유형 및 급별 활용 가능성

	평가 유형		초급	중급	고급
①	베껴 쓰기		○		
②	문법 활용		○	○	
③	받아쓰기		○		
④	빈 칸 채우기		○	○	
⑤	어순에 맞게 문장 완성하기		○	○	
⑥	틀린 것 고치기		○	○	
⑦	바꿔 쓰기		○	○	
⑧	담화완성하기	문장연결하기	○	○	
		문장완성하기	○	○	
		문단완성하기	○	○	○
⑨	시각자료 활용	정보 채우기	○	○	○
		설명, 묘사하기	○	○	○
⑩	의미 확장하기	이야기구성하기	○	○	○
		문장 확장하기	○	○	○
		다시 쓰기	○	○	○
⑪	읽기, 쓰기 통합	읽고 요약하기		○	○
		모방해서 쓰기	○	○	○
		찬/반 견해 쓰기		○	○
⑫	자유 작문		○	○	○

7. 한국어 쓰기 평가의 실제

언어능력 평가 도구의 설계 및 제작은 일반적으로 1)평가의 기획, 2)평가 항목의 선별, 3)평가 문항과 지시문의 작성, 4)문항의 검토와 사전 평가, 5)평가의 최종 형태 제작의 5단계로 구성된다. 따라서 이러한 언어 능력 평가 도구의 설계 및 제작의 단계에 맞추어 쓰기 평가 기획 및 설계의 실례를 제시해 보도록 하겠다.

7.1 평가의 기획

평가의 기획 단계에서는 우선 평가의 전체적인 구성 요소를 확인하고 쓰기 평가의 전체적인 틀을 구성한다. 따라서 이 단계에서는 학습 단계에 대한 파악을 시작으로 하여 이 평가가 학습자의 숙달도를 측정하기 위한 것인지 혹은 학습한 내용에 대한 성취도를 측정하기 위한 것인지를 결정해야 한다. 이러한 평가 목적이 결정된 후에 학습자의 수준을 고려하여 평가 범주, 평가 유형, 평가 문항의 수와 시험 시간 등을 결정한다. 이 단계에서는 평가를 위해 제공되는 시간과 그 시간 안에 다룰 수 있는 문항의 수를 고려해야 하며 문항의 유형에 따라 준비 시간과 채점 시간이 크게 차이가 나므로 이를 세밀히 고려해야 한다.

한국어 쓰기 평가를 기획하기 위한 기초 설계(안)의 실례를 보이면 다음과 같다.

<표 7.7> 한국어 쓰기 평가의 설계(안)의 실례

영역	학습단계	평가 목적	평가 범주	평가 형태	문항 수	시간
쓰기	초급	성취도 평가	문법적 능력 사회언어학적 능력 담화 구성 능력 전략적 능력	폐쇄식 반개방형 지필시험	26문항	50분

7.2 평가 항목의 선정

7.2.1 학습 목표 및 내용의 검토

평가의 기획이 끝나면 그 다음 단계로 학습 목표 및 내용에 대한 검토가 이루어진다. 이를 바탕으로 평가를 위한 내용 및 평가 항목들이 선정되게 된다. 이는 구체적으로 무엇을 평가할 것인가에 관한 문제로 평가 목적에 부합하게 내용과 항목을 선정해야 한다. 일반적으로 학습 목표 및 내용을 검토할 때 포함되어야 할 항목으로는 주제, 기능, 문법 요소, 어휘 범주 등이 있다.

앞에서 구상한 한국어 초급 쓰기 평가를 위한 학습 목표 및 내용 검토의 실례를 보이면 다음과 같다.

<표 7.8> 학습 목표 및 내용 검토의 실례[13]

단원	주제	기능	어휘	문법
1	자기 소개	인사하기 자기 소개하기 신상 기록하기	국적, 직업	-은/는 -입니다 -은/는 -입니까?
2	위치	존재 유무 표현하기 위치 표현하기	사물,. 장소	-이/가 있습니다 -이/가 없습니다 -이/가 -에 있습니다
3	동작	동작 표현하기	동작, 물건	-은/는 -을/를 -ㅂ/습니다
4	시간	시간 표현하기 하루 일과 설명하기	일과 수(고유어, 한자어) 시간	-에 -에 가다
5	주말 활동	주말 활동 설명하기	장소 주말 활동	과거시제 -에서
6	물건 사기	물건 사기 수량 세기 가격 표현하기 쇼핑 경험 표현하기	수 수량명사 가격 물건	수량명사 -와/과 -고 싶다 안
7	계획, 약속	계획 설명하기 예정 설명하기 약속 설명하기	날짜 요일 시간 약속	-(으)ㄹ 것이다 -(으)ㅂ시다 -기로 하다
8	계절, 날씨	계절 설명하기 날씨 설명하기	날씨 표현 계절 관련 표현	-고 -음/는 -이/가
9	음식	음식에 관한 간단한 글 읽기 메뉴 읽기	한국음식의 이름 식당 관련 어휘	-중에서 -는(동사의 관형형)

10	인사	인사하기		인사 감사 사과 축하	-어서 -겠습니다
		감사 표현하기			
		사과 표현하기			
		이유 설명하기			
11	취미	취미 설명하기		취미·여가 빈도	-는 것 -(으)러 가다 -에
12	상태	상태 표현하기		상태 표현 묘사	-어서 -(으)십시오 -지 마십시오
		묘사하기			
13	건강	증세 설명하기		신체 증세 처방	-어야 하다 -지 않다
14	교통	교통편 설명하기		교통 수단 교통 관련 어휘	-부터 -까지 -에서 -까지 -보다
15	여행	여행계획 세우기		여행물 준비 목록 여행 관련 표현 여행 감상	-어 보다 -(으)ㄴ 후에 -기 전에
		기행문 쓰기			
16	용모·복장	용모 설명하기		용모 옷 색 탈착 표현	-관형사형 현재
		복장 설명하기			
17	감정·기분	감정 상태 설명하기		감정 기분	-지만 -(으)ㄹ 때
18	편지	주소 쓰기		편지 관련 표현 주소	관형사형 과거 -고 있다
		편지 쓰기			
19	은행	은행 업무 처리하기		은행 업무 관련 표현	-기 위해서 -는데
		은행 이용 경험 설명하기			
20	안내·광고	안내문·광고문 보고 메모하기		안내 광고 문화·공연 생활 예절	-어 주다 -(으)면 안 되다
		안내문 만들기			

7.2.2 주제 및 기능의 선택

학생들의 쓰기 성취도 평가를 위해 학생들이 배운 내용들을 목록화하는 작업이 끝난 후에는 구체적으로는 앞에서 언급했던 평가의 범주에 따라 맞춤법, 어휘 사용 능력, 문법 활용 능력, 담화 구성 능력, 사회언어학적 능력 등에 대해 구체적으로 무엇을 문제화 할 것인지 목록화해야 한다. 이러한 목록화가 끝나면 평가의 일반적인 형태를 결정해야 한다. 이 단계에서는 평가의 타당도를 높이기 우해 가능한 한 다양한 주제와 기능이 포함되도록 해야 한다. 앞에서 제시한 학습 목표 및 내용 중에서 평가에 포함될 주제 및 기능의 선택 실례를 보이면 다음과 같다.

---

13) 2000년, 〈한국어 초급(읽기·쓰기) 실물 교재 개발 최종보고서〉의 쓰기 부분 교재 구성표를 바탕으로 정리했음.

<표 7.9> 학습 목표 및 내용 검토의 실례

단원	주제	기능	선정 여부
1	자기 소개	인사하기	○
		자기 소개하기	○
		신상 기록하기	○
2	위치	존재 유무 표현하기	○
		위치 표현하기	○
3	동작	동작 표현하기	○
4	시간	시간 표현하기	
		하루 일과 설명하기	○
5	주말 활동	주말 활동 설명하기	○
6	물건 사기	물건 사기	
		수량 세기	○
		가격 표현하기	
		쇼핑 경험 표현하기	○
7	계획, 약속	계획 설명하기	
		예정 설명하기	
		약속 설명하기	○
8	계절, 날씨	계절 설명하기	
		날씨 설명하기	○
9	가족	가족 소개하기	○
		나이 표현하기	○
10	인사	인사하기	
		감사 표현하기	
		사과 표현하기	○
		이유 설명하기	○
11	취미	취미 설명하기	○
12	상태	상태 표현하기	○
		묘사하기	○
13	건강	증세 설명하기	○
14	교통	교통편 설명하기	○
15	여행	여행계획 세우기	○
		기행문 쓰기	
16	용모·복장	용모 설명하기	○
		복장 설명하기	○
17	감정·기분	감정 상태 설명하기	
18	편지	주소 쓰기	
		편지 쓰기	
19	은행	은행 업무 처리하기	
		은행 이용 경험 설명하기	
20	안내·광고	안내문·광고문 보고 메모하기	
		안내문 만들기	

7.2.3 출제구상표 작성

　학습 목표 및 내용에 대한 목록화가 이루어지고 구체적인 주제 및 기능의 선택이 이루어진 후에 그것을 바탕으로 출제구상표가 만들어진다. 이때에는 출제의도가 명확히 드러나도록 해야 하며 내용 면에서 소재와 주제, 그리고 문법이나 어휘 범주들이 고르게 선정될 수 있도록 주의해야 한다. 또한 다양한 문제 유형을 선택, 개발하여 다양하고 실제적인 쓰기 평가가 될 수 있도록 출제구상표를 구성해야 한다. 앞서 제시한 쓰기 평가 유형에서는 현재 시행되고 있는 한국어능력시험에서 자주 제시되는 객관식 쓰기 평가 유형도 주관식 평가 유형과 함께 제시하였다. 객관식 쓰기 평가가 현실적으로 불가능한 것은 아니며 평가가 이루어지는 현장에서의 여건들을 고려할 때　채점의 용이함, 평가의 객관성과 신뢰성 보장 등의 측면에서 객관식 쓰기 평가가 지니는 장점도 있다. 그러나 학습자의 진정한 쓰기 능력을 평가하기 위해서는 객관식 평가보다는 주관식 평가를 지향하는 것이 보다 바람직하다고 본다. 따라서 문항형태를 구상할 때 이러한 점을 고려하여 주관식 문항의 비율을 높이려는 노력이 필요하다.

　앞에서 구상한 한국어 초급 쓰기 평가를 위한 출제구상표의 실례를 보이면 다음과 같다.

<표 7.10> 한국어 초급 쓰기 평가 출제구상표의 실례

번호	문항 형태	배점	문항유형	출제의도	평가문항	내용 (소재/주제)	텍스트 유형
1	선다형	2	맞는 것 고르기	철자법 파악	시계	시계	서술문
2	선다형	2	맞는 것 고르기	철자법 파악	선생님	선생님	서술문
3	선다형	2	빈칸 채우기	조사 의미 기능 파악	왼쪽으로	사무실	대화
4	선다형	2	빈칸 채우기	조사 의미 기능 파악	방에	방	대화
5	단답형	3	알맞은 문장 구성하기	기본 어휘 파악	운동화	운동화	대화
6	단답형	3	알맞은 문장 구성하기	기본 어휘 파악	책을 읽고 있어요	책	대화
7	단답형	3	그림 보고 대화 완성하기	의문사 파악	어떻게 갔어요?	경주	대화
8	단답형	3	그림 보고 대화 완성하기	주요 문법 표현 파악	머리가 아파요	병원	대화
9	단답형	3	틀린 문장 고치기	관형형 파악	시원한	냉면	서술문
10	단답형	3	틀린 문장 고치기	시제 파악	탔습니다	자전거	서술문
11	단답형	3	어순에 맞게 배열하기	주요 문법 표현 파악	저녁을 먹은 다음에 커피를 마셨습니다.	커피	서술문

12	단답형	3	어순에 맞게 배열하기	주요 문법 표현 파악	아침 9시에 출발하는 기차를 탔습니다.	기차	서술문
13	단답형	3	문장 연결하기	연결어미 파악	더우니까 수영을 할까요?	수영	서술문
14	단답형	3	문장 연결하기	연결어미 파악	못 가서 죄송합니다	회의	서술문
15	단답형	3	문장 연결하기	연결어미 파악	코트를 입고 학교에 갔어요	코트	서술문
16	단답형	4	문장 완성하기	접속사 파악	우산이 없어요	학교	서술문
17	단답형	4	문장 완성하기	접속사 파악	산에 갑시다.	주말	서술문
18	단답형	4	질문에 맞는 대답하기	주요 문법 표현 파악	비빔밥을 좋아해요	음식	대화
19	단답형	4	질문에 맞는 대답하기	주요 문법 표현 파악	여덟 시에 일어났어요	하루 일과	대화
20	단답형	4	질문에 맞는 대답하기	주요 문법 표현 파악	바다에 가고 싶어요	희망사항	대화
21	단답형	4	문장, 대화, 이야기 완성하기	주요 문법 표현 파악	아름다웠어요	휴가	담화
22	선다형	4	문장, 대화, 이야기 완성하기	시제 파악	갈 거예요	휴가	담화
23	단답형	4	문장, 대화, 이야기 완성하기	문맥 파악	어디에서 오셨어요?	택시	담화
24	선다형	4	문장, 대화, 이야기 완성하기	문맥 파악	여행 오셨어요?	택시	담화
25	서술형	10	그림 보고 설명 쓰기	기본 어휘, 주요 문법 표현 파악	책상 위에 모자가 있습니다	방	생활문
26	서술형	13	주어진 내용으로 글 쓰기	기본 어휘, 주요 문법 표현 파악	저는 미국 사람입니다.	자기소개	생활문

<표 7.11> 초급 쓰기 출제 문항 구성 비율

	항목	문항 수(문항 번호)	비율(%)
평가 범주	맞춤법	2 (1, 2)	7.5%
	어휘·문법 능력	7 (3, 4, 9, 10, 13, 14, 15)	27.5%
	문장 구성 능력	6 (5, 6, 11, 12, 16, 17)	23%
	대화 구성 능력	5 (7, 8, 18, 19, 20)	19%
	이야기 구성 능력	6 (21, 22, 23, 24, 25, 26)	23%
문항 형태	선다형	6	23.2
	단답형	18	69.3
	서술형	2	7.5

7.3 실제 평가 문항의 개발

이 단계는 구체적으로 평가 문항을 선택하고 작성하는 단계이다. 이전 단계에서 평가 목표와 함께 구체적으로 평가할 주제나 기능이 선정되면 목표하는 문법과 어휘, 주제와 기능을 어떻게 평가 문항으로 담아낼 것인가를 고려해야 한다. 이때에는 학습자의 수준과 평가 목표, 평가 시간 등을 고려하여 적절한 평가 과제와 문항 유형, 그리고 문항의 수, 전체적인 시간 배분 등을 결정하여야 한다. 이러한 전체적인 틀이 짜여 지고 나면 구체적인 문항의 개발과 지시문의 작성 단계로 들어간다.

쓰기 평가 문항의 작성 시 주의해야 할 점은 다음과 같다.

1) 한 항목의 문제나 답지가 다른 항목에 암시를 주지 않도록 세밀히 검토해야 한다. 문항을 출제할 때 서로 다른 문항에 속하는 예시문이나 답지가 다른 문항의 답을 암시하는 경우가 있으므로 주의해야 한다.

2) 지시문이 구체적이고 명확하게 제시되어야 한다. 만일 지시문이 학습자의 수준을 넘어서는 어려운 어휘로 구성될 경우 적절한 보기를 제시하여 평가자의 의도를 학습자가 분명하게 이해하고 응답할 수 있도록 해 주어야 한다.

3) 진정한 쓰기 기능을 평가하기 위해서는 주관식 문항의 수가 많아야 한다. 이는 쓰기 평가의 타당도와 관련된 부분으로 대부분의 평가자들이 이러한 부분에 공감하면서도 채점 기준의 마련과 채점의 신뢰도 문제, 그리고 채점에 걸리는 시간 등 여러 가지 제약으로 인해 현재의 쓰기 평가에서 객관식이 차지하는 비율은 여전히 높은 실정이다. 그러나 쓰기 평가에서 목표로 하는 문법적, 담화적 능력을 정확히 파악하려면 객관식 문항보다는 주관식의 비율을 높여야 할 것이다.

4) 일반적으로 제한된 쓰기는 초급 단계에서 문자 인식력, 맞춤법, 문장 구조 생성 등을 측정하기 위해 주로 사용될 수 있고 유도된 쓰기는 입력 자료를 주고 거기에 입각해서 제시된 방향으로 쓰게 하는 것으로 학습자의 수준과 상관없이 모든 단계에서 활용 가능한 유형이다. 이에 비해 제목만 제시하고 마음대로 쓰라는 형태의 자유 작문은 학습자가 자신의 실세계 지식을 활용하여 제한된 구조나 방향이 없이 쓰는 것이다. 그러나 쓰기 평가에 있어서는 이러한 자유 작문의 결과가 평가자의 의도에 미치지 못하는 경우가 많고 제목만을 제시하고 다른 입력 자료 없이 쓰라고 하는 것은 학습자를 종종 당

황하게 만들 수 있다. 그러므로 쓰기 평가에서는 자유 작문보다는 유도된 쓰기가 바람직하다고 할 수 있다. 잘 유도된 쓰기는 평가의 신뢰도를 높일 수 있다.

7.4 문항의 검토와 사전 평가

문항의 제작이 끝나면 출제자가 다시 한번 문제를 검토하는 작업이 필요하다. 이때에는 출제자 이외에 다른 교사들의 검토도 필수적으로 요구된다. 이와 같이 여러 전문가들이 다양한 측면에서 문항을 검토하고 이 과정에서 지적된 여러 사항들을 수정, 반영 할 때 평가의 타당도와 신뢰도가 보장받을 수 있게 된다. 또한 사전 평가를 거쳐 검토 과정에서 미처 발견하지 못했던 문제점들을 확인하고 이를 문항 제작에 반영한다.

문항 검토 시 고려해야 할 사항은 다음과 같다.

첫째, 각 문항에서 측정하고자 하는 목표가 잘 드러나고 있는가를 검토해야 한다. 그 문항에서 평가하는 요소가 문법인지, 어휘인지, 또는 이야기 구성 능력인지 등이 명확히 드러나는 문항 구성이어야 한다.

둘째, 그림이나 도표 등의 자료들을 보고 반응하는 문제 유형에서는 그러한 자료들이 명확히 이해될 수 있어야 한다. 하나의 그림을 보고 여러 가지 해석이 가능한 그림으로는 올바르고 신뢰로운 평가를 할 수 없다. 따라서 문항 검토 시에 여러 검토자가 출제자의 설명 없이 주어진 자료를 보고 일관되고 평가자의 의도에 부합하는 반응을 할 수 있는지를 확인하고 그렇지 못한 경우에는 자료들을 수정하도록 해야 한다.

셋째, 객관식 문항의 경우, 답지의 길이로 답을 추측할 수 있거나 이전에 제시된 답지에 다음 문제의 단서가 될 수 있는 요소들이 있는지 검토해 보아야 한다. 또한 오답지의 경우 지나치게 쉬워서 매력도가 떨어지거나 답이 모호한 것이 있는지 확인해 보아야 하며 정답 이외에 또 다른 답이 될 수 있는 문항은 없는지 면밀히 검토해 보아야 한다.

넷째, 전체 문항수와 내용이 정해진 시간 내에 학습자들이 풀기에 적당한지를 검토해야 한다. 쓰기 평가에서는 학습자들의 반응 시간이 다른 영역에 비해서 길게 소요된다. 따라서 이러한 부분을 고려하여 문항을 구성해야 한다.

7.5 평가의 최종 형태 제작

문항의 검토와 사전 평가가 이루어지면 이를 바탕으로 평가의 최종 형태를 제작하게 된다. 이때에는 문항 검토에서 논의되어진 내용과 사전 평가의 결과를 바탕으로 문항을 선별하고 교정하게 된다.

쓰기 평가에서는 주관식 문항이 차지하는 비율이 상대적으로 많으며 특히 작문 채점에 있어서는 채점자의 주관이 개입할 가능성이 높고 평가자가 여러 명일 경우 그들 간의 차이를 조절할 장치를 마련한다는 것이 쉬운 일이 아니다. 또한 주관식 채점에는 많은 시간이 소모되므로 이와 같이 채점과 관련된 현실적인 문제들을 해결하기 위해서도 타당하고 적합한 채점 기준의 마련이 매우 중요하다. 이를 위해서는 평가 범주에 대한 평가자들의 의견 일치가 매우 중요하며 각각을 평가하기 위한 평가 기준과 감점의 기준이나 부분 점수 부과 등의 기준이 명확하게 세워져야 한다.

각 문항의 유형에 따라 채점 시에 고려되어야 할 사항들은 다음과 같다.

1) 문장 연결하기나 문장 완성하기 등과 같이 비교적 객관적으로 평가될 수 있는 간단한 문장 쓰기 부분에서는 맞춤법, 띄어쓰기, 문법 등의 요소들이 많이 고려된다. 채점 할 때 각각의 오류에 어떤 식으로 감점을 할 것인지, 정답 이외의 다른 답들에 어느 정도의 부분 점수를 허용할 것인지 등에 대한 자세한 기준을 세워야 한다.

2) 간단한 문장 이상의 대화를 완성하거나 단락 완성하기, 단락 쓰기, 이야기 쓰기와 같은 평가에서는 맞춤법, 어휘, 문법 등의 문법적 요소들 이외에 담화 구성력과 수사적 연결, 논리적 구성력 등이 평가 기준이 될 수 있다. 보통 초급 단계에서는 하나의 주제에 대해 긴 이야기를 쓰는 경우는 많지 않으므로 이 단계에서는 문법적 능력과 같은 정확성과 관련된 부분이 비중을 차지하게 된다. 그러나 중급 이상에서는 문법적 능력뿐만 아니라 적합하고 유창한 언어 사용과 전체 내용의 논리적 연결성, 통일성 등과 같은 부분들이 평가에서 중요한 요소로 작용하게 된다.

이러한 쓰기 평가의 주관식 채점 방법으로는 우선 기계적으로 정확성 측면만을 평가하고 오류의 수를 세어 채점하는 방법이 있다. 그러나 이러한 방법은 객관적일 수는 있지만 타당도 측면에서는 무의미한 평가가 되기 쉽다. 예를 들어, 총 배점이 10점인 문항의 경우 학생이 문법적 오류에서 6점이 감점되고 맞춤법 오류에서 5점이 감점되었다면 이런 경우에는 학생의 점수에 대해 어떠한 결정도 내리기가 어렵게 되는 것이다. 또한 이러한 채점 방법은 무엇보다도 쓰기의 중요한 목표인 '의사소통' 능력을 평가할 수 없다는 단점을 지닌다. 또한 이러한 방법은 학생들로 하여금 쓰기 평가에 대해 부정적인 이미지를 갖게 하며 작은 실수에 지나치게 집착하도록 만드는 경향이 있다. 따라서 쓰기 평가에서는 정확성을 측정하는 방법과 함께 이야기 구성과 같은 유형에서는 분석적 방법도 사용할 수 있다. 이는 문장을 구성하는 여러 가지 다양한 구성요소들 예를 들면, 문법, 어휘, 담화적 능력, 수사적 능력 등을 구분하고 분석하여 그들 각각에 대해 평가자가 전체적인 평정을 하는 것이다. 이 때 각 항목들의 척도는 학생의 수준과 자료의 유형 등을 고려하여 채점자가 결정하게 된다. 이 경우에 채점자는 평가와 관련된 모든 범주를 고려할 수 있고 부분적인 정확성뿐만 아니라 글의 전체적인 구조까지도 파악할 수 있다.

Hughes(1989)는 이러한 채점 기준 설정의 단계를 아래와 같이 제시하고 있다.

<표 7.12> 채점 기준 설정 단계

---

1. 질문하기: 평가의 목적이 무엇인가?
   * 얼마나 많은 능력으로 구분하여 측정할 것인가?
   * 평가자가 측정하고자 하는 능력의 구성 요소는 무엇인가?
   * 점수가 어떤 형태로 보고될 것인가?
   * 학생들에게 평가에 대한 피드백을 할 것인가? 피드백이 이루어진다면 얼마나 상세히 이루어져야 하는가?

2. 위의 질문들에 대한 답을 얻은 후에는 다음과 같은 사항들을 고려해야 한다.
   * 채점은 어떤 방식으로 이루어질 것인가? (몇 사람의 채점자가, 어떤 방식으로 등)
   * 어떤 척도로 구성할 것인가?

3. 이전에 사용된 채점 기준 중에서 현재 평가자가 평가하고자 하는 내용과 유사한 것들이 있는지 조사한다.

4. 이전에 사용된 채점 기준을 평가자의 평가 목표에 맞게 수정한다.

5. 세워진 채점 기준을 사전 평가 단계에서 적용해 보고 문제점이 발견되면 수정한다. 가능하다면 실제 평가가 이루어지기 전에 수정된 채점 기준을 다시 한번 사용해 보는 것이 좋다.

이러한 설정 단계에서는 객관적인 통계적 방법을 사용한 것이 아니며 또한 이러한 단계가 모든 평가에 일괄적으로 적용되는 것도 아니다. 따라서 평가의 목표와 유형, 평가자의 경험과 판단 등에 의해 알맞은 방법을 적절히 선택하여 사용해야 할 것이다.

지금까지 논의한 내용을 바탕으로 앞에서 제시한 초급 쓰기 시험의 실례에 나온 문항의 정답 및 채점 기준과 답지 분포를 표로 제시해 보면 다음과 같다.

<표 7.13> 정답 및 채점 기준표

문항 번호	정답	채점 기준	배점
1	②		2
2	④		2
3	②		2
4	①		2
5/6	5) 운동화예요/운동화입니다 6) 책을 읽어요/책을 읽습니다	내용, 문법, 맞춤법 오류 없으면	3
		맞춤법 오류는 -0.5씩 감점 (맞춤법 최대 2점까지 감점)	
7/8	7) 뭘 타고 갔어요?/어떻게 갔어요? 8) 머리가 아파요	내용, 문법, 맞춤법 오류 없으면	3
		맞춤법 오류는 -0.5씩 감점 (맞춤법 최대 2점까지 감점)	
9/10	9)③ 시원한 10)④ 탔습니다	문법, 맞춤법 오류 없이 정확히 수정하면	3
		틀린 부분은 맞게 골랐으나 수정이 정확하지 못하면 50% 감점	1.5
11	나는 저녁을 먹은 다음에 커피를 마셨습니다.	어순 정확히 맞으면 3점	3
		어순은 맞았으나 맞춤법 틀리면 -0.5점씩 감점 (맞춤법 최대 2점까지 감점)	
12	형은 아침 아홉 시에 출발하는 기차를 탔습니다.	어순 정확히 맞으면 3점	3
		어순은 맞았으나 맞춤법 틀리면 -0.5점씩 감점 (맞춤법 최대 2점까지 감점)	
13	날씨가 더우니까 수영할까요?	문법, 맞춤법 오류 없으면 3점	3
		연결어미는 맞았으나 ㅂ불규칙 활용이 부정확하면 1점 감점	2
		연결어미, ㅂ불규칙 활용 이외의 맞춤법 오류는 -0.5씩 감점(맞춤법 최대 2점까지 감점)	
14/15	14) 어제 회의에 못 가서 죄송합니다. 15) 코트를 입고 학교에 갔어요.	문법, 맞춤법 오류 없으면 3점	3
		연결어미 이외에 조사 등의 문법적 오류는 1점씩 감점	2
		맞춤법 오류는 -0.5씩 감점 (맞춤법 최대 2점까지 감점)	
16/17	<모범답안> 16) 우산이 없었어요 17) 주말에 만납시다./주말에 만나요	의미가 통하고 문법, 맞춤법 오류 없으면	4
		맞춤법 오류 있으면 -0.5씩 감점 (맞춤법 오류는 최대2점까지 감점)	

18/19/20	18) 불고기를 좋아해요. 19) 여덟 시에 일어났어요. 20) 차를 마시고 싶어요.	의미가 통하고 문법, 맞춤법 오류 없으면	4
		조사 오류는 -0.5씩 감점 (조사 이외의 문법적 오류는 전부 감점)	
		맞춤법 오류 있으면 -0.5씩 감점 (맞춤법 오류는 최대2점까지 감점)	
21	아름다웠어요. 아름다웠습니다.	맞춤법, 문법 오류 없으면 4점	4
		'아름다워요', '아름답습니다.'는 3점	3
22	①		4
23	③		4
24	어디에서 오셨어요? 어느 나라 사람이세요?	의미가 통하고 문법, 맞춤법 오류 없으면	4
		조사 오류는 -0.5씩 감점 (조사 이외의 문법적 오류는 전부 감점)	
		경어법 사용 부정확하면 1점 감점	
25		<아래의 채점 기준표 참조>	10
26		<아래의 채점 기준표 참조>	13

<표 7.15> 28번 채점 기준표

평가 항목	평가 내용	평가			점수
맞춤법	맞춤법의 정확성 여부	1	2	3	
어휘, 문법	어휘, 문법의 정확하고 적절한 구사 능력	1	2	3	
담화 구성	문장, 대화, 담화 상황에서 내용의 긴밀한 연관성과 일관성을 유지하는 능력		1	2	
기타	* 글자 수를 못 채운 경우 감점 * 그림의 내용들이 충분히 묘사되었는지 확인		2		
총점 (10점)					

<표 7.16> 29번 채점 기준표

평가 항목	평가 내용	평가				점수
맞춤법	맞춤법의 정확성 여부		1	2	3	
어휘, 문법	어휘, 문법의 정확하고 적절한 구사 능력	1	2	3	4	
담화 구성	문장, 대화, 담화 상황에서 내용의 긴밀한 연관성과 일관성을 유지하는 능력	1	2	3	4	
기타	*글자 수를 못 채운 경우 감점 *<예시>로 주어진 내용이 다 들어갔는지 확인 - 빠진 부분은 1점씩 감점			3		
총점 (13점)						

또한 평가의 최종 형태 제작 단계에서는 각 문항에 대해 배점을 결정하고 문항의 배열 순서도 결정하게 된다. 보통 일반적으로 간단하고 쉬운 문항에서 복잡하고 어려운 순서로 문항을 배열한다. 객관식 문항의 경우 답지의 분포가 고르게 되도록 해야 한다.

하나의 답지 번호가 계속 중복되는 것은 바람직하지 않다. 만일 답지 번호가 ①②③④와 같이 주어진다면 이들 각 번호가 전체적으로 25%씩 나올 수 있도록 조정하는 것이 좋으며 답지의 길이는 짧은 것에서 긴 것으로 배열되도록 하는 것이 좋다. 위에서 예로 든 초급 쓰기 평가 실례의 답지 구성 비율을 표로 제시하면 다음과 같다.

<표 7.17> 초급 쓰기 평가 답지 구성 비율

답지	문항 번호	갯수	비율(%)
①	4, 21	2개	25%
②	1, 3	2개	25%
③	9, 23	2개	25%
④	2, 10	2개	25%
총합		8개	100%

7.6 평가의 시행

평가의 신뢰성과 타당성은 내용적 측면에서뿐만 아니라 평가의 실시 방법 및 환경적 측면에서도 확보되어야 한다. 평가 문항이 아무리 좋아도 시험 관리가 제대로 이루어지지 못한다면 공정한 평가로 인정받기 어렵다. 따라서 평가는 모든 응시자들이 동일한 조건 아래에서 최상의 상태에서 시험에 응시할 수 있도록 실시되고 관리되어야 한다. 그래야만 평가 자체의 공정성과 신뢰성을 확보할 수 있다. 따라서 평가자는 이러한 부분까지도 세밀히 검토해야 한다.

==

[별첨] 〈한국어 초급 쓰기 평가의 실례〉

학습 단계	초급
평가 목적	성취도 평가
평가 영역	쓰기
평가 형태	폐쇄식 반개방형, 개방형 지필 시험
평가 문항	26문항
시험 시간	50분

한국어 초급 쓰기 기말 시험

---

* 날짜: 2006년 _____월 _____일

* 범위: <초급 한국어 쓰기 교재> 1과~20과

* 이름: _____

* 점수: /100점

Ⅰ. (   )에 맞는 것을 고르십시오. (2×2)

1. 백화점에서 (①시개 ②시계 ③시게 ④시기)를 샀어요.

2. (①선샌님 ②선샘닌 ③성샌년 ④선생님)은 한국어를 가르치세요.

Ⅱ. (   )안에 맞는 것을 고르십시오. (2×2)

3. 가: 사무실이 어디예요?

　　나: 왼쪽(   ) 가세요.

　　① 이　　　　② 으로　　　　③ 마다　　　　④ 한테서

4. 가: 방(　　) 사람이 많아요?

　　나: 네, 많아요.

　　① 에　　　　　② 에서　　③ 을　　　　　④ 한테

Ⅲ. 그림을 보고 물음에 알맞게 쓰십시오. (3×2)

5. 이게 뭐예요?

　　　　　　　　　　　　(　　　　　　　　　　　　　).

6. 이 사람은 지금 뭐 해요?

　　　　　　　　　　　　(　　　　　　　　　　　　　).

Ⅳ. 다음 그림을 보고 대화를 완성하십시오. (3×2)

7. (　　　) 안에 맞는 것을 고르십시오.

가: 시장에 (　　　　　　　)?
나: 지하철을 타고 갔어요.

8. ( ) 안에 맞는 것을 고르십시오.

가: 어디가 아프세요?
나: ( ).

Ⅴ. 〈보기〉와 같이 틀린 것을 찾아 고치십시오. (3X2)

〈보기〉 ①저는 요즘 할 일이 ②많아서 운동을 ③하고 ④않습니다.

(답: ③하지)

9. 나는 어제 ①친구와 같이 식당에서 ②냉면을 먹었습니다. ③시원하는 냉면이 아주 ④ 맛있었습니다.

( )

10. 저는 주말을 ①재미있게 보냈습니다. 친구와 극장에 ②가서 영화를 ③본 후에 자전거 를 ④탈 겁니다.

( )

Ⅵ. 〈보기〉와 같이 문장을 만드십시오. (3X2)

〈보기〉 나는, 갑니다, 식당에

- 나는 식당에 갑니다.

11. 나는, 다음에, 저녁을, 마셨습니다, 먹은, 커피를

→ 나는 _____

12. 형은, 아침, 출발하는, 탔습니다, 9시에, 기차를

→ 형은 _____

Ⅶ. 다음 문형을 사용하여 두 문장을 바르게 연결하십시오. (3×3)

| -고 -(으)니까 -아서/어서 - 지만 |

13. 날씨가 덥습니다. 수영을 할까요?

→ _____

14. 어제 회의에 못 갔습니다. 죄송합니다.

→ _____

15. 코트를 입었어요. 학교에 갔어요.

→ _____

Ⅷ. (   ) 안에 알맞은 말을 쓰십시오. (4×2)

16.
| 어제 학교에 가는데 비가 왔어요 그런데 _____. |

(   )

17.
| 오늘은 바쁘지만 주말에는 시간이 있어요. 그러니까_____. |

(   )

Ⅸ. 다음 질문에 알맞은 답을 쓰십시오. (4×3)

18. 무슨 음식을 좋아해요?

_____

19. 오늘 몇 시에 일어났어요? (숫자는 한글로 쓰세요.)

_____

20. 지금 무엇을 하고 싶어요?

_____

X. 다음 글을 읽고 질문에 답하십시오. (4X2)

> 가: 이번 휴가 때 여행가세요?
> 나: 네, 가족들과 함께 설악산에 가려고 해요.
> 가: 저도 작년에 설악산에 갔어요. 설악산이 정말 (ㄱ)(아름답다).
>   그런데 언제 가세요?
> 나: 내일 (ㄴ   ).
>
> <출처: 제4회 한국어능력시험 1급 어휘·문법>

21. (ㄱ) '아름답다'를 알맞게 고쳐 쓰십시오.

    (   )

22. (ㄴ)에 맞는 것을 고르십시오.

① 갈 거예요   ② 갔어요   ③ 갈까요   ④ 갑시다

XI. 다음 글을 읽고 질문에 답하십시오. (4X2)

> 가: 어서 오세요. 어디로 가십니까?
> 나: 종로요.
> 가: 알겠습니다. 손님은 외국 분이세요?
> 나: 네.
> 가: (ㄱ   )?
> 나: 일본 사람이에요.
> 가: (ㄴ   )?
> 나: 아니요. 일 때문에 출장 왔어요.
>
> <출처: 제3회 한국어능력시험 1급 쓰기>

23. (ㄱ)에 알맞은 것을 쓰세요.

    (   )

24. (ㄴ)에 알맞은 것을 고르세요.

① 왜 오셨어요   ② 언제 오셨어요

③ 여행 오셨어요   ④ 무슨 일을 하세요

ⅩⅡ. 그림을 보고 써 보십시오. **(10점)** (30자 이상)

25.

여기는 김미아 씨의 방입니다.

_____

_____

_____

_____

ⅩⅡ. 다음을 보고 자기를 소개하는 글을 써 보십시오.**(13점)**(40자 이상)

26.

(보기) 이름: _____

국적: _____

나이: _____

가족: _____

직업: _____

취미: _____

_____

_____

_____

_____

_____

제8장
언어능력 평가의 사례

1. 외국의 언어능력 평가

본 절에서는 외국인을 위한 세계 주요 언어능력시험들을 평가 영역과 등급체계, 문항 유형을 중심으로 비교해 보기로 한다. 이러한 비교의 목적에 적합한 평가유형은 특정한 교육과정에 국한되지 않고 일정한 수준의 언어능력에 대한 달성도를 측정하는 숙달도 평가일 것이다. 비교의 대상이 된 평가도구들은 영어, 프랑스어, 독일어, 스페인어, 중국어, 일본어의 대표적인 숙달도 시험들로서, 각 시험의 공식 명칭은 아래와 같다.

영어	TOEFL	Test of English as a Foreign Language
	TWE	Test of Written English
	TSE	Test of Spoken English
프랑스어	DELF	Diplôme d'Etudes en Langue Française
	DALF	Diplôme Approfondi en Langue Française
독일어	TestDaF	Test Deutsch als Fremdsprache
스페인어	DELE	Diploma de Espanol como Lengua Extranjera
중국어	HSK	한어수평고시 漢語水平考試
일본어	JLPT	Japanese Language Proficiency Test

1.1 영어

1963년부터 시작되어 세계적으로 보편화된 영어 숙달도 시험인 TOEFL은 영어를 모국어로 사용하지 않는 학습자를 대상으로 하며, 수업언어가 영어인 대학에서 수학할 수 있는 언어능력이 있는지를 측정하는 것을 목적으로 한다. 이 시험을 주관하는 기관은 사설 시험 전문 기관인 ETS(Educational Testing Service)이며, 현재 전 세계 175개국 1260여개의 테스트 센터에서 실시되고 있는데, 한국에서는 Korean/American Educational Commission에서 주관한다. 시험은 매달 1회 실시된다. TWE(영어작문시험)와 TSE(영어 말하기 시험)는 TOEFL의 평가영역을 보완하는 시험으로서 특정 일자에 처러지는 TOEFL 응시자를 대상으로 TOEFL과 병행하여 실시된다.

TOEFL은 듣기(Listening Comprehension), 구문 및 문법(Structure & Written Expression), 어휘 및 독해(Vocabulary & Reading Comprehension)의 세 영역에서 4지선택형의 폐쇄형 문항으로 평가한다. 각 영역의 내용, 문항수와 시험 시간, 문항의 구성을 살펴보면 다음과 같다.

〈 듣기 (50문항/30분) 〉

북미 표준 영어를 듣고 이해하는 능력

Part A (30문항):　　　짧은 대화나 단문(statement)를 듣고 답 고르기

Part B (8문항):　　　Part A보다 조금 더 긴 대화를 듣고 질문에 답하기

Part C (12문항):　　　Radio talk show, Announcement, Lectures 등의
　　　　　　　　　　긴 지문을 듣고 질문에 답하기

〈 구문 및 문법 (40문항/25분) 〉

표준 영어에 적합한 어휘와 구문을 식별하는 능력

Structure (15문항): 문장을 완성할 수 있는 가장 적절한 단어나 구 고르기

Written Expression (25문항): 밑줄친 부분 중 틀린 곳 고르기

〈 어휘력 및 독해력 (50문항/55분) 〉

비전문적 텍스트 자료의 이해 능력

5개의 지문이 주어지고 각 지문에 대해 주제, 주제문, 단어나 숙어, 지문에서 추론 가능한 것, 지문에서 찾을 수 있는 사실 등에 관한 문제.

TOEFL의 평가 결과는 취득 점수를 표시하는 '점수제(700점 만점)'를 채택하고 있다. 이 시험의 성적은 미국 및 캐나다의 2,400개 이상의 대학에서 유학생들의 입학사정을 위해 요구되고 있을 뿐 아니라, 영어를 교수어로 사용하고 있는 다른 나라의 기관, 정부기관과 장학 재단, 자격증 부여 기관 등에서의 영어 능력의 평가 기준으로 널리 사용되고 있다. TOEFL점수를 요구하는 각 기관은 어떤 점수가 합격을 위한 충분조건인지를 각기 결정하는데, 대개의 미국 대학의 경우 500점 이상을 요구한다. 그런데 TOEFL의 점수는 3개의 영역별 점수와 총점수로 구성되는데, 모든 영역의 각 문항은 동일한 배점을 갖는다. 정답의 총수는 원점수라고 하며, 각 영역의 원 점수는 통계적인 방법으로 TOEFL 시험 척도라고 불리우는 척도상의 수치로 전환된다. 점수 통지에는 이 척도 수치가 표시된다. 또한 점수의 상대적 위치를 파악하기 위해 백분율 점수표도 제공된다.

TWE와 TSE에서는 TOEFL과는 달리 문항이 모두 개방형으로 출제된다. TWE는 영어의 쓰

기 능력을 평가하는 것을 주목적으로 하며, 주어진 주제에 대해 30분 동안 200~300 낱말 정도의 짤막한 산문(Essay)을 쓰는 것이다. 또한 TSE는 영어의말하기 능력을 평가하는 목적으로 하며, 녹음된 원어민의 질문을 듣고, 각자 녹음기에 응답하는 형식의 시험이다.

TWE는 주로 아이디어를 생산하고 조작하는 능력과, 사례와 증거를 동원하여 아이디어를 뒷받침하는 능력, 그리고 주어진 주제에 대하여 표준영어로 문장을 구성하는 능력을 포함한다. 이 때, 주제에 대한 특별한 지식은 요구되지 않는다. TWE의 결과는 TOEFL점수와는 별도로 1점에서 6점(소수점 점수도 사용)까지의 척도 점수로 표기되며, 백분율 점수표도 제공된다. TSE의 구체적인 내용은 다음과 같다.

　　　　Section1: 수험자의 개인 신상에 관한 질문과 답하기 (15초)
　　　　Section2: 소리내어 주어진 텍스트 읽기 (준비 1분, 읽기 1분)
　　　　Section3: 문장 완성하기 (10문제, 각 문장 완성을 위해 10초)
　　　　Section4: 그림 묘사하기 (1분)
　　　　Section5: 그림에 대한 질문에 답하기 (4가지 질문, 답변 준비 30초)
　　　　Section6: 특정한 주제에 대해 의견 말하기 (답변 준비 15초, 답변 45초)
　　　　Section7: 주어진 스케줄이나 광고 등을 설명하기 (1분)

TSE의 평가는 전반적인 이해도(300점 만점), 발음, 문법 그리고 유창성(각각 3점 만점)의 네가지의 서로 다른 점수로 주어진다.

1.2 프랑스어

DELF는 일반불어능력시험, DALF는 고급불어능력시험이라고 한다. 합격자에게는 외국어로서의 프랑스어에 대한 실질적인 활용능력과 지식의 수준을 프랑스 교육부가 공식적으로 인정하는 학위가 발급된다. DELF와 DALF는 파리에 본부를 두고 있는 DELF-DALF 국립 위원회의 통제 하에 각 나라에서 시험 문제가 출제되고 시행되며, 세계 95개국 약 750여 장소에서 시험이 치루어 지고 있다. 한국에서는 1994년도에 도입되었는데, 프랑스 대사관의 어학협력부의 지원 하에 알리앙스 프랑세즈에서 매년 시행되고 있다.

DELF는 1, 2단계와 DALF는 각각 독립적인 취득이 가능한 여러 영역으로 구성이 되어있으며 한번 합격한 영역이나 학위는 평생 유효하다. DELF 1단계에는 A1, A2, A3, A4의 네 개의 영역이 있고, DELF 2단계에는 A5, A6 2개의 영역이 있어, DELF는 총 6개 영역으로 구분된다. 각 단계는 독해 논술시험(Ecrites)과 구두 청취시험(Orale)으로 나누어져 있다. DALF에는 B1, B2, B3, B4의 4개의 영역이 있는데, B1과 B2는 일반불어이며, B3과 B4는 전문불어로서 구두 청취시험과 독해 논술시험을 본다. 이 시험에 처음 응시하는 사람은 한 번에 DELF 1단계에 해당하는 A1~A4부터 시험을 볼 수 있으며, 4개의 영역을 각각 지원해도 되고 모두 지원해도 된다. 모두 지원했을 경우 4영역을 모두 패스해야 DELF 1단계 학위증명서를 받을 수 있다. 만약에 4개 중에 2개만 합격했다면 합격한 영역의 합격증만 받게 된다. 그리고 DELF 2단계 시험은 DELF 1단계를 통과한 사람만 볼 수 있으며 DALF는 DELF 2단계에 합격한 사람만이 볼 수 있다. 불어 능력이 뛰어난 사람의 경우에는 처음 A1부터 시험을 치를 필요 없이 예비시험을 본 후에 바로 DALF를 볼 수도 있다. 각 단계별 영역의 내용과 시험 시간, 문항의 구성을 살펴보면 다음과 같다.

〈DELF 1단계〉

DELF 1단계 학위는 일상생활에서 자주 일어나는 상황 속에서 불어로 대화하고 쓸 줄 아는 능력을 인정하는 것으로서, 다음의 네 가지 영역으로 구성된다.

A1 (일상 표현)	1) 구두 청취시험 　① 카세트 테이프를 듣고 문제 풀이 (약 20분) 　② 미리 선정된 주제에 대해 면접관과 일대일 대화 　　 (15분, 준비시간 30분) 2) 독해 논술시험 　① 주어진 상황에 맞추어서 편지 작성 (45분)
A2 (견해와 감정 표현)	1) 구두 청취시험 　① 자기 견해를 주장하고 방어 (15분, 준비시간 30분) 2) 독해 논술시험 　① 주어진 글에 나타난 의도와 주장을 이해 (30분) 　② 자신의 입장 표명 (45분)
A3 (독해와 문어표현)	1) 구두 청취시험 　① 간단한 문서의 내용 분석 (15분, 준비시간 30분) 2) 독해 논술시험 　① 텍스트 내용의 분석 (45분) 　② 형식을 갖춘 편지 작성 (45분)

A4
(언어의 기능 실제)
	1) 구두 청취시험
	  ① 카세트 테이프를 듣고 문제풀이 (약 30분)
	2) 독해 논술시험
	  ① 언어에 대한 실제적인 활용 (1시간 30분)

〈 DELF 2단계 〉

DELF 2단계 학위는 프랑스어권의 문화에 대한 전반적인 지식과 보다 전문화된 프랑스어에 대한 입문 수준을 포함하고 있다.

A5
(프랑스어와 프랑스어권의 문화)
	독해 논술시험 (총 1시간 30분)
	  ① 텍스트에 관한 질문에 답함으로써 이루어지는 텍스트 분석
	  ② 텍스트를 바탕으로 하는 자기견해 표현

A6
(전문화된 불어로의 표현력)
	구두 청취시험 (준비시간 1시간별도)
	  ① 텍스트 내용 소개 (10분)
	  ② 면접관과의 텍스트 내용에 대한 인터뷰 (20분)

〈 DALF 〉

DALF는 보다 심도 있는 프랑스어 수준을 필요로 하며, 학위 취득자는 프랑스어권 대학에서의 강의 수강이 가능한 수준으로 평가된다.

B1
(총체적인 이해력과 작문표현 능력)
	독해 논술시험 (총 2시간 30분)
	  ① 텍스트 파악과 정리
	  ② 텍스트와 관계된 질문에 대답

B2
(총체적인 듣기 능력)
	구두 청취시험
	  ① 카세트 테이프를 듣고 주어진 질문에 대답
	  (약 30분)

B3
(전문화된 작문능력)
	독해 논술시험 (총 2시간 30분)
	  ① 문서 전체의 종합
	  ② 문서들과 관계된 질문에 대답

B4
(전문화된 구술능력)
	구두 청취시험
	  ① 선택한 주제와 관련있는 텍스트에 대한 발표 및 면접관과의 인터뷰
	  (30분 준비1시간)

※B3과 B4에서는 응시자가 주제를 선택하여 시험을 치른다. 주제의 예를 보면 인문사회학, 경제학과 법학, 수학과 물리학 등이 있다.

DELF와 DALF의 결과는 합격/불합격으로 표시된다. 국내에 진출한 프랑스계 기업 사원 채용시에 DELF 2단계나 DALF 취득을 요구하는 것이 일반적이며, DALF 학위를 취득했을 경우 프랑스 대학 진학 시에 프랑스어 시험이 면제된다.

1.3 독일어

대표적인 독일어 숙달도 평가도구로 TestDaF가 있다. TestDaF는 학업과 관련된 언어행위를 주요 내용으로 하는 고급수준의 독일어 시험이다. 시험에 응시하기 위해서는 최소한 400-500 시간, 상위권 성적을 받으려면 1000-1200 시간 독일어 교습을 받은 정도의 수준을 갖추어야 한다. TestDaF의 1차 대상은 독일에서 유학하고자 하는 외국 학생지원자들이나, 구체적인 학업 계획이 단순히 자신의 독일어능력에 대한 공식적인 증명을 원하는 경우에도 시험에 응시할 수 있다.

시험문제는 독일의 TestDaF-연구소에서 출제되고 채점된다. 시험의 시행은 전 세계의 인가받은 174 개 (그 중 독일에 96 개) 테스트센터들에서 이루어지는데, 국내에는 4개의 테스트센터가 있다. 독일 테스트 다프 연구소는 연 4회 이상 시험을 주관하며, 개별 테스트 센터의 참여 여부는 각 테스트 센터의 자율적인 결정에 따른다.

TestDaF는 총 4개 영역, 읽고 이해하기(Leseverstehen), 듣고 이해하기 (Hörverstehen), 글로 표현하기(Schriftlicher Ausdruck), 말로 표현하기(Mündlicher Ausdruck)로 나누어서 평가한다. 각 영역의 내용, 문항수와 시험 시간, 문항의 구성을 살펴보면 다음과 같다.

1.3.1 읽고 이해하기(Leseverstehen)

이 영역의 평가목표는 응시자가 학업과 관련 있는 텍스트를 읽고 어느 정도 이해할 수 있는가를 파악하는 것이다. 응시자는 텍스트의 전체 맥락과 주요 세부사항, 암시적으로 제공되어 있는 정보들을 이해할 수 있다는 것을 증명해야 한다. 이 능력에 대한 시험은 다양한 난이도와 다양한 텍스트유형 그리고 과제유형 면에서 각기 다른 세 개의 반개방형, 폐쇄형 문항군이 주어진다. 이 영역에 배정된 시간은 60분이다.

1.3.2 듣고 이해하기(Hörverstehen)

이 영역의 목표는 학업과 관련 있는 내용의 음성 텍스트를 듣고 응시자가 얼마나 이해할 수 있는가 하는 것을 파악하는 것이다. 응시자는 텍스트의 전체 맥락과 주요 세부사항, 암시적으로 제공되어 있는 정보들을 이해할 수 있다는 것을 증명해야 한다. 다양한 텍스트유형과 과제유형을 가진 각기 다른 난이도의 반개방형, 폐쇄형 문항군이 주어진다. 이 영역에 배정된 시간은 40분이다.

1.3.3 글로 표현하기(Schriftlicher Ausdruck)

이 영역의 평가 목표는 응시자가 특정한 테마에 관하여 얼마나 짜임새 있게, 단락을 나누어 글로 표현할 수 있는가 하는 것을 시험하는 것이다. 응시자에게는 텍스트를 하나 작성하는 개방형 과제가 주어지는데, 이 때 두 가지 언어행위, 즉 기술하기와 논증하기가 요구된다. 기술하기(Beschreiben) 과제에는 그래픽이나 표, 다이아그램 등의 자료가 제시된다. 여기에 담긴 주요 정보가 텍스트에 나타나야 하며, 경우에 따라서는 몇 가지 사항을 서로 비교를 해야한다. 기술해야 할 구체적인 사항들은 과제에 제시된다. 논쟁(Argumentieren) 부분에서 응시자는 특정한 한가지 테마에 관한 여러 입장을 비교분석하고 자신의 입장을 표명한 뒤 이에 대한 근거제시(begründen)를 해야 한다. 이를 위해 짤막한 텍스트들이나 상반된 이론들, 혹은 인용문들이 제시된다. 기술하기(Beschreiben) 부분과 마찬가지로 언급되어야 할 사항들에 대한 구체적인 지시가 따른다. 이 영역에 배정된 시간은 60분이다.

1.3.4 말로 표현하기(Mündlicher Ausdruck)

이 영역의 평가 목표는 응시자가 학업과 관련 있는 다양한 언어행위를 얼마나 수행할 수 있는가를 측정하는 것이다. 시험 영역은 다양한 난이도를 가진 각각의 개방형 과제들을 포괄하는 네 부분으로 구성되어 있다. 첫 번째 부분에서는 학업과 관련된 문제들을 해결하기 위한 자신의 입장과 요구사항을 표명한다. 두 번째에서는 일상적인 상황에 필요한 언어행위가 관건이다. 즉, 이것을 위해 정보 얻어내기/정보 주기, 급한 부탁하기, 타인 설득하기 등을 한다. 세 번째 부분에서는 그 이유에 대해 기술하기(Beschreiben)가 가장 중요하다. 네 번째 부분에서는 논증하기(Argumentieren)가 요구된다. 이 영역에서는 응시자들에게는 인쇄된 시험지가 제시되고 동시에 문제를 카세트로 듣는다. 응시자 개개인의 대답은 제2의 테이프에 녹음된다. 이 영역에 배정된 시간은 30분이다.

시험결과는 각 영역별로 3개 등급으로 표시된다. TestDaF-등급 5 (TDN-5), TestDaF-등급 4 (TDN-4), TestDaF-등급 3 (TDN-3). 이 중 TDN-5가 가장 높은 등급이다. TDN-3 밑으로는 등급이 세분되지 않으며, 아직 TestDaF 응시를 위한 최소 수준에 이르지 못했음만을 알려준다. 2004년 5월 독일 교수협의회의 협의 사항에 의하면, 시험의 모든 영역에서 TDN-4 이상을 받은 응시자는 독일에서 바로 학업을 시작할 수 있고, 두 영역에서 TDN-4를, 두 영역에서는 TDN-3을 획득한 응시자의 경우도 학과에 따라 학업을 시작할 수 있었다.

1.4 스페인어

대표적인 스페인어 평가도구는 스페인 문화원 본부 주관으로 전 세계 스페인 문화원에서 시행되는 DELE(Diploma de Espanol como Lengua Extranjera)이며, 70여 개국 240여 개 도시에서, 급 별로 매년 1-2회 실시된다. 초, 중, 고급의 3 단계가 있으며, 각 단계는 독해와 작문, 듣기, 문법과 어휘 총 세 영역으로 구성되며 모든 영역에서 최소 70% 이상을 득점해야 합격한다.

< 초급 (Certificado Inicial) >		< 중급(Diploma Basico) >		< 고급(Diploma Superior) >	
독해(40분)	폐쇄형	독해(60분)	폐쇄형, 반개방형	독해(60분)	폐쇄형, 반개방형
작문(50분)	개방형	작문(60분)	반 개방형, 개방형	작문(60분)	반 개방형, 개방형
청취(30분)	선택형	청취(30분)	폐쇄형, 반개방형	청취(45분)	폐쇄형, 반개방형
문법과 어휘(40분)	반 개방형, 개방형	문법과 어휘(60분)	폐쇄형	문법과 어휘(60분)	폐쇄형
구두 표현력 /회화(10분)	개방형	구두 표현력 (10분-15분)	개방형	구두 표현력 (10분-15분)	개방형

일정점수 이상이 되면 자격증이 주어지는데, 영역별로 70점에 도달해야 한다. 세 개의 영역 중에 한 영역이라도 과락을 할 경우 불합격처리 된다. DELE는 스페인 문화교육부에 의해 공인되는 스페인어 능력 시험으로 스페인의 여러 대학을 비롯해 여러 기관에 입학, 채용 시 특전이 주어진다.

1.5 중국어

외국어로서의 중국어 능력을 평가하는 대표적인 평가도구는 한어 수평 고시(HSK)이다. 이 시험은 중국어를 모국어로 하지 않는 사람(외국인, 회교, 중국내의 소수민족)을 대상으로 중국어 능력 수준을 측정하기 위해 개발된 평가도구이며, 이는 국가교육위원회가 베이징 언어학원에 위탁하여 설계된 것이다. HSK는 1992년 9월 3일 정식으로 반포된 중화 인민 공화국 국가 교육 위원회령 제21호인 〈中國漢語水平考試(HSK)辨法〉에 의해, 1993년 9월의 제 1회 초중등 한어 수평 고시가 실시된 이래, 현재 중국을 포함한 전세계 30여개국에서 실시되고 있다. 한어 수평 고시는 매년 정기적으로 중국과 해외에서 실시되는데, 중국내의 고시는 지정된 대학에서 매년 1-2회 시행된다. 해외에서는 해당 지역의 대학 또는 학술단체에서 매년 1-2회 위탁 시행된다. 한국의 경우에는 [한국 HSK위원회](사단법인 한국 현대 중국 연구회)에서 한국내의 시험을 주관한다.

HSK는 초·중등 한어 수평 고시 HSK(초중등)과 고등 한어 수평 고시HSK(고등)으로 나뉘어 실시된다. 득점이 일정 수준 이상에 이르면, 각 A, B, C 3급의 초등 수평 증서, 중등 수평 증서, 고등 수평 증서 등 모두 9종의 한어 수평 증서가 주어진다. 한국 내 응시자 중 50% 정도는 대학생이며 점차적으로 기업체의 참여도가 제고되어 사원들의 입사 및 외국어(중국어) 능력 평가 기준으로 활용 되고 있다. 초중등, 고등 한어수평고시의 평가 영역과 문항수 및 시간은 다음과 같다.

〈 초·중등 수준의 한어 고시 〉
듣기(聽力理解), 문법(語法結句), 독해(讀解), 빈칸 채우기(綜合塡空) 등의 네 개의 평가 영역으로 구성되어 있으며, 모두 170개의 문항의 시험을 145분간에 치르게 되어 있다.
듣기(聽力理解)   50문항/35분

문법(語法結句)	30문항/20분
독해(讀解)	50문항/60분
빈칸 채우기(綜合塡空)	40문항/30분

〈 고등 한어 수평 고시 〉

120문제의 필기고시 이외에 작문고시, 구술고시 등이 추가되며, 전체 시험시간은 155분이다.

1) 120문제의 필기 고시

듣기이해(聽力理解)]	40문항/25분
독해이해(讀解理解)]	40문항/40분
종합표현(綜合塡空)]	40문항/40분

2) 작문고시　　　　　　　30분

3) 구어고시　　　　　　　20분

한어 수평 고시(HSK)가 측정하고 평가하는 점수와 등급의 주요 근거는 중국 대외 한어 교학 학회의 [한어 수평 등급 표준 연구 소조]가 편찬하고 국가 대외 한어 교학 영도 소조 판공실이 심사하여 제정한 [한어 수평 고시 등급 표준과 등급 대강(漢語水平考試等級標準과 等級大綱)]이다. 그 어휘 범위(등급)는 갑급 어휘(1,101개), 을급 어휘(2,017개), 병급 어휘(2,140개) 등 3등급으로 나뉘며 모두 5,168개이다. 그리고 문법적인 요소도 등급으로 나뉘어, 범위를 각각의 어휘 범위와 상응하는 갑급 어법(133항), 을급 어법(249점), 병급 어법(207점) 등 세 등급으로 나뉘며 모두 589항 및 점이다. 이렇게 하여 산출해 낸 점수와 등급은 응시자의 일반적인 수준으로 치환하여 각각 상응하는 증서를 발급하게 된다. 이 증서는 초등 수평 증서(A,B,C 급, A급이 최고, 이하 동일), 중급 수평 증서(A,B,C 급), 고등 수평 증서(A,B,C 급) 등으로 나뉜다. 이들 각 등급의 인정 수준 및 그에 따른 인정 증서의 구체적 효력은 다음과 같다.

초등 A, B, C 급	중국 대학의 이공계 및 의과 입학 가능
중등 A, B, C 급	중국대학의 문과 및 중의학과 입학 가능
고등 A, B, C 급	중국 대학원 입학 가능 중국어로 일반적 업무에 종사 가능
	중급 통역사 수준 (C 급)

1.6 일본어

일본어 능력 측정을 위한 대표적인 평가제도는 JLPT(Japanese Language Proficiency Test)이다. JLPT는 외국어 혹은 제2 언어로서 일본어를 학습하고 있는 이들이, 자신의 일본어 능력이 어느 정도인가를 객관적으로 알 수 있도록 하기 위해 개발되었으며, 일본 정부 문부성의 산하 기관인 국제 교류 기금 및 재단 법인 일본 국제 교육 협회가 공동으로 주관하여 일본 국내는 전 세계 38개국 89개 도시에서 실시된다.

일본어 능력 시험은 1급에서 4급까지의 네 단계의 등급으로 나뉘는데, 1급이 가장 어려우며 4급이 가장 평이한 시험으로 되어 있다. 각각의 등급은 문자와 어휘, 청해, 독해와 문법의 세 영역으로 나뉘어 있다. 응시자에게 배부되는 일본어 능력 시험 안내서에는 각각의 급에 따른 인정 기준을 첫째로 문법, 한자, 어휘의 습득 정도, 둘째로 일상에서의 일본어 능력의 정도, 셋째로 학습 시간의 정도라고 하는 세가지 측면에서 정의하고 있다. 등급에 따라 나뉘어져 있는 평가 부문별 수준과 시험 시간, 배점은 다음과 같다.

<1급 (180분 400점)>	1) 고도의 문법, 한자(2천자 정도), 어휘(1만어 정도)를 습득. 2) 사회생활은 물론, 대학에서의 학습, 연구의 기초로 도움이 되는, 종합적 일본어 능력. 3) 일본어를 900시간 정도 학습한 수준.
<2급 (145분 400점)>	1) 다소 고도의 문법, 한자(1천자 정도), 어휘(6천자 정도)를 습득. 2) 일반적인 사실에 대해 대화할 수 있으며, 읽고 쓰기를 할 수 있는 능력. 3) 일본어를 600시간 정도 학습하여 중급 일본어 과정을 수료한 수준.
<3급 (140분 400점)>	1) 기초적인 문법, 한자(300자 정도), 어휘(1천 500어 정도)를 습득. 2) 일상생활에 도움이 될 회화를 할 수 있고, 간단한 문장을 읽고 쓸 수 있는 능력. 3) 일본어를 300시간 정도 학습하여 초급 일본어 과정을 수료한 수준.
<4급 (100분 40점)>	1) 초보적인 문법, 한자(100자 정도), 어휘(800어 정도)를 습득. 2) 간단한 회화를 할 수 있고, 평이한 문장 혹은 짧은 문장을 읽고 쓸 수 있는 능력. 3) 일본어를 150시간 정도 학습하여, 초급 일본어 과정 전반을 수료한 수준.

문항은 모두 사지 선택형의 폐쇄형으로 되어 있으며, 1급의 경우 약 70% 이상, 2-4급의 경우 약 60% 이상을 득점한 경우 합격으로 한다.

위에서 비교한 세계 주요 외국인을 위한 자국어 능력시험들을 평가 영역과 등급체계, 문항 유형을 중심으로 개관하면 다음과 같다.

<주요 외국어 능력 시험의 구성 요소비교>

	TOEIC 영어	DELF/DALF 불어	TestDaF 독일어	JLPT 일본어	HSK 중국어	DELE 스페인어
평가 영역	듣기 독해	독해 논술 구두 청취	읽기 듣기 쓰기 말하기	문자·어휘 청해 독해·문법	<기초> 듣기 문법 읽기 <초중등> 듣기 문법 읽기 종합칸채우기 <고등> 듣기 읽기 종합표현 작문 구술	말하기 듣기 쓰기 읽기 문법과 어휘
등급 체계	점수제	등급제	등급제 (3등급)	등급제 (4등급)	등급제 (11등급)	3등급
문제 유형	선다형	개방형	진위형 배합형 선다형 단답형 논술형 인터뷰	선다형	선다형 단답형 논술형	선다형 진위형 단답형 논술형

2. 한국어 능력 평가

2.1 한국어능력시험(TOPIK, Test of Proficiency in Korean)[14]

---

14) 한국어능력시험의 명칭은 2005년 8회가 시행되기 전까지는 한국어능력시험(KPT, Korean Proficiency Test) 이라는 명칭을 사용하였으나 2005년부터 한국어능력시험(TOPIK, Test of Proficiency in Korean)의 명칭을 사용하게 되었다.

한국어능력시험은 한국어 능력에 대한 국가공인 표준화 시험으로서 1997년 처음 실시되어 매년 1회 실시하여 2004년 제8회의 시험이 시행되었다. 시행 첫해인 1997년에 2,274명이 응시하여 2004년 9월 8회 15,279명이 응시하여 7배 가까이 증가하였다 .

다음은 한국어능력시험의 개발 배경, 한국어능력시험의 구성, 한국어능력시험의 응시현황과 그 영향 등을 자세히 살펴보기로 한다.

2.1.1 한국어능력시험 개발 과정[15)

1) 한국어능력시험 개발 배경

(1) 한국어 교육에 대한 요구

1980년대 후반 '86 아시안 게임과 '88 서울 올림픽 개최에 힘입어 국제사회에서 한국의 경제력과 국가 인지도가 높아짐에 따라 재외동포와 외국인들의 한국에 대한 관심이 더욱 증대되었다. 국내 한국어 교육은 80년대 후반까지만 해도 소수 대학 부설 교육기관의 한국어 교육기관에서 시행되었고 해외에서 한국어 교육은 민간단체 운영의 한글학교, 외국 대학의 한국학과 등을 중심으로 시행되고 있었다. 1990년대 중반에 들어서면서 국내 한국어 교육기관의 급속한 증가 현상을 보이게 된다. 한국어 교육에 대한 수요가 눈에 띄게 급증하게 됨을 보여주는 현상이라고 할 수 있다. 이렇게 증대되는 한국어 교육에 대한 요구, 한국어 사용자 집단의 크기가 확대되어 가는 추세는 객관적인 한국어능력 평가 도구의 개발 필요성으로 이어지게 된다.

한국어능력시험은 1995년 교육부 산하 한국학술진흥재단의 「한국어 능력 검정사업」에 대한 추진 배경 및 목적에서 "미국, 일본 등 선진국들이 외국인을 위한 자국어 능력 평가시험을 개발하여 유용하게 활용하고 있다는 점과 외국인들의 한국에 대한 관심이 증대에 따라 한국어 학습자가 늘어나고 있는 현실을 볼 때 한국어를 일상 언어로 사용하지 않은 외국인을 대상으로 한 표준화된 한국어 능력 평가도구를 개발할 당위성이 있다"고 지적한다.

---

15) '한국어능력시험의 개발 과정'에 대한 부분은 조항록(2002) 자료를 참고하여 요약, 정리하였음을 밝힌다.

(2) 미국 SAT II에 '한국어' 과목 채택

국내에서는 국제사회에서의 한국에 대한 인식이 점차 증대됨에 따라 미국 내 재미동포 집단의 적극적인 노력으로 미국 행정부가 미국의 대학입학을 위한 수학능력평가 시험인 SAT II에 한국어가 정식 시험과목으로 채택되는 커다란 변화가 한 몫을 하게 된다. SAT(Scholastic Assessment Test)는 미국 내 대학에 입학하기 위해 학생들의 수학능력 자격을 평가하는 입학 사정의 주요 기준의 하나로 SAT I에 영어와 수학, SAT II에 특정과목의 지식과 능력을 평가하는 과목별 시험으로 ①영어(작문, 문학) ②수학(수학 I, 수학 I C, 수학 II C), ③역사 및 사회학(미국사, 세계사, 사회학) ④과학(물리, 화학, 생물) ⑤제2외국어 영역으로 외국어 과목은 불어, 독어, 현대 히브리어, 이탈리아어, 라틴어, 서반아어였으나 1993년에 일본어, 1994년에 중국어, 1995년에 한국어가 채택되어 1997년에 처음으로 시행되었다. 이와 같이 미국 대학 입학 수능에 해당하는 SAT에 한국어가 채택됨으로써 표준화된 한국어 교육에 대한 요구가 더욱 커지게 되었다. 표준화된 한국어 교육은 객관적이고 공인된 한국어능력평가 도구의 개발과 시행을 통해서 이루어질 수 있었던 것이다.

(3) 일본 '한글능력검정시험'의 성공적 시행 사례

한국어능력시험의 개발 배경에는 일본에서 시행되어 온 '한글능력검정시험'의 시행 사례의 영향을 받은 측면이 있다. 이 시험은 일본 조총련에서 「한글능력검정위원회」라는 단체를 결성하여 1993년 이후 일본 각 지역에서 1년에 2회씩 실시하여 성공적인 평가를 받음으로써 하나의 모범적 사례가 될 수 있었다. 이에 대응하여 일본 내 민단 산하 한국교육재단에서 결성한 「한국어능력검정위원회」를 설치하고 '한글검정시험'이란 제도를 마련하여 북한식 정서법 표준화에 맞서고 남북한 사이의 언어 이질화 현상을 막고자 하였다. 주일한국대사관의 후원과 일본 내 민단계 재외동포와 일본인을 대상으로 '한글검정시험'을 준비하고 있는 실정이었다. 일본 내에서의 한국어능력시험에 대한 시행과 또 다른 시험의 준비 상황 등은 한국 내 한국어 능력시험 개발에 자극제가 될 수 있었을 것이다.

(4) '한국어 능력 검정 제도의 실시를 위한 기본 연구' 추진

미국과 일본 등에서 일어나고 있는 변화에 발맞추어 교육부 국제교육협력담당관실 주관으로 교육부 학술연구 조성비로 「한국어 능력 검정 제도의 실시를 위한 기본 연구」[16]라는 '교

---

16) 자세한 내용은 김하수 외(1996) "한국어 능력 검정 제도의 실시를 위한 기본 연구"에 관한 최종 연구 보

육정책 특별과제'로 제도 시행을 위한 방향 및 실시 방안에 대한 기초 연구가 진행되었다. 일부 대학의 교수와 한국어 교육계 전문가들로 구성된 연구원들이 한국어 능력 시험 제도 실시를 위한 기초 연구에 착수하여 언어 능력 검정 제도의 사례 분석, 한국어 능력 검정 제도의 기본 골격 마련, 한국어 능력 검정 제도의 실시를 위한 기본 방안을 제시함으로써 한국어능력시험의 기본 틀을 마련하였다. 이어 1996년에는 「한국어 능력 평가 제도의 기본 모형 개발에 관한 연구」[17]의 후속연구를 통해 구체적인 모형을 개발하여 모의시험을 실시, 분석한 결과를 내 놓았다. 이것이 모태가 되어 2004년 제8회 시험이 실시된 '한국어능력시험'의 원형의 기초가 마련되었던 것이다.

2) 한국어능력시험 개발 사업의 내용

교육부는 한국학술진흥재단과 함께 「한국어 능력 검정사업 추진 계획」의 사업 추진계획을 설정하여 다음과 같은 내용으로 진행시킨다.

<표 8.1> 한국어 능력 검정사업 추진

일정	주요 내용
1995. 5 - 1996. 3	한국어 능력검정 제도 기본 연구
1996. 4 - 1996. 9	검정시행주관기관 지정 및 검정평가모형 개발
1996. 10 - 1997. 1	검정평가모형 검증분석
1997. 2 - 1997. 7	검정평가 문항 개발
1997. 6 - 1997. 7	검정시험 시행요강 작성
1997. 8 - 1997. 9	검정제도 홍보 및 응시원서 교부·접수
1997. 10	검정시험 최초 실시(국내 및 국외)

고서 참고.

17) 자세한 내용은 김하수 외(1997) "한국어 능력 평가 제도의 기본 모형 개발에 관한 최종 연구 보고서" 참고.

2.1.2 한국어능력시험의 구성 및 시행

1) 평가 등급 및 평가 영역

(1) 평가 등급

한국어능력시험은 숙달도가 낮은 순서에 따라 초급(1,2급), 중급(3,4급), 고급(5,6급)으로 나누어 평가한다. TOEFL(Test of English as a Foreign Language)과 같은 평가는 점수제 방식이나 한국어능력시험은 등급제로서 각 등급에서 규정하고 있는 수준을 만족하면(60%) 그 등급으로 판정하는 방식을 취하고 있다. 한국어능력시험의 평가 등급별 일반 기술은 다음과 같다.

<표 8.2> 한국어능력시험의 등급별 기술

구분	사회문화적 요구	언어능력	
1급	이질적 문화에 대한 적극적인 접촉의지와, 주변 한국인들의 최소한의 도움 아래, 개인 영역에서 기본적인 사회생활에 대한 적응력을 길러야 한다. 공공 영역에서의 활동은 남의 도움을 필요로 한다.	기본 학습 목표	한글 자모 순서, 한글 맞춤법의 기본 구조, 질문과 응답을 구성하는 문법 사항 등의 기본적인 사항을(아직 익숙하지는 못해도) 이해는 해야 한다. 기본적인 인사와 기본적인 문형과 기본 어휘 1,000 단어 정도(빈도, 난이도, 중요도를 감안)를 가지고 단문 중심의 특히 빈도가 높은 관용적 표현이 가능하도록 한다. 중간언어 단계를 폭넓게 인정한다.
		어휘	기본적인 인칭 및 지시 대명사, 수사(1-100), 고빈도의 명사 및 용언들을 알고 있어야 한다.
		문장	인사말, 의문문과 응답용 서술문 간의 변화 규칙, 최소한의 긍정과 부정, 기초 수량 표현, 주어+목적어+서술어 형식의 기본 문형 구조를 이해해야 한다.
		발음	모음 '어'와 '으', 그리고 '의'를 느리더라도 정확히 조음할 수 있다. 예사소리와 된소리의 차이를 인지하고 문장의 억양도 구별한다.
2급		기본 학습 목표	기초적인 한국어를 듣고 말하고, 읽고 쓸 수 있다. 음절식 읽기에는 숙달되어야 한다. 기본어휘 1,500~3,000 단어 정도의 문장을 이해하며, 기본적인 요구를 충족하는 대화가 가능한 정도이다. 중간언어 단계를 약간 인정한다.

2급	한국 사회에 대한 기본 이해를 바탕으로 개인 생활을 별 무리 없이 유지할 수 있어야 한다. 공공 영역에서는 아직 약간의 도움이 필요하다. 한국 사회문화에 대한 이해는 있지만 아직 충분히 익히지는 못한 상태이다.	어휘	기본적인 사회 활동을 할 수 있는 어휘, 특히 각종 상품명, 기본적인 고유명사, 자신의 전문분야의 기본어휘를 습득한 상태이고, 기본적인 변칙 활용 용언을 이해한다.
		문장	단문의 대등적 연결, wh-question에 대한 간결한 답변, 격조사의 익숙한 사용, 부정의문문의 원리에 숙달해 있다. 길고 짧은 부정형에 다 익숙하다.
		발음	된소리와 유성음을 잘 구별하고, 모음조화와 자음접변에 익숙하다. 두음법칙을 이해한다.
3급	한국 사회에서의 단순한 일상생활에서는 언어적으로 큰 불편이 별로 없다. 모르는 사항은 스스로 물어 가면서 해결할 수 있다. 아직 한국 문화에 대한 깊은 이해나 문학 감상, 혹은 학술 교육활동에는 한계가 있다. 갓 온 자국인에게 각종 조언과 안내가 가능하다.	기본 학습 목표	평이한 한국어를 듣고 말하고, 읽고 쓸 수 있다. 일상생활의 언어활동에서 빈번히 듣는 말이나 평이한 문장을 천천히 들으면 충분히 이해하고 짧은 문장을 이용하면 일반적인 의사전달이 가능하며, 웬만한 일상 회화에 불편이 없는 정도이다. 일부 통속어를 이해한다.
		어휘	일상생활에서의 어휘에는 불편함이 없다. 모르는 단어는 설명을 통해 이해 가능(추상적 의미가 아니면)하다. 중요 시사어휘를 이해한다.
		문장	종속적 연결문, 빈도 높은 변칙 용언 등을 숙지하고 있다. 용언에서 부사형을 익숙하게 만든다. 기본적인 피사동 변형이 가능하다.
		발음	두음법칙에 익숙하다. 기본 음운과 대부분의 형태음운적 변동 규칙을 숙지하고 있다. 문장 전반의 억양은 아직 고르지 못하다.
4급	혼자 한국 사회에서 생존하거나 자신의 이해관계를 처리할 수 있다. 직장에서 한국인들과 공동 근무는 가능하나 전문적인 영역에서는 아직 적잖은 도움이 필요하다. 외국인에 대한 배려가 있다면 토론이나 집회에 참여가 가능하다.	기본 학습 목표	일상생활에 필요한 일반적인 한국어 구사가 가능하다. 전화를 이용한 문제 처리도 가능하다.
		어휘	일상적 어휘는 충분히 숙달하였다. 그러나 추상적 어휘는 생활과 전문 영역 주변에서만 가능하다. 부분적으로 한자 사용 및 이해가 가능하고, 까다로운 변칙 용언도 잘 사용한다.
		문장	드문 말이 아니면 사실상 모든 피사동 변형이 가능하다. 비유와 숙어적 용법이 아니라면 일반 문장 구조를 대부분 이해한다. 감탄문을 이해하고 적절히 사용한다.
		발음	천천히 발음하면 한국어 억양 재생이 가능하다.

5 급	사실상 한국에서 기본적인 직장 생활이 가능하다. 매우 복잡한 논쟁이 아니라면 대학 강의 수강도 가능하다.	기본 학습 목표	일상생활이나 직업상의 용무를 보는 데 필요한 일반적인 한국어 구사가 가능하다. 일상생활에서 보통 접할 수 있는 공공 텍스트(신문기사, 설명문, 서간 등)나 텔레비전, 라디오의 뉴스, 평이한 해설 등의 시사 문제들을 이해하며, 일상 언어활동에 있어서 불편 없이 자신의 의견을 이야기할 수 있는 정도이며, 통속어를 상당 수준 이해한다.
		어휘	빈도가 높은 추상적인 어휘는 이해한다. 그 밖의 추상적인 어휘도 설명을 통해 이해 가능하다.
		문장	빠른 발화가 아니라면 대부분의 문장 구조 이해, 문장 구조에 대한 질문을 통해 자신의 실수를 정정하거나 새로운 문형을 이해한다.
		발음	한국인들의 보통 빠르기의 발화를 알아듣고 이에 대응한다.
6 급	사실상 이 이상 학습 과정을 통해 배울 필요는 없는 정도이다. 스스로 알아보고, 물어보고, 참고 서적이나 기타 정보를 이용하며 자율적 발전이 가능하다. 단, 아직 전문가가 아니라면 한국 고전, 방언 등에는 모르는 경우가 많을 수 있다.	기본 학습 목표	사회생활이나 직장에서 필요한 한국어를 이해하며, 고도의(현대사회의 일반적 상식 범위 내의) 내용의 한국어 구사가 가능하다. 수준 높은 문장(신문, 잡지, 교양서, 문예 작품 등)이나 텔레비전, 라디오, 강연 등의 시사적인 내용을 충분히 이해하고 문장이나 말로 정확히 전달할 수 있으며, 토의, 토론에서 자신의 의견을 정확히 이야기할 수 있는 정도이다. 자주 쓰이는 한자에 독음을 달 수 있다.
		어휘	대부분의 일상적 어휘와 전문적 어휘를 구사한다. 그 밖의 어휘도 문맥에 의지하거나 사전을 능숙하게 이용하며 해결한다.
		문장	괴팍한 표현이나 지나치게 빠른 말이 아니면 사실상 거의 다 이해한다.
		발음	정상적인 발화에서 발음과 관련된 문제가 없다.

(2) 평가 영역

한국어능력시험의 평가영역은 각 등급마다 표현과 이해로 구분되고 표현은 어휘·문법, 쓰기, 이해는 듣기, 읽기 등 4개 영역을 평가한다. 영역별 평가내용은 다음과 같다.

① 표현

영역	하위영역	평가 내용
표현	어휘 및 문법	- 한국어의 수준별 어휘 및 문법의 이해 능력 평가 및 이해도 - 어휘 및 문법(구문과 문형, 활용, 문법적 기능어의 용법)과 구사의 정확성 및 적절성 - 표준적 문장 구성 능력 - 한국어의 언어 구조에 대한 지식 - 어휘 및 문법의 문화적, 역사적 배경에 대한 이해도 - 한자 및 한자어(특히 추상적이거나 고급 문장에 나오는 것을 중심으로)
	쓰기	- 정해진 수준과 범위의 어휘 및 문법을 사용하여 표준적인 한국어 문장을 구성하는 종합적 운용능력 - 문장의 조합, 배열 등에 의한 텍스트 구성 및 이해 능력

② 이해

영역	하위영역	평가 내용
이해	듣기	- 음성 언어의 의미 파악 등의 청취 능력 - 청취한 내용으로부터 정보를 정확히 알아내는 분석 능력의 평가 - 청취 내용에 대한 적절한 반응을 할수 있는 언어 능력 - 청취한 내용으로부터 논리적 추론 능력 및 종합 능력의 평가
	읽기	- 일상적이거나 비일상적인 내용의 일정 수준의 문장의 이해 능력의 평가 - 문자, 어휘, 담화 등의 형태적인 지식의 평가 - 문장 내용의 이해 및 추론, 종합 등의 조직화 능력의 평가 - 문장을 구성하는 텍스트 구조(주장, 태도, 의견, 화제 등)에 관한 지식

2) 영역별 배점 및 문항 수, 합격기준, 시행시간

영역별 배점은 각 등급마다 총점은 400점으로 표현영역과 이해영역 각각 200점, 어휘·문법, 쓰기, 듣기, 읽기 각각의 하위 영역이 100점을 만점으로 한다.

문항 수는 제1회 시험에서는 각 등급 모두 30-35문항으로 구성되어 있었으나 출제 과정에서 고급의 경우 작문과 같은 많은 시간과 노력을 요하는 문제 출제의 필요성으로 제2회 시험부터 5, 6급의 문항 수를 25-35문항으로 조정하였다. 따라서 1급-4급은 30-35문항, 5-6급은

25-35문항으로 구성되어 있다.

합격 기준은 전 급이 평균 60점 이상이 합격선이며 초급(1-2급)은 과목의 과락이 없으나 중급(3-4급)은 과목별 30점 이상 합격을 해야 하며 고급(5-6급)은 과목별 60점 이상의 점수를 요구하고 있다. 각 응시등급에서 불합격한 자는 다음 시험에서 불합격한 특정 영역에만 응시할 수 없고 전 영역에 다시 응시해야 한다. 영역별 배점, 문항 수, 합격 기준 등을 표로 나타내면 〈표 8.2.3〉와 같다.

<표 8.3> 한국어능력시험의 영역별 배점, 문항 수, 합격 기준

(2004년 11월 현재)

급별	평가영역	배점	문항수	합격사정기준	급별	평가영역	배점	문항수	합격사정기준
1급	읽기	100	30-35	평가영역별 40% 이상의 득점과 총점의 60%이상 득점	4급	읽기	100	30-35	평가영역별 40%이상의 득점과 총점의 60%이상 득점
	쓰기	100	30-35			쓰기	100	30-35	
	듣기	100	30-35			듣기	100	30-35	
	어휘 및 문법	100	30-35			어휘 및 문법	100	30-35	
	계	400	120-140			계	400	120-140	
2급	읽기	100	30-35	평가영역별 40% 이상의 득점과 총점의 60%이상 득점	5급	읽기	100	25-35	평가영역별 40%이상의 득점과 총점의 60%이상 득점
	쓰기	100	30-35			쓰기	100	25-35	
	듣기	100	30-35			듣기	100	25-35	
	어휘 및 문법	100	30-35			어휘 및 문법	100	25-35	
	계	400	120-140			계	400	100-140	
3급	읽기	100	30-35	평가영역별 40% 이상의 득점과 총점의 60%이상 득점	6급	읽기	100	25-35	평가영역별 40%이상의 득점과 총점의 60%이상 득점
	쓰기	100	30-35			쓰기	100	25-35	
	듣기	100	30-35			듣기	100	25-35	
	어휘 및 문법	100	30-35			어휘 및 문법	100	25-35	
	계	400	120-140			계	400	100-140	

(2004년 11월 시행 제8회 시험 기준)

영역별 시행 시간은 〈표 8.2.4〉에 나타난 바와 같이 각 급별로 1교시 표현영역(어휘 및 문법/쓰기), 2교시 이해영역(듣기/읽기)으로 시행된다. 시행 시간은 1급의 표현영역이 오전 9:00부터 10:30분까지(90분), 이해영역이 오전 11:00부터 12:30까지(90분)이고 2급의 표현영역이 14:00부터 15:30분까지(90분), 이해영역이 16:00부터 17:30까지(90분)로 초급의 1급과 2급은 동시 지원이 가능하다. 마찬가지로 3급과 4급, 5급과 6급은 같은 날 동시 지원이 가능하도록 시행되고 있다. 이것은 초급(1, 2급), 중급(3, 4급), 고급(5, 6급)의 구분으로 등급제 평가 도구가 가지고 있는 제한점을 보완하기 위한 측면이라고도 할 수 있다.

<표 8.4> 등급별·영역별 시행 시간

등급	교시별(영역별)	시행시간
1급	1교시 표현영역 (쓰기/어휘 및 문법)	09:00-10:30(90분)
	2교시 이해영역 (듣기/읽기)	11:00-12:30(90분)
2급	1교시 표현영역 (쓰기/어휘 및 문법)	14:00-15:30(90분)
	2교시 이해영역 (듣기/읽기)	16:00-17:30(90분)
3급	1교시 표현영역 (쓰기/어휘 및 문법)	09:00-10:30(90분)
	2교시 이해영역 (듣기/읽기)	11:00-12:30(90분)
4급	1교시 표현영역 (쓰기/어휘 및 문법)	14:00-15:30(90분)
	2교시 이해영역 (듣기/읽기)	16:00-17:30(90분)
5급	1교시 표현영역 (쓰기/어휘 및 문법)	09:00-10:30(90분)
	2교시 이해영역 (듣기/읽기)	11:00-12:30(90분)
6급	1교시 표현영역 (쓰기/어휘 및 문법)	14:00-15:30(90분)
	2교시 이해영역 (듣기/읽기)	16:00-17:30(90분)

3) 한국어능력시험 시행 기관

한국어능력시험은 1999년 제3회부터 한국교육과정평가원이 총괄 주관해왔으며 서울, 부산, 대전, 광주 등 국내 4곳과 해외 15개국 43개 지역에서 시행하고 있다. 최근 시행된 제8회 한국어능력시험 시행 기관은 다음 〈표 8.5〉와 같다.

<표 8.5> 한국어능력시험 시행 기관

(2004년 11월 시행 제8회 기준)

국가	지역	시행기관 (기관명)
한국(Korea)	서울, 부산, 광주, 대전	한국교육과정평가원
독일(Germany)	프랑크푸르트	프랑크푸르트 한국교육원
러시아 (Russian Federation)	모스크바, 쌍트페테르부르크	주러시아 대사관
	블라디보스톡, 사할린, 하바로프스크	블라디보스톡 한국교육원
몽골(Mongolia)	울란바토르	주몽골 대사관 몽골 한국어교수협의회 몽골 한국어능력시험위원회
미국(U.S.A)	위싱턴, 뉴욕, LA, SF, 시카고, 휴스턴	위싱턴 한국교육원 뉴욕 한국교육원 LA 한국교육원 SF 한국교육원 시카고 한국교육원 휴스턴 한국교육원
베트남(Vietnam)	호치민	주호치민 총영사관 호치민 한국학교
브라질(Brazil)	쌍파울로	쌍파울로 한국교육원
영국(U.K)	런던	영국 한국교육원
우즈베키스탄 (Uzbekistan)	타슈켄트	타슈켄트 한국교육원
일본(Japan)	도쿄, 요코하마, 센다이, 니가타, 도야마, 나가노, 나고야, 교토, 오사카, 오카야마, 히로시마, 시모노세키, 후쿠오카, 삿포로, 오키나와, 치바	주일 대사관 재일 한국교육재단
중국(China)	베이징, 상하이, 칭다오	주중 대사관
	홍콩	주홍콩 총영사관
카자흐스탄 (Kazakhstan)	알마티	알마티 한국교육원
키르키즈스탄 (Kyrgyzstan)	비쉬켁	비쉬켁 한국교육원
캐나다(Canada)	토론토	토론토 한국교육원
태국(Thailand)	방콕	방콕 한국국제학교
호주(Australia)	시드니	시드니 한국교육원

2.1.3 한국어능력시험 응시 현황(1-8회)

1) 응시자 및 응시율 현황

(1) 응시자 현황

한국어능력시험의 전체 응시자는 제1회 2,274명, 제2회 2,663명, 제3회 3,445명, 제4회 4,850명, 제5회 6,049명, 제6회 7,306명, 제7회 14,16명, 제8회 15,279명으로 제1회와 비교해 672% 증가하였다. 이를 도표로 나타내면 다음 〈도표 8.2.1〉과 같다.

<도표 8.2> 한국어능력시험 전체 응시자 현황(1-8회) (2004년 11월 현재)

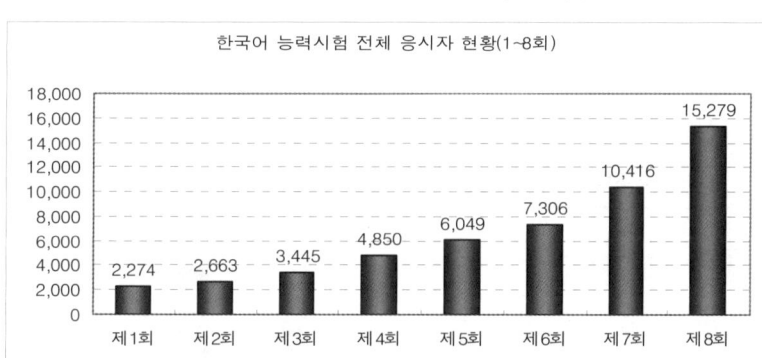

최근 치러진 제8회 한국어능력시험의 국가별 지원자 현황을 살펴보면, 6,601명으로 일본이 가장 많았으며 중국이 4,077명, 한국이 1,603명, 미국이 925명, 우즈베키스탄, 러시아, 베트남, 몽골, 카자흐스탄, 태국의 순으로 나타났다. 〈도표 8.2.2〉에서와 같이 한국 내에서 지원하는 지원자보다 해외 지원자 수가 훨씬 많으며 앞으로 증가 추세를 보일 것이라 판단된다.

<도표 8.3> 제8회 한국어능력시험 국가별 지원자 현황

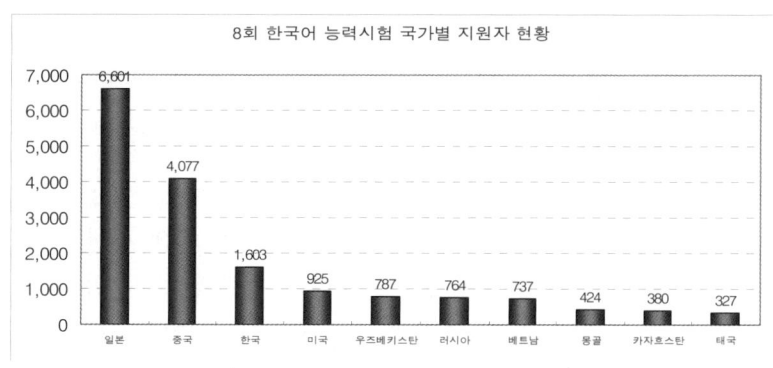

(2) 응시율 및 합격자 현황

한국어능력시험의 응시율은 제1회 84.5%, 제2회 82.5%, 제3회 87.7%, 제4회 81.2%, 제5회 80.9%, 제6회 83.1%, 제7회 85.5%, 제8회 87%로 최저 응시율 80.9%이고 최고는 87%이며, 매년 평균 응시율은 84%로 비교적 양호한 편이다. 이에 따른 응시자와 합격자 현황은 다음 〈도표 8.2.3〉과 같다. 따라서 응시자 대비 합격자 비율(합격률)을 살펴보면, 제1회 31.3%, 제2회 38%, 제3회 72.9%, 제4회 60.2%, 제5회 55.6%, 제6회 62.1%, 제7회 61.1%, 제8회 62.4%로 최저 합격률 31.3%이고 최고는 72.9%이며, 매년 평균 합격률은 55%이다. 제3회부터 합격률이 급격히 증가하여 3회 이후의 평균 합격률은 62.4%로 안정선을 유지하고 있다.

<도표 8.4> 한국어능력시험 전체 응시자 및 합격자 현황(1~8회) (2004년 11월 현재)

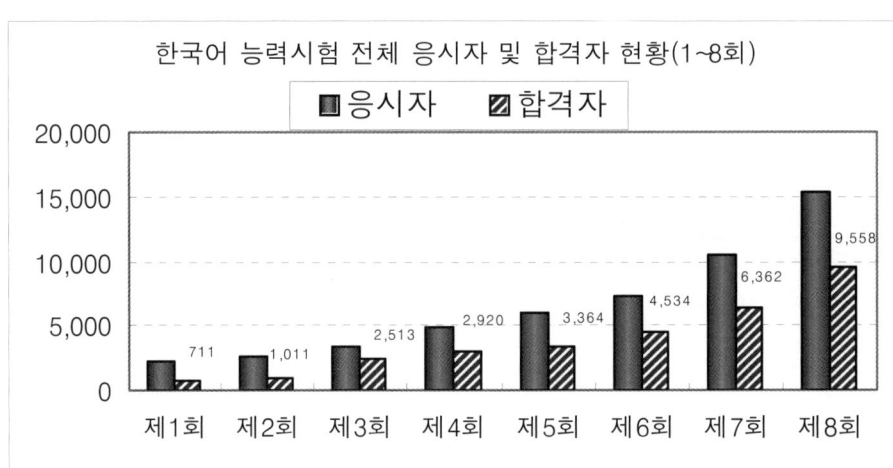

2) 국가별 응시 현황

(1) 국가별 지원자 추이

한국어능력시험의 국가별 지원자 추이를 살펴보면 상위 순위 7개국은 최근 치러진 제8회 기준으로 일본, 중국, 한국, 중앙아시아, 미국, 러시아, 몽골의 순으로 나타났다. 〈도표 8.2.4〉에 나타난 바와 같이 이중 일본의 경우는 제1회부터 제3회까지는 큰 변화가 없었으나 제3회 이후 8회까지 지속적으로 급증하는 것으로 나타났다. 또한 중국의 경우는 제7회까지만 해도 전체 지원자 수가 4위였으나 제8회의 경우 급격히 증가한 것이 주목할 만하다. 이를 자세히 살펴보면 〈도표 8.2.5〉, 〈도표 8.2.6〉과 같다. 지원자 수에 있어 일본은 지속적으로 증가해

왔으며, 중국의 경우는 제7회 1,013명에서 제8회 4,077명으로 4배 이상 눈에 띄게 증가하는 현상을 보였다.

<도표 8.5> 한국어능력시험 국가별 지원자 추이(1-8회)(2004년 11월 현재)

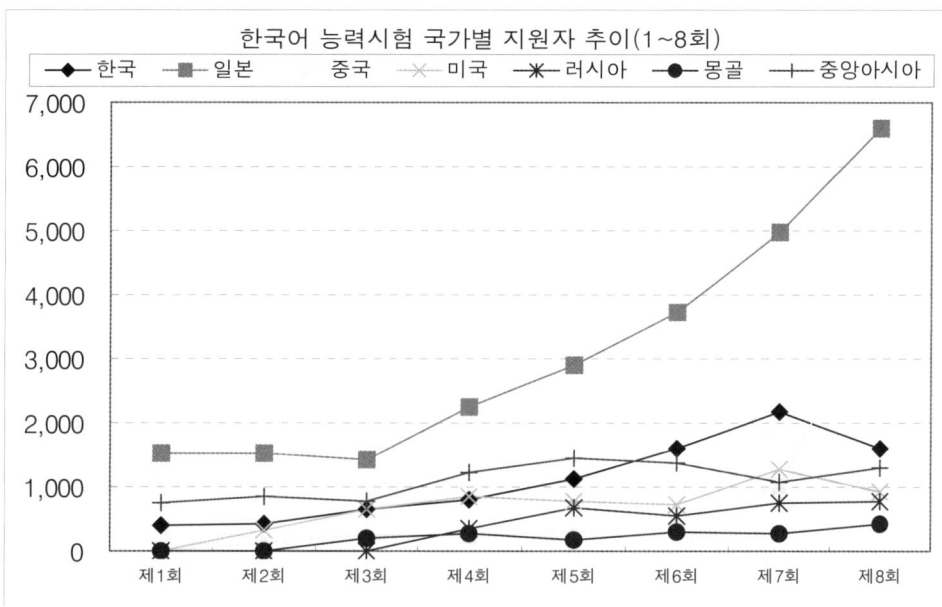

<도표 8.6> 한국어능력시험 지원자(일본)

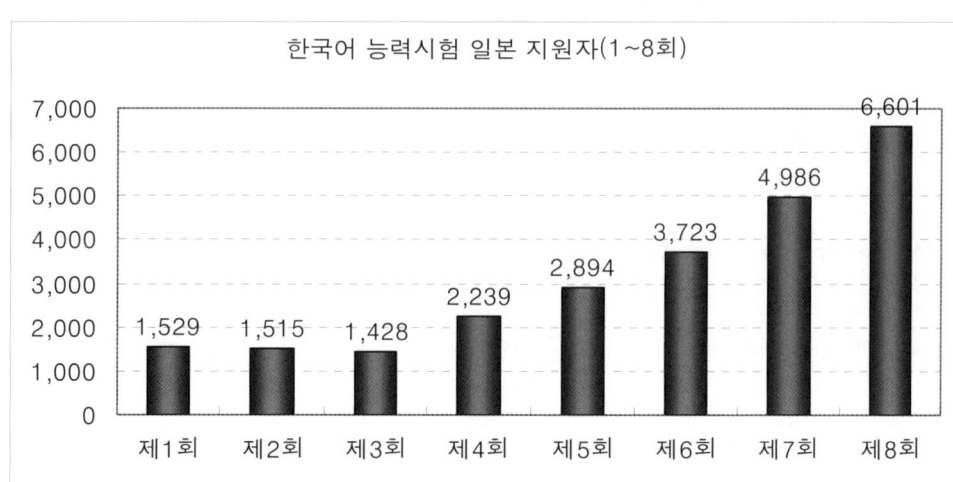

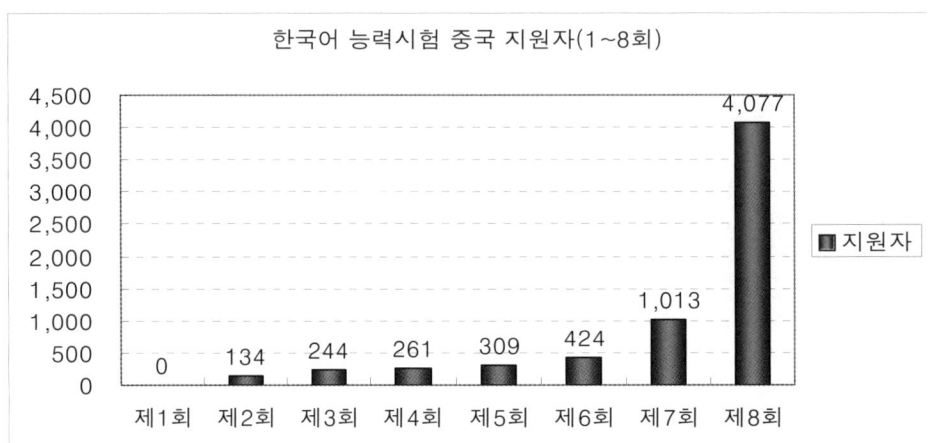

<도표 8.7> 한국어능력시험 지원자(중국)

한국어 능력시험 중국 지원자(1~8회)

국가별 응시자수는 일본이 5천895명으로 지난해(4천384명)보다 34% 늘어 가장 많았으며 그 다음은 ▲중국 3천843명(작년 대비 311% 증가) ▲한국 1천430명(28% 감소) ▲미국 706명(27% 감소) ▲베트남 634명(214% 증가) ▲우즈베키스탄 630명(32% 증가) ▲러시아 428명(9% 감소) ▲몽골 346명(43% 증가) ▲카자흐스탄 302명(11% 증가) ▲호주 139명(24% 감소)

주요 국가들의 합격률은 호주 86.3%, 한국 74.1%, 베트남 66.7%, 일본 66.6%, 러시아 64.0%, 미국 61.2%, 중국 54.9%, 우즈베키스탄 49.5%, 몽골 54.6%, 카자흐스탄 52.6% 등으로 나타났다.

2.1.4 한국어능력시험 시행의 영향

1) 한국어 교육과정 수립 및 평가 체제 확립

한국어능력시험의 시행은 한국어 교육 분야에 다양한 측면에 큰 영향을 끼쳤다. 가장 중요한 측면의 영향은 국내 한국어 교육 기관의 한국어 교육과정의 표준화에 끼친 영향이다. 한국어능력시험이 시행되기 전까지는 한국어 교육기관 간에 합치된 교육과정 정립이 불가능했고 이로 인하여 객관적으로 통일된 한국어 교육과정이 전무했다고 할 수 있다. 평가 단계는 교육과정 개발 단계에서 최종 단계로서 교육의 목적과 목표에 따라 교육이 시행된 후에 이루어져야 하나 통일된 교육과정 모형이 존재하지 않는 상태에서 한국어능력시험의 시행은 한국 내 한국어 교육기관들 사이에 비교적 일치된 한국어 교육과정 수립에 중요한 영향을 끼쳤다고 할 수 있다. 1997년 첫 시행이후 2004년 8회에 걸친 시행과정에서 자연스럽게 한국어 교육의 수준 즉, 등급에 대한 합의가 이루어지는 결과를 가져다주었다.

또한 한국어 교육 분야에서 이루어지고 있는 숙달도 평가 유형의 체계화를 가져다 준 점이다. 말하기 기능을 제외한 어휘·문법과 쓰기의 표현 영역과 듣기, 읽기의 이해 영역 등에서 개발해 온 다양한 평가 유형 및 문항의 개발과정은 한국어 평가 분야의 발전을 유도하였다.

2) 재외동포 및 외국인의 한국어 학습목표 제시

한국어능력시험이 시행됨에 따라 미국과 일본 등 해외에 거주하고 있는 재외동포 집단에 한국어 학습에 대한 분명한 목표를 제시할 수 있게 되었다는 점을 지적할 수 있다. 재외동포 집단은 한국의 전체 인구 비율로 볼 때 10%정도를 차지함으로써 이들 집단에게 모국어로서 한국어 학습에 대한 관심과 필요성은 엄청난 요구로 나타날 수 있다. 이러한 배경을 염두에 둘 때 표준화된 한국어 교육과정의 수준과 내용을 제시해 줄 필요가 있다. 한국어능력시험이 개발·시행됨으로써 이들 집단에게 명확한 한국어 학습동기를 불어 넣어주고 분명한 학습 목표를 제시하게 되었다. 해외 거주 재외동포 집단뿐만 아니라 외국인들의 한국어 학습에 대한 분명한 방향을 제시하게 된 것도 사실이다. 이것은 1997년 제1회 전체 지원자수가 2,692명이었던 것이 제2회 3,227명, 제3회 3,926명, 제4회 5,976명, 제5회 7,475명, 제6회 8,788명, 제7회 12,187명, 제8회 1,7545명으로 꾸준히 증가하여 제1회와 비교해 652% 증가한 사실이 증명해 준다. 이와 같은 현상은 한국의 경제력 증대와 국제사회의 위상이 차츰 높아지면서 한국에 대한 관심과 한국과의 교류를 통해 사회의 다양한 측면에서 관계 맺고자 하는 요구가 반영된 것이라고도 할 수 있다.

3) 외국인과 재외동포의 국내 대학 입학 사정 기준 제시

한국어능력시험의 시행은 국내 대학에 입학하고자 하는 외국인이나 재외동포 학습자들의 입학 사정 기준으로, 외국 대학 한국어 전공 혹은 한국학과 입학 시 한국어 전공 대체 시험으로, 국내·외 한국 기업 취업 시 선발 기준으로 외국인의 한국어 교사 자격시험으로 외국인

장학생 선발 자격요건 등으로 활용하게 되었다.

외국어로서 영어(EFL)권 국가의 유학생들에게 요구되는 시험인 TOEFL(Test of English as a Foreign Language)의 기능과 마찬가지로 한국어능력의 시험도 한국 내 많은 대학에서 입학 요건으로 제시하고 있어 앞으로도 한국어능력시험에 대한 요구가 증대될 것이며 한국어능력시험의 발전에도 역류효과로 작용할 것이라고 예측된다.

2.2. 미국 국방언어능력시험(DLPT: Defense Language Proficiency Test)[18]

2.2.1 개발 배경

미국의 국방 언어 시험(DLPT)은 세계에서 가장 큰 언어 교육기관인 미국 국방언어교육센터(DLI: the Defense Language Institute Foreign Language Center)가 개발한 표준화된 언어 숙달도 시험으로서 일반적인 언어 숙달도 평가로 활용되고 있으나 군사 관련 주제가 포함되어 있는 점이 특징적이다. 미국 국방언어교육센터는 미국의 국익을 위해 전 세계의 유능한 외국어 전문가를 양성하여 미 국방부와 정부 기관에 투입하고자 하는 목적으로 개발·운영하고 있는 국방 외국어 프로그램(Defense Foreign Language Program)으로 1940년대에 설립되었다. 이 기관의 기능은 외국어 훈련, 습득한 외국어의 유지, 외국어 평가 등이다. 이 중 외국어 능력을 평가하기 위한 목적으로 개발된 것이 DLPT이다. DLPT의 평가기준은 외국어 상용 정부 기관의 협의체인 연방 기구 언어 협의체(Federal Interagency Language Roundtable)가 1985년 국가 언어 표준 등급을 발표하였는데 이 등급기준에 맞추었다. 여기서 실시하고 있는 34개 외국어 시험은 각 언어마다 중요한 정도에 따라, 해당 외국어 학습자 수요 집단의 규모, 교수 인력 규모 등에 따라 다양한 양상을 보이고 있으나 한국어 시험의 경우 규모와 중요성 측면에서 다른 외국어 시험에 비해 중요하게 개발, 운영되고 있다.

---

18) 자세한 내용은 남명호(1999)와 이정노(1999) 참고.

<표 8.6> DLPT 개발과정

	개발 시기	평가 항목 및 개요
DLPT Ⅰ	1970년대 이전	-44개 언어 평가 -문법과 어휘에 대한 지식 평가
DLPT Ⅱ	1970년대	-44개 중 16개 외국어 평가 개발 -28개 외국어 미개발 DLPT Ⅰ 실시 -관용표현, 이해 측정 등 평가항목의 변화
DLPT Ⅲ	1980년대	-의사소통 중심 교수법에 근거하여 숙달도 개념 도입 -실제 자료의 부분적 사용 -맥락 내 담화이해력 등 측정 -읽기 문항 수 120개에서 100개로 줄임 -한국어의 경우 A형, B형, C형, D형 개발
DLPT Ⅳ	1990년대	-1994년 개발 완료 1995년부터 사용 -평가유형이 다양해지고 발전됨 -말하기 시험은 OPI 평가 기제를 따름

2.2.2 DLPT Ⅳ의 구성[19]

1) 평가 영역

DLPT Ⅳ의 평가 영역은 다음과 같다.

<표 8.7> DLPT Ⅳ의 평가 영역

영역	말하기	듣기	읽기
문항 수	26	65	65
시간	45분	1시간 5분	2시간 15분
문제유형	질문/응답 형	4지 선다형 (문항별 가중치 없음)	

2) 평가 방식 및 등급 기준

DLPT Ⅳ의 평가 방식은 점수제와 등급제 형태로 되어 있으며 각 문항별 정답의 합산 점수

---

19) 김왕규 외(2002: 19-21)의 자료를 참고하였음.

를 일정 기준에 의해 등급화된 언어 등급으로 판정한다. 전체 11등급으로 되어 있으며 상위 4개 급의 경우는 특별한 절차에 따라 응시한 경우에 판정을 받을 수 있다. 전체적인 등급 기준은 다음과 같다.

<표 8.8> DLPT IV의 등급기준

	등급	등급기준	과제 기능적 측면
lower range	0	숙달도 없음	과제 기능 수행을 위한 숙달도 없음
	0+	빈도수 높은 단어, 표현의 암기 수준	
	1	기초적 숙달도 수준	기본적인 생활을 위한 과제 기능 수행 능력
	1+	기초적 숙달도의 발전	
	2	제한된 직무 수행에 필요한 정도의 숙달도	구체적이고 사실적인 상황을 해결할 수 있음
	2+	제한된 직무 수행에 필요한 숙달도의 발전	
	3	일반적인 직무 수행에 필요한 숙달도	추상적인 주제와 상황을 해결할 수 있음
higher range	3+	일반적인 직무 수행에 필요한 숙달도의 발전	
	4	전문적인 직무 수행에 필요한 숙달도	전문적인 주제를 해결할 수 있음
	4+	전문적인 직무 수행에 필요한 숙달도 발전	
	5	교육 받은 모국어화자 수준의 숙달도	모든 상황을 해결할 수 있음

2.3 미국 학업적성검사(SAT II KOREAN)

2.3.1 개발 배경

SAT II Korean은 1997년 11월부터 미국에서 대학입학자격 시험(SAT, Scholastic Aptitude Test)에 포함되어 실시하게 된 외국어 영역의 평가로 중학교 이상에서 2년부터 4년까지 한국어를 학습하거나 이에 상응할 만한 기간 동안 한국어를 학습한 사람을 대상으로 실시한다. 듣기와 읽기 숙달도를 측정하고 한국어 문법과 어휘, 철자법 등을 측정하는 시험이다. 이 시험을 위해 미국 ETS(English Testing Service)와 대학위원회가 1995년 10월에 SAT II Korean을 준비, 개발하기 위해 12명의 과제 수행 위원회에서 구체적인 내용, 시험방식, 문항 제작관련 유의사항, 사전 검사 기관에 대한 유의사항 등을 결정하고 후에 여러 지역에서 참여하는 중등교사, 대학 교수를 포함한 6명의 평가위원회가 구성되었다. 1996년부터 새롭게 구성된 소위원회에서 시험구성을 계획하여 문항을 개발하게 되었다.

2.3.2 SAT Ⅱ Korean의 구성

1) 평가 영역 및 평가 내용

<표 8.9> SAT Ⅱ Korean의 평가 영역 및 평가 내용

평가 영역	평가비율	평가 내용 및 시행
듣기 이해 (listening comprehension)	35%	- 일상적인 주제와 관련된 대화, 설명 등의 발화 예를 듣고 문제를 푼다 - 예시문 하나 당 1-3개의 문제가 영어로 제시된다. - 문제를 영어로 듣고 보면서 풀 수 있다.
용법(usage)	35%	- 한글로 쓰여 있는 문장 중 비어 있는 곳에 적당한 것을 보기에서 고르는 방식이다. - 단어, 구, 인접하지 않은 구 등을 채운다. - 어휘, 경어법, 다양한 구조들을 포함한다.
읽기 이해 (reading comprehension)	30%	- 주 아이디어와 지지 아이디어와 같은 것들을 제대로 이해하는지를 측정한다. - 모든 예시문은 한글로 되어 있으며 질문은 영어로 되어 있다. - 추론을 해야 하는 문제도 있지만 대부분 문자적인 의미에 대한 이해력을 측정한다. - 메모, 일기, 메뉴, 신문 기사, 광고, 편지, 문학 작품 등 실제 자료가 예시문으로 사용된다. - 읽기 지문의 길이는 150개 어휘를 넘지 않는다.

2) 평가 방식

<표 8.10> SAT II Korean의 평가방식

평가 영역	시간		문항수	배점	유형
듣기 이해 (listening comprehension)	20분	총 60분	총 80-85문항	200-800점 영역당 20-80점	- 사지선다형
용법(usage)	20분				- 사지선다형 - cloze test
읽기 이해 (reading comprehension)	20분				- 사지선다형

2.4 일본 한글능력검정시험

2.4.1 개발 배경

1993년부터 시행된 한글능력검정시험은 일본 대학에서 한국어를 교육하고 있는 교수들로 구성되어 있는 한글능력검정협회가 주관하는 것으로 연 2회 실시하고 있으며 일본에 거주하고 있는 혹은 일본 내에서 한국어 교육을 받은 일본인과 재일 한국인의 한국어 능력 측정을 위한 평가이다.

2.4.2 평가 구성

1) 평가 영역

한글능력검정시험은 1급부터 준2급을 포함하여 6등급 체계로 구성되어 있다. 시행 초기에는 4등급으로 되어 있었으나 1995년 2급과 3급 사이에 준2급을 설치하고 5급을 신설하여 6등급으로 평가되고 있다. 한국어능력시험(TOPIK)과 달리 5급이 가장 낮은 단계이며 1급이 가장 높은 단계이다. 평가 영역으로는 듣기·말하기, 읽기, 쓰기 등 세 개 영역으로 구성되어 있다.

가장 높은 숙달도 단계인 1급과 2급의 경우는 2차 시험으로 말하기 시험을 실시하며 발음, 내용 이해, 작문 능력, 표현 및 구성 등의 평가 영역으로 구성되어 있다.

<표 8.11> 한글능력검정시험의 말하기 평가 내용

평가 영역	평 가 내 용
발음	초분절음소를 포함한 정확하고 자연스러운 한국어 발음 능력을 측정한다.
내용 이해	일정 예시문 낭독 후 그 내용 이해와 시험관의 질문에 대한 적절한 응답을 측정한다. 이는 읽고 말하기 능력을 측정하는 것이다.
작문 능력	발화의 생성 중 문법적인 문장의 생성과 관련된 것이다.
표현 및 구성	일종의 담화능력 측정을 위한 범주이다. 전달하고자 하는 의미를 적절한 형식과 적절한 구성 형식으로 표현할 수 있는 능력을 측정하여 문장 차원 이상에서의 담화 구성 능력을 평가하는 범주이다.

2) 평가 기준

한글능력검정시험의 등급별 평가 기준을 살펴보면 다음과 같다.

<표 8.12> 한글능력검정시험의 각 등급의 인정 기준

등 급	통 합 능 력
1급	광범위한 일반 사회의 상식적 범위 내에서 고도의 내용의 한국어 구사가 가능하다.
2급	일상생활이나 직업상의 용무를 수행하는 데 필요한 일반적인 한국어 구사가 가능하다.
준2급	2급과 3급의 중간 수준으로, 상급(1,2급)의 준비단계이다. 일상생활에 필요한 일반적인 한국어 구사가 가능하다.
3급	평이한 한국어를 듣고, 말하고, 읽고 쓸 수 있다.
4급	초보적, 기초적 한국어를 듣고, 말하고, 읽고 쓸 수 있다.
5급	한글을 배우기 시작한 초보 단계이다.

고급 단계인 1급부터 비교적 초급에 해당하는 4급까지의 평가 영역별 기준을 살펴보면 다음과 같다.

<표 8.13> 1급의 평가 영역별 인정 기준

등급	듣기 · 말하기	읽기	쓰기
1급	고도의 내용의 발언을 이해하고, 자신의 의도나 의견을 구두로 표현할 수 있다.(연설, 토의, 절충, 통역, 영화나 TV, 라디오 방송을 듣고 이해하며, 대의를 전달할 수 있다. 자신의 전문분야에 대해 정확히 전달할 수 있다.)	사전의 도움을 거의 받지 않고도 고도의 문장(신문의 논설이나 평론, 논문, 현대 문예 작품, 상용문서, 일반적인 내용의 서적)을 읽을 수 있다.	고도의 내용의 문장을 적절한 문체로 써서 표현할 수 있다. 자신의 생각을 충분히 표현하는 것이 가능하다. 회의, 강연의 요지 기록, 일본어 문장을 정확히 번역하는 것이 가능하다.

<표 8.14> 2급의 평가 영역별 인정 기준

등급	듣기 · 말하기	읽기	쓰기
2급	일반적인 사실이나 용무에 필요한 사실에 대해 회화를 할 수 있다(전화로 용무를 볼 수 있다. 간단한 설명, 보고, 통역을 할 수 있다. 자신의 의도를 바르게 전달할 수 있다.).	일반적인 사실이나 용무에 필요한 사실에 대한 문장(신문이나 잡지의 기사, 편지, 간단한 논술문, 소책자)을 읽고 정확히 이해할 수 있다.	일반적인 사실이나 용무에 필요한 사실에 대한 문장(간단한 설명문, 기술문, 편지 등)을 쓸 수 있다. 어느 정도 긴 한국어 문장을 요약해서 쓸 수 있다.

<표 8.15> 3급의 평가 영역별 인정 기준

등급	듣기 · 말하기	읽기	쓰기
3급	평이한 일상회화가 가능하다. 상황이나 장면에 맞게 적절한 인사나 소개, 대응이 가능하다. 은행, 우체국, 역 등의 창구에서 용무를 볼 수 있다. 간단한 의뢰, 전달, 길 안내, 전화 바꿔 주기 등이 가능하다.	간단한 문장(간단한 기술문, 편지, 게시 등)을 읽고 이해할 수 있다. 어느 정도 사전을 사용할 수 있다. 평이한 어구나 문장을 바르게 소리 내어 읽을 수 있다.	간단한 사실(기초적인 단어)을 쓸 수 있다. 간단한 문장을 듣고 쓸 있다. 자신이 알고 있는 단어를 써서 간단한 문장을 쓸 수 있다.

<표 8.16> 4급의 평가 영역별 인정 기준

등급	듣기·말하기	읽기	쓰기
4급	초보적인 어구로 의사소통이 가능하다. 기본적인 단어를 정확히 발음, 구별할 수 있다. 관용적인 어법을 사용하여 간단한 인사나 소개가 가능하다. 단문으로 된 평이한 문장을 듣고 이해할 수 있다.	간단한 문장(간단한 기술문, 편지, 게시 등)을 읽고 이해할 수 있다. 어느 정도 사전을 사용할 수 있다. 평이한 어구나 문장을 바르게 소리 내어 읽을 수 있다.	간단한 사실(기초적인 단어)을 쓸 수 있다. 간단한 문장을 듣고 쓸 수 있다. 자신이 알고 있는 단어를 써서 간단한 문장을 쓸 수 있다.

말하기 면접시험이 실시되는 2차 시험의 1급, 2급의 평가 내용은 다음과 같이 네 가지 영역으로 구성되어 있다.

<표 8.17> 한글능력검정시험 1, 2급 말하기 면접시험 인정 기준

평가 영역	평 가 내 용
발음	개개의 단어의 발음을 비롯하여 억양에 이르기까지의 모든 면
내용 이해	낭독한 문장의 내용을 잘 이해하고 있는지, 시험관의 질문 등을 정확하게 파악하고 적절히 대답할 수 있는 능력이 있는지
작문 능력	개개의 문장을 만드는 데에 오류가 없는가 하는 문법적 측면
표현 및 구성	전달해야 할 내용을 적절한 순서로 적절한 표현 형식을 사용하여 알기 쉬운 구성으로 표현하는 능력

3) 평가 운영

각 등급별 평가의 세부 구성과 시험실시와 관련되는 항목들을 정리하면 다음과 같다.

<표 8.18> 등급별 시험 시간, 평가 영역, 문항, 총점, 합격 점수

등급	영역	항목수	문항수	총점	시험 시간	점수/ 시간 합계	합격점수
1급	필기 (읽기,쓰기)	6	38	50	90분	100점 /120분	85점 이상 (필기가 40점 미만일 경우 불합격
	듣기 받아쓰기	4	17	50	30분		
2급	필기 (읽기, 쓰기)	5	37	50	90분	100점 /120분	80점 이상
	듣기 받아쓰기	4	14	50	30분		
준2급	필기 (읽기, 쓰기)	5	27	50	90분	100점 /120분	70점 이상
	듣기 받아쓰기	4	20	50	30분		
3급	필기 (읽기, 쓰기)	5	24	60	60분	100점 /90분	70점 이상
	듣기 받아쓰기	4	23	40	30분		
4급	필기 (읽기, 쓰기)	5	28	60	60분	100점 /90분	60점 이상
	듣기 받아쓰기	4	25	40	30분		
5급	필기 (읽기, 쓰기)	5	40	60	60분	100점 /90분	60점 이상
	듣기 받아쓰기	4	30	40	20분		

〔참고문헌〕

강명순 외(1999), 「한국어 듣기 능력 평가 방안-숙달도 평가를 중심으로-」, 『한국어교육』 10-2, 국제한국어교육학회.

강명순(1999), 「독해력 향상을 위한 한국어 읽기 교육 방안」, 『말』 23 · 24, 연세대학교 언어연구교육원 한국어학당.

강승혜(2002), 「한국어 쓰기 교육의 이론과 실제」, 『21세기 한국어교육학의 현황과 과제』, 한국문화사.

강현화(1999), 「SAT Ⅱ의 한국어시험에 대한 분석」, 『한국어교육』 10-2, 국제한국어교육학회.

공일주(1993), 「한국어 숙달 지침과 말하기 능력 측정에 대하여」, 『교육한글』 6, 한글학회.

곽상흔(1994), 「Task 개념을 기초로 한 듣기-말하기 수업 연계 방안」, 『한국어교육』 5, 국제한국어교육학회.

픽셀(2004), 「한국어 쓰기 교육 내용 구성: 터키인 학습자를 대상으로」, 서울대학교 대학원 박사학위 논문.

구현정(1997), 『대화의 기법』, 한국문화사.

구현정(2001), 「대화의 원리를 바탕으로 한 말하기 교육」, 『외국어로서의 한국어교육』 25 · 26, 연세대학교 한국어학당.

권미정(1994), 「언어 숙달도를 위한 듣기 교육: 기초 단계를 중심으로」. 『한국어교육』 5, 국제한국어교육학회.

권미정(1999), 「외국어로서의 한국어 읽기 교육: 독해 전략을 통한 효율적인 읽기 방안」, 『한국어교육』 10-1, 국제한국어교육학회.

권오연(2000), 「외국어로서의 한국어 읽기 지도 방법 연구」, 한국외국어대학교 석사학위논문.

김경숙(1983), 「외국어로서의 한국어 읽기 교육에 대한 견해」, 『말』 8, 연세대학교 한국어학당.

김미옥(1992), 「읽기 교육에 관한 연구」, 『말』 17, 연세대학교 한국어학당.

김양원(1994), 「한국어 말하기 능력 평가 방안 연구」, 고려대학교 교육대학원 석사학위논문.

김영만(2003), 「하이퍼텍스트 작문의 특성과 한국어 작문 교육 방향」, 『한국어교육』 14-3, 국제한국어교육학회.

김영아(1995), 「한국어 듣기 교육: 문제점과 개발 방향」, 『교육한글』 8, 한글학회.

김영아(1996), 「외국어로서의 한국어 평가」, 『이중언어학』 13, 이중언어학회.

김영아(1996), 「외국어로서의 한국어 능력 평가 연구」, 고려대학교 박사학위 논문.

김왕규 외(2002), 「한국어능력시험의 평가기준 개발 연구」, 한국교육과정평가원.

김유정(1998), 「한국어 능력 평가 방안 연구」, 『한국어교육』 9-1, 국제한국어교육학회.

김유정(1999), 「한국어 능력 평가 연구-숙달도 평가(Proficiency Test)를 중심으로-」, 고려대학교 대학원 박사 학위 논문.

김유정(2001), 「한국어 쓰기 포트폴리오 평가에 대한 연구」, 『한국어학』 13, 한국어학회.

김유정 · 방성원 · 이미혜 · 조현선 · 최은규(1998), 「한국어 능력 평가 방안 연구-성취도 평가를 중심으로」, 『한국어 교육』 9, 국제한국어교육학회.

김은정(2000), 「한국어 말하기 지도 방법 연구: 초급단계의 어린이 학습자를 대상으로」, 한국외국어

대학교 석사학위논문.

김은정(2002), 「한국어 학습자의 듣기 전략 훈련 효과에 관한 연구」, 이화여자대학교 교육대학원 석사학위논문.

김재덕(1988), 「청해능력과 발화능력의 시험과 평가: 외국어로서의 한국어 교육을 중심으로」, 연세대학교 교육대학원 석사학위논문.

김정숙(1993), 「한국어 말하기 능력평가 기준설정을 위한 연구」, 『이중언어학』 11, 이중언어학회.

김정숙(1993), 「ACTFL 체계에 따른 외국어로서의 한국어 교육 방향」, 이중언어학회 발표지.

김정숙(1994), 「언어숙달도 배양을 위한 외국어로서의 한국어 교육방향」, 『민족문화연구』 27, 고려대학교 민족문화연구소.

김정숙(1996), 「담화 능력 배양을 위한 읽기 교육 방안」, 『한국말 교육』 7, 국제한국어 교육학회.

김정숙(1997), 「한국어 숙달도 배양을 위한 한국 문화 교육 방안」, 『교육한글』 10, 한글학회.

김정숙(1998), 「과제 수행을 중심으로 한 한국어 교육방법론」, 『한국어교육』 9-1, 국제한국어교육학회.

김정숙(1999), 「외국어로서의 한국어 쓰기 교육」, 『한국어교육』 10-2, 국제한국어교육학회.

김정숙(1999), 「한국어 교육기관에서의 한국어능력시험 활용 방안」, 한국어능력시험 개선 방안 연구를 위한 세미나 자료집, 교육과정평가원.

김정숙·원진숙(1993), 「한국어 말하기 능력 평가 기준 설정을 위한 연구」, 『이중언어학회지』 10, 이중언어학회.

김정숙·원진숙(1992), 「외국어로서의 한국어교육의 반성과 새로운 연구방법의 모색」, 『어문논집』 31, 고대국어국문학 연구회.

김정숙·조항록·김유정·이미혜·정명숙(2001), 「"한국어" 초급(읽기·쓰기) 실물 교재 개발 최종 보고서」, 한국어세계화재단 한국어 세계화추진위원회.

김정애(2000), 「과정 중심의 한국어 쓰기교육 방안: 피드백을 이용한 다시 쓰기 전략을 중심으로」, 이화여자대학교 석사학위논문.

김정화·황인교(2002), 「초급 단계에서의 듣기 자료의 실제성」, 『이중언어학』 20, 이중언어학회.

김중섭(1998), 「한국어 능력평가검사의 개발 실태 및 분석」, 『이중언어학』 15, 이중언어학회.

김중섭(2002), 「중국인 학습자를 위한 한국어 읽기 교육 방법 연구」, 『한국어교육』 13-1, 국제한국어 교육학회.

김중섭(2002), 「한국어 읽기 교육의 이론과 실제」, 『21세기 한국어교육학의 현황과 과제』, 한국문화사.

김지영(2002), 「한국어 작문의 상호 협력적 교수·학습 방안 연구」, 고려대학교 교육대학원 석사학위논문.

김하수(1999), 「대학에서의 한국어능력시험 활용 방안」, 한국어능력시험 개선 방안 연구를 위한 세미나 자료집, 교육과정평가원.

김하수·박영순·백봉자·윤희원·서상규·김정숙·이다미(1996), '한국어 능력 검정 제도의 실시를 위한 기본 연구'에 관한 최종 보고서, 교육부 학술 연구 조성비(교육 정책 특별 과제) 지원에 의한 연구 과제.

김하수·윤희원·서상규·황지하·원진숙·조항록·진기호(1997), '한국어 능력 평가 제도의 기본 모형 개발'에 관한 최종 연구 보고서, 교육부 학술 연구 조성비(교육 정책 특별

과제) 지원에 의한 연구 과제.

김하영(2002), 「한국어 교육을 위한 듣기 텍스트 개발 방안」, 고려대학교 교육대학원 석사학위논문.

김향미(2003), 「한국어 교육 읽기 자료 개발에 관한 연구: 중급 단계를 중심으로」, 경희대학교 교육대학원 석사학위논문.

김형근(2002), 「외국어로서의 한국어 읽기와 쓰기 교수 학습에 관한 통합적 연구」, 국민대학교 교육대학원 석사학위논문.

남명호·양태식·이영숙·원효현(2000), 「한국어능력시험 등급 기준 조정 및 문제은행 구축 방안 연구」, 한국교육과정평가원.

남명호·이인제·김정숙·박정·김완규(1999), 「한국어능력시험 개선 방안 연구」, 한국교육과정평가원 정책연구과제 99-7-13-2.

노대규(1983), 「외국어로서의 한국어 시험과 평가」, 『이중언어학회지』 1, 이중언어학회.

노대규(1996), 『한국어의 입말과 글말』, 국학자료원.

노명완(1990), 「읽기의 개념과 읽기 지도의 문제점」, 『교육한글』 3, 한글학회.

노명완(1994), 「읽기 관련 要因과 효율적인 읽기 指導」, 『이중언어학회지』 11, 이중언어학회.

문애리(2000), 「SATⅡ의 현황과 문제점」.

문희영(2000), 「스키마 활성화를 통한 한국어 읽기 교육 방안」, 이화여자대학교 교육대학원 석사학위논문.

박갑수(1999), 「외국어로서의 한국어 교육 평가」, 『학교경영』 12-3, 한국 교육 생산성 연구소 교육연구소.

박경자 외(1994), 『언어교수학』, 박영사.

박미경(1994), 「한국어 듣기 수업에 있어서 과제 해결적(Task based) 접근」, 『한국어교육』 5, 국제한국어교육학회.

박미영·이소영(1999), 「학습자 오류를 기반으로 한 문법 평가 문항 개발 연구」, 『한국어교육』 10-1, 국제한국어교육학회.

배문경(1998), 「한국어 듣기 평가 방안 연구」, 고려대학교 교육대학원 석사 학위 논문.

백봉자 외(1999), 「한국어교사 교육 연수 프로그램 교수요목 개발을 위한 기초 연구」, 한국어세계화추진위원회, 한국어 세계화 추진을 위한 2000년도 한국어 해외 보급 사업 보고서.

백봉자(1987), 「교포 2세의 한국어와 쓰기 교육」, 『이중언어학』 3, 이중언어학회.

백봉자(1998), 「한국어 교육 성취 수준에 대한 평가, 연세대 한국어학당 1급, 2급의 성취도를 중심으로-」, 『이중언어학』 15, 이중언어학회.

사카와 야스히로(1999), 「한국어 학습자의 입장에서 본 한국어능력시험 활용 방안」, 한국어능력시험 개선 방안 연구를 위한 세미나 자료집, 교육과정평가원.

서상규, 김하수(1997), 「한국어 능력 평가 시험의 기본 모형 수립을 위한 기초적 연구」, 『교육한글』 10, 한글학회.

서상규·남윤진·진기호(1998), 「한국어 교육을 위한 기초 어휘 선정」, 한국어 세계화 추진을 위한 기반 구축 사업 1차년도 결과 보고서, 문화관광부 한국어 세계화 추진 위원회.

서상규·최호철·강현화(1999), 「한국어 교육 기초 어휘 의미 빈도 사전의 개발 사업 보고서」, 한국어 세계화 추진 위원회.

서윤남(2003), 「한국어능력시험 쓰기 평가 개선방안 연구」, 경희대학교 석사학위 논문.

성태제(1996), 『문항 제작 및 분석의 이론과 실제』, 학지사.

손경숙(2000), 「한국어 학습자의 읽기 전략 훈련과 학습결과 분석 연구」, 연세대학교 교육대학원 석사학위논문.

손성욱(2000), 「SATⅡ와 한국어 교육의 관련 양상」, 제 2회 한국어 교육 국제학술회의 발표문.

손연자(1996), 「한국어 글쓰기 교육의 실태와 방안」, 『새국어생활』6-2, 국립국어연구원.

손호민(1993), 「Korean Proficiency Guidelines」, 『한국어교육』 4, 국제한국어교육학회.

손호민(1999), 「미국에서의 한국어 교육 방법, 외국어로서의 한국어 교육 방법」, 제1회 한국어교육 국제학술회의, 서울대학교 국어교육연구소.

송금숙(2003), 「한국어 읽기 교육의 텍스트 유형 연구」, 고려대학교 교육대학원 석사학위논문.

신성철 역(1996), 『외국어 교수·학습의 원리』, 한신문화사.

신현미(2003), 「대화일지 쓰기가 한국어 학습자들의 쓰기 불안감 감소에 미치는 영향 연구」, 연세대학교 교육대학원 석사학위논문.

심상민(2000), 「한국어 학습자의 읽기 과정에 관한 연구」, 서울대학교 석사학위논문.

싯티니 탐마차이(2001), 「한국어 쓰기 지도에 관한 연구: 태국인 학습자의 오류를 중심으로」, 서울대학교 석사학위논문.

양태식·이태영·김정숙·전나영·황인교(1998), 「외국인을 위한 한국어 교재의 교수요목 개발에 관한 기초 연구」, 문화관광부 한국어세계화추진위원회.

여순민(2002), 「고급 한국어 학습자의 글쓰기 전략 연구: '문제-해결' 글쓰기 중심으로」, 연세대학교 교육대학원 석사학위논문.

우인혜(1996), 「교재 분석을 통한 쓰기 교육법 연구」, 『한국어문교육』 6, 한국교원대학교 한국어문교육연구소.

우인혜(1996), 「한국어 쓰기 교육에 관한 일 고찰」, 『한양어문연구』 14, 한양대학교 한양어문연구회.

우혜령(1999), 「한국어능력시험의 개선 방안에 대한 연구 - 제2회 1급 읽기 문항 검증을 바탕으로-」, 이화여자대학교 석사학위논문.

우혜령(2000), 「한국어 능력시험의 문항에 대한 연구」, 이화여자대학교 석사 학위 논문.

원진숙(1992), 「한국어 말하기 능력 평가 기준 설정을 위한 연구」, 『한국어문교육』 6. 한국어문교육학회.

원진숙(1992), 「쓰기 영역 평가의 생태학적 접근-대안적 평가 방법으로서의 포트폴리오를 중심으로」, 『한국어학』 10, 한국어학회.

위태연(1981), 「한국어 교육의 도달 목표와 그 평가에 관한 소고」, 『연구논총』 7.

유연희(2000), 「과제(TASK) 중심의 한국어 듣기 교육 연구: 초급 수준을 중심으로」, 한국외국어대학교 석사학위논문.

윤경희(2003), 「읽기 초인지 전략에 관한 연구: 한국어 EFL 화자를 중심으로」, 고려대학교 석사학위논문.

이계순(1986), 「듣기 지도」, 『말』 11, 연세대학교 한국어학당.

이미혜(2000), 「과정 중심의 한국어 쓰기 교육: 작문 수업을 중심으로」, 『한국어교육』 11-2, 국제한국어교육학회.

이성은(2001), 「미주 한인 2세를 위한 과정중심 글쓰기 교수법」, 『이중언어학』 18, 이중언어학회.

이수민(2002), 「한국어 쓰기 교육에서 교사 피드백이 학생 수정에 미치는 영향 연구」, 연세대학교 교육대학원 석사학위논문.

이영식(1997), 「최근 언어 평가의 연구와 이론적 배경」, 『영어교육』 52-1, 한국영어교육연구회.

이완기(1995), 「대학생의 영어 말하기 능력 평가 모형」, 『영어교육』 50-1, 한국영어교육연구회.

이완기(2003), 「영어 평가 방법론」, ㈜문진미디어.

이정민 외 편(1977), 『언어과학이란 무엇인가』, 문학과 지성사.

이정희(1999), 「영화를 통한 한국어 수업방안 연구」, 『한국어교육』 10-1, 국제한국어교육학회.

이지영·이종은(1996), 「외국어로서의 한국어 평가-수행 중심 방법」, 『자하어문논집』 11, 상명대학교 상명어문학회.

이진주(1997), 「과제해결 중심의 듣기 수업 구성 방안: 외국어로서의 한국어 교육의 측면에서」, 이화여자대학교 석사학위논문.

이해영(1999), 「한국어 듣기 교육의 원리와 수업 구성」, 『한국어 교육』 10-1, 국제한국어교육학회.

이해영·이미혜(1997), 「TASK를 기초로 한 한국어 듣기 교육」, 『교육한글』 10, 한글학회.

이향무(2003), 「한국어 쓰기 포트폴리오 평가 연구」, 연세대학교 교육대학원 석사학위논문.

이훈숙(1988), 「말하기 교육 방법론」, 연세대학교 교육대학원 석사학위논문.

이희경 외(2000), 「한국어 성취도 평가 문항 개발 연구」, 『외국어로서의 한국어교육』 27, 연세대학교 한국어학당.

임병빈 역(1993), 『영어교육평가기법(Techniques in Testing)』, 한국문화사.

임병빈(1999), 『영어 교수학습 평가』, 한국문화사.

임영환 외(1996), 『화법의 이론과 실제』, 집문당.

전은주(1997), 「한국어 능력 평가: 말하기 능력 평가 범주 설정을 위하여」, 『한국어학』 6, 한국어학회.

전은주(1999), 『말하기·듣기 교육론』, 박이정.

정광 외(1995), 「한국어능력평가 방안 연구」, 『한국어학』 1, 한국어학회.

정광·고창수·김정숙·원진숙(1994), 「한국어 능력 평가 방안 연구-언어 숙달도(Proficiency)의 측정을 중심으로」, 『한국어학』 1, 한국어학 연구회.

정규향 외(2001), 「제7차 교육과정에 따른 성취기준과 평가기준 개발 연구」, 한국교육과정평가원.

정길정·연준흠 편저(1996), 『외국어 읽기 지도의 이론과 실제』, 한국문화사.

정채환(1997), 「SATⅡ 한국어 진흥재단」, 『교육한글』 10, 한글학회.

정헌주(2003), 「교육연극을 활용한 한국어 말하기 교수학습 방안 연구: 고급 수준 학습자를 대상으로」, 부경대학교 석사학위논문.

정현경(1999), 「외국어로서의 한국어 쓰기 교육 연구: 과정 중심적 접근을 통하여」, 고려대학교 교육대학원 석사학위논문.

정화영(2000), 「한국어 말하기 숙달도 평가 방안-FSI Oral Proficiency Test 분석을 중심으로」, 연세대학교 교육대학원 석사 학위 논문.

조인옥(2000), 「한국어능력시험의 언어권별 수험자 반응분포에 대한 연구」, 연세대학교 대학원 석사학위 논문.

조항록(1993), 「외국어로서의 한국어 듣기교육에 관한 일 고찰」, 『말』 18, 연세대학교 한국어학당.

조항록(2002), 한국정부의 재외동포 정책 연구-한국어 교육 정책을 중심으로-, 동국대학교 대학원 박사학위 논문.

조현용(2000), 「한국어 능력 시험 어휘 평가에 관한 연구」, 『국어교육』 101, 한국어교육학회.

진옥희(2003), 「과제 중심의 한국어 말하기 교육 지도 방안 연구: 초급 학습자를 대상으로」, 고려대학교 교육대학원 석사학위논문.

진제희(2003), 「사회언어학적 및 전략적 말하기 능력 배양을 위한 담화분석 방법의 적용」, 『한국어교육』 14-1, 국제한국어교육학회.

차경환(1994), 「대학수학능력 시험 영어 듣기문항 분석」, 『영어교육』 47, 한국영어교육연구회.

천경록·이재승(1997), 『읽기 교육의 이해』, 우리교육.

천은정(2003), 「대화일기를 통한 한국어 쓰기 교육 연구: 초급 학습자를 중심으로」, 경희대학교 교육대학원 석사학위논문.

최길시(1991), 「한국어 능력 검정 방안에 관한 연구」, 연세대학교 교육대학원 석사학위논문.

최길시(1998), 『외국인을 위한 한국어 교육의 실제』, 태학사.

최인철(1993), 「외국어능력 검정시험 개발 모델」, 『어학연구』 29-3.

한재영 외(2002), 『한국어 교육 총서 2』, 한국어 교수법 개발 최종 보고서, 문화관광부 한국어 세계화재단.

현윤호(2001), 「과제 수행 중심의 말하기 지도 방안」, 『한국어교육』 12-2, 국제한국어교육학회.

ハングル能力儉定協會(1999), 「第12回ハングル能力儉定試驗 問題集(1級)」, ハングル能力儉定協會.

ACTFL(1989), *The ACTFL Oral Proficiency Interview-Tester Training Manual*, ACTFL.

Aebersold, J. A. & Field, M. L.(1997), *From Reader to Reading Teacher: Issues and strategies for second language classrooms*, Cambridge University Press.

Alderson, J. C. & Banerjee, J.(2002), Language testing and assessment(Part2), *Language Teaching 35*, 79-113.

Anderson, A. & Lynch, T.(1989), *Listening*, Oxford: Oxford University Press.

Bachman, L. F. & Cohen, A.(1998), *Interface between second language acquisition and language testing research*, Cambridge: Cambridge University Press.

Bachman, L. F. & Savignon, S.(1986), The evaluation of communicative language proficiency: a critique of the ACTFL oral interview, *Modern Language Journal 70-4.*

Bachman, L. F. & Palmer, A. S.(1996). *Language testing in practice*, Oxford: Oxford University Press.

Bachman, L. F.(1988), Problems in examining the validity of the ACTFL oral proficiency interview, *Studies in Second Language Acquisition 10*, 149-164.

Bachman, L. F.(1990), *Fundamental considerations in language testing*, Oxford: Oxford University Press.

Bachman, L. F.(1991), What does language testing have to offer? TESOL *Quarterly 25-4*, 671-704.

Bernstein, J.(1997), *Computer-based oral proficiency assessment: Field test results,* Paper presented at the Language Testing Research Colloquium, Orlando, Florida, March 1997.

Bernstein, J.(2000), Fully automatic, semi-automatic, and fully human spoken language tests, Paper presented at Applied Linguistics Association of Korea 2000 Summer International Conference *Applied Linguistics: New Millenium, New Paradigm,* International Studies Hall, Korea University, Seoul, Korea, June 23-24.

Bernstein, J., DeJong J., Pisoni, D., & Townsend, B.(2000), Two experiment on automatic scoring of spoken language proficiency, *Integrating Speech Technology in Learning,* 57-61.

Brindley, G.(1991), Assessing Achievement in a Learner-Centered Curriculum, In Alderson. J. Charles and Brian North(eds.), Language testing in the 1990: the communicative legacy, London: MacMillan.

Broucal, M.(1995), The Heinle & Heinle TOEFL Test Assistant: Listening, MA: *Heinle & Heinle Publishers.*

Brown, H. D.(1993), A Comprehensive Criterion-Referenced Language Testing Project, In Alderson, J. C. & North, B.(eds.), *Language testing in the 1990: the communicative legacy,* London: MacMillan.

Brown, H. D. (1994), *Principles of Language Learning and Teaching*, 신성철 역(1996), 외국어 교수·학습의 원리, 한신문화사.

Brown, H. D.(2001), *Teaching by Principles* (2nd ed.), White Plains, NY: Addison Wesley Longman.

Brown, H. D.(2004), *Language Assessment: Principles and classroom practices*, White Plains, NY : Longman.

Brown, J. D. & Bailey, K. M.(1984), A categorical instrument for scoring second language writing skills, *Language Learning 34:* 21-42.

Brumfit, C.(1984), *Communicative Methodology in Language Teaching: The roles of fluency and accuracy*, Cambridge: Cambridge University Press.

Byon, A.(2003), Analysis of a KFL learner's spoken performance variation, 한국어교육 14-1, 국제한 국어교육학회.

Byrnes, H. & Canale, M. eds.(1987), *Defining and Developing Proficiency: Guidelines, Implementations, and Concepts*, NTC.

Byrnes, H. & Irene, T.(1989), The ACTFL Oral Proficiency Interview: Tester Training Manual, The American Council on the Teaching of Foreign Languages.

Canale, M. & Swain, M.(1980), Theoretical bases of communicative approaches to second language teaching and testing, *Applied Linguistics 1-1*, 1-47.

Carrell, P. L, Devine, J. & Eskey, D. E. (eds.)(1988), *Interactive Approaches to Second Language*

Reading, Cambridge: Cambridge University Press.

Carroll, B. J.(1961), Fundamental considerations in testing for English language proficiency of foreign students, In H. B. Allen and R. N. Campbell (eds.) 1972, *Teaching English as a second language: a book of readings*, NY: McGraw Hill.

Carroll, B. J.(1980), *Testing Communicative Performance*, Oxford: Pergamon.

Carroll, J. B. & Sapon, S. M.1958), *Modern language aptitude test*, NY: The Psychological Corporation.

Celce-Murcia, M.(2nd)(1991), *Teaching English as a Second or Foreign Language*, NY: Newbury House Publishers.

Cha, K.(1988), Test Review: TOEFL vs MTELP, *English Teaching 36*, The College English Teachers Association of Korea.

Clark, John L. D.(1983), Language testing Past and current status-directions for the future, *The Modern Language Journal 67*, 431-443.

Cohen, A.(1991), *Language Learning: Insights for Learners, Teachers, and Researchers*, Newbury House.

Cross, D.(1992), *A Practical Handbook of Language Teaching*, Prentice Hall Europe.

Davies, A.(1990), *Principles of Language Testing*, Oxford: Basil Blackwell.

Davies, A.(1991), Language Testing in the 1990s, In Alderson, J. Charles & Brian North(eds.), *Language testing in the 1990: the communicative legacy*, London: MacMillan.

Douglas, D.(1988), Testing listening comprehension in the context of the ACTFL proficiency guidelines, *Studies in Second Language Acquisition 10*, 245-261.

Educational Testing Service(1995), *TSE Score User's Manual,* Princeton, NJ: ETS.

Ellis, R.(1998), "The Evaluation of Communicative Tasks", In Tomlinson, B.(ed.) *Materials Development in Language Teaching*, Cambridge: Cambridge University Press, 217- 238.

Finocchiaro, M.(1989), *English as a Second/Foreign Language: From Theory to Practice*(4th. ed.), Prentice Hall Regents.

Harmer, J.(2001), *The Practice of English Language Teaching*(3rd. ed.), London: Longman.

Hatch, E.(1992), *Discourse and Language Education*, Cambridge: Cambridge University Press.

Heaton, J. B.(1975), *Writing English Language Tests*, London and New York.

Heaton, J. B.(1988), *Writing English Language Tests*, New York: Longman.

Henning, G.(1987), *A guide to language testing: Development, evaluation, research*, Cambridge, MA: Newbury House.

HKEAA(2002), *As use of English*, Hong Kong: Hong Kong Examinations and Assessment Authority.

Hughes, A.(1989), *Testing for language teachers,* Cambridge: Cambridge University Press.

Hubbard, P.(1999), A review of Ordinate's PhonePass, *ESL Magazine Product Review.*

Hughes, A.(2003), *Testing for Language Teachers*(2nd. ed.), Cambridge: Cambridge University Press.

Hymes. D. H.(1972), On communication competence, In J. B. Pride & J. Holmes(eds.), *Socio-linguistics*, Harmondsworth: Penguin.

Jakeman V. & McDowell C.(1996), Practice Tests for IELTS, Cambridge: Cambridge University Press.

Madsen, H. S.(1983), *Techniques in Testing*, Oxford: Oxford University Press.

McNamara, T. F.(1996), *Interaction in second language performance assessment*, Plenary presentation at the Association for Applied Linguistics Annual Conference, Chicago, Illinois.

McNamara, T. F.(2000), *Language Testing*, Oxford: Oxford University Press.

Morrow, K.(1979). Communicative language testing: revolution or evolution? In Brumfit, C. J. & Johnson, K.(eds.), *The communicative approach to language teaching*, Oxford: Oxford University Press.

Murphy, B.(1980), Second Language Reading and Testing in Bilingual Education, *TESOL Quarterly 14-2*, 189-197.

Nolasco, R. & Arthur, L.(1987), *Conversation: Resource Book for Language Teachers*, Oxford: Oxford University Press.

Oller, J. W.(1979), *Language tests at school: a pragmatic approach*, London: Longman.

Omaggio, A. H.(1993), *Teaching Language in Context.*(2nd. ed.), Heinle & Heinle Publishers.

Ordinate Corporation(1998), *Phone Pass Test Validation Report*, Menlo Park, CA: Ordinate.

Parry, T. S. & Child, J. R.(1990), Preliminary investigation of the relationship between VORD, MLAT, and language proficiency. In Parry, T. S. & Stansfield, C. W. (eds.), *Language aptitude reconsidered*, NY: Prentice Hall Regents.

Pimsleur. P. (1966), *Pimsleur language aptitude battery.* NY: Harcourt, Brace & World.

Richards, Jack C.(1983), *Listening Comprehension: Approach*, design, procedure, *TESOL Quarterly* 17.

Rivers, W. M.(1968), *Teaching Foreign Language Skills*, The University of Chicago Press.

Rivers, Wilga M.(Ed.)(1984), *Interactive Language Teaching*, Cambridge: Cambridge University Press.

Rost, M.(1990), *Listening in Language Learning*, Longman.

Saville, N. & Hargreaves, P.(1999), Assessing speaking in the revised FCE, *ELT Journal 53-1*, 42-51.

Sohn, H.(1993), Korean Proficiency Guidelines: Needs, Procedures, Principles, and Implications, *Korean Language Education 6*, IAKLE.

Sohn, H.(1995), Performance-based Principles and Proficiency Criteria for KFL Textbook Development, *Korean Language Education* 6, IAKLE.

Spolsky, B.(1976). Language testing: art or science, Paper read at the Fourth International Congress of Applied Linguistics, Stuttgart: HochSchul Verlag, Germany.

Spolsky, B.(ed.)(1978), *Approaches to language testing*, Advances in Language Testing Series 2, Arlington, VA: Center for Applied Linguistics.

Surapesak, B.(1998),「태국인을 위한 한국어 교육에 관한 연구: 말하기와 듣기 영역을 중심으로」,
　　　　서울대학교 석사학위논문.

Taylor, S.(1973), *Listening: What Research Says to the Teacher*, Wachington, D.C.: National
　　　　Education Association.

UCLES(1996), *Certificate in Advanced English:* Handbook, Cambridge: University of Cambridge
　　　　Local Examinations Syndicate.

UCLES(1996), *Key English Test*: Handbook, Cambridge: University of Cambridge Local Examinations
　　　　Syndicate.

UCLES(2001), *International English Language Testing System*: Specimen Materials, Cambridge: The
　　　　British Council, University of Local Examinations Syndicate, International Development
　　　　Program Education Australia.

Underhill, N.(1987), *Testing Spoken Language*, Cambridge: Cambridge University Press.

Ur, Penny(1984), *Teaching Listening Comprehension*, Cambridge: Cambridge University Press.

Valencia, S. W.(1990), A Portfolio Approach to Classroom Reading Assessment: The Whys
　　　　Authentic Content, *The Reading Teacher*, 44. no. 8.

Wallace, C.(1992), *Reading*, Oxford: Oxford University Press.

Weigle, S. C.(1994), Effects of training on raters of ESL compositions, *Language Testing 11*,
　　　　197-223.

Weir, C. J.(1990), *Communicative Language Testing,* Hemel Hempstead: Prentice Hall.

Weir, C. J.(1993), *Understanding and Developing Language Tests*, Cliffs, E., NJ: Prentice Hall.

Wesche, M. B.(1981), Communicative Testing in a Second Language, *Canadian Modern Language
　　　　Review 37*, 551-571.

Widdowson, H. G.(1978), *Teaching Language as Communication*, Oxford: Oxford University Press.

Yang, H.(1992), The ACTFL English Oral Proficiency Interview: It's background and application,
　　　　English Teaching 43, The College English Teacher Association of Korea.

참고 자료 목록

한국교육과정평가원(1999), 제3회 한국어능력시험 문제지.

한국교육과정평가원(2000), 제4회 한국어능력시험 문제지.

한국교육과정평가원(2001), 제5회 한국어능력시험 문제지.

한국어 교육을 위한 기초 어휘 선정(1998),. 문화관광부 한국어 세계화 추진위원회.

한국어 세계화 추진을 위한 기반 구축 사업 1차년도 결과 보고서(1998), 문화관광부 한국어 세계화
　　　　추진 위원회.

한국어 세계화 추진을 위한 기반 구축 사업, 한국어 초급 듣기 교재 결과보고서(2000), 한국어 세계
　　　　화 추진 위원회.

한국학술진흥재단(1997), 제1회 한국어능력시험 문제지.

한국학술진흥재단(1998), 제2회 한국어능력시험 문제지.

찾아보기